I0156312

Publication du journal LE SIÈCLE.

OEUVRES CHOISIES
DE M. EUGÈNE SÜE.

FERNAND DUPLESSIS.

MÉMOIRES D'UN MARI.

PRÉFACE.

L'auteur de ces Mémoires n'existe plus.

Je l'ai longtemps et intimement connu ; peu d'hommes ont été mieux doués par la nature ; j'ai rarement rencontré de cœurs meilleurs que le sien, de caractère plus bienveillant, plus ouvert et plus facile ; d'organisation plus délicatement sensible et plus accessible aux pensées généreuses. D'une bravoure éprouvée, d'une imagination vive, souvent poétique, d'un esprit fin et essentiellement observateur, il joignait à ces avantages un patrimoine considérable, une figure remarquablement belle... et je ne sais quoi qui charme et attire les caractères les plus divers, et ceux mêmes que l'on croirait devoir être essentiellement réfractaires à la séduction.

Avec tant de chances de bonheur, non seulement celui dont je parle a été pendant une grande partie de sa vie extrêmement malheureux ; mais il a causé des maux si affreux que quiconque n'aurait pas la clef de ce caractère singulier ne ressentirait pour lui qu'aversion ou dédain, tandis qu'il nous semble mériter sinon l'intérêt du moins la compassion, car jusqu'au jour où je lui ai fermé les yeux... cet homme a conservé de précieuses qualités de cœur.

La lecture de ces Mémoires expliquera, je le crois, cet apparent contraste. Sauf des changemens de noms et quelques déguisemens de lieux imposés par des convenances de plusieurs sortes, ces pages ont été écrites par leur auteur ; doué d'une mémoire prodigieuse et pour ainsi dire rétrospective (lorsqu'un fait nouveau avait sa racine ou son explication dans un fait antérieur), possesseur de nombreuses notes recueillies pendant sa vie, dès les premières années de son adolescence, l'auteur a pu faire revivre une foule de personnages.

Rien dans ces pages n'annonce l'écrivain ; ce n'est pas une œuvre d'art ; c'est, si cela se peut dire, une *réalité* souvent brutale ; mais dans la pensée de l'auteur (et je la partage) cette réalité doit avoir son ENSEIGNEMENT MORAL. Telle a été du moins la dernière espérance de cet homme, que j'ai vu mourir malheureux et repentant de sa vie passée, mais stoïque devant la mort :

— Ce récit est une EXPIATION *que je me suis imposée,* — m'a-t-il dit, — *puisse-t-il être aussi* UN ENSEIGNEMENT !

J'avais toute latitude pour opérer les retranchemens ou les changemens nécessaires ; d'abord, je l'ai dit, par égard pour certaines convenances, car plusieurs personnages de ces Mémoires vivent encore aujourd'hui ; puis, afin de rendre la lecture de ces pages plus facile en les dégageant de toute superfluité.

J'ai usé de mon mieux de ce droit ; la plupart des événemens m'étaient connus dans leurs moindres circonstances, j'ai quelquefois remplacé les retranchemens dont je parle par la narration rapide de faits trop longuement développés dans le manuscrit.

J'avais eu d'abord la pensée de retrancher de ces récits ce qui concerne l'adolescence de l'auteur, et d'arriver tout d'abord à son mariage, mais j'ai cru (et le lecteur partagera peut-être cet avis) que souvent le caractère, l'avenir de l'homme, se révèlent dès les premiers actes de son adolescence ou de sa jeunesse.

Enfin, la vie de l'auteur se trouvant intimement liée à celle de plusieurs de ces camarades de collège ayant déjà, au commencement de ces Mémoires, leur physionomie particulière et vivement accentuée, j'ai cru ne devoir pas retrancher cette espèce de *prologue.*

Surtout, que le lecteur ne s'effarouche pas de quelques vérités un peu hardies : l'ensemble de l'œuvre montrera, je le répète, qu'elle est d'une haute moralité.

EUGÈNE SUE.

Aux Bordes, 1ᵉʳ septembre 1849.

MÉMOIRES D'UN MARI.

I.

Je suis né au commencement de ce siècle ; mon père était fermier-général avant la révolution ; je l'ai perdu lui et ma mère, étant encore au berceau ; j'ai été élevé par ma grand'mère du côté maternel, madame de Francheville.

Pauvre grand'mère! je vois encore sa figure fine souriant à ses beaux yeux noirs, dont l'âge n'amortissait pas l'éclat ; jusqu'à son dernier moment, elle a porté ses cheveux blancs crêpés et poudrés, à l'ancienne mode, sous son bonnet de dentelle ; à soixante-seize ans elle était encore alerte, lisait sans lunettes, et soupait *à fond*, comme on disait à cette époque ; lorsqu'elle riait, et cela lui arrivait souvent, elle laissait voir des dents qui eussent fait l'envie de beaucoup de jeunes femmes.

Rien de plus aimable, de plus gai que le caractère de ma grand'mère. Peu d'existences ont été plus heureuses que la sienne. Elle avait traversé, comme par miracle et en riant toujours, les époques les plus terribles de la première révolution, sans jamais quitter Paris qu'elle adorait, ni son quartier, ni sa belle maison du Marais, où elle était née, maison bâtie par son père, l'un des riches prévôts des marchands de son temps.

De même que la santé vivace de ma grand'mère n'avait été en rien altérée par les années, les immenses événemens révolutionnaires accomplis sous ses yeux n'avaient en rien changé son caractère ou modifié ses habitudes ; selon elle, cette révolution avait vengé la haute bourgeoisie de l'insupportable impertinence des gens de cour... Rien de plus, rien de moins.

Et pourtant, chose étrange, ou plutôt chose ordinaire en pareille matière, ma grand'mère, sans avoir l'ombre de fierté *pratique*, était aussi glorieuse de compter parmi ses ancêtres des échevins, des prévôts des marchands, des notables, etc., etc, que la noblesse est glorieuse de compter parmi ses aïeux des maréchaux, des cardinaux, etc., etc.

En un mot, madame de Francheville voyait naturellement, sincèrement, entre la haute bourgeoisie, dont elle faisait partie, et le petit commerce ou le bas peuple, la même distance que les très grands seigneurs voyaient entre eux et les gentillâtres ou les bourgeois.

Jusqu'à la fin de sa vie, ma grand'mère est donc restée ce qu'elle était à son entrée dans le monde, en 1760, une femme de la haute et riche bourgeoisie de cette époque. Ainsi que toutes les femmes de sa classe et de son temps, elle s'était formé l'esprit à l'école de Voltaire, de Diderot, de d'Alembert, mais son auteur privilégié était Voltaire : ce sceptique railleur si essentiellement bourgeois ; l'audacieuse ironie, la philosophie brillante, légère et facile, de l'auteur de *Candide*, ravissaient madame de Francheville, et la tenaient en paix et en joie. Jean-Jacques Rousseau lui inspirait, au contraire, une sorte de gêne et de crainte, il était surtout, disait-elle, *triste à lire*, souvent même elle ne le comprenait pas.

Malgré ce manque d'intelligence à l'endroit de ce qu'il y avait de tendre et de profondément humain chez Rousseau, ma grand'mère avait un excellent cœur ; mais elle donnait avec plus de libéralité que de sagacité ; la vue d'un pauvre en haillons lui était moralement et physiquement intolérable ; elle secourait généreusement l'infortune qu'on lui signalait, à la condition de ne jamais avoir le navrant spectacle de la misère sous les yeux, et d'échapper à ce qu'elle appelait les *scènes de reconnaissance*, qui, — disait-

elle, — lui donnaient envie de pleurer et embarrassaient sa modestie.

Ma grand'mère donnait aussi non moins par commisération que par une sorte de point d'honneur philosophique assez singulier ; elle ne mettait jamais le pied dans une église, et elle tenait à se montrer aussi aumônière au nom de l'*humanité* que beaucoup le sont au nom de la *religion*.

Cette sorte d'antagonisme se personnifiait surtout entre ma grand'mère et une de ses voisines du Marais, madame la marquise de Sireval, femme très-pieuse, très-austère, dont les nombreuses aumônes étaient réservées à des personnes d'une dévotion peut-être plus évidente que sincère. Madame de Francheville, s'attachant au contraire à secourir de préférence ceux que madame de Sireval excluait comme impies, s'était surnommée *la providence des damnés ;* elle montrait surtout un faible particulier pour les *filles-mères,* toujours impitoyablement repoussées de l'hôtel de Sireval, exclusion dont ma grand'mère haussait les épaules, « sous prétexte qu'à quinze ou seize ans rien n'est » plus naturel que d'avoir un amoureux, surtout quand » une pauvre fille n'a pas d'autre plaisir. »

Il faut l'avouer, l'aspect de ces infortunes, qui souvent s'offraient à elle sous les traits d'une jeune et jolie grisette, ne répugnait en rien à madame de Francheville ; elle fai sait les frais de la layette, des couches, acceptait l'enfant pour *fillot* (ne manquant à aucun des devoirs de cette tutelle), tâchait d'amener le séducteur à réparer sa faute, et, dans le cas contraire, en fidèle disciple de la philosophie d'Épicure, de Voltaire et de Ninon, ma grand'mère disait à la pauvre victime :

— Au moins, une autre fois, ma petite, fais un choix moins compromettant.

La morale de ma grand'mère, d'ailleurs conséquente à de pareilles recommandations, se réduisait à quelques préceptes religieusement pratiqués par elle ; je les ai conservés écrits de sa main dans l'un de ses jours de philosophie.

Ces préceptes, avec lesquels j'ai été pour ainsi dire bercé, ont eu sur ma vie entière une telle influence, que je crois devoir les reproduire.

Les voici :

« S'amuser autant et aussi longtemps que possible, sans causer de peine à autrui.

» Aimer nos amis tant qu'ils nous aiment ;

» S'ils sont ingrats, loin de ressentir de la douleur ou de la haine contre eux, les oublier, et surtout en aimer d'autres fort promptement.

(*N. B.* Ceci peut s'appliquer aussi pour les hommes à leurs *maîtresses* ; pour les femmes à leurs amans.)

» Ne jamais exiger ou attendre un sacrifice grave de la part de qui que ce soit, à seule fin de ne point éprouver de déception, et surtout de ne point être obligé de se sacrifier pareillement.

» En d'autres termes : Ne jamais demander dans les relations de la vie que ce que l'on se sent loyalement et rigoureusement capable de rendre.

» Ne jamais faire de projets longtemps arrêtés à l'avance, afin de ne point croire obligé de les exécuter, ce qui est presque toujours horriblement fastidieux.

» Prendre au hasard la vie, comme elle vient et comme elle va, au gré des événemens et de notre propre inconstance.

» Ne point se figurer surtout que l'on a ou que l'on doit avoir tel ou tel *caractère,* telle ou telle *opinion,* car alors, pour paraître conséquent avec soi-même, on s'impose une foule de gênes, de réserves, d'entraves ou d'obligations insupportables à la longue. Sans compter que l'on s'expose à se trouver en perpétuelle contradiction avec ceux-ci ou avec ceux-là plutôt que de se résigner à se contredire soi-même, ce qui est pourtant beaucoup plus commode, et surtout de bien meilleure compagnie.

» Être autant que possible du caractère et de la manière de voir de ses amis, c'est l'unique moyen de plaire à un chacun et de l'aimer, car lorsqu'on est d'un heureux naturel, l'on aime toujours ceux à qui l'on plaît.

» Ne jamais dire une chose désobligeante à personne, même à ceux qui vous en prient sous le spécieux prétexte de franchise; avouer à quelqu'un qu'il est sot, méchant ou ridicule ne le débarrassera point du tout de ces inconvéniens-là? Et il y a cent à parier contre un que votre franchise, quoique sollicitée, sera parfaitement désagréable au solliciteur, et qu'il vous en aimera moins.

» Les impertinens priviléges de la noblesse ont été abolis, c'était justice; mais il est évident qu'il y aura toujours d'un côté des gens riches, bien nés, bien élevés, pour qui la vie doit être une fête perpétuelle, et de l'autre de pauvres diables, grossiers, brutaux, sans sou ni maille, dévolus au travail et à la misère, et qui n'ont, hélas! que des joies aussi piètres que leur existence.

» N'est-il pas non moins évident que les premiers, par la force même des choses, sont et seront, de tout temps, supérieurs aux seconds?

» De cette vérité, il faut se bien pénétrer, afin de ne point oublier que plus les gens dépendent de nous ou nous sont inférieurs, plus nous devons nous ingénier à leur plaire, à leur être délicatement agréable, afin de nous en faire adorer. Pauvres gens! ils sont si contens de ces touchans procédés, par cela même qu'ils viennent de quelqu'un dont ils sont les inférieurs.

» De même lorsque vous avez des amis puissans, gardez-vous de *leur jamais rien demander ;* ils seraient trop chagrins de croire votre affection intéressée... Cette discrétion est le luxe de l'amitié.

» IL FAUT ÊTRE INDULGENT POUR LES AUTRES, AFIN D'AVOIR LE DROIT DE L'ÊTRE EXTRÊMEMENT POUR SOI-MÊME.

» On doit toujours pardonner le mal qu'on nous fait, et se dire : Qui sait si je n'aurais pas agi de même dans une condition pareille?

» Nous ignorons *d'où nous venons, où nous allons,* et POURQUOI *nous sommes.*

» Il n'y a pas de morale certaine ; pour s'en convaincre, il n'y a qu'à lire les moralistes et à voir les beaux résultats qu'ils ont obtenus depuis que le monde est monde.

» Prenons tout bonnement pour règle de conduite ce qui, dans le milieu où nous vivons : — *se fait ou ne se fait point.*

» Avant toute chose, soyons aimables et agréables, et ayons, s'il se peut, conscience de n'avoir jamais fait volontairement le mal. Nous mourrons plus gais...

» N'ambitionnons jamais les grandes vertus ; d'abord, cette prétention est fort immodeste, et puis, il en est des grandes vertus comme des grandes charges de la cour... on se ruine en frais de représentation.

» Tenons-nous donc en joie et en bonne santé, car presque toujours les *bien* portans sont les *bienveillans,* et les *mal* portans sont les *malveillans.*

» Usons de tout, n'abusons de rien, afin de pouvoir jouir le plus longtemps possible. Ne manquons jamais une occasion de plaisir et n'ayons qu'un but :

» ÊTRE HEUREUX, CAR LES HEUREUX FONT LES HEUREUX. »

Si j'ai tenu à reproduire ces préceptes dans leur candide égoïsme, dans leur naïf effroi de tout rigoureux devoir, dans leur expression de bonté aimable et sans gêne, allant jusqu'au sacrifice... *exclusivement,* c'est que, depuis mon enfance jusqu'à ma première jeunesse (époque à laquelle j'ai perdu ma grand'mère), j'ai été élevé dans la pratique de cette théorie dite — *des gens agréables.*

Il y a pour l'homme deux éducations :

L'éducation de l'âme, qu'il reçoit au foyer domestique par l'exemple et par l'habitude ;

L'éducation de l'intelligence, qu'il reçoit au collège.

De ces deux éducations, la première est assurément celle qui jette et laisse les plus profondes racines dans le cœur de l'homme ; elle le fait bon ou méchant, faible ou fort devant ses passions.

II.

. . . .
Je fus envoyé au collége de *Sainte-Barbe* par ma grand'-mère, quoiqu'il lui en coûtât beaucoup de se séparer de moi, car elle me *gâtait* dans toute l'acception du mot.

J'eus là deux amis dont l'existence s'est trouvée plus étroitement liée à la mienne. Je parlerai d'eux avec quelques détails.

L'un de ces amis, à peu près de mon âge, se nommait Hyacinthe Durand, chétif et souffreteux, sa débilité le rendait craintif. Lors de mon entrée à Sainte-Barbe, il servait de jouet, presque de martyr à nos camarades. Il pleurait toujours quand on le battait, ne se défendait jamais, et se nommait *Hyacinthe* (nom singulier pour un homme); aussi l'appelait-on ordinairement MADEMOISELLE. Sa petite figure blonde, sinon agréable, du moins remplie de douceur et de mélancolie; la délicatesse exquise de ses sentimens, sa profonde sensibilité, étaient en effet toutes féminines.

Ainsi que moi, il était orphelin, mais il n'avait pas, ainsi que moi, la plus débonnaire, la plus aimante des *mères-grand'.* Voyait-il un de nos camarades courir joyeux, empressé à cet appel :

— Un tel, *votre père est là... un tel, votre mère vous attend,* Hyacinthe soupirait d'un air navré : jamais personne ne venait le voir. Un jour, après une des visites au moins hebdomadaires de ma grand'mère, je la reconduisais traversant les cours; au moment de nous séparer, elle m'embrassa plusieurs fois, et je lui rendis ses caresses avec effusion. Hyacinthe se trouvait à quelques pas de nous : il se retourna brusquement en cachant entre ses mains sa figure baignée de larmes, tant il ressentait cruellement la privation de ces tendresses maternelles. Son tuteur, employé du ministère de l'intérieur, était un homme avare, dur, atrabilaire; il inspirait un tel éloignement à Hyacinthe, qu'il aimait mieux passer au collège ses dimanches et ses vacances, que de *sortir* (comme disent les écoliers) chez ce tuteur intraitable. Celui-ci ne prenait d'ailleurs aucun soin de son pupille; il le laissait dans un complet abandon. Non-seulement Hyacinthe ne jouissait d'aucune de ces petites douceurs accessibles même aux enfans de familles peu aisées, mais il manquait souvent des choses les plus indispensables; et, grâce à la sordide avarice de son tuteur, jamais Hyacinthe ne portait d'autres vêtemens que les vieux habits de cet homme. Dieu sait la tournure grotesque du pauvre garçon, affublé de la sorte : quels quolibets, quelles persécutions lui valait ce ridicule accoutrement, toujours en lambeaux, car, presqu'à chaque récréation, Hyacinthe passait de main en main quelque jouet. Voulait-il travailler, ses livres, ses cahiers servaient de projectiles. Soit défiance de soi-même, soit dégoût, soit découragement causé par ces continuels mauvais traitemens, Hyacinthe n'avait aucun succès dans les classes; il passait, aux yeux des professeurs, pour un paresseux, pour un stupide.

J'eus cependant plus tard la preuve qu'Hyacinthe, une fois en confiance, et certain d'être écouté avec sympathie, montrait de rares qualités d'esprit et une élévation de pensées remarquables pour son âge.

Ce pauvre garçon, sans famille, sans amis, toujours bafoué, toujours battu, toujours pleurant, et d'une telle mansuétude qu'au lieu d'aller se plaindre des tourmens dont il était victime, il les cachait plutôt; ce pauvre garçon me fit pitié. J'avais alors quinze ans et demi, j'étais grand et fort pour mon âge. Je pris la défense d'Hyacinthe, désormais sa tranquillité fut assurée. Très surpris d'une protection si imprévue, n'en comprenant pas même les motifs, mon nouvel ami les chercha d'abord dans une supposition qui qui me navra; souvent, au collège, un plus fort couvrait de sa protection un plus faible que lui, à la condition pour le protégé d'exécuter passivement les ordres ainsi formulés :

— *Esclave*... va me chercher mes livres... *esclave*, taille ma plume, etc.

Hyacinthe me dit donc de sa craintive et douce voix.

— Fernand, depuis deux jours, grâce à toi, l'on ne me tourmente plus; tu m'as sans doute défendu contre nos camarades afin que je sois *ton esclave?* Je le veux bien; j'aime mieux cela que de servir de jouet à tout le monde. Ne sois pas trop dur envers moi; ne me demande que le possible... je tâcherai de te contenter.

— Hyacinthe, — lui dis-je, — je t'ai défendu, parce que je me suis impatienté de voir tout le monde s'acharner sur toi, qui n'as pas de défense. En retour de ma protection, je te demande seulement ton amitié.

— Mon amitié... — me répondit-il stupéfait, — mon amitié? à moi! et pourquoi?

— Mais... pour avoir un ami... sans doute?...

— Toi! Fernand! toi à qui chacun fait fête? toi si heureux, si riche, dit-on? toi que tout le monde aime? Quel besoin peux-tu avoir d'un ami comme moi?

— Enfin... cela te convient-il?

— Je ne sais... — me dit-il avec hésitation, trouvant toujours la chose invraisemblable... — Cela me semble... si extraordinaire.

— Eh bien! mon pauvre Hyacinthe, prends le temps de t'habituer à cette idée-là; moi, en attendant, j'agirai toujours en ami.

Je tins parole, Hyacinthe fut enfin convaincu de mon amitié pour lui; il chercha dès lors toutes sortes de moyens ingénieux et tendres de me prouver son attachement et sa reconnaissance. Parmi plusieurs, je me rappelle ce fait, il est significatif.

Hyacinthe Durand passait, je l'ai dit, pour un exécrable élève. On lui reprochait, entre autres griefs, son horrible écriture, reproche qui, je l'avoue, malgré ma partialité d'ami, me semblait fondé. Je me sentais assez de goût pour le dessin. Ma grand'mère me donnait tout à profusion, je me servais même pour mes études d'un superbe papier vélin que je *gâchais*, ainsi qu'on dit, en employant une feuille lorsque le quart m'eût suffi. Un jour je trouvai dans mon pupître un carré de ce papier épais comme du carton, sur lequel, au milieu d'une gracieuse bordure à l'encre rouge et noire, était écrit, d'une écriture merveilleusement régulière, l'espèce d'apologue que voici et que j'ai toujours conservé :

LE ROITELET ET LE FAUCON.

» Un pauvre roitelet, sans père ni mère, petit et faible » comme un vrai roitelet qu'il était, servait de jouet à une » troupe de gros oiseaux babillards, espiègles et moqueurs, » retenus comme lui dans une volière.

» Le roitelet paraissait-il? aussitôt geais, loriots, mer» les, pinsons, de s'abattre sur lui, de le poursuivre à » coups de bec, plus par étourderie que par méchanceté. » Le roitelet n'osant jamais crier, les gros oiseaux ne » croyaient peut-être pas lui faire de mal; et puis, ce ché» tif avait des plumes si petites que c'est à peine s'il devait » sentir qu'on les lui arrachait... pensaient sans doute aussi » les gros oiseaux de la volière.

» Le roitelet patientait et espérait dans le bon Dieu, se » disant :

— » Bon comme il est, il n'a pas créé les roitelets pour » rester tremblants et cachés dans quelque coin, sous peine, » s'ils en sortent, d'être plumés vifs!

» Tout petit qu'il est, le roitelet aimerait comme les gros » oiseaux à voltiger sous les feuilles, à se baigner dans la

rosée, à gazouiller gaîment, quand le soleil brille; aussi » tôt ou tard, les étourneaux d'oiseaux qui me tourmentent » et dont le cœur n'est pas méchant, finiront par se dire : » elle doit être très triste, la vie qu'endure ce pauvre petit » roitelet; il fait peine à voir; ayons pitié de lui... Amu» sons-nous à autre chose.

» Les gros oiseaux allaient sans doute penser cela, lors» qu'un beau jour, un faucon, hardi et noble oiseau, habi» tant aussi la volière, prit le parti du roitelet, le couvri « de son aile, le défendit de son bec, et, comme il avait » l'aile forte, le bec dur, le roitelet fut délivré de ses tour» mens.

» Un faucon délivrer un roitelet! Pourquoi? sinon pour » le manger?

» Telle était la pensée du chétif, dès qu'il se vit seul avec » son vaillant sauveur...

» Loin de vouloir le manger, le faucon l'aimait comme » un ami.

» Un faucon! L'oiseau fier, courageux, qui vole à perte » de vue et regarde le soleil en face... un faucon... aimer » le roitelet craintif, qui vit dans la mousse et volète tout » au plus jusqu'à la haute branche d'un églantier?

» Oui, le faucon, l'oiseau fier et courageux a aimé le » roitelet.

» Pourquoi cela?

» Parce que le roitelet était faible, inoffensif et tour» menté.

» Et le roitelet, comment prouvait-il sa reconnaissance » à son ami?

» En l'aimant de tout son cœur de roitelet, aussi grand » pour l'amour que le cœur de l'aigle.

» Quelquefois, cependant, le roitelet s'attriste et se dit : — » Le faucon est un oiseau de chasse et de luxe, re» cherché des seigneurs et des belles dames qui lui tendent » leur gant brodé; aussi, tôt ou tard, paré de clochettes » d'or et d'aigrettes de pourpre, le faucon quittera la vo» lière, prendra son vol et disparaîtra pour toujours aux » yeux éblouis du petit roitelet, dont le monde est un « buisson.

» Que deviendra donc le roitelet, lorsque pour toujours » il sera séparé de son ami?

» Oh! quoique tout petit, cet oiselet est grand magicien... » Oui, le hardi faucon aura beau s'élever à perte de vue » dans les plaines de l'air, voler de montagne en mon» tagne, de châteaux en châteaux, faire l'admiration des » seigneurs et des belles dames par sa grâce et son audace, « il ne sera pourtant jamais séparé du roitelet, destiné, lui » à vivre et à mourir dans son buisson.

» Oui, le brillant et hardi faucon aura beau être là-bas... » il sera toujours ici?

» Où donc cela?

» Dans le cœur du roitelet. »

Jamais je n'aurais cru mon ami le paresseux, le stupide, capable d'écrire rien de pareil. Je n'en fus que plus touché de cette nouvelle preuve de son affection.

Hyacinthe était tout cœur, tout amour, mais sa débilité physique et son extrême impressionnabilité nerveuse le rendaient poltron; des gens valeureux pâlissent à la vue du sang, le pauvre *mademoiselle* pâlissait et tremblait de tous ses membres à la vue du pugilat : la contraction des traits des deux adversaires, l'expression de haine qui les anime, leurs imprécations, leurs cris, causaient à Hyacinthe autant de douleur que d'effroi; il fondait en larmes, et, machinalement, fermait les yeux pour échapper à cette vision hideuse. Aussi, étais-je engagé dans un combat inégal? Hyacinthe se sentait incapable de venir à mon secours; il pleurait, frémissait, mais étais-je terrassé? il demandait grâce et merci à mon vainqueur, s'offrant même en holocauste, afin d'être battu à ma place, si cela pouvait satisfaire mon adversaire.

Contradiction bizarre, le courage d'action manquait à Hyacinthe, et il y avait quelque chose de stoïque, d'héroïque même, dans sa passive résignation à la souffrance morale ou physique; et il me disait, en gémissant d'être assez poltron pour ne pas oser venir me défendre:

— Ce n'est pas la peur des coups qui me retient, Fernand, je te le jure... C'est la vue de ces figures crispées, de ces regards furieux, de ces lèvres blanchies par la colère... Alors, malgré moi, le cœur me manque...

. . . .

III.

J'ai parlé d'une autre amitié contractée à Sainte-Barbe, assez longtemps après ma liaison avec Hyacinthe Durand; cet autre ami se nommait Jean Raymond; ainsi que la plupart de nos camarades, il avait son sobriquet; on le surnommait *Brutus;* il approchait de sa dix-septième année. C'était un garçon de taille moyenne, agile et robuste, d'une figure brune fortement accentuée; sa physionomie fière, ses grands yeux noirs, à la fois hardis et pensifs, sa taciturnité, son goût pour la solitude nous imposaient à tous; on ne lui connaissait pas d'amis; rarement il prenait part à nos jeux, sinon pour y commander en maître. S'agissait-il d'un complot et d'une révolte? Jean Raymond en était l'âme et le chef, si toutefois complot et révolte lui semblaient légitimés par une iniquité flagrante. Sinon, il refusait son concours. La conspiration était-elle découverte, il endurait sans mot dire les punitions, se montrant impénétrable à l'endroit de ses complices. Ce surnom de *Brutus* lui venait du culte qu'il professait pour les républicains de Rome et de Sparte, dont nous traduisions chaque jour les exploits.

Parfois on appelait aussi Jean Raymond le *Tyran*, non par allusion à la domination qu'il exerçait sur nous, mais il ne pouvait parler duchef de l'État sans l'appeler le *Tyran*, et le maudire. J'eus plus tard le secret de cette aversion. Il faut d'ailleurs le dire, Jean Raymond n'était pas de son âge; beaucoup plus avancé que nous tous, il devait à son éducation primitive et à quelques circonstances singulières, une maturité de raison, une rigueur de principes, une autorité de parole et d'esprit très exceptionnelles et fort remarquables, si l'on songe qu'il n'avait alors que dix-sept ans.

Malgré son caractère sauvage, malgré ses fréquentes révoltes, Jean Raymond était l'un des meilleurs élèves de Sainte-Barbe; et de première force en mathématiques, il avait habituellement des brillans succès au *grand concours;* aussi nos *maîtres* se montraient-ils indulgens pour son caractère de *conspirateur;* il était parmi nous plus redouté qu'aimé. Son énergie, son courage, sa supériorité d'intelligence nous inspiraient une déférence involontaire; mais personne ne recherchait son amitié, et il ne recherchait celle de personne.

Tenté peut-être par la difficulté de l'entreprise, j'essayai plusieurs fois d'engager avec Jean Raymond un entretien quelque peu intime: la raideur glaciale de cet étrange garçon repoussait toujours mes avances, et je lui gardai longtemps rancune de sa fière réserve.

Un jour, Hyacinthe Durand avait reçu dans l'œil une balle élastique lancée avec violence; la souffrance fut si vive que *Mademoiselle* poussa des cris aigus.

Jean Raymond passait près de nous, il haussa les épaules, et de sa voix âpre il dit au patient:

— Tu es bien nommé... *Mademoiselle!* douillet comme une femme!

— Je voudrais bien te voir à sa place, toi, *Brutus,* — m'écriai-je en m'adressant à Jean. — Tout *Brutus* que tu es, tu crierais plus fort qu'Hyacinthe, si comme lui tu recevais cette balle dans l'œil.

— Ramasse la balle et essaie, — me dit Jean Raymond d'un air de méprisant défi, et il se planta devant moi les bras croisés, me regardant en face.

Dans un premier mouvement de colère, et autant pour venger Hyacinthe que pour mortifier ce bravache, je ramassai la balle et je la lançai avec tant de force, que j'at-

teignis Jean Raymond au-dessus de l'œil; presque aussitôt sa paupière se gonfla, devint bleuâtre; la douleur dut être cruelle. *Brutus*, impassible, ne poussa pas une seule plaintet et me dit dédaigneusement:

— Ai-je crié?

Puis il me tourna le dos, sans chercher à se venger de moi, quoiqu'il fût aussi brave que robuste.

Je l'avoue, je ne trouvais rien de plus superbe, de plus héroïque dans mes souvenirs classiques de Rome ou de Sparte. Jean Raymond me parut alors haut de cent coudées; ma rancune fit place à une sorte d'admiration fanatique, et, courant après lui, je lui dis:

— Raymond, je t'ai fait lâchement du mal... tu devais te revenger...

— Non, — reprit-il brusquement, — je t'avais mis au défi.

Et il s'éloigna. Je le rejoignis, et j'ajoutai:

— Tu as été généreux envers moi, je te demande pardon du mal que je t'ai fait lâchement, je m'en repens. Pour te le prouver, je t'en prie, soyons amis!

— Amis! — me dit-il en me toisant, comme si ma prétention lui eût semblé exorbitante; et il ajouta sèchement:

— L'amitié ne me vient pas si vite à moi.

— Mais, pour avoir ton amitié, que faut-il faire?

— Être le contraire de ce que tu es.

— Et que suis-je donc?

— Rien?

— Rien?

— Ou plutôt tu es paresseux, ignorant, léger, tu es sans caractère, sans énergie.

— Moi! je me suis encore battu hier deux fois!

— Oui, par colère ou par sot amour-propre. Tu ne recules pas devant un coup de poing, mais tu n'as ni tête, ni fermeté, je m'en étourdi, bavard. Lors de la conspiration du *grand dortoir,* tout a été découvert par la trahison.

— Moi, traître!

— Tu as bavardé. En pareil cas, parler, c'est trahir. Tu es, de plus, menteur, et je méprise les menteurs.

— Que veux-tu, quelquefois je mens... comme un autre... pour n'être pas puni, par exemple.

— C'est de la lâcheté, tu es en outre ridiculement vaniteux.

— En quoi?

— En tout. Quand tu sors, le dimanche, tu es affublé comme un homme de vingt-cinq ans, tu fais le *monsieur,* seul ici tu as une montre d'or avec des breloques, et tu ne perds pas une occasion de faire parade de ta montre; et puis enfin tu es sans cœur.

Jamais, depuis son entrée à *Sainte-Barbe,* Jean Raymond n'avait si longuement causé avec aucun de nous, et quoique je fusse alors très mauvais observateur, je remarquai que *Brutus,* à chacun des reproches qu'il m'adressait, semblait vouloir rompre l'entretien puisqu'il le poursuivait comme malgré lui; de toutes ses duretés, la seule qui me blessa fut celle-ci: « Tu es sans cœur. »

Aussi lui dis-je avec amertume:

— Moi!... je n'ai pas de cœur?

— Au fait... si... un peu, — ajouta Jean Raymond en semblant se rappeler un souvenir. — Tu as pris sous ta protection Hyacinthe; tout le monde le battait, le bafouait; tu l'as défendu; cela, du moins, annonce un peu de cœur.

— Tu vois bien... J'en ai un peu.

— C'est possible... mais moi je voudrais beaucoup de cœur chez mon ami.

Et Jean Raymond me quitta brusquement.

Malgré la rude franchise des reproches de Brutus, je crus lire sur sa physionomie plus de sympathie pour moi qu'il ne voulait paraître m'en témoigner. A la fin de notre court entretien, la mordante âpreté de sa voix s'était adoucie. Et lorsqu'il m'avait dit: « *Tu as un peu de cœur,* » je crus remarquer que, dans son premier mouvement, bientôt contenu, il se disposait à me tendre la main.

Chose bizarre! les reproches de Jean m'aiguillonnèrent; je travaillai avec une ardeur dont je ne me soupçonnais pas capable. J'obtins quelques *bonnes places;* j'allai franchement au-devant d'une punition, en avouant une faute cachée ; je me battis moins en aveugle ; je laissai ma montre et mes breloques dans mon gousset au lieu d'en faire incessamment des exhibitions vaniteuses. Enfin, lors d'une fameuse conspiration dite *des Quinguets* (insurrection légitime, car Brutus en avait pris la direction et l'avait conduite avec son courage et son sang-froid habituels), je fis preuve de tant de secret et de résolution que, le lendemain de l'*affaire*, Jean Raymond, renfermé ainsi que moi dans le cachot du collége, me dit en me tendant le main :

— Fernand, si tu le veux, maintenant... soyons amis...

A ces mots, ma joie égala ma surprise, et bientôt une transformation complète s'opéra chez Jean Raymond. Sa parole, d'abord impérieuse, acerbe, devint pleine d'affection; sa rude physionomie s'attendrit; ce prétendu cœur de bronze s'ouvrit enfin, et j'y trouvai des trésors de délicatesse et de sensibilité, dignes de *Mademoiselle*. Je ne pouvais revenir de mon étonnement ; je lui cachai pas à Jean, lui demandant pourquoi il avait si longtemps repoussé l'offre de mon affection.

— Je me sentais attiré vers toi, — me répondit-il en souriant. — J'ai eu beau me débattre, j'ai cédé au charme...

— Et pourquoi n'as-tu pas cédé tout de suite, Jean ?

— Parce que, pour un terrible mathématicien comme moi, mes velléités d'amitié pour toi ne me paraissaient pas logiques, et voici pourquoi : je te gronderai sans cesse sur tes défauts, tu ne te corrigeras pas, j'en serais furieux, je te dirai des injures, et je ne t'en aimerai pas moins. Après tout, vaut mieux cela que de vivre en loup et sans ami.

. . . .

Ma nouvelle amitié ne me fit pas oublier Hyacinthe Durand : ce jour-là même, je dis à Jean :

— Avant d'être ton ami, j'étais lié avec *Mademoiselle*, si je l'abandonnais maintenant, il serait très malheureux, ne se plaindrait pas, et pleurerait à l'écart ; il est timide et craintif comme une fille ; mais il est si affectueux, si dévoué, surtout si reconnaissant de ce qu'on l'aime, que tu devrais permettre qu'il soit en tiers dans notre amitié, et ne pas me forcer de le délaisser...

A ces mots, Jean Raymond s'écria d'un ton de reproche :

— Moi te forcer de délaisser Hyacinthe ! tu serais donc capable de cette ingratitude ?...

— Non, Jean ! non, certainement... Mais enfin... s'il fallait absolument choisir entre toi et lui... je... je...

— Tu abandonnerais peut-être ce pauvre garçon, qui n'a que toi pour ami, pour soutien, afin de faire parade de mon amitié? comme de ta montre à breloques, n'est-ce pas ? — continua Jean avec colère. — Je te le disais bien ! nous ne pourrons jamais nous entendre ! Déjà cela commence ! Où diable aussi ai-je été chercher un ami comme toi.

Affligé de la verte remontrance de Jean, je repris :

— J'ai eu tort de te parler de sacrifier Hyacinthe, c'est vrai, mais du moins ma pensée était bonne ; elle te prouve que je n'oubliais pas mon premier ami.

— Eh ! mon Dieu! oui !—reprit Raymond un peu calmé, mais en haussant les épaules, — oui, la première pensée était bonne, mais tu l'as gâtée, tu n'as pas eu le courage de me dire hardiment : » Je serais ton ami, mais je veux rester aussi l'ami d'Hyacinthe. »

— Tu as raison...

— Et quand je te reprochais de n'avoir que le courage des coups de poings à donner ou à recevoir, avais-je tort?

— Non, Jean, je ne crains pas la bataille; mais il y a une foule de choses que je n'ose pas dire, de peur de faire de la peine ou de blesser.

— Au contraire, c'est avec ces ménagemens, avec ces faiblesses de caractère, que l'on blesse les gens... Comme moi tout à l'heure.

— Je t'ai blessé?

— Certainement, me croire capable d'exiger ta rupture avec Hyacinthe !

— Merci, Jean, ainsi tu voudras bien que *Mademoiselle* ne reste pas tout seul? qu'il vienne quelquefois avec nous pendant les récréations.

— Parbleu! —me répondit Raymond en souriant,— une *Mademoiselle*, c'est sans conséquence.

Lorsque j'appris à Hyacinthe ma récente amitié pour Raymond, en assurant toutefois mon ancien ami qu'il ferait partie de notre *trio*, le pauvre garçon tâcha de sourire, de paraître content, et me répondit :

— Oh ! tant mieux !... Nous serons trois amis au lieu de deux, et...

Il ne put achever, les larmes lui vinrent aux yeux, et il ajouta, en tâchant de dissimuler son émotion :

— Oui... il vaut bien mieux être trois... au lieu de deux, c'est bien plus gai. — Et il ajouta d'un air navrant : — Et puis, enfin, tu sais bien, Fernand, que je n'ai pas... le droit d'avoir de volontés... C'est déjà beaucoup que tu aies de l'amitié pour moi que tout le monde repoussait !

. . . .

Hyacinthe, admis dans notre intimité, montra la plus grande discrétion dans ses rapports avec nous, de crainte de nous importuner ou de nous être à charge ; que de fois Raymond et moi nous avons été obligés d'aller à lui, de le prendre sous le bras, et de le mettre en tiers dans nos entretiens, dans nos promenades. Alors, son regard devenait humide, et il nous remerciait avec effusion. Peu à peu sa contrainte disparut, souvent il nous tenait sous le charme de son âme angélique; un rien, un insecte posé sur une petite fleur, un brin d'herbe poussé à travers le sable de la cour, inspirait à Hyacinthe les pensées les plus touchantes, les plus tendrement religieuses. Un jour il nous disait :

— Comme le bon Dieu se montre équitable, paternel envers les humbles et les petits ! Il a donné à ce brin d'herbe, à cet insecte, une vie aussi complète que celle des plus grands arbres et des plus grandes créatures.

Ce cœur excellent et résigné, toujours sympathique à ce qui était faible et inoffensif comme lui, trouvait dans son infirmité même une raison pour bénir et pour glorifier Dieu.

Jean Raymond avait aussi un instinct religieux très prononcé. Mais, pour lui, Dieu signifiait *justice;* comme, pour Hyacinthe, Dieu signifiait *amour.*

Quand à moi, je l'avoue, j'étais en ces matières l'écho qui répète le son à s'y tromper, le miroir qui réfléchit l'objet à s'y méprendre ; je m'attendrissais avec Hyacinthe, je m'indignais avec Jean contre l'injustice, et cela sincèrement, et cela du plus profond de mon cœur. Dans ces momens-là, j'aurais traduit mes sentimens par des ac tes ; cependant je n'avais ni amour pour tout et pour tous comme Hyacinthe, ni esprit d'inflexible équité comme Jean Raymond.

IV.

Une circonstance caractéristique achèvera de peindre Jean Raymond.

C'était en 1815 (après la seconde Restauration), lors d'une de nos promenades de collégiens sur les boulevards. L'église de la Madeleine se trouvait alors en construction ; son vaste enclos renfermait un bivouac de troupes étrangères; le *maître* qui dirigeait notre promenade consentit, sur notre demande, à nous faire visiter le bivouac, où campaient, s'il m'en souvient, des cuirassiers russes et des Cosaques réguliers.

Je marchais à mon rang, côte à côte avec Jean Raymond, Hyacinthe nous précédait; nous arrivions sur une espèce de plate-forme, qui sert aujourd'hui de péristyle à l'église, mais alors les marches n'étant pas posées, cette plate-forme s'élevait à pic, de douze à quinze pieds au-dessus du sol.

Jean Raymond avait quitté son rang pour aller regarder du haut de cette plate-forme ; soudain je le vis se baisser, saisir à deux mains une grosse pierre, la laisser tomber comme en visant, puis rester à sa place, immobile et les bras croisés. La pierre lancée, nous entendîmes aussitôt des cris de douleur et de colère ; je m'approchai vivement de Jean avec Hyacinthe ; et nous aperçûmes au bas de l'élévation où nous nous trouvions un Cosaque à veste rouge tombé à deux genoux ; il poussait des gémissemens douloureux en se frottant l'épaule ; d'autres cavaliers russes vociféraient en montrant leurs sabres à Jean Raymond, toujours impassible au haut de la plate-forme.

Au bout de quelques instans notre professeur accourut, saisit Jean par le bras, et s'écria tout éperdu :

— Ah ! malheureux, qu'avez-vous fait !

— J'ai voulu jeter cette grosse pierre sur la tête de ce Cosaque, — reprit froidement Jean ; — malheureusement je ne l'ai touché qu'à l'épaule.

— Mais vous l'avez blessé grièvement, peut-être ! s'écria le professeur ; — vous risquiez de le tuer.

— C'était mourir, — répondit simplement Jean.

— Que dites-vous ? — s'écria le professeur en joignant les mains avec épouvante, — et pourquoi tuer ce soldat ?

— Parce que c'est un Cosaque, — reprit Jean ; — et les Cosaques, en Lorraine, ont lâchement égorgé des femmes, des enfans, des vieillards !

— Mais les camarades de ce soldat accourent pour le venger, insensé que vous êtes ! — reprit le professeur véritablement effrayé. — Les voyez-vous là-bas, montant cette échelle, et en tumulte et le sabre à la main ?

— Qu'ils viennent ! — répondit Raymond, — je les attendais. Si ce Cosaque avait été seul, je n'aurais pas cherché à le tuer ; j'aurais été lâche...

Nous restions stupéfaits et enthousiasmés de la résolution de Jean ; plusieurs officiers russes, prévenus sans doute de l'accident, arrivèrent sur la plate-forme accompagnés de leurs cavaliers. L'un de ces officiers parlait français ; il s'informa où était le professeur qui nous conduisait, le rejoignit, et s'entretint avec lui à voix basse, avec animation. Il s'agissait sans doute de donner une rude leçon à l'imprudent écolier, en l'épouvantant. Aussi le maître, revenant avec les officiers russes, dit à Jean Raymond d'un air consterné :

— Ah ! mon Dieu, qu'avez-vous fait ! Ces messieurs vont vous arrêter.

— Et vous fusiller, — ajouta l'officier qui parlait français, — vous fusiller pour avoir risqué de tuer un de mes cosaques.

Jean haussa les épaules.

— Oui, vous allez être fusillé sur l'heure, — reprit l'officier, — à moins que vous ne demandiez pardon, et pardon à genoux, de ce que vous avez fait !

— Je ne me mets pas à genoux, — répondit Jean — je ne demande pas pardon.

— Du moins vous vous repentez, — dit l'officier, sans doute frappé du courage de cet adolescent. — Voyons... vous repentez-vous ?

— Non.

— Ainsi vous recommenceriez !

— Oui.

Et il fut impossible au maître et aux officiers de tirer autre chose de Jean Raymond.

Lorsqu'il sortit du cachot où il fut enfermé pendant huit jours, pour cette aggression contre un Cosaque (Hyacinthe et moi nous portâmes ce que nous appelions *le deuil* de notre ami, en nous faisant mettre en retenue pendant toutes les récréations jusqu'à sa sortie de prison), lorsqu'il sortit de cachot, Jean Raymond nous expliqua plus au long sa haine des Cosaques ; nous autres enfans, nous ne nous occupions guère de politique ; quant à moi, j'avais entendu parler, par les vieux amis de ma grand'mère, de l'invasion étrangère et de l'avénement de la Restauration comme d'un grand bonheur pour la France ; mais Jean, nous ayant raconté les horreurs commises en Champagne et en Lor-

raine par les Prussiens et les Cosaques, termina son récit par ces mots :

— Un Cosaque n'est pas un soldat, c'est une bête enragée que l'on tue partout, et comme on peut, à coups de pierre, ou à coups de fourche, à défaut de fusil.

Je partageai l'indignation de Jean, regrettant au fond de l'âme de n'avoir pas jeté aussi mon pavé sur un Cosaque.

Hyacinthe frémit de tout son corps, et reprit timidement :

— Jean... tuer un homme, pourtant ?

— J'ai dit qu'un Cosaque n'était pas un homme, — s'écria Jean les yeux étincelans de colère.

— Non, ce n'est pas un homme ! — m'écriai-je non moins courroucé que mon ami. — Jean l'a dit, un Cosaque, c'est une bête enragée, que l'on tue comme on peut.

A ces mots, Hyacinthe mit ses mains sur ses yeux en frissonnant, et balbutia timidement :

— Tuer.... tuer... c'est bien terrible... mon Dieu ! tuer... parce que l'on a tué... Ne vaudrait-il pas mieux pardonner... tâcher de rendre bons ceux qui sont méchans.

Jean partit d'un éclat de rire sardonique.

Naturellement, je l'imitai, et le pauvre Hyacinthe balbutia tout confus :

— C'est vrai, ce n'est pas brave, ce que je vous dis là... mes amis... Excuse-moi, Jean, et toi aussi, Fernand ; mais... je n'entends rien à la vengeance ; ce n'est pas ma faute... Je ne comprends que le pardon, — ajouta la douce et naïve créature avec une telle expression de bonté, qu'après avoir, un instant auparavant, partagé la sauvage exaltation de Jean, je sentis mon cœur s'attendrir, et, sans la crainte de paraître lâche et ridicule à Brutus, j'aurais même répété les paroles d'Hyacinthe.

— Tu as raison, mon pauvre *Mademoiselle*, — répondit Jean à notre ami, avec un accent d'affectueuse commisération. — Non, ton âme douce et tendre ne peut pas... ne doit pas comprendre la vengeance.

— Non, — ajoutai-je du ton le plus farouche, — il faut laisser la vengeance aux caractères énergiques, mon pauvre Hyacinthe !

Jean Raymond, très avancé pour son âge, était, on le voit, doué d'un caractère d'une trempe peu commune. Cependant, l'inflexibilité de ses principes, l'exaltation de ses opinions, révélaient d'autres influences, d'autres exemples, d'autres enseignemens que ceux de notre éducation de collège. Souvent *Brutus* m'avait parlé de sa mère avec attendrissement ; c'est surtout au milieu de ces épanchemens que je pus apprécier les trésors de délicatesse et de sensibilité contenus dans cette âme, si rude en apparence. Quant à son père, Jean m'avait dit une seule fois :

— Mon père est mort.

Et l'expression de ses traits était tout à coup devenue si douloureuse, si farouche, que jamais je n'osais revenir sur ce sujet. Jean m'avait aussi parlé de son oncle (le frère de sa mère), qu'il se souvenait d'avoir vu deux ou trois fois dans son enfance, et seulement pendant la nuit. — Cet oncle habitait un pays étranger, — avait ajouté Jean avec embarras. Je crus que quelque mystère se rattachait à l'existence de ce parent, et depuis, par réserve, je n'en dis plus un mot à mon ami.

Un dimanche soir, Raymond, de retour de chez lui, me dit d'un air tout joyeux :

— Fernand, ma mère désire te voir.

— Vraiment !

— Je lui ai souvent parlé de toi comme de mon ami, elle m'a prié de t'amener goûter dimanche prochain... Tu viendras, n'est-ce pas ?

— Vois un peu, — dis-je à Jean, non moins joyeux que lui, — comme cela se rencontre.

— Comment ?

— Ma grand'mère aussi désire te voir ; tantôt elle m'a dit : » Mais amène-moi donc ton camarade Raymond, que » tu aimes tant, ainsi que ton autre ami... Il faut venir di-

» manche dîner avec moi, et surtout dis à tes amis de » n'avoir pas trop peur de la mère-grand! » Et j'ai promis que je vous amènerais.

— Quant à moi, tu as bien fait de promettre; tu viens chez ma mère, il est tout naturel que j'aille chez ta grand-mère... Mais tu as peut-être eu tort de promettre d'amener Hyacinthe.

— Pourquoi cela?

— Tu le sais, le pauvre garçon est orphelin. Sa sensibilité est extrême... Le mener chez nous, où il entendra dire à chaque instant : *» mon cher enfant... mon cher fils...* » c'est l'exposer à comparer son isolement aux affections dont nous sommes entourés, et peut-être lui causer un chagrin d'autant plus vif qu'il sera contenu? Qu'en penses-tu?

— Ce que tu dis est vrai, Jean. Maintenant je me rappelle qu'une fois Hyacinthe a été tellement ému de voir ma grand'mère m'embrasser, qu'il n'a pu retenir ses larmes.

— Et voilà sans doute ce qui arriverait si nous le conduisions chez nous ; ce serait pour lui une souffrance ; aussi je n'ai rien voulu décider sans nous consulter, et j'ai répondu à ma mère que peut-être je n'amènerais pas Hyacinthe.

— Heureusement, je ne l'ai pas prévenu de l'invitation de ma grand'mère.

— Alors, Fernand, c'est entendu, ne parlons de rien à Hyacinthe avant d'avoir encore réfléchi, car c'est peut-être aussi par trop de scrupule que de le priver d'une bonne journée, lui qui en a si peu. Dans tous les cas, pas d'étourderie, ne vas pas l'oublier, en causant devant lui, et me parler de nos projets de dimanche.

— Il se croirait exclu de cette petite partie de plaisir, et il en serait navré. Le mieux est donc, jusqu'à nouvel ordre, de nous taire devant lui sur nos projets de dimanche.

— Tu as raison, Jean, alors silence complet.

— Si tu peux le garder.

— Ah ça ! tu me crois donc bien étourneau, bien bavard ?

— Oui, — répondit *Brutus.*

Et il avait raison.

Le jeudi, à la promenade, nous nous donnions le bras, Hyacinthe, Jean et moi. Ma grand'mère demeurait près de la place Royale ; la mère de *Brutus* au haut du faubourg Saint-Antoine. Nous passions à l'entrée de la rue de ce nom, sur la place de la Bastille, lorsque je dis étourdiment à Raymond :

— Sais-tu que dimanche nous aurons un fameux bout de chemin pour aller de chez toi chez ma grand'mère ?

Raymond faillit m'écraser le pied d'un coup de talon de botte, en manière d'avertissement ; il était trop tard : Hyacinthe m'avait entendu. Soudain il devint pensif et triste, malgré ses efforts pour dissimuler son chagrin sous les dehors d'une gaîté factice qui nous serrait le cœur. La promenade s'acheva silencieuse ; lorsque, rentrés au collège, nous nous trouvâmes seuls, Jean et moi, il me dit impétueusement :

— Blesser si cruellement ce pauvre Hyacinthe par ta sotte intempérance de langue ! il va se croire dédaigné par nos parens.

Puis Jean ajouta avec une indignation croissante :

— Mais tu ne t'imagines donc pas ce qu'il doit souffrir ? tu ne te mets donc pas à sa place ?

— Que veux-tu ? je regrette mon indiscrétion ; mais il y a moyen de tout réparer, c'est d'inviter Hyacinthe.

Jean haussa les épaules.

— C'est pis encore ! l'inviter après coup, comme en se ravisant et par pitié ! deux humiliations pour une. Mais, tiens, regarde, le vois-tu ?

Et de la grande cour où nous nous trouvions à l'heure du goûter, Raymond me montra au loin, assis sur un banc isolé, le pauvre Hyacinthe, son pain sur ses genoux, et pleurant à l'écart.

— Cela me fait mal, —s'écria Jean,—je ne peux pas le voir ainsi malheureux ; il faut tout lui avouer... viens.

— Y songes-tu ? — m'écriai-je, — oser lui causer tant de chagrin ! oser lui apprendre que...

— Oui, j'oserai être sincère — reprit Raymond en m'interrompant et haussant les épaules, — oui, *j'oserai* consoler Hyacinthe, *j'oserai* calmer sa peine ; tant pis pour toi si tu n'as pas ce courage-là. Va ! tu seras toujours le même.

Et *Brutus* sans attendre ma réponse, courut droit à notre ami. Celui-ci était si absorbé dans sa peine, qu'il ne nous vit pas nous approcher de lui ; à la voix de Jean, il se leva tout surpris et tâcha de détourner son visage pour nous cacher ses larmes.

— Tu pleures, mon pauvre Hyacinthe, — lui dit Raymond d'une voix touchante. — Je sais ce qui t'afflige.

— Que veux-tu dire, Jean ?

— Je vais dîner dimanche chez la grand'mère de Fernand, et lui doit venir goûter chez ma mère ; nos parens, sachant combien nous t'aimons, nous avaient priés de t'amener aussi...

Hyacinthe fit malgré lui un signe de doute.

Jean reprit :

— Tu le sais, je ne mens jamais... Crois-moi donc ; je te le répète, nos parens t'avaient aussi invité.

Les traits d'Hyacinthe s'épanouirent ; Raymond poursuivit :

— Mais, voilà ce qui nous a empêché de te parler de cette invitation, — ajouta Jean d'une voix émue : — nous avons craint qu'en nous voyant comblés chez nous de ces tendresses que tu ne connais pas, toi, pauvre ami, cela ne te fît mal, car nous savons ta sensibilité. Alors, hésitant à te faire part de cette invitation, nous sommes convenu de ne te rien dire avant d'avoir mûrement réfléchi ; mais comme on empêcherait plutôt une mouche de bourdonner que Fernand de bavarder, il n'a pas manqué tantôt de faire allusion à notre sortie de dimanche. Voilà, mon ami, la vérité, toute la vérité... Encore une fois, tu me connais, et tu me croiras... Je n'ai pas besoin de te dire que si tu veux venir avec nous, la fête sera complète.

Bien des années se sont passées depuis cette époque, et il me semble encore voir la figure, d'abord si navrée d'Hyacinthe, prendre l'expression du plus touchant attendrissement ; des larmes de joie baignaient ses joues ; il s'écria d'une voix palpitante d'émotion, en serrant mes mains dans les siennes :

— Combien vous êtes bons pour moi... Ah ! voilà les seuls plaisirs qui me conviennent... Me savoir aimé comme je le suis par vous ! voilà mes fêtes à moi. Eh bien ! oui, cela m'avait chagriné de me croire délaissé par vous ; mais, vous aviez deviné juste... En vous voyant si aimés par une mère, par une grand'mère, je n'aurais pu m'empêcher de me dire : » *Et moi ?* »

Puis, tâchant de sourire, Hyacinthe ajouta en nous montrant ses vieux et grotesques habits, récente défroque de son tuteur :

— Et d'ailleurs, voyez donc comme je suis accoutré... j'ai l'air d'un masque. On nous aurait suivis... Quand nous sommes en rang, cela passe encore, l'on ne remarque pas mes habits ridicules, je me confonds dans la masse ; mais seul avec vous deux, impossible... Surtout ne me plaignez pas, — ajouta-t-il d'un ton pénétré, — avec vous j'ai la pensée, par le cœur ; au retour, vous me raconterez cette petite fête, et je serai aussi content... aussi content que si j'y avait assisté.

V.

Le dimanche arriva. Nous devions goûter chez la mère de Jean Raymond, et dîner chez ma grand'mère. *Brutus* et moi nous partîmes de Sainte-Barbe tout joyeux de ce double plaisir.

Madame Raymond demeurait au fond du faubourg Saint-Antoine, dans une ruelle étroite et écartée avoisinant la barrière. Je n'aperçus que trois ou quatre maisons d'un pauvre aspect, disséminées dans toute la longueu de cette ruelle, et entourées de jardins. L'on se serait cru au fond d'une petite ville de province, à cent lieues de Paris; l'herbe croissait entre les pavés, presque jamais il ne passait de voitures dans cette solitude. Jean s'étant arrêté devant une vieille maison à un seul étage, complètement isolée, frappa à la porte. La planchette d'un guichet intérieur pratiqué dans cette porte bâtarde se tira. Je vis deux yeux nous examiner, puis l'on nous ouvrit; une vieille servante nous reçut; pâle et maigre, vêtue de noir, coiffée d'une espèce de béguin blanc, elle ressemblait presque à une religieuse. Pendant que Jean l'embrassait cordialement, elle lui dit tout bas quelques mots dont il parut surpris. Je le suivis à travers un sombre corridor, et j'entrai avec lui dans un salon modestement meublé. A mon grand étonnement, je trouvai là cinq à six hommes dans la maturité de l'âge et vêtus comme des artisans aisés, les uns coiffés de chapeaux, les autres de casquettes. L'un d'eux me frappa surtout par sa figure martiale; il pouvait avoir environ quarante-cinq ans; robuste et de grande taille, il portait, avec son costume demi-militaire, demi-bourgeois, un bonnet de police vert à flamme rouge; son teint basané, ses longues moustaches noires, ses cheveux grisonnans, le feu de ses regards lui donnaient cette physionomie résolue que j'avais tout d'abord remarquée.

Ces hommes me parurent sombres ou tristes; ils causaient à voix basse lorsque nous entrâmes; à la vue de Jean, ils se levèrent et l'accueillirent avec une sorte de déférence mêlée de cordialité. Raymond leur serra la main, tandis que le grand homme à moustaches et à bonnet militaire, après m'avoir par deux fois très attentivement regardé, dit à Jean à demi-voix :

— Ta mère avec... (et il acheva si bas que je n'entendis pas les autres paroles). Nous avons ensuite à causer avec elle... Tu feras bien d'attendre dans le jardin, nous ne serons pas longtemps.

— Bernardine m'avait prévenu que je vous trouverais ici, — reprit Jean.

Puis, regardant fixement son interlocuteur, il lui dit d'un ton significatif :

— Et... rien de nouveau?

— Au contraire, — répondit d'un air sombre l'homme à moustaches; — c'est pour cela que nous sommes venus ce matin... Ta bonne mère te dira tout.

— Au revoir, — reprit Raymond en tendant la main à ce personnage, — au revoir, *Charpentier*.

— Au revoir, mon enfant.

Puis attirant Jean près de lui, après m'avoir de nouveau regardé avec une fixité qui m'embarrassait, cet homme, que je venais d'entendre nommer *Charpentier*, dit tout bas quelques mots à Raymond. Évidemment il s'agissait de moi, et l'épithète de *muscadin* arriva même à mon oreille. Ce mot fit sourire Jean; mais il reprit sérieusement en se tournant de mon côté et à voix assez haute pour que je l'entendisse :

— C'est mon camarade, mon meilleur ami.

— A la bonne heure, — dit Charpentier en me regardant de nouveau; et il ajouta en serrant la main de Raymond : — Adieu, mon enfant.

Jean et moi, quittant le salon où étaient ces hommes, nous entrâmes de plain-pied dans un jardin ombragé de grands arbres.

L'épithète de *muscadin* prononcé à mon endroit par l'homme à moustaches me tenait au cœur. Cependant, il faut le dire, je la méritais. Ma grand'mère me *gâtait*, elle allait au-devant de toutes mes fantaisies; or, le plus impétueux besoin de presque tous les adolescens de quinze à seize ans étant de s'habiller en *messieurs*, ma grand'mère m'avait donné carte blanche à ce sujet. Je portais donc, à la mode d'alors, un habit bleu barbeau à boutons dorés, un pantalon collant de tricot gris de lin, des bottes à cœur à la hussarde plissées sur le coude-pied, une cravate blanche de mousseline empesée, dont les longs bouts figuraient des oreilles de lièvre; enfin, mon gilet de cache-

mire orange à palmettes laissait passer la chaîne d'or et les breloques de ma fameuse montre : un chapeau rond, crânement posé de côté sur mes cheveux *trop* frisés, et une badine à la main, complétaient ce costume, qui m'avait attiré l'épithète méritée de *muscadin.*

J'entre dans ces détails, puérils peut-être, parce que l'habillement de Jean Raymond contrastait singulièrement, et il faut le dire à son avantage, avec le mien. Certes, son large pantalon de coutil, sa redingote bleu foncé, sa cravate noire nouée négligemment autour de son cou séyaient beaucoup mieux à son âge et à sa figure que ne séyait mon costume à la mode.

L'aspect de la petite maison, triste, pauvre et solitaire, où nous nous trouvions, le profond silence qui y régnait, l'espèce de mystère qui m'avait paru présider à l'entretien de Raymond et de ces hommes à figures chagrines et résolues; tout me causait un sentiment de surprise et de curiosité, je dirais presque de vague inquiétude.

Nous nous étions assis Jean et moi sur un banc de pierre au fond du jardin, en attendant que madame Raymond pût nous recevoir.

Mon ami, devinant ma pensée, me dit en souriant :

— Tu nous trouves tristement logés, n'est-ce pas, Fernand ?

Et comme j'hésitai à répondre, Jean reprit d'un ton de reproche amical :

— Mais, avec ta peur de choquer, de contrarier les gens, tu ne pourras donc jamais dire simplement, franchement ce que tu penses?

— Eh bien ! franchement, mon cher Jean, je trouve que cette habitation n'est pas très gaie.

— Cette habitation est pauvre et triste, mon bon Fernand, parce que ma mère n'est ni gaie, ni riche; mais elle est si bonne, si tendre... Enfin, tu la verras, et, j'en suis sûr, tu l'aimeras...

— Et ces hommes qui attendaient dans le salon, — me hasardai-je à demander à Jean, — qui sont-ils ?

— De vieux amis de ma mère, — me répondit Raymond avec un accent de profonde déférence.

Je ne pus retenir un mouvement de surprise, car plusieurs d'entre eux, je l'ai dit, portaient des casquettes et étaient vêtus en artisans.

Jean reprit en souriant de nouveau :

— Tu les trouve mal habillés, n'est-ce pas, les amis de ma mère?

— Je ne peux pas dire qu'ils aient tout à fait l'air de... *muscadins,* — repris-je en faisant allusion à l'épithète de l'homme à moustaches.

Jean se mit à rire et reprit :

— Tu as entendu Charpentier? C'est vrai, il m'a dit, en parlant de toi : « — Ce garçon-là n'a pas l'air d'un jeune homme de son âge; il est mis en vrai muscadin... C'est trop tôt. »

— Je m'explique alors, — dis-je à Raymond en riant à mon tour, — l'étonnement que je causais à ce monsieur, car, depuis mon entrée chez toi, il ne cessait de me regarder comme une bête curieuse, et je l'avoue, cela m'embarrassait beaucoup.

— Les amis de ma mère n'ont pas, je l'avoue, des manières très raffinées; ils ne savent cacher ni leur surprise ni leur pensée. Mais, vois-tu, — ajouta Jean d'un ton ému et pénétré, — les hommes que tu viens de voir tout à l'heure sont les plus braves... les plus honnêtes gens qu'il y ait au monde.

— Et qu'est-ce qu'ils viennent faire chez ta mère ?—demandai-je à Jean avec une curiosité naïve.

Un moment il fronça ses noirs sourcils d'un air fâché; cette impression ne dura pas, il me dit affectueusement :

— Que vont faire chez ta grand'mère les amis qu'elle reçoit?

— Mais... ils viennent la voir.

— Qu'y a-t-il alors d'étonnant à ce que les amis de ma mère viennent la voir ? !

— Oh !... rien... c'est que...

— C'est que ?

Je gardai le silence, n'osant pas achever. Jean poursuivit en me prenant cordialement la main :

— Pauvre Fernand ! toujours des réticences ! Dis donc tout de suite que tu ne comprends pas que ma mère ait de si pauvres gens pour amis.

— En effet, cela me surprend...

— Fernand, je te souhaite de trouver une douzaine d'amis comme ceux-là, et tu pourras braver la plus mauvaise fortune.

Au moment où Jean prononçait ces mots d'un air pensif, il se passa à mes yeux un fait étrange.

La maison, fort basse, n'était composée que d'un rez-de-chaussée surmonté d'un comble. Or, en écoutant mon ami, je jetais machinalement les regards sur les ouvertures pratiquées dans les combles, et destinées sans doute à aérer un grenier servant de séchoir, ainsi que l'indiquaient plusieurs pièces de linge étendues sur des cordes. Soudain, je vis une de ces toiles blanches se replier doucement, comme si de l'intérieur quelqu'un l'eût écartée avec précaution ; puis apparut à mes regards une figure d'homme, pâle, et à demi couverte d'une longue barbe blonde. Cette vision ne dura qu'une seconde. Cependant je pus remarquer les traits de cet homme et la manière dont il était vêtu. Sans doute il nous aperçut dans le jardin, Jean et moi, car il se retira brusquement, craignant peut-être d'avoir été surpris.

Raymond, absorbé dans je ne sais quelle préoccupation, n'avait sans doute rien observé de ce qui m'avait frappé ; j'ouvrais la bouche pour lui faire part de ce singulier incident, lorsque la vieille servante reparut à la porte du salon, et fit un signe à Jean.

— Viens, Fernand, — me dit-il en se levant, — ma mère peut nous recevoir, je vais te présenter à elle.

Je suivis Raymond, et je remis à un autre moment de lui parler de l'apparition de l'homme à la barbe blonde.

Lorsque nous entrâmes chez la mère de mon ami, voilà ce que je vis :

La chambre dans laquelle la vieille servante nous introduisait donnait sur le jardin, ainsi que les autres pièces de cet appartement. Tout était d'une propreté extrême, mais d'une simplicité austère ; des meubles de bois peint, un carrelage luisant, un petit tapis devant le lit enveloppé de ses rideaux blancs, tel était l'ameublement.

Mon attention et ma curiosité furent surtout vivement excités par trois objets attachés le long de la boiserie grise.

Le premier formait une sorte de trophée où se trouvaient groupés un faisceau de licteurs en bois doré, surmonté d'un bonnet phrygien, un grand sabre de cavalerie, et une écharpe de soie tricolore à franges d'or, aux couleurs passées.

Entre cet objet et un autre dont je parlerai tout à l'heure se voyait un portrait de grandeur naturelle, représentant un homme brun et pâle ; son visage, encadré de longues mèches de cheveux noirs, avait une expression à la fois grave et douce. Ce personnage, vêtu d'un habit bleu à larges revers galonnés d'or, lesquels se rabattaient sur les angles d'un gilet blanc, était ceint d'une large ceinture tricolore ; l'une de ses mains s'appuyait sur la poignée de son sabre, de l'autre il tenait un chapeau surmonté d'un panache aux trois couleurs.

Jean Raymond, malgré la juvénilité de ses traits, ressemblait tellement à l'original de cette peinture, que je ne doutai pas un instant que ce portrait ne fût celui de son père.

De l'autre côté du cadre, et faisant pendant au trophée, je vis... une chose sinistre.

Un cadre vitré, à bordure noire, contenant une chemise maculée de larges taches d'un rouge brun, et un paquet d'assez longs cheveux noirs reliés par un ruban, comme un écheveau de soie ; au-dessus du cadre, ces mots étaient écrits dans un cartouche :

Je me souviens alors de la sombre expression des traits de Jean Raymond, lorsqu'il m'avait dit une seule fois : *Mon père est mort !* Je devinai qu'à cette mort se rattachaient sans doute ces funèbres reliques. J'eus assez d'empire sur moi-même pour cacher ma surprise et mon émotion, mais je n'étais pas à la fin de mes étonnemens.

Lorsque nous étions entrés dans la chambre à coucher de madame Raymond, celle-ci, occupée à ranger quelques papiers dans un secrétaire, nous tournait le dos. Au bout d'un instant, elle ferma le meuble et vint à nous.

Je ne sais pourquoi, en pensant à la mère de Raymond, je m'étais imaginé une grande femme maigre à l'air sombre et sévère ! Quelle erreur ! Je voyais devant moi une des plus attrayantes figures que l'on puisse rêver.

Madame Raymond, quoiqu'elle eût alors environ trente-six ans, paraissait à peine en avoir trente ; elle était blonde, d'une taille moyenne mais accomplie ; sa robe noire rendait la blancheur de son teint éblouissante ; ses grands yeux bleus d'azur avaient une expression si douce, si pénétrante, si mélancolique et pourtant si affectueuse, que son regard s'étant un instant arrêté sur moi, je rougis et me troublai ; son nez, légèrement aquilin, terminé par de petites narines un peu renflées ; ses sourcils cendrés, hardiment arqués, donnaient à ses traits charmans, malgré la suavité du regard, un caractère de fermeté remarquable, que tempérait un demi sourire laissant entrevoir des dents de perle.

Que dirai-je de plus... j'avais quinze ans et demi, madame Raymond était la première femme dont la beauté me frappait, et je me sentis saisi d'un embarras inexprimable.

VI.

Madame Raymond accueillit son fils avec l'expansion d'une tendresse passionnée ; pendant cet échange de caresses entre Jean et sa mère, j'eus le temps de me remettre de ma surprise et de mon émotion.

Je répondis de mon mieux au bienveillant accueil de la mère de mon ami. Elle parut plusieurs fois m'observer d'un regard attentif ; sans doute elle tâchait de lire sur ma physionomie si j'étais tel que Jean m'avait dépeint. Cet examen, poliment dissimulé d'ailleurs, renouvela mon embarras et ma rougeur ; je ne sais pourquoi je maudissais tout bas mon costume de *muscadin*.

Les moindres détails de ma première entrevue avec madame Raymond se sont, pour tant de raisons, gravés dans ma mémoire, qu'après de longues années je me souviens presque littéralement de plusieurs parties de notre entretien.

Ainsi, cette charmante femme m'avait dit d'abord :

— Il y a longtemps, monsieur Fernand, que je désirais vous connaître ; mon fils m'a souvent parlé de vous comme de son meilleur ami.

— Oh ! oui, madame, — répondis-je naïvement, — et ça n'a pas été sans peine que Jean a voulu de moi pour son ami.

— C'est que Jean ne donne pas légèrement son amitié. Il sait à quoi elle engage ; mais, une fois donnée, elle est bien donnée, monsieur Fernand.

— Et c'est en prison que notre amitié avec Jean s'est consolidée, madame ! lors de la fameuse *conspiration des quinquets !!* — m'écriai-je, passablement fier de me montrer sous un jour si héroïque à la mère de mon ami.

— Oui, madame, j'étais de cette conspiration...

— Quoiqu'une mère doive se montrer très sévère pour les fautes... la conspiration de son fils, — reprit la jeune femme en souriant doucement, — malgré moi, j'excuse un peu Jean, parce qu'il est doué d'un de ces caractères que l'injustice révolte... ; et je sais... parce qu'il me l'a dit,

que, du moins, il n'a jamais pris part à une de vos conspirations d'écoliers lorsqu'elle n'avait pas été provoquée
par quelqu'iniquité !

— C'est la vérité, madame — m'écriai-je, — Jean et moi
nous ne conspirons jamais sans motifs. Mais si l'on nous
fait des injustices, oh! alors...

Je dus prononcer cet *oh! alors*, d'un ton menaçant et
fort tragique, car un sourire mal dissimulé effleura les
lèvres de madame Raymond, qui souriait rarement.

Ce sourire me parut approbateur; il m'encouragea, et
j'ajoutai :

— C'est comme pour l'affaire du Cosaque, où Jean s'est
montré si intrépide, madame; si j'y avais pensé, j'aurais
fait comme lui, quand on aurait dû me fusiller sur la place !

— Oh! cette fois, monsieur Fernand, j'ai grondé mon
fils,—reprit madame Raymond.—Je lui ai lu, il est vrai,
une lettre de Lorraine, où l'on me racontait les atrocités
commises par les Cosaques sur des vieillards, sur des femmes, sur des enfans. Nous nous étions indignés de ces
horreurs: mais l'indignation de Jean l'a entraîné trop loin.
Il est sans doute à merveille de tuer des Cosaques, — ajouta madame Raymond de sa voix douce, — mais on ne
doit jamais tuer par surprise... même de lâches brigands.

— Il est vrai, ma mère, — dit Jean, — j'ai eu tort; mais
le premier mouvement...

— Mon Dieu! c'est si naturel, madame, — repris-je en
interrompant mon ami;— à la vue de pareils scélérats, on
n'est pas maître de soi.

— Et c'est à être maître de soi qu'il faut toujours et surtout
s'appliquer, monsieur Fernand, — répondit madame Raymond d'un ton à la fois ferme et maternel.

Cet entretien, quoique insignifiant, me causa cependant
une impression profonde.

Malgré la suavité de sa voix, malgré la douceur mélancolique de ses grands yeux bleus, malgré le charme de ses
traits et la grâce de ses manières, je pressentais que madame Raymond était une de ces femmes inflexibles de
Rome ou de Sparte, dont nos classiques nous racontaient
la vie austère; telle était alors la mobilité, je dirai presque
fiévreuse de mes impressions, que depuis mon entrée dans
cette maison, et en dehors même de l'impression produite
sur moi par la beauté de madame Raymond, je me trouvais tout autre, je me sentais le cœur plus haut, mon pouls
devait battre plus plein, que dirai-je? J'aspirais à je ne sais
quel péril imaginaire que j'aurais intrépidement bravé
sous les yeux de madame Raymond.

. . . .

La vieille servante qui nous avait ouvert la porte apporta
un goûter frugal composé de pain et de fruits. Au moment
où elle déposait les assiettes sur une petite table placée
près de la fenêtre du jardin, nous entendîmes un choc
retentissant, comme si quelque objet fût tombé de haut
sur le plancher du grenier, qui formait comble au dessus
de l'appartement où nous nous trouvions.

La sonorité de ce bruit fut d'autant plus remarquable
que la maison était plus silencieuse.

Je me rappelai l'apparition de l'homme à la barbe blonde
à l'une des mansardes donnant sur le jardin, et je jetai les
yeux à la dérobée sur Jean et sur sa mère, au moment où
ils échangeaient rapidement un regard d'inquiétude.

— Allons, c'est encore le damné chat du voisin qui fait
des siennes là-haut dans le grenier, — dit froidement la
vieille servante.

Et elle sortit d'un pas tranquille.

A part l'échange du coup d'œil que j'avais surpris, Jean
et sa mère demeurèrent impassibles.

Madame Raymond nous fit avec une grâce charmante
les honneurs du goûter, sans chercher à en excuser la
frugalité.

Après un échange de quelques phrases insignifiantes
sur le collége et sur nos occupations, madame Raymond
me dit avec une bonté maternelle :

— Vers quel but dirigez-vous vos études, monsieur Fernand! Quelle carrière comptez-vous suivre ?

— Quand je parle de cela à ma grand-mère... madame,
elle me répond : « Mon enfant, ne t'inquiète pas ; il faut
» faire tes études comme tout le monde; mais, grâce à
» Dieu! tu n'as pas besoin d'une profession pour vivre...
» Du reste, si tu te sens plus tard une vocation pour une
» carrière ou pour une autre, il sera temps de s'en occu-
» per. »

— Et cette vocation, vous ne ne la sentez pas encore ?
— me demanda madame Raymond.

Voulant me rehausser aux yeux de la mère de mon ami,
et lui faire oublier mon malheureux costume de *muscadin*,
en me montrant pour ainsi dire en perspective revêtu
d'un brillant uniforme, je répondis d'un air conquérant:

— Il est un état que j'adore et pour lequel je sens que
je suis né, madame...; c'est l'état militaire. Il a ses dangers; mais il est si glorieux !

— Triste et stérile métier que celui-là, monsieur Fernand, — me répondit madame Raymond en secouant la
tête, — il n'est pas de pire servitude que la servitude militaire; quand elle ne dégrade pas les âmes élevées, elle
les attriste profondément.

Très désappointé par cette réponse, je repris pourtant:
— Et tuer des Cosaques, madame !

— Il n'y a pas besoin d'être militaire pour cela, monsieur
Fernand. Dans la dernière guerre de France, ce sont nos
paysans en blouse et en sabots qui ont fait la plus rude
guerre aux Cosaques et aux Prussiens; et, il y a vingt ans,
est-ce que les volontaires de la République, courant à la
frontière, pieds nus, à peine vêtus, armés de haches, de
piques, de mauvais fusils, étaient des militaires? Non,
non; et pourtant ils ont chassé de France les armées
étrangères.

Tandis que madame Raymond parlait ainsi, sa figure
ordinairement pâle s'était peu à peu colorée d'une vive
rougeur, sa voix douce avait vibré de plus en plus sonore,
ses yeux s'étaient animés, et tournant la tête du côté du
portrait dont j'ai parlé, elle y attacha un moment ses regards avec une expression de mâle fierté; elle me parut
sublime ainsi. Jean avait comme sa mère tourné la tête
vers le portrait, et semblait le contempler dans un silencieux enthousiasme.

Je ne doutai pas que le père de Jean n'eût été un de
ces héroïques volontaires de la République dont venait de
parler madame Raymond; un de leurs chefs, peut-être,
dans cette sainte guerre de la patrie, dont, pour la première
fois, j'entendais parler, tant singulière et profonde est
l'ignorance calculée où, sous tous les régimes, on a tenu
les écoliers sur l'histoire de leur pays.

Cette révélation de l'héroïsme de nos pères, faite surtout
par la charmante bouche de madame Raymond, fit bouil-
lonner mon sang, et, dans la mobile exaltation de mon
caractère, je m'écriai le plus sincèrement du monde:

— Et nous aussi, madame, nous irions à la frontière pour
nous battre contre l'étranger !

Malheureusement pour ma furie guerrière, madame
Raymond ne m'entendit pas, plongée qu'elle était sans
doute dans les souvenirs que son allusion aux batailles de
la révolution venait d'éveiller en elle.

— Pardon, monsieur Ferdand, — me dit madame Raymond après un moment de silence, — il est certains souvenirs qui nous impressionnent toujours vivement, mon
fils et moi.

Puis elle reprit de sa voix douce et calme:

— Je vous disais donc, monsieur Fernand, que le métier
de la guerre était un stérile et triste métier excepté lorsqu'il
s'agit de défendre son pays, et alors tout le monde est
soldat. Aussi, mon fils, d'accord avec moi, a choisi une
profession plus utile.

— Oui, madame, Jean m'a dit qu'il voulait l'an prochain
entrer à l'école des Arts et Métiers.

— Et tu n'as pas paru très enthousiasmé de ma vocation,
— me dit Jean en souriant.

— C'est pourtant un bel avenir pour mon fils, monsieur
Fernand. Savez-vous qu'en sortant de cette école, il peut

devenir directeur d'une grande usine? Etre ainsi le *gé-néral*, non d'une troupe de parade, oisive et brillante, mais d'une armée de braves artisans dont le labeur fait la richesse du pays dites, n'est-ce pas une belle mission que de diriger le travail de ces braves gens; de les éclairer, de les moraliser, de les aimer enfin, et de rendre leur sort le plus heureux possible? Dites, monsieur Fernand, cela ne vaut-il pas mieux que de perdre son temps dans les loisirs stériles d'une garnison !

— Oh! si, madame! Exposée ainsi par vous, je comprends maintenant qu'une pareille carrière est superbe, et je le comprends si bien, — m'écriai-je, — qu'aujourd'hui même je veux demander à ma grand'mère d'entrer à l'Ecole des Arts et Métiers en même temps que Jean... Quand cela ne me servirait qu'à ne pas me séparer de lui, — ajoutai-je en tendant la main à mon ami, — ce serait déjà une excellente idée, n'est-ce pas, madame?

— Allons, monsieur Fernand, — me dit madame Raymond, touchée de la sincérité de mon attachement pour son fils, — Jean vous avait bien jugé... Vous êtes un bon et digne cœur... Votre seul défaut... et il faut y songer, monsieur Fernand, — ajouta madame Raymond avec une expression de touchante sollicitude, — votre seul défaut est, je crois, de céder trop facilement à tous les entraînemens. C'est à merveille quand les entraînemens sont généreux; mais s'ils sont mauvais, c'est un danger.

— Hélas! oui, madame...

— Si je vous fais ainsi de la morale, monsieur Fernand, — ajouta madame Raymond en souriant avec un charme infini, — c'est que vous êtes l'ami de mon fils, et, j'en suis certaine, vous ne prendrez pas mes paroles en mauvaise part?

— Oh! non, madame, au contraire.

— Eh bien! tenez, depuis une heure que vous êtes ici, vous avez déjà subitement changé de vocation? Vous vous sentiez né, disiez-vous tout à l'heure, pour l'état militaire, et voilà maintenant que, par une conversion subite, quittant le militaire pour le civil, vous voulez entrer à l'école des Arts et Métiers ?

— C'est pourtant vrai cela, madame. C'est étonnant comme j'ai vite changé d'avis, — dis-je naïvement en songeant à la mobilité de mes résolutions.

Et j'ajoutai tristement:

— Ah! madame! Jean a bien raison de me répéter souvent que je n'ai pas de caractère.

— En cela, monsieur Fernand, mon fils agit en ami sincère. Voici le blâme. Maintenant voici la louange, — ajouta madame Raymond : — vos entraînemens d'aujourd'hui, le dernier surtout, part d'un excellent cœur. Il n'y aurait aucun danger à se laisser ainsi aller à ses premiers mouvemens, si l'on devait toujours vivre avec de braves gens... Mais, hélas! monsieur Fernand, il n'y a pas malheureusement de bonnes gens au monde, et les séductions des méchans sont dangereuses. C'est en présence de ces séductions que la faiblesse de caractère nous devient funeste. Croyez-moi, monsieur Fernand, il est plus facile de faire le bien que de résister au mal... Mais assez de morale pour aujourd'hui,—ajouta madame Raymond avec une grâce infinie. : — Voilà l'heure d'aller chez votre grand'mère ; vous la remercierez pour moi, je vous prie, de l'invitation qu'elle a bien voulu faire à mon fils, et l'un de ces prochains dimanches, en revenant goûter ici avec Jean, vous me prouverez, je l'espère, que vous n'avez pas pris ma morale en mauvaise part.

— La preuve du contraire, madame,—m'écriai-je du plus profond de mon cœur et d'un ton beaucoup trop solennel,—c'est que je jure devant vous et devant Jean d'avoir désormais une grande force de caractère... Oui, madame, je le jure, par ce que j'ai de plus sacré! vous verrez, et Jean aussi le verra... si je tiens ma promesse.

Avant de quitter sa mère, Jean se retira avec elle dans une pièce voisine, où ils eurent ensemble un court entretien : cet entretien me parut avoir beaucoup attristé mon ami,

Après les adieux que Jean fit à sa mère, nous quittâmes le faubourg Saint-Antoine pour aller dîner chez ma grand'mère.

. . . .

Mon premier mot, en sortant de chez madame Raymond, fut de dire à son fils :

— Mon Dieu! que tu es heureux d'avoir une mère comme la tienne !

— N'est-ce pas,— me répondit Jean avec une expression de tendresse et d'orgueil, — comprends-tu maintenant mon idolâtrie pour elle? et encore tu ne la connais qu'à demi.

— Comment?

— Si tu savais, malgré sa bonté d'ange, quel courage, quel sang-froid dans le danger !

— Quel danger? — demandai-je vivement à Jean.

— Une fois le feu a pris chez nous, — me dit Jean avec embarras, — et ma mère a seule conservé son sang-froid.

Je devinai que mon ami, craignant d'en avoir trop dit, voulait me donner le change. Cette réticence m'affligea : je pensai que Raymond avait des secrets pour moi ; d'abord, je me sentis blessé de sa discrétion ; puis, me rappelant mes nombreuses preuves d'étourderie et d'indiscrétion (naguère encore au sujet d'Hyacinthe), la réserve de Raymond me parut excusable ; cependant elle m'empêcha de lui faire un aveu que j'avais sur les lèvres : je veux parler de la mystérieuse apparition de l'homme à barbe blonde dans le grenier ; aussi, autant par timidité que par crainte de voir la défiance de Jean s'augmenter, en me sachant maître d'un secret, important peut-être, qu'il n'avait pas jugé à propos de me confier, je me tus sur cette circonstance.

Depuis son entretien particulier avec sa mère, Jean m paraissait préoccupé ; son silence me laissa seul à mes pensées, c'est-à-dire au souvenir charmant de madame Raymond.

Je n'étais pas précoce ; je n'avais que les idées de mon âge ; jusqu'alors elles étaient restées pures ; l'impression que me laissait madame Raymond, le trouble, la vague inquiétude de mon cœur, me semblaient inexplicables.

Pour la première fois j'avais admiré la beauté d'une femme... Mais ce mélange de grâce et de mélancolie, de douceur et d'énergie, si remarquable chez madame Raymond, la sollicitude à la fois sérieuse et bienveillante qu'elle m'avait témoignée, tout enfin, jusqu'aux mystères que semblait renfermer la petite maison du faubourg Saint-Antoine, impressionnait et exaltait mon imagination toujours si mobile.

VII.

A mesure que Raymond et moi nous nous approchions de la maison de ma grand'mère, je me sentais embarrassé du luxe que mon ami allait trouver chez nous (Et dont il parlerait sans doute à sa mère.) J'avais, en un mot, en ce moment, honte de notre richesse, comme tant d'autres rougissent de leur pauvreté.

Je comparais l'austère simplicité de la vie de madame Raymond, sa raison, ses conseils judicieux et touchans, à la gaîté débonnaire de ma pauvre grand'mère, toujours si enjouée et je dirais presque si *étourdiment* tendre pour moi, car de sa vie elle n'avait osé m'adresser le moindre reproche ; aussi, peu de temps avant d'entrer chez elle, je dis à Jean avec une certaine hésitation :

— Tu vas peut-être trouver.... notre maison ridicule ?

— Ridicule ! — répéta Jean d'un air surpris, — et pourquoi ?

— Je vais te le dire : ma bonne grand'mère (et il faut passer bien des choses à une femme de son âge, n'est-ce pas, Jean ?) ma bonne grand'mère aime ses aises, à avoir un nombreux domestique ; sa maison est somptueuse, sa table recherchée ; enfin, — ajoutai-je avec un soupir, — elle aime à vivre très grandement.

— Elle a bien raison, puisqu'elle le peut, — reprit Jean.

— Qu'est-ce que tu veux que je trouve de ridicule là dedans ?

— C'est que, — dis-je avec embarras, — c'est que... je croyais... que parce que chez toi... chez ta mère... je...

— Allons, *accouche donc !* — reprit Jean en souriant et haussant les épaules, car je m'étais interrompu ;—dis donc franchement ta pensée. Croirais-tu par hasard que, parce que je suis pauvre, je trouve ridicules ceux qui sont riches ? Crois-tu que ma mère m'ait élevé dans ses idées-là ?

— Oh ! non ! certes, — m'écriai-je, — il n'y a pas au monde une meilleure mère que la tienne ; — Ça a été, tu le sais, mon premier mot en sortant de chez toi. Aussi, tiens, Jean, je crains que ma grand'mère...

J'hésitais encore à achever. Jean parut s'impatienter ; je me hâtai d'ajouter résolument :

— Allons, j'*accouche*, comme tu dis. Eh bien ! je crains qu'en comparant ta mère à ma grand'mère, tu ne trouves celle-ci d'une faiblesse ridicule pour moi : car elle m'a toujours affreusement gâté.

— Mon bon Fernand, ta grand'mère t'adore, elle m'invite chez elle, elle est d'un âge que j'ai toujours appris à respecter ; je la connais jusqu'ici par sa tendresse pour toi, et par sa bienveillance pour moi. Comment aurais-je mauvaise opinion d'elle ?

Ces mots prononcés, par Jean avec sa sincérité habituelle, me soulagèrent d'un grand poids.

— A propos, Jean,—lui dis-je peu d'instants avant d'entrer chez nous, — il faut que je te prévienne d'un fameux ennui.

— Que veux-tu dire ?

— J'ai deux cousines, Hermance et Julia, deux petites filles de douze et treize ans ; tous les dimanches elles viennent dîner à la maison. Ma grand'mère me recommande sans cesse de *faire le chevalier français* avec elles, d'être galant..., enfin, c'est assommant ; elle est capable de vouloir aussi te faire faire le *chevalier français*, et de te mettre à table à côté de l'une ou de l'autre de ces petites : veux-tu que je dise que ça t'ennuierait à la mort ?

— Faire le *chevalier français*, et le galant, — me répondit gaîment Raymond, — cela ne me va pas plus qu'à toi, mais une fois n'est pas coutume ; et je me sacrifierai plutôt que de risquer de contrarier ta grand'mère.

Nous habitions une très belle maison au Marais. Cette demeure, bâtie par mon bisaïeul, riche prévôt des marchands, rappelait la somptuosité du dernier siècle. Ma grand'mère, par un merveilleux hasard, et, il faut le dire aussi, grâce à sa bienfaisance proverbiale dans le quartier, avait traversé la révolution sans quitter Paris ; fidèle à ses goûts, à ses habitudes comme à ses amis, elle avait eu horreur des modes architecturales de l'empire ; aussi, lors de la première restauration, madame de Francheville accomplit à son tour, comme elle disait, *sa petite restauration*, en faisant redorer, repeindre et remeubler sa maison, lui conservant scrupuleusement son caractère Louis XV. Ne redoutant plus les critiques de Jean, j'éprouvais (malgré mon récent enthousiasme pour l'austère simplicité de la petite maison du faubourg Saint-Antoine) j'éprouvais une secrète vanité en songeant à la surprise que la vue de notre hôtel allait causer à mon ami ; je fus singulièrement désappointé, je dirais presque un peu piqué... de l'indifférence de Jean. Nous avions monté le grand escalier de marbre au plafond richement peint à fresque, puis traversé le vaste antichambre à colonnes de stuc qui précédait plusieurs salons. Donc, Jean ne s'était extasié le moins du monde sur tant de magnificence. Je ne vis pas non plus sur ses traits cette sorte de réserve envieuse qui se tait pour n'avoir pas à admirer ; non, Jean me parut aussi peu soucieux de la splendeur de notre maison que de la modeste simplicité de la demeure de madame Raymond.

Nous arrivâmes au boudoir *Pompadour* où se tenait ordinairement ma grand'mère. Elle était coiffée, selon son habitude, d'un bonnet de dentelle à fleurs, avec ses cheveux crêpés et poudrés à la maréchale. Ses yeux noirs semblaient plus brillans encore par le constraste de la poudre et du *fard* qui montait presque jusqu'à ses paupières, elle portait, comme toujours, une robe de satin gris glacé de blanc, bien ajustée à sa taille encore fine et droite pour son âge.

En nous voyant entrer, Jean et moi, l'excellente femme me dit en me tendant les bras :

— Bonjour, mon Fernand, bonjour.

Et elle m'embrassa tendrement, au milieu d'un léger nuage de poudre, causé par la vivacité de ses mouvemens qui froissaient sa coiffure, puis elle ajouta en riant :

— Bon, voilà que je m'en vas te poudrer à blanc, mon pauvre Fernand ; mais tu as, ma foi ! les cheveux si noirs qu'il n'y paraîtra pas trop.

S'adressant alors à Jean :

— Maintenant, à nous deux, monsieur Raymond, non que je veuille aussi vous poudrer à blanc, n'ayez point peur ! Je veux seulement vous dire combien je suis aise de recevoir ici le meilleur ami de mon Fernand, de ce mauvais sujet, — ajouta-t-elle gaîment en me montrant.

— Mais il faut être juste, monsieur Raymond, si mon Fernand est un abominable paresseux, il a du moins le bon esprit et le bon goût de rendre hommage à ceux qui travaillent aussi assidûment que vous.

Jean s'inclina, ma grand'mère reprit avec sa volubilité naturelle :

— Il y a, par exemple, une chose dans laquelle mon Fernand est aussi fort que vous, à ce qu'il paraît, monsieur Raymond ? c'est les révoltes. Ah ! mon Dieu ! qu'il m'a donc fait rire (et ma grand'mère se mit à rire de nouveau à ce souvenir) ; qu'il m'a donc fait rire en me racontant ce fameux complot où vous avez éteint les quinquets avec des ficelles, à seule fin de jeter vos dictionnaires à la tête de cet abominable maître, qui, entre autres scélératesses, avait eu celle de priver mon Fernand de ses sorties pendant trois dimanches de suite. Ah ! çà, mais j'y pense, mes enfans, il est encore de bonne heure, vous avez peut-être faim ? Voyons, Fernand, tu es ici chez toi, mon garçon ; fais donc à ton ami les honneurs de la maison : un doigt de vin de Madère ou de Malvoisie, avec un biscuit, en attendant le dîner. Sonne donc, Fernand ?

— Je vous rends grâce, madame,—dit Jean, —je n'accepterai rien.

— Nous avons goûté chez madame Raymond... ajoutai-je.

— Et ma mère m'a prié, madame, de vous dire combien elle était touchée de l'invitation que vous m'avez faite, — reprit Raymond.

— Mais c'est tout simple, ça, mes enfans ; les amis de nos petit-fils sont nos amis, à nous mères-grands. Qu'est-ce que nous voulons, nous autres bonnes vieilles gens ? c'est qu'elle s'amuse et soit heureuse, cette belle jeunesse fleurie ! Elle est si gentille à voir, cabriolant dans la joie et le plaisir, comme chevreaux au mois de mai !... Eh ! eh ! eh ! la vie n'est déjà pas trop longue, et l'âge arrive si tôt ! Faut donc profiter de son printemps, et en fameusement profiter... n'est-ce pas, monsieur Raymond ? Les roses n'ont qu'une saison, comme on disait de mon temps ; faut donc les moissonner à tour de bras, ces chères belles roses de la jeunesse, c'est autant de sauvé ! Le sage ne remet jamais un plaisir au lendemain. Rappelez-vous le principe, mes enfans, et pratiquez-le tant que vous pourrez... Ah çà ! pendant que j'y pense, faut que je vous dise une chose : tu sais, mon Fernand, que tes cousines viennent dîner tous les dimanches avec ta tante ?

Je poussai légèrement le pied de Jean ; nous arrivions à l'endroit du *Chevalier français*, et je répondis :

— Oui, grand'mère, je sais cela.

— J'avais eu une bonne idée, mes enfans, c'était de vous fourrer tous les quatre à une table séparée, dans la petite salle à manger. C'est là que vous auriez joliment ri et babillé avec ces petites-filles, hein, mauvais sujets ? mais ma belle-sœur n'a point voulu du tout entendre de cette oreille-là, mon pauvre garçon. Il faudra donc, mes enfans, vous résigner à manger à la grande table... Je n'a pas besoin de vous recommander d'être galans pour ces demoiselles... de vous montrer enfin de *vrais chevaliers français...;* ce sont de ces gentilles habitudes qu'on ne saurait prendre de trop bonne heure, parce que, voyez-vous, mes amis... plus tard... ça vous sert... Eh! eh! eh! je m'entends, mais j'espère bien que vous ne m'entendez point du tout, mauvais sujets!

L'arrivée de plusieurs de nos convives interrompit notre entretien avec ma grand'mère; on passa du boudoir dans l'un des salons; je restai seul un moment avec Raymond; j'avais le cœur serré, je me sentais humilié. Ma pauvre grand'mère, malgré l'excellence de son cœur, avait dû, si cela se peut dire, *parler toujours faux* à l'esprit de Jean, et être en continuel discord avec ses secrètes pensées. Quelle fut ma surprise, ma joie, lorsqu'il me dit, au contraire, avec sa sincérité habituelle:

— Quelle brave dame que ta grand'mère! à cet âge avoir conservé cette gaîté, cette jeunesse de cœur!...

— Vrai, — dis-je à Jean, tout joyeux, — tu es content d'elle?

— Certainement, — me répondit Raymond en me souriant; — je lui donnerai, si tu le veux, un *satisfecit*.

— Ses idées ne t'ont pas choqué?

— Pourquoi m'auraient-elles choqué? Après tout, que demande-t-elle? Que la jeunesse soit heureuse!

— Mais enfin ses idées ne sont pas celles de ta mère, tant s'en faut!

— Quant à cela, c'est vrai, Fernand,—me répondit Jean avec un sourire mélancolique; — ma mère pense autrement que ta grand'mère; celle-ci n'a moissonné que des roses dans la vie, comme elle dit, aussi ne voit-elle partout que des roses. Ma mère voit autrement et autre chose...; mais toutes deux ont le cœur excellent.

Les amis de ma grand'mère, ses *vieux fidèles,* ainsi qu'elle les appelait, avaient autrefois appartenu à la haute bourgeoisie, à la finance ou à l'ancienne magistrature! quelques-uns, en très petit nombre, à la noblesse d'épée; sauf deux ou trois de ces derniers, aucun des *vieux fidèles* de ma grand'mère n'avait, non plus qu'elle, émigré, n'en maudissant pas moins la révolution. Aussi accueillirent-ils avec enthousiasme la première et la seconde restauration des Bourbons. Il y avait entre autres, parmi ces *vieux fidèles,* un certain *comte* DE LA BUSSIÈRE, alors sous-gouverneur des pages; il assistait au dîner dont je parle, et s'excusa auprès de ma grand'mère de se présenter chez elle en uniforme, étant obligé, disait-il, d'aller ensuite aux Tuileries pour son service. Monsieur de La Bussière était un homme de quarante ans, d'une tournure encore élégante, et d'une belle figure. Je me souviens qu'il fit sensation dans le salon, lorsqu'il parut avec son brillant habit rouge, brodé d'or, comme celui des pages de Louis XVIII. Cet uniforme me paraissait très séduisant, et je le regardais avec admiration. Ma grand'mère s'en aperçut et me dit:

— Hein! mon Fernand! quel joli uniforme?

— Oui, grand'mère, il est charmant!

— Eh bien! mon cher Fernand, — me dit en souriant monsieur de La Bussière,— il ne tient qu'à vous d'en avoir un semblable.

— Comment cela, monsieur?

— Vous avez quinze ans et demi; que madame de Francheville vous permette d'entrer aux pages de Sa Majesté, vous aurez un uniforme aussi joli que le mien, et vous serez sous ma tutelle!

— Vraiment, monsieur de La Bussière,—reprit ma grand'mère, — vous parlez sérieusement?

— Très sérieusement, madame, et, si vous voulez donner suite à cette idée, j'en parlerai au premier gentilhomme de la chambre. Je suis fort de ses amis, et certain d'avance de son consentement; le roi, dans un esprit de fusion très libéral, désirant vivement recruter ses pages parmi quelques jeunes gens riches de haute et vieille bourgeoisie.

— Ma foi! qu'est-ce que tu penses de cela, Fernand?— reprit ma grand'mère; — dis donc, mon garçon, je te vois d'ici avec ce joli uniforme; il n'y aurait pas de page plus leste et plus fringant que toi; tu ne fais pas grand chose à Sainte-Barbe! Ça t'amuserait toujours davantage que ton imbécile de latin? Je garnirais bien ton gousset, et tu serais des plus pimpans?... Eh! eh! mon petit-fils page!...

— reprit en riant ma grand'mère. — C'est drôle! il me semble que ça me rajeunirait de vingt ans... Et d'ailleurs... tu as la vocation, — ajouta madame de Francheville d'un air triomphant.— Oui, mon cher monsieur de La Bussière, il a la vocation, car, voyez-vous, c'est un vrai démon quand il s'y met.

— Il ne faut pas me dire cela d'avance, madame, — reprit gaîment monsieur de La Bussière, — ne suis-je pas le futur gouverneur de monsieur Fernand?

— Ah bien, oui! mais un moment, — reprit ma grand' mère; — maintenant j'y pense, ne serait-il pas un métier trop rude, trop pénible pour ce pauvre enfant, au moins?

— Accompagner le roi au spectacle, dans ses promenades et à la chasse, attendre les ordres de Sa Majesté dans un des salons du palais; être, par obligation, de toutes les fêtes de la cour, voilà ce qu'il y a de plus pénible dans le service d'un page, — répondit monsieur de La Bussière.

— Vous voyez, madame, qu'après tout votre cher Fernand ne serait pas trop à plaindre.

— Mais au contraire... c'est charmant... A la bonne heure, voilà au moins une carrière où le devoir est un plaisir de chaque jour, une fête perpétuelle... Parlez-moi de ça! — s'écria ma grand'mère. — Eh bien! mon enfant, qu'est-ce que tu en penses?... c'est convenu, j'espère.

— Grand'mère... se décider... ainsi... tout de suite... — dis-je avec embarras, tremblant que Jean, que je voyais à quelques pas de moi, regardant un tableau, n'entendît les séduisantes propositions que me faisait monsieur de La Bussière, — je voudrais réfléchir.

— Réfléchir à quoi, mon garçon?... Comment? tu hésites? Avoir quinze ans... et être page à la cour! — reprit vivement ma grand'mère. Puis elle ajouta en regardant le sous-gouverneur d'un air malin: — Ah! si jeunesse savait... n'est-ce pas monsieur de La Bussière?

L'arrivée de ma tante et de mes deux cousines interrompit cette conversation; je profitai de cette occasion pour me rapprocher de mon ami, craignant toujours qu'il n'eût entendu l'offre de monsieur de La Bussière. Il n'en était rien, car Jean me dit:

— Qu'est-ce donc que ce grand monsieur en habit rouge brodé qui causait avec ta grand'mère?

— C'est le sous-gouverneur des pages.

— De quels pages?

— Mais, Jean, des pages du roi.

— Comment, Fernand, de ce temps-ci, les rois ont encore des pages?

— Certainement; mais qu'as-tu à sourire ainsi?

— Il me paraît plaisant que le roi trouve des gens pour faire ce drôle de métier-là.

— Le métier de page... un drôle de métier? — dis-je à Raymond avec une vivacité involontaire; — mais les pages sont de la cour... les pages vont à la cour.

— Oh! oh! — reprit Raymond avec un sourire de dédain moqueur, — c'est différent! — j'ignorais toutes ces belles choses; pardon, mon pauvre Fernand, tu le sais, je suis un vrai sauvage.

Heureusement pour moi, car mon embarras était extrême, ma grand'mère m'appela; ma tante venait d'arriver et désirait me voir. Je quittai Raymond pour rejoindre mes deux cousines et leur mère.

Hermance avait douze ans, Julia en avait treize; la première était d'une figure seulement agréable; la seconde promettait d'être fort jolie; elle joignait à cet avenir de beauté un esprit remarquablement avancé pour son âge; elle écrivait alors les portraits de différentes personnes de notre famille; je me rappelle que celui de ma grand'mère était un petit chef-d'œuvre de grâce, de délicatesse et de fine observation. Du reste, Julia, malgré cette précocité d'esprit, était demeurée enfant plus même que ne le comportait son âge : la poupée, la dînette et le cerceau faisaient encore la joie de ses récréations ; elle m'inspirait, ainsi que sa sœur (d'un esprit beaucoup moins remarquable que le sien), non pas de l'éloignement, mais de la gêne et de l'ennui, en raison de mon rôle obligé de *chevalier français* ; puis j'avais un vague instinct de la supériorité de l'intelligence de Julia. Cela m'humiliait un peu ; aussi je me trouvais plus à mon aise avec Hermance, sur qui je jetai ce soir-là mon dévolu pour être ma voisine de table.

On vint annoncer à ma grand'mère qu'elle était servie.

— Allons, mon enfant, — me dit-elle, — toi et ton ami soyez galans ; monsieur Raymond donnera son bras à ta cousine Julia, toi, à la cousine Hermance.

VIII.

On se mit à table...

Après quelques conversations particulières, l'entretien se généralisa. Entre autres choses on vint à parler du *Mariage de Figaro*, que l'on avait depuis peu de temps repris au Théâtre-Français. J'entendais parler pour la première fois de cette petite pièce de théâtre... On verra plus tard pourquoi j'insiste sur cet incident.

— J'avoue, — dit ma grand'mère, — que je n'ai rien vu de plus fin, de plus charmant que mademoiselle Mars dans le rôle de Suzanne, il est impossible de joindre plus de grâce à plus de malice et de coquetterie.

— Et mademoiselle Clotilde dans le rôle de Chérubin, madame ? — reprit une autre personne, — n'est-elle pas charmante aussi, dans son costume de petit page ?

— Elle est délicieuse, — reprit madame de Francheville, — on ne peut voir un minois plus fripon.

— Ce qui m'a surtout frappé dans le jeu de mademoiselle Clotilde, — reprit monsieur de La Bussière, — c'est la nuance de mélancolie tendre que mademoiselle Clotilde a jetée çà et là sur le caractère du petit page ; ce n'est plus un enfant, ce n'est pas encore un homme, c'est un adolescent *tourmenté de ses quinze ans,* comme dit la chanson, et déjà secrètement amoureux de sa belle marraine.

Je prêtais une oreille avide à ces paroles. Elles n'eussent sans doute pas attiré mon attention avant mon entrevue avec la mère de Jean Raymond, et la proposition de monsieur de La Bussière d'entrer *aux pages* du roi ; ce *Chérubin*, secrètement épris de sa belle marraine, me fit rêver, tant rêver, que je m'intéressai moins à la suite de la conversation.

L'on avait en effet cessé de s'occuper de Chérubin, pour parler de mademoiselle Mars, dans un autre rôle ; le nom de la célèbre artiste amena l'entretien sur quelques troubles récemment causés au parterre de la Comédie-Française, au sujet des bouquets de violettes que portait depuis quelque temps mademoiselle Mars, bouquets alors considérés comme emblèmes séditieux. De ces troubles de théâtre, on a bientôt parlé de troubles plus sérieux, qui avaient naguère éclaté dans le midi de la France. A ce propos, une conversation s'engagea entre monsieur de la Bussière et un monsieur *Descombes*, procureur du roi à Paris. La figure bilieuse, les gros sourcils noirs, l'air presque sinistre de ce magistrat, me sont toujours restés présens à l'esprit.

A la nouvelle de ces troubles annoncée par monsieur Descombes, monsieur de La Bussière répondit :

— Heureusement, dans le Midi, nos braves amis catholiques et royalistes sont en grande majorité ; ils auront facilement raison de la poignée de bonapartistes qui s'agitent dans leur impuissance.

— S'il n'y avait que des bonapartistes, — répondit monsieur Descombes, — l'affaire serait moins grave ; mais les protestans se remuent. Il existe toujours, dans cette maudite race-là, un vieux levain révolutionnaire ; aussi vais-je vous étonner en vous apprenant qu'on a vu des bonnets

rouges à Uzès, et qu'on y a même, chose énorme, inouïe! crié Vive la République !

— Ce sont des misérables, auxquels il faut donner d'abord des douches, et ensuite le fouet, — répondit en riant monsieur de La Bussière ; — si ce remède-là ne les guérit pas, on leur administre alors quelques onces de plomb dans la cervelle. Un Jacobin (car un Jacobin seul peut crier de nos jours Vive la République !) un Jacobin est une bête enragée ou insensée. Encore une fois, du plomb ou des douches.

— Je m'oppose de toutes mes forces à l'expédient du plomb, car je ne veux point du tout la mort du pécheur, —dit ma grand'mère,—mais à la rigueur je serais pour les douches.

— Alors, madame, des douches à l'huile bouillante...—dit un plaisant qui fit beaucoup rire.

— Moi, —reprit un autre,—un Jacobin m'a fait toujours l'effet d'un monstre issu d'un tigre et d'une louve...

— Pourquoi pas d'une *jacobine*, — ajouta quelqu'un, — car il y en a eu pourtant de ces horribles femmes.

— Alors appelons-les... des femmes républicaines, si vous voulez, —dit un autre convive,—mais de grâce ne blasphêmez pas le nom de femme en le donnant à d'aussi abominables créatures...

Le hasard m'ayant fait à ce moment jeter les yeux sur Raymond, il me parut très-pâle ; il tenait ses yeux baissés, ne mangeait pas, et ce qu'on lui avait servi restait sur son assiette. Je n'attachai pas d'importance à cette remarque, je pensai que Jean se trouvait peut-être embarrassé de se voir en si brillante compagnie.

L'entretien poursuivit son cours.

— Je vous assure, messieurs, — reprit gravement monsieur Descombes,—que ce que je vous dis est sérieux, très sérieux. Cet abominable parti révolutionnaire, que l'on croyait noyé dans le sang qu'il a répandu, prend aujourd'hui le masque du bonapartisme pour égarer et soulever les populations. Quelques-uns de ces tigres altérés de massacres poussent même l'audace jusqu'à arborer franchement leur épouvantable drapeau, ainsi que cela a eu lieu à Uzès, où ils ont osé crier Vive la République ! Heureusement, nous le dit ce cher monsieur de La Bussière, nos amis sont là.

— Sans compter,—reprit un autre convive,—sans compter les braves troupes de nos chers alliés, qui ont mis à la raison les *brigands de la Loire*, et ceux-là étaient bien autrement difficiles à mater qu'une poignée de jacobins.

— Sans doute, — reprit monsieur Descombes, — nous sommes en force ; mais ne nous endormons pas, nos éternels ennemis veillent, à telle enseigne qu'un certain *Godefroid*, républicain forcené...

A ce nom, je vis Jean Raymond, sur qui j'avais de nouveau jeté les yeux, inquiet de sa pâleur, rougir extrêmement.

— Godefroid ! — demanda l'un des convives, — Godefroid, l'ancien conventionnel ? le lâche hypocrite qui affectait tant de mansuétude ?

— Il faut avouer, —se hasarda de dire un des convives, — il faut avouer que, même sous la Terreur, on a cité d'admirables traits de clémence et de générosité du conventionnel Godefroid, et de son beau-frère le...

— Infâme hypocrisie ! — s'écria monsieur Descombes en interrompant le convive avec aigreur ; — le chacal se masquait en agneau pour mieux saisir sa proie.

— Allons, allons, mon cher monsieur Descombes,—dit ma bonne grand'mère, — croyons au bien sans lui chercher d'arrière-pensée : c'est si facile et si agréable de croire au bien...

— Hélas ! madame, —reprit le magistrat, —nous autres qui voyons les choses de près, nous ne pouvons partager un pareil optimisme, surtout à l'endroit de ce Godefroid. Vous allez savoir pourquoi.

— Voyons, mon cher monsieur Descombes, — dit ma grand'mère, — expliquez-nous cela, car je vous déclare, moi qui ai encore ma mémoire de quinze ans, que j'ai entendu dans ces tristes temps de la Révolution dire le plus grand bien de ce conventionnel Godefroid. Une femme qui s'adressait à lui au nom d'un frère, d'un fils ou d'un époux, était toujours certaine d'être écoutée.

— Je vous le répète, madame, hypocrisie, pure hypocrisie. Ce Godefroid avait, par la fuite, après le 9 thermidor, échappé au supplice qui attendait les scélérats ses pareils ; il s'était réfugié aux États-Unis depuis plusieurs années ; mais dernièrement, débarqué à Bordeaux, il s'est rendu dans le Midi, où il avait autrefois de nombreuses relations révolutionnaires, alors il a *travaillé* les protestans, excité les Bonapartistes, et, croyant le moment venu, il a tenté un mouvement républicain heureusement bientôt réprimé, et ensuite duquel ce Godefroid a été arrêté et condamné à mort par une de nos cours prévôtales.

— A-t-on vu l'audace d'un pareil bandit, — reprit une voix.

— Ce qui est désolant, — reprit monsieur Descombes, — c'est que ce misérable Godefroid est parvenu à s'échapper de prison ; on le croit errant dans les montagnes du Vivarais, à la tête d'une poignée de brigands de sa sorte. Mais il ne pourra échapper, Dieu merci ! aux poursuites dirigées contre lui, car c'est un homme des plus dangereux par son audace, son énergie et son intelligence.

— Et j'espère bien,—dit un convive,—que si on reprend ce scélérat, l'on n'ira pas faire de la générosité mal à propos.

— Oh ! oh ! soyez tranquille, monsieur — dit monsieur Descombes en souriant, — le mot clémence est heureusement rayé du dictionnaire des cours prévôtales ; dieu merci ! nous ne manquons pas de renseignemens ; de plus, la Providence nous a doué d'un ministre de la police qui n'a pas son pareil au monde pour les inventions. Vous tomberiez des nues, mesdames, — ajouta le procureur du roi d'un air coquet, — si vous saviez les tours de force de Son Excellence... je devrais dire ses prodiges ; vous ne me croiriez pas si je vous instruisais des moyens merveilleux, inouïs, qu'il met en œuvre pour obtenir certaines informations... délicates, fort délicates... Oh ! mesdames, si vous saviez quels instrumens il fait agir ! instrumens jusqu'ici malheureusement trop négligés, sauf pourtant par cette fine mouche du duc d'Otrante. Car sous l'Empire, notre duc s'est si admirablement servi de ces mystérieux moyens, lors de deux ou trois circonstances, qu'au dernier moment on a appris aux personnes arrêtées par qui elles avaient été dénoncées. Eh bien ! mesdames, ces personnes ont été exécutées sans vouloir ajouter foi à cette révélation, tant elle leur paraissait absurde, impossible.

— Mais, monsieur, savez-vous que c'est très effrayant au moins, ce que vous dites-là, — reprit une femme ; — on finirait par ne pas se croire en sûreté, même au milieu de ses amis ?

— Avoir des *observateurs* parmi ses amis intimes,—reprit en riant monsieur Descombes, — c'est le moindre des choses. S. E. le ministre de la police a, je vous le répète, mesdames, des moyens beaucoup plus ingénieux que ceux-là ! Aussi, rassurez-vous ! tôt ou tard, aucun des misérables dont nous parlons n'échappera au glaive de la justice !

— Ah ! mes amis, — reprit tristement ma grand'mère, —toujours des arrestations ! toujours des condamnations ! toujours des discordes civiles ! moi qui espérais tant voir renaître la paix, la joie, la vieille gaîté française, avec le retour de nos bons rois. Quand donc cesseront ces tristes dissensions ?

— Elles cesseront, madame, lorsque le dernier révolutionnaire aura monté sur l'échafaud, — dit monsieur Descombes en dégustant lentement un verre de vin vieux.

La conversation fut soudain interrompue par ma tante, qui, placée en face de sa fille Julia, s'écria d'un ton alarmé :

— Mon Dieu !... Julia... qu'as-tu donc ?... Te voilà tout en larmes...

— Pardon... maman... ce n'est pas ma faute... — reprit

ma petite cousine Julia en essuyant ses yeux, et montran du geste Jean Raymond assis à côté d'elle, et qui, très pâle, tenait la tête baissée : — J'ai vu de grosses larmes tomber des yeux de monsieur sur son assiette ;... alors,... je ne sais pas pourquoi,... mais de voir pleurer l'ami de Fernand,... cela m'avait donné aussi envie de pleurer.

Tous les regards se tournèrent alors vers Julia et Jean Raymond. Très inquiet, je me levai de ma place pour courir auprès de mon ami, tandis que ma grand'mère disait à Jean avec émotion :

— Mon pauvre enfant, qu'avez-vous donc ? Pourquoi ces larmes ?

— Ce n'est rien, madame, — balbutia Jean ; — je vous demande pardon... ; mais... j'ai un si grand mal de tête, la douleur est si vive... que je n'ai pu m'empêcher de pleurer...

— Fernand, — me dit ma grand'mère, — emmène ton ami ; fais-lui prendre l'air, je vais vous rejoindre.

Je sortis de la salle à manger avec Jean. Je le menai dans le jardin. À peine y fut-il qu'il pressa sa tête entre ses deux mains et qu'il s'écria :

— Oh ! que j'ai souffert... mon Dieu ! que j'ai souffert !...

— Je le crois, — lui dis-je, de plus en plus chagrin. —

Je le crois, Jean... car tu as pleuré. Mais ce n'était pas ton mal de tête qui t'arrachait des larmes, je te sais trop dur à la souffrance pour croire cela ; aussi, je t'en supplie... dis-moi ce que tu as.

Jean me regarda avec une expression de surprise amère.

— Ce que j'ai, — s'écria-t-il, — tu me le demandes ?

— Mais... oui, — lui dis-je en toute sincérité.

Raymond garda un moment de silence pendant lequel il me regarda fixement ; puis il me tendit la main et me dit :

— C'est vrai... tu ne peux pas savoir... tu n'as pas pu comprendre combien ce que j'entendais me faisait mal !

— Ce que tu entendais ? — lui dis-je en cherchant à me rappeler la conversation du dîner ; et, n'y voyant rien alors qui pût motiver la douloureuse impression de Jean, j'ajoutai :—Et qu'a-t-on dit à dîner qui ait pu te causer tant de peine ?

— Fernand, rentrons, l'air m'a soulagé, — reprit Jean sans répondre à ma question. — Tu m'excuseras auprès de ta grand'mère, en lui disant que, tout honteux de ma sotte indiscrétion, je n'ai pas osé reparaître devant sa société... Adieu.

— Comment... tu pars... Mais je ne le veux pas... On a demandé la voiture à neuf heures pour nous conduire à Sainte-Barbe.

— Merci, Fernand, je préfère m'en aller à pied ; cela me fera du bien...

— Alors, je m'en vais avec toi.

— Non, je t'en prie... Je te dis, Fernand, que je désire, que je veux m'en aller seul, — me répondit Jean d'un accent si résolu que je n'insistai plus. Il me serra affectueusement la main et sortit précipitamment.

IX.

Jean Raymond ne se trompait pas. Je ne pouvais alors comprendre pourquoi il s'était si douloureusement ému de l'entretien qui avait eu lieu à la table de ma grand'mère, entretien si hostile aux républicains ; j'ignorais complètement, à cette époque, les événemens de la révolution ; l'Université impériale écartait soigneusement de nos études ces pages de notre histoire ; d'ailleurs, ma grand'mère, dans son horreur des idées tristes, ne parlait jamais de ces terribles années. Il ne me vint pas non plus un instant à la pensée que l'apparition mystérieuse de l'homme à la barbe blonde, dans le grenier de la petite maison du faubourg Saint-Antoine, eût le moindre rapport avec cet intrépide et dangereux *Godefroid*, que l'on disait alors réfugié dans les montagnes du Vivarais.

Cependant, plus je réfléchissais, plus je me persuadais

qu'il existait entre Jean et moi un secret important; je m'expliquais, je l'ai dit, par mes fréquentes preuves d'étourderie, la prudente réserve de mon ami; cependant elle me blessa, ou plutôt, faut-il l'avouer, je sentais presque le besoin de me trouver blessé. Ce m'était un prétexte d'échapper à la gêne que devaient désormais me causer mes relations avec Jean. La proposition de monsieur de La Bussière d'être page du roi me séduisait beaucoup; je n'avais pas tout d'abord accepté définitivement cette offre, autant par suite du véritable chagrin que me causait la pensée de me séparer de Jean, que par la crainte de lui avouer que j'étais très porté à accepter les offres du sous-gouverneur des pages. La mystérieuse réserve de Raymond me venait donc merveilleusement en aide.

— Il a ses secrets, — me dis-je en sortant de chez ma grand'mère pour retourner à Sainte-Barbe; — eh bien! j'aurai les miens; et, à moins que demain il ne me fasse ses confidences, il ne saura rien de mes projets, qui, d'ailleurs, ne sont pas encore résolus.

Faut-il encore faire cet aveu, qui explique mon indécision?

Entrer aux pages du roi, c'était non seulement me séparer de Jean et rompre peut-être à jamais avec lui, mais me condamner à ne plus revoir sa mère... et déjà je rêvais au jour où je pourrais retourner avec mon ami chez cette charmante femme.

Le lendemain, à la récréation du matin, Jean me dit d'un ton à la fois sérieux et pénétré:

— Fernand, j'ai une grâce à te demander: ne me parle jamais du chagrin que m'a causé l'entretien d'hier chez ta grand'mère; je ne pourrais m'expliquer franchement avec toi là-dessus. Il m'en coûte beaucoup d'avoir un secret pour toi, mais ce secret n'est pas seulement le mien, sans cela... je te dirais tout. Oublions donc cette soirée que je t'ai rendue si ennuyeuse... Ce que je n'oublierai jamais, moi, c'est l'accueil de la bonne grand'mère, et... ne te moques pas de moi, — ajouta-t-il en souriant à demi, — ce dont je me souviendrai toujours aussi, c'est de l'excellent cœur de la cousine Julia. Pauvre petite! pleurer... parce qu'elle me voyait pleurer...

— Elle est si enfant...

— C'est vrai... mais c'est une sensible et aimable enfant.

— Vraiment! — repris-je en riant, — est-ce que tu as fait le *chevalier français?*

— Ça aurait donc été sans le vouloir. Enfin nous avions un peu causé... au commencement du dîner...

— Avec une petite fille de son âge? je serais curieux de savoir de quoi vous avez pu causer, par exemple?

— De toi...

— De moi?...

— Et elle te rend plus de justice que tu ne lui en accordes... Deux ou trois fois elle m'a dit sur toi des choses pleines de gentillesse et de grâce... Puis, — ajouta Jean, dont les traits se contractèrent à ce souvenir, — je ne l'ai plus écoutée qu'avec distraction... Je songeais à autre chose... si bien que je ne me suis souvenu que j'étais auprès d'elle... qu'en entendant sa mère lui demander pourquoi elle pleurait...

— Puisque tu la trouves si aimable, vous pourrez renouer connaissance la première fois que tu reviendras dîner chez nous; car nous recommencerons notre double partie!... Ta mère a été si bonne pour moi que j'espère la revoir.

A ma proposition, Jean, assez embarrassé, me répondit:

— Il se peut que ma mère s'absente bientôt pour quelque temps de Paris; mais... plus tard... quand cela se pourra... elle t'offrira encore un modeste goûter comme celui d'hier.

Jean reculait ainsi indéfiniment ma seconde entrevue avec sa mère; mes traits sans doute trahirent mon désappointement. Mon ami prit le change sur mon émotion, et me dit tristement:

— Je le vois, Fernand, tu ne me pardonnes pas mon manque de confiance?... et pourtant, — ajouta-t-il d'une voix émue, — je te le jure, j'ai le cœur plein... J'aurais tant de bonheur à m'épancher avec toi... Ah! si je le pouvais...

— Tiens, Jean, — lui dis-je, touché de sa tristesse, — j'aimerais mieux sans doute être dans ta confidence...; mais je t'ai donné trop de preuves de mon indiscrétion pour que tu puisses me parler sans réserve!

— C'est vrai, tu es léger, étourdi; pourtant, s'il ne s'agissait que de moi, je ne te cacherais rien. Mais un jour peut-être tu sauras tout; alors tu comprendras, tu approuveras mon silence.

Et Jean me quitta brusquement comme s'il eût voulu mettre fin à un entretien embarrassant.

Resté seul avec les mille pensées diverses dont j'étais agité, je voulus, pour ainsi dire, m'échapper à moi-même, et j'allai voir Hyacinthe, retenu à l'infirmerie depuis quelques jours par une assez grave indisposition.

. . . .

Le surlendemain du jour où Jean avait dîné chez ma grand'mère, il se passa au collège un de ces petits événemens qui font toujours sensation, même dans les classes aussi nombreuses que celles de Sainte-Barbe; je veux parler de l'entrée d'un *nouveau.*

Cet écolier se nommait *André Levasseur*, il paraissait à peu près de notre âge, à Jean et à moi. Sa figure, quoique pâle et étiolée, ne manquait ni de charme ni de douceur; sa parole était mielleuse, ses manières insinuantes, presque câlines; il semblait appartenir à une famille riche, à en juger du moins par les dépenses faites par lui en friandises, qu'il partageait libéralement avec ses camarades. Lors des premiers jours de son arrivée, il voulut même, chose assez insolite, payer sa *bienvenue* dans notre classe par une large distribution de petits gâteaux; il employait enfin, avec une singulière persistance, tous les moyens possibles pour capter l'affection de ses camarades.

Jean ne se trouvait pas de la même classe que moi: j'étais en seconde, lui en rhétorique. André Levasseur avait, dès son arrivée à Sainte-Barbe, demandé à suivre les cours de rhétorique; mais, après examen, il fut seulement admis en seconde, dans la même classe que moi. Notre nouveau camarade était au collège depuis une semaine environ. Jean me dit un jour:

— Je ne sais pourquoi ce Levasseur veut absolument se lier avec nous; et, je le crois, surtout avec moi. As-tu remarqué comme il rôde toujours de notre côté lorsque nous nous promenons deux ensemble?

— C'est vrai, mais que veux-tu? Il ne connaît encore personne au collège. Il tâche de se faire des amis. L'on ne peut guère lui en vouloir de cela. Du reste, il a l'air très bon enfant.

— Oui, — me répondit Jean avec une expression singulière, — il me semble même, à moi, trop bon enfant.

— Comment cela?

— Hier, j'étais allé chez le portier pour acheter un carnet. Il coûtait quinze sous, je n'en avais que dix dans ma bourse. Le portier m'offrait crédit, je refusai, me proposant d'acheter ce carnet la semaine prochaine. Levasseur se trouvait là; en sortant de la loge du concierge, il m'aborda et me dit d'un ton patelin, en tirant une pièce d'or de son gilet:

« Mon cher Raymond, entre amis tout est commun: prends ces vingt francs, il m'en reste autant pour finir mon mois; tu me rendras cela quand tu voudras. — D'abord je ne suis pas ton ami, ai-je répondu à Levasseur, et je n'emprunte que ce que je peux rendre, et je lui tournai le dos. Plusieurs fois, depuis, sous un prétexte ou sous un autre, il est revenu à la charge; tantôt pour me demander de l'aider à expliquer un problème de géométrie, je l'ai renvoyé à son répétiteur; une autre fois, c'était pour me demander conseil à propos d'une lettre qu'il désirait écrire à l'un de ses parens; enfin, dans sa rage de se lier avec moi, et sans doute comme dernier et triomphant moyen, il m'a proposé de me prêter de *mauvais livres*.

— De mauvais livres! Quels mauvais livres?

— Je n'en sais, ma foi! rien; il m'a dit qu'il avait apporté
un pupitre à double fond, et que, si je voulais, pendant
une récréation, quand tout le monde serait dehors, il me
ferait voir dans la classe le pupitre et les livres. Il m'im-
patientait; sa proposition de me prêter de mauvais livres
me soulevait le cœur; je lui ai tourné le dos, ayant eu
grande envie de le rosser, et je lui enjoignis de ne plus
m'adresser la parole à l'avenir. Ce garçon a je ne sais quoi
de bas et de faux dans la figure qui me répugne.

La cloche sonna, je quittai Jean pour rentrer en classe.

Cette pensée de *mauvais livres* ne me sortait pas de la
tête; cependant j'ignorais complètement ce que c'était
qu'un *mauvais livre*. Je n'aurais pas été, sans doute, plus
curieux que Raymond de m'en instruire, si, depuis notre
visite chez sa mère, une sorte de révolution ne se fût opérée en moi: la figure de cette charmante femme me suivait
partout, dans mes rêves, au milieu de mes études ou de
mes promenades, souvent solitaires depuis qu'Hyacinthe
était à l'infirmerie; puis, pour plusieurs motifs, la présence
de Jean me pesait; je me reprochais presque comme un
crime l'émotion que me causait le souvenir de sa mère;
pourtant ces pensées confuses et brûlantes m'obsédaient
sans cesse. En songeant à madame Raymond, des bouffées
de chaleur me montaient au front, je sentais mon pouls
battre plein et fort, j'entrais dans cette phase de la vie où
l'adolescent touche à l'âge viril.

L'offre de Levasseur à Jean, au sujet de ces *mauvais livres*, me revenait donc d'autant plus vivement à la mémoire, qu'un secret instinct me disait que, sans doute, je
trouverais dans cette lecture l'explication du trouble mystérieux dont j'étais tourmenté.

André Levasseur se trouvait dans la classe, au-dessous
de moi, sur un gradin, mais à quelque distance; je regrettai cet éloignement, pourtant je ressentais une honte extrême, un serrement de cœur indéfinissable à la seule idée
de lui parler des mauvais livres dont il était possesseur, et
que je désirais si ardemment connaître.

La classe se passa ainsi.

Pendant la récréation, Jean ne vint pas me rejoindre;
il employait ce temps à une leçon de mathématiques; Hyacinthe était à l'infirmerie. Je me trouvais donc libre d'a-
border Levasseur; je le voyais de loin se promener dans
un coin de la cour; vingt fois je fus sur le point d'aller à
lui, la confusion m'arrêta.

Le hasard voulut qu'André m'aperçût.

Il ne vint pas d'abord tout de suite à moi, s'attendant
sans doute à ce que Jean me rejoindrait; mais bientôt,
s'enhardissant, il s'approcha rapidement et me dit:

— Ah! Fernand, que je suis content de te trouver seul!

Je rougis jusqu'aux yeux; mon cœur battit violemment;
je n'osai pas regarder en face le possesseur de mauvais
livres, et je répondis d'une voix mal assurée:

— Pourquoi es-tu content de me trouver seul?

— Parce que, lorsque ce brutal de Jean Raymond est
avec toi, l'on ne peut pas t'aborder.

— Jean est mon ami, ne parle pas mal de lui.

— Voyons, Fernand, dire que ton ami Jean est brutal
en diable, est-ce une méchanceté? c'est, au contraire, une
vérité. C'en est une autre que d'ajouter qu'à part sa brusquerie, Jean est le plus brave garçon du monde. Aussi,
j'aurais été très heureux de l'avoir pour ami; mais il a fait
le fier, il m'a repoussé.

Et André Levasseur soupira tristement.

— Enfin, — reprit-il après un silence, — tout le monde
n'a pas le même bonheur que toi. Être l'intime de Raymond, sais-tu que c'est presque une gloire à Sainte-Barbe?

Et après un nouveau silence que je n'interrompis pas,
car je ne pensais qu'aux mauvais livres, André ajouta:

— Mon Dieu, mon Dieu! qu'est-ce que je lui ai donc fait,
à Raymond, pour qu'il me rebute ainsi? Il ne te l'a pas
dit, à toi, Fernand, son meilleur ami?

— Écoute, André... si tu me promettais... si tu me jurais
de ne dire à personne ce que je vais te confier...

— Je t'en donne ma parole d'honneur la plus sacrée!—

s'écria André d'un ton solennel; — ce qui sera dit entre
nous restera entre nous... Oh! Fernand, — ajouta-t-il d'une
voix touchante, — si le secret que tu vas me confier pouvait être un commencement d'amitié, combien j'en serais
content, moi que tout le monde délaisse.

— Tout le monde? André!

— Quand je dis tout le monde... je me trompe; je ne
manquerais pas d'amis si je voulais, — répondit Levasseur
avec un sourire sardonique. — En donnant ou en partageant ce qu'on a, on trouve toujours des amis; mais ces
amitiés-là ne me tentent guère; aussi désirais-je vivement
me lier avec Raymond ou avec toi. Mais, à propos, ce secret
que tu voulais me dire?

— Vois-tu, André, tu as blessé Raymond en le prenant
pour un de ces amis que l'on acquiert par des largesses...
Tu lui as offert de lui prêter une vingtaine de francs... Il
est pauvre, et tu l'as humilié.

— Avoue, Fernand, — me dit tristement Levasseur, —
qu'il faut avoir bien du malheur. Je fais une offre de tout
cœur pour obliger un camarade, et cela tourne contre
moi.

— Ce n'est pas tout, — repris-je en rougissant et d'une
voix altérée; — Mais, André, tu me jures de ne parler de
cela à personne, au moins?

— Je le jure.

Je baissai les yeux, je fis un violent effort sur moi-même
et je balbutiai comme si ces mots m'eussent brûlé les
lèvres:

— Tu as dit... que tu possédais un pupitre à double
fond... et que dans ce pupitre tu avais... tu avais... de
mauvais livres...

— Eh bien! oui, c'est vrai, — me répondit Levasseur
aussi à voix basse et d'un ton mystérieux, — oui, j'ai des
livres défendus... *Faublas*... et le *Poëte*... Si tu savais
comme c'est amusant!... veux-tu que je te les prête?

A cette proposition, le cœur faillit me manquer, mes
genoux tremblaient sous moi; ce que je ressentis lorsque,
pour la première fois, ma main pressa la main de ma maîtresse, n'a été qu'une froide émotion auprès de l'impression brûlante... presque vertigineuse, que j'éprouvai à
l'offre de ces romans dont j'entendais pourtant prononcer
cer le titre pour la première fois.

André devina l'espèce de commotion dont je subissais
le choc; il resta un moment silencieux et ajouta avec un
sourire sardonique qui donna une expression toute nouvelle à sa physionomie, ordinairement doucereuse et insinuante:

— Tu n'acceptes pas?... Tu es donc aussi vertueux, aussi
bégueule que Jean Raymond, qui s'indigne de ce que nous
lisons des livres de grands garçons? Comme si, à notre
âge, nous étions des enfants! Libre à lui de rester enfant
jusqu'à trente ans si ça lui plaît; quant à moi, je n'envie
pas son innocence, ni toi non plus, Fernand, j'en suis certain; tu n'es pas assez niais pour cela?

— Oh! non, — repris-je, craignant de paraître ridicule
aux yeux de Levasseur; — et d'ailleurs, je ne blâme pas
Jean, il a ses idées, nous avons les nôtres. N'est-ce pas,
André?

— Certainement, et puis, vois-tu, je crois Raymond jaloux de toi.

— Jaloux de moi! lui! tu te trompes.

— Mon Dieu! Fernand, figure-toi donc qu'on est souvent
jaloux sans le vouloir. Raymond sans le savoir; ainsi
Raymond, malgré son caractère brutal, est un des meilleurs élèves de Sainte-Barbe, soit; mais il est pauvre
comme un gueux, sa tournure est vulgaire, il est toujours
habillé en collégien, enfin il n'a pas, comme toi, l'air d'un
jeune homme *comme il faut*, d'un de ces jeunes gens...
que les femmes regardent déjà du coin de l'œil.

— Les femmes! — dis-je vivement à André en devenant
cramoisi, — les femmes... faire attention à des enfants
comme nous... Tu crois cela, toi, André? Allons donc!
c'est impossible.

Levasseur haussa les épaules, sourit d'un air de dédaigneuse supériorité, puis il ajouta:

— Mon pauvre Fernand, quand tu auras lu *Faublas* et le *Poète* tu sauras que c'est surtout à des *enfans* comme nous que font attention ces femmes, jeunes et belles encore, mais qui ont passé la trentaine, et qui sont généralement nos *institutrices*.

Une bouffée de chaleur me monta au visage; je tressaillis. Je me rappelai que la mère de Raymond était jeune, belle, et avait la trentaine; je n'eus pas la force d'interrompre André, il continua:

— Oui, Fernand, les *connaisseuses*, comme on dit, font attention à nous; tu verras dans *Faublas* ses aventures avec la belle marquise de B***, quand il lui est présenté sous des habits de femme, car il avait à peu près notre âge.

Puis, me regardant, André ajouta en riant:

— C'est singulier, sais-tu que tu es tout le portrait du chevalier de Faublas à seize ans?

— Moi! André, tu plaisantes.

— Tu liras le livre, tu verras si je me trompe. Ah! Fernand, quel modèle pour nous que ce charmant chevalier. A dix-huit ans, il avait déjà trois maîtresses: la belle marquise de B***, une innocente pensionnaire de couvent, et une coquine de femme de chambre jolie comme les amours!

D'abord, j'écoutai André avec une sorte d'ivresse, mon sang bouillonna dans mes veines, un nuage s'étendit devant mes yeux, puis je ressentis un serrement de cœur si douloureux, une angoisse si profonde, que Levasseur m'inspira une sorte de crainte mêlée de répugnance. Je ne pus m'empêcher de m'écrier en m'éloignant de lui:

— Tu es aussi par trop mauvais sujet! Si je t'écoutais... je serais perdu...

André partit d'un éclat de rire sardonique dont je fus plus humilié qu'irrité; je ressentais la fausse honte du bien et de l'honnête, une des plus déplorables infirmités des natures faibles et sans principes arrêtés! Je me sentais ridicule aux yeux de mon camarade; puis, s'il faut l'avouer, malgré moi je m'étais laissé prendre à ses flatteries à l'endroit de ma ressemblance avec ce bienheureux *chevalier de Faublas*, dont je brûlais de lire les aventures amoureuses; et puis, enfin, je ne pouvais chasser de ma pensée ces paroles d'André:

» Ce sont surtout ces femmes jeunes et belles encore, » mais qui ont passé la trentaine, qui font attention à des » *enfans* comme nous. »

Certes, je n'en étais pas encore à m'imaginer que la mère de Jean Raymond eût fait attention à moi; mais elle avait passé la trentaine, elle était admirablement belle, il n'en fallait pas d'avantage pour graver en traits de feu dans mon esprit les dangereuses excitations de Levasseur. Il gardait le silence comme moi. Lorsque je relevai les yeux, je rencontrai son regard astucieux et pénétrant, qui m'imposa et redoubla mon embarras.

Levasseur eut pitié de moi: il me dit d'un ton affectueux:

— J'ai eu tort de rire de toi, mais je n'ai pu m'en empêcher en t'entendant me traiter de mauvais sujet parce que je suis un peu déniaisé; voyons, Fernand, pour te prouver que je ne veux pas te donner de mauvais conseils et surtout te perdre... comme tu dis, laisse-moi te citer un exemple: as-tu souvent vu, n'est-ce pas, sur les murs, des affiches de spectacle?

— Oui... ensuite?

— Sur ces affiches, tu as peut-être vu annoncer le *Mariage de Figaro*, une comédie que l'on donne depuis quelque temps au Théâtre-Français?

— Justement, ma grand'mère est allée voir cette pièce là la semaine dernière; et dimanche, au dîner, chez nous, on a beaucoup parlé de l'actrice qui jouait un rôle de page.

— Le rôle de Chérubin? reprit Levasseur d'un air triomphant. — Ce n'est pas moi qui te le fais dire. Vois un

peu comme cela se trouve. Sais-tu ce que c'est que Chérubin? quel est son rôle dans cette pièce?

— Non, je sais que c'est un page... amoureux de sa marraine, — répondis-je en rougissant,—voilà tout ce que je sais.

— Eh bien! Fernand, voici le reste: *Chérubin* est comme tu dis un *enfant* comme nous, et même plus jeune que nous, car ce petit page a tout au plus quinze ans; il est d'ailleurs joli comme l'amour, si joli que sa belle marraine raffole de lui: elle se nomme la *comtesse Almaviva*. C'est une de ces femmes dont je t'ai parlé, charmante encore quoiqu'elle ait passé la trentaine; elle est donc, en cachette, amoureuse de Chérubin; lui aussi est en cachette amoureux de sa marraine, ce qui ne l'empêche pas, le petit libertin, d'embrasser et de lutiner dans tous les coins la gentille Suzanne, femme de chambre de la comtesse. Ah! mon pauvre Fernand, il faut voir la scène où Chérubin, un bonnet de dentelle sur ses beaux cheveux blonds, est agenouillé sur un coussin entre sa marraine et Suzanne, pendant que ces deux jolies femmes, qui brûlent d'amour pour lui, parlent de l'habiller en fille, à telle enseigne que Suzanne dit à la comtesse: » Voyez donc, » madame, comme il a le bras blanc! » —et tant d'autres choses délicieuses qu'il passé trop long de te raconter; je voulais seulement en arriver à ceci, mon bon Fernand, que je ne suis pas un *mauvais* sujet pour te dire des choses qui se disent en plein théâtre, et que ta grand'mère va entendre et applaudir; c'est qu'en effet tout le monde, et les femmes, oh!... surtout les femmes, raffolent de ce gentil Chérubin, qui adore sa belle marraine, et embrasse Suzanne quand il le peut. En un mot, Fernand, réponds à cela! Suppose que, comme Chérubin, toi ou moi, *deux enfans*, nous soyons amoureux d'une belle marraine et d'une Suzanne, où serait le mal? puisqu'encore une fois tout le monde, ta grand'mère et ses amis, vont applaudir au théâtre ce petit libertin de Chérubin? Voyons, qu'as-tu à répondre à cela?

André Levasseur avait raison, je ne trouvai rien à répondre à sa dangereuse glorification de Chérubin; je me sentis soulagé d'un grand poids; mes derniers scrupules s'évanouirent, et, m'adressant à mon nouvel ami:

— Je n'étais qu'un sot, car, tu as raison, André, il n'y a aucun mal à être amoureux à nos âges. Ma grand'mère, ses amis, tout le monde, enfin, ne vont-ils pas, comme tu le dis, applaudir au théâtre ce jeune page de quinze ans amoureux de sa belle marraine?

— Et remarque bien, Fernand, que *Faublas*, que le *Poète*, ces mauvais livres, comme on les appelle, se vendent publiquement, et ne sont, après tout, que l'histoire d'autres Chérubins amoureux; seulement, mon cher Fernand, je te recommande à mon tour la discrétion envers Jean Raymond, à propos de nos confidences; tout brave garçon qu'il est, il verrait du mal où il n'y en a pas.

— J'allais, André, te faire la même recommandation; et même, si cela ne te contrariait pas, nous n'aurions pas l'air d'être amis aux yeux de Raymond; nous sommes toujours sûrs de nous voir à la récréation du soir sans qu'il s'en aperçoive, puisqu'à cette heure il prend une leçon de mathématiques.

— Cette réserve me convient très fort, au contraire. Raymond n'est pas à l'avoir en tiers avec nous, ton amitié me suffit; il en serait peut-être jaloux; puis, comme il était ton ami avant moi, il ne faut pas lui faire de peine, n'est-ce pas, Fernand?

— Oh! non, il est si bon, malgré sa brusquerie.

— Je l'avais jugé tel; mais tu dois le connaître mieux que moi, toi, *son intime?*

Après un moment de silence, André reprit, avec un regard et une expression qui ne me frappèrent pas d'abord, mais qui depuis plusieurs raisons, hélas! se retracèrent bientôt après à ma pensée et s'y fixèrent à jamais:

— Vous êtes si liés, toi et Raymond, que tu es peut-être allé chez lui?

— Oui, dimanche passé...

— Ah! — fit André, comme si ma réponse lui eût causé un joie secrète, et il ajouta :—Pauvre Raymond. Ce ne doit pas être très somptueux, chez lui ?

— Oh! non... C'est bien modeste, et même plus que modeste.

— Est-ce que tu es resté longtemps chez lui ?

— Oui ; nous y avons goûté.

— Un fin goûter, hein ! Fernand ?

— Oh! non ; du pain et des fruits ; mais offert de si bon cœur, par madame Raymond...

Et mon front rougit, mes lèvres tremblèrent en prononçant ce nom. Je ne sais si Levasseur s'aperçut de mon émotion, mais il ajouta d'un air indifférent :

— Et le père de Raymond, est-ce qu'il était aussi à ce goûter ?

— Son père !... tu ignores donc que son père est mort depuis longtemps ?...

— Vraiment? Pauvre Raymond ! je ne savais pas cela, —reprit Levasseur d'un ton apitoyé.—Je croyais que son père et sa mère vivaient encore... Ah ça ! et sa mère? est-ce une brave femme ?

— Sa mère ! mais elle est toute jeune encore.

— Jeune... jeune... c'est difficile. Raymond a, comme nous, seize à dix-sept ans, j'imagine ?

— Dix-sept ans ; dix-huit mois de plus que moi.

— Eh bien ! sa mère doit avoir au moins trente-cinq ou trente-six ans...

— J'ignore son âge ; mais ce qu'il y a de certain, c'est qu'elle paraît très jeune encore... et qu'elle est belle... oh ! bien belle...

J'avais dit ces derniers mots avec une vivacité involontaire ; je rougis de nouveau et je n'osai pas lever les yeux sur André. Il continua.

— Et votre goûter a-t-il été gai ?

— Gai !... non ; mais madame Raymond a été si aimable pour moi, elle m'a donné de si bons conseils, que cela valait mieux que de la gaîté.

A ce souvenir, mon cœur se serra de nouveau. André Levasseur m'inspirait pour la seconde fois un éloignement instinctif ; un vague pressentiment m'avertissait d'un danger ; je n'osais avouer à Jean ma nouvelle liaison avec Levasseur, je sentais donc que celle-ci était mauvaise et pour ainsi dire malsaine pour moi.

André devina sans doute mes secrètes pensées, car il reprit :

— Ainsi, Fernand, madame Raymond, qui me paraît avoir l'âge de la marraine de *Chérubin* ou de la *Marquise de B**** de *Faublas*, est belle comme ces deux charmantes femmes, et elle a été très aimable pour toi ?...

Cette comparaison, insidieusement calculée par Levasseur, fit battre violemment mon cœur, ma faible et dernière aspiration vers des sentiments meilleurs se perdit dans le trouble de mon émotion. J'étais hors d'état de parler. André continua :

— Je ne doute pas que madame Raymond t'ait donné de bons conseils. A la manière dont Jean est élevé, il est facile de croire que sa mère est une femme de beaucoup de tête et de fermeté ; mais, à part les bons conseils que t'a donnés madame Raymond, est-ce que votre conversation entre elle, toi, et Jean, a été très amusante ? Cela m'étonnerait ; de quoi avez-vous pu parler ? du collège, de vos études, sans doute ? Et ce n'est pas très amusant.

Cette diversion me soulageait. Je ne m'apercevais pas que chacune des paroles d'André était pour ainsi dire une question sur ce qui se passait chez madame Raymond ; je lui répondis naïvement :

— Nous avons parlé d'autre chose que de nos études. Nous ne sommes pas tout à fait des écoliers.

— Vous avez peut-être parlé politique ? — reprit André souriant. — Cela me paraîtrait fort, quoiqu'on dise qu'il y a des femmes qui s'occupent de politique... Ce que, pour ma part, je ne crois guère. Elles ont mieux à faire que cela quand elles sont belles... n'est-ce pas, Fernand ?

— Nous n'avons pas parlé politique, André, et je ne le

regrette pas, car je n'y comprends rien ; seulement je me rappelle que madame Raymond n'aime ni les Cosaques ni l'état militaire.

— Je conçois qu'on n'aime pas ces scélérats de Cosaques, — reprit André, — ce sont des brigands ; mais, contre l'avis de madame Raymond, je trouve l'état militaire une superbe profession ; car sais-tu, Fernand, que Chérubin en uniforme ferait tourner toutes les têtes... Enfin, chacun son goût ; mais ce dont je suis certain, c'est que votre goûter n'a pas dû être interrompu par de nombreuses visites. Hélas ! quand on est pauvre comme la mère de Raymond, on n'a guère d'amis, mon pauvre Fernand...

— Quant à cela, tu te trompes.

— Vraiment?

— Lorsque moi et Jean nous sommes arrivés chez lui, sa mère allait recevoir plusieurs de ses amis, m'a-t-il dit, et des amis sûrs et dévoués, a-t-il ajouté, comme on n'en trouve guère dans le grand monde.

— Il s'agissait sans doute de dames? reprit André en souriant,—car ami peut s'entendre au féminin et au masculin... Tu vois que je suis très fort en grammaire.

— Il s'agissait d'amis masculins, André ; les personnes qui se trouvaient chez madame Raymond, lorsque nous sommes entrés, étaient des hommes ; ils n'avaient pas l'air il est vrai de beaux messieurs, de *muscadins ;* mais l'on devinait en eux de braves gens : il y en avait surtout un dont la figure m'a frappé, il portait de longues moustaches noires et un bonnet de police vert et rouge. Je n'ai de ma vie rencontré une physionomie plus ouverte et plus résolue.

— Un bonnet de police vert et rouge ? c'était un ancien soldat, sans doute ? Qu'en penses-tu, Fernand ?

— Il avait en effet une figure martiale ; quant aux autres...

— Ah ça ! mais je m'aperçois que je suis aussi sot que curieux, — dit Levasseur en m'interrompant.

Et de l'air le plus naturel du monde :

— Après tout, qu'est-ce que ça me fait à moi, que madame Raymond ait des amis de telle ou telle sorte ? Nous bavardons comme des pies, l'heure de la récréation se passe, et elle aura sonné avant que j'aie pu te prêter *mes mauvais livres,* si toutefois tu les veux toujours !

— Oui... oh ! oui, plus que jamais, André.

— Alors, viens dans la salle, je te donnerai le premier volume de *Faublas.* Où le mettras-tu ?

— Sois tranquille : entre ma chemise et mon gilet.

— Et où le liras-tu ? prends bien garde, au moins, de le faire confisquer... Tu me perdrais... si l'on savait que je te l'ai prêté.

— N'aie pas peur, je vais me faire envoyer au cachot pour vingt-quatre heures, j'aurai le temps de lire.

— Fameuse idée !... Viens, Fernand.

Quelques minutes après, j'emportai avec moi le précieux volume.

Malheureusement, à l'époque dont je parle, j'étais complétement dupe d'André Levasseur.

X.

Après mon entretien avec André Levasseur, je me fis mettre au cachot.

Dans cette solitude, je dévorai le premier volume de *Faublas.* Cette lecture incendiaire porta le trouble et le feu dans mon sang. Ainsi fut sans doute à jamais desséchée dans son germe, par un précoce et funeste bouillonnement des sens, cette fraîche fleur du premier amour, qui doit s'épanouir un jour dans notre cœur. Je ne devais pas connaître ce sentiment plein de délicatesse, de pudeur et de mystère, qui ne se développe que dans les âmes innocentes.

Depuis la lecture de *Faublas,* les vagues et candides émotions éveillées en moi à la vue de madame Raymond se traduisirent en désirs grossiers. Dès lors je sentis qu'un abîme s'était creusé entre moi et Jean ; un attrait fatal me rapprochait, au contraire, d'André Levasseur. Auprès de cette nature si prématurément viciée, je me sentais plus à l'aise, et je trouvais en lui un confident, presqu'un complice de mes mauvaises pensées.

Je sortis du cachot. A ma première entrevue avec Jean Raymond, je fus froid, contraint. Trop pénétrant et trop affectueux pour ne pas s'apercevoir de ce changement et en souffrir, Raymond continua de se méprendre sur la cause de ma réserve.

— Fernand, — me dit-il tristement, — je le vois, tu ne me pardonnes pas mon manque de confiance... Ton affection n'est plus la même ; je ne blâme pas ta susceptibilité ; je la comprends, mais je ne puis malheureusement satisfaire à son exigence. Je me croyais assez connu de toi pour espérer qu'on te disant : » J'ai un secret qui n'est pas le mien ; le plus vif besoin de mon cœur serait de n'avoir rien de caché pour toi ; mais une discrétion absolue m'est imposée ; j'en suis aussi peiné que toi. Plains-moi, et que ton affection me console ! » Il n'en est pas ainsi ; tu t'éloignes de moi ; je me résigne... Adieu... Au premier appel de ton amitié, tu me retrouveras comme par le passé...

L'affliction de Jean me chagrina ; pourtant je me sentis satisfait de le voir ainsi prendre le change sur la cause de mon refroidissement ; je le laissai dans son erreur ; elle m'épargnait la gêne qu'inspire toute position fausse ; j'attendis avec impatience le moment de me retrouver avec Levasseur.

— Eh bien ! — me dit-il lorsqu'il m'aperçut, — et *Faublas !*

— Je l'ai là, je l'ai dévoré ; tu me prêteras la suite, n'est-ce pas ? Un jour de prison pour lire chaque volume, ce n'est pas trop...

— Bravo ! Fernand, voilà comme je t'aime... Et la *marquise de B****, qu'en dis-tu ?

— Ne m'en parle pas ! j'en suis fou...

— Au lieu d'être *fou* d'un personnage... imaginaire, ce qui ne mène à rien, mon pauvre Fernand, il vaut mieux être fou d'une personne réelle... ce qui vous mène à quelque chose.

— Que veux-tu dire, André ?

— Tu le sais bien, puisque tu rougis.

— Moi !... je t'assure... que...

Et je me sentis si troublé que je ne pus achever.

— Voyons, Fernand ! sommes-nous amis, oui ou non ! As-tu confiance en moi ?

— Oui...

— Veux-tu être franc ?

— Oui.

Après un moment de silence, André reprit :

— Veux-tu avoir aussi ta *marquise de B**** ?

— Tu te moques de moi... je ne sais pas ce que tu entends par là...

— Oh ! tu me comprends bien... La preuve, c'est que te voilà encore à rougir. Tiens, mon pauvre Fernand, j'ai pitié de toi... Tu voudrais avoir pour *marquise de B****... madame Raymond, hein ?

— André ! tais-toi ! — m'écriai-je presque avec épouvante... — oh ! tais-toi...

— Tu es amoureux de madame Raymond !

— André... je t'en supplie...

— Et tu as raison d'en être amoureux, car, selon moi... tu as des chances de réussir.

— Que dis-tu ?

— Ce que je sais.

— Ce que tu sais... André ?

— Par toi-même.

— Que t'ai-je donc appris ?

— Beaucoup de choses, sans t'en douter, mon cher Fernand ; car, vois-tu, j'ai plus d'expérience que toi ; or, d'après ce que tu m'as raconté de ta visite chez la mère de Jean ; d'après l'intérêt qu'elle t'a témoigné, les conseils qu'elle t'a donnés,...

— Comme ami de son fils...

— Certainement, — reprit Levasseur avec un sourire sardonique, — certainement... Cela commence toujours ainsi : on prend d'abord des airs maternels, on vous traite *en enfant,* cela autorise toutes sortes de familiarités ; et puis un beau jour... Tu comprends, n'est-ce pas ? Allons, te voilà encore à rougir... Rappelle-toi donc les manières d'abord si maternelles de la marquise avec Faublas ?... Et dis-moi où ça les a menés tous deux ?... Au bonheur.

— André, tu es fou... Jamais de ma vie je n'aurai un pareil bonheur. Tu ne connais pas madame Raymond... tu te trompes...

— Oh ! que j'aurais donc voulu être caché dans quelque coin, afin de tout voir, de tout entendre, lors de ce goûter chez madame Raymond ; je saurais si je me trompe ou non, quoique je sois certain de ne pas me tromper.

— Quant à ce qui est de te faire assister à notre entretien, — dis-je naïvement à Levasseur, — rien de plus facile ; je me rappelle les deux heures que j'ai passées chez la mère de Jean dans leurs moindres détails, je peux tout te raconter... tout absolument.

— Excellente idée, Fernand ; je verrai avec tes yeux, j'entendrai avec tes oreilles. Allons, dis vite.

— Mais, au fait, à quoi bon, André ?

— Comment ?

— Est-ce que je sais seulement si je reverrai jamais la mère de Jean ?

— Pourquoi cette crainte ?

— Je suis en froid avec Jean ; il est tout mystère depuis quelques jours ; cela m'a chagriné, il s'en est aperçu, il m'a dit qu'il avait un secret qu'il ne pouvait me confier, et il s'afflige de me voir blessé de sa réserve.

— Fernand, quel est ce secret ? A propos de quoi ce mystère ?

— Eh ! mon Dieu ! à propos de bien des choses, — répondis-je en faisant mentalement allusion à l'apparition de l'homme à la longue barbe, caché sans doute dans la maison de madame Raymond ; — mais ce qu'il y a de certain, c'est que Jean, lorsque je lui ai parlé de mon désir de retourner chez sa mère, m'a paru embarrassé, et il m'a dit qu'il ne savait pas quand il pourrait me mener encore chez lui.

— Vois-tu, Fernand, j'en étais sûr.

— Sûr !... De quoi ?

— Jean se sera aperçu que sa mère te regardait d'un bon œil, il aura été vexé ; aussi ne veut-il plus te conduire chez lui.

— Il me semblerait extraordinaire que Jean eût ces soupçons. Pourtant, il se pourrait... Mais, non, non, il est trop franc pour ne pas m'avoir dit ce qu'il a sur le cœur.

— Songe donc qu'il s'agit de sa mère ! entends-tu bien, de sa mère ! et l'on ne parle de ces choses-là qu'à la dernière extrémité.

— Tu as peut-être raison, André ; mais dans ce cas il ne me resterait plus le moindre espoir ; si Jean soupçonne quelque chose, pour rien au monde il ne voudra maintenant que je retourne chez lui.

— Que tu es bon enfant ! mon pauvre Fernand ; s'il n'y a que cela qui t'embarrasse, sois tranquille... Je réponds de trouver le moyen de te faire voir madame Raymond autant que tu le voudras.

— Toi ?

— Oui ; mais avant tout, et quoique la conduite de Jean à ton égard soit significative, il faut que je connaisse jusqu'aux plus petites particularités de ton entrevue avec madame Raymond : cela fixera mon jugement. Alors, si comme j'en suis de plus en plus persuadé, madame Raymond veut te traiter comme la marraine de Chérubin... voulait traiter ce gentil page, sois tranquille, je réponds de ton bonheur si tu suis mes conseils ; mais il faut que je sache tout...

— Je ne demande pas mieux que de tout te conter ; rien de plus facile.

— Et quand je sais absolument tout, Fernand, comprends-moi bien, je parle des plus petites circonstances de ton entrevue avec Raymond, de sa manière d'être, de son entourage, des personnes que tu aurais pu voir chez elle... Il y a des choses qui, aux yeux d'un novice comme toi, ne signifient rien, et qui, pour moi, signifieraient beaucoup. Voyons, Fernand, recueille tes souvenirs, n'oublie rien, tu me répéteras même les détails que tu m'as déjà, je crois, donnés sur ta première visite chez Jean.

Dans mon stupide aveuglement, je racontai à André cette visite, évoquant mes moindres souvenirs, n'omettant ni le trophée composé d'un faisceau de licteur surmonté d'un bonnet phrygien, ni le portrait, ni le sinistre cadre renfermant une chemise ensanglantée; je parlai aussi de l'exaltation de madame Raymond au sujet des volontaires de la République; je n'omis pas quelques mots échangés entre Jean et l'homme à bonnet de police et à figure énergique dont la physionomie m'avait si vivement frappé, je me tus seulement sur l'apparition de l'homme à la longue barbe : je ne sais quel instinct retint cet aveu sur mes lèvres, comme si j'avais eu la conscience d'être au moment de commettre une délation; pourtant j'hésitai un instant devant cette réticence, me disant que ce secret m'appartenait, puisque je l'avais surpris, et que Jean ne me l'avait ni confié ni donner à garder : odieux sophismes que l'on appelle à soi lorsqu'on subit une tentation indigne.

André Levasseur m'écouta très attentivement; plusieurs fois je le vis tressaillir de surprise et de joie, sentiment qu'il exprimait en s'écriant, selon les divers incidens de mon récit :

« — Très bien!... J'en étais sûr.

» — Excellent à savoir. Je te le disais bien.

» — Parfait... Il n'y a plus à en douter.

» — Précieux renseignement!!! Cette femme te l'adore. »

André ne s'était pas expliqué davantage, afin, me dit-il, de ne pas me distraire de ma narration.

Lorsqu'elle fut terminée, il reprit :

— Ce que c'est que l'amour, pourtant; il a fait de toi un observateur qui vaut son pesant d'or. Mais, novice que tu es, une jeune et charmante veuve qui vit seule, dans un quartier retiré, habitant une petite maison presque mystérieuse, où l'on n'est introduit qu'après avoir été examiné par un guichet, ne se loge pas ainsi sans motifs!

— Et quels motifs... soupçonnes-tu, André?

— Parbleu! *ta* madame Raymond, en vivant ainsi retirée, veut pouvoir jouer à la *marquise de B**** tout à son aise; une jolie femme qui a pour amis intimes des grands gaillards comme ceux dont tu me parles, doit être une fière et délurée commère! Tu ne comprends donc pas que lorsqu'elle t'a si fort encouragé à entrer avec Jean à l'école des Arts et Métiers, c'était dans l'espoir que Jean t'amènerait encore plus fréquemment? Aussi, malgré la brutalité de Raymond, nous trouverons moyen de retourner chez elle... Sois tranquille, tu continueras à me tenir au fait de tout... Mais, qu'as-tu donc, Fernand? — me dit André en s'interrompant, — comme te voilà pâle... Tu as des larmes dans les yeux... Réponds, qu'as-tu donc?

— Oh! mon Dieu! André, tu crois que parmi ces hommes que j'ai vus là, madame Raymond...

— Avait un amant? Ma foi! cela ne m'étonnerait pas. Alors, tant pis pour lui, car tu le feras bientôt mettre à la porte... mon cher! c'est moi qui t'en réponds.

Depuis ma lecture de *Faublas*, rien n'était moins pur que mon amour pour madame Raymond; pourtant, à la honteuse et absurde supposition de Levasseur, je ressentis la poignante angoisse de la jalousie; un mélange de douleur et de rage me brisa le cœur; puis, une idée subite me traversa l'esprit. Je me rappelai cette mystérieuse apparition de l'homme à longue barbe caché chez madame Raymond; je vis là un mystère amoureux; mes scrupules s'évanouirent et, malgré moi, je m'écriai :

— Plus de doute!... cet homme qui se cachait... Oh! mon Dieu!

— Un homme caché! — s'écria Levasseur avec une âpre curiosité qui aurait dû m'éclairer. — Cet homme, où se cachait-il?

— Je ne t'avais pas parlé de cela, André; mais, en attendant avec Jean dans le jardin de sa mère, j'ai vu un instant, à la lucarne d'un grenier, un homme à longue barbe blonde... Dès qu'il nous a aperçus, moi et Jean, il s'est vite retiré, comme s'il craignait d'être vu!

— Fernand! — s'écria André d'une voix presque tremblante et avec une expression si étrange que je regrettai mon indiscrétion, — tu es sûr de ce que tu dis là? Peux-tu te rappeler la figure de cet homme à longue barbe blonde? quel âge paraissait-il avoir? comment était-il vêtu? son signalement, enfin, son signalement? Vite, réponds; réponds donc!

— Mais, — dis-je à André en le regardant avec une stupeur et une inquiétude croissante, — quel intérêt as-tu donc à savoir tout cela?

— Comment! — s'écria Levasseur d'un air si sincère qu'il me convainquit, — comment! quel intérêt?... Mais le tien. Tu ne vois donc pas, pauvre niais, que si madame Raymond a un amant caché chez elle, et que tu le saches... tu deviens maître d'elle, grâce à ton secret.

Ce calcul me parut si infâme, que, révolté des paroles de Levasseur, je lui dis :

— Cette pensée-là est affreuse! tiens, maintenant, je regrette de t'avoir confié ce que j'aurais dû garder pour moi.

André Levasseur reprit son sang-froid et me dit en souriant et haussant les épaules :

— Pauvre Fernand! il me faudra donc revenir toujours au *Mariage de Figaro*, que ta grand'mère et ses amis applaudissent pourtant.

— Que veux-tu dire?

— Dans cette pièce de théâtre, le comte Almaviva (mari de la belle maîtresse de Chérubin) est, de son côté, amoureux de Suzanne, femme de chambre de sa femme; il lui donne un rendez-vous la nuit; Suzanne accepte, mais elle en prévient sa maîtresse. Celle-ci va au rendez-vous à la place. Qui est bien penaud? le comte Almaviva, se trouvant ainsi en tête-à-tête avec sa femme. Celle-ci lui dit alors : « Monsieur mon mari, j'ai votre secret, or, vous allez marier Suzanne et Figaro, ou sinon... » Eh bien! Fernand, ta grand'mère et ses amis trouvent cette ruse charmante, puisqu'ils applaudissent cette pièce; où serait donc le mal d'imiter la comtesse! de trouver le moyen (nous le trouverons) de prendre la figure de ce vilain homme à longue barbe, et de dire à madame Raymond, alors aussi penaude que le comte Almaviva : « Madame, j'ai votre secret. Vous serez *marquise de B****, sinon je dis tout à Jean. » Mais, rassure-toi, tu n'auras pas besoin de menacer madame Raymond, d'après ce que tu m'as appris d'elle...; sois certain qu'elle fera vers toi les trois quarts du chemin, si ce n'est davantage... Une femme qui cache chez elle un jeune homme... car tu m'as dit, je crois, qu'il est jeune...

— Pas absolument... Il m'a semblé avoir de trente-cinq à quarante ans.

— Peut-on concevoir un goût pareil? Une si jolie femme avoir un amant de cet âge..., et par là-dessus... très laid peut-être!

— Hélas! non, André, il n'est pas laid; sa figure est même assez belle... son front est seulement un peu dégarni de cheveux.

— Un homme chauve... fi!... quelle horreur!... Et mal vêtu, sans doute?

— Ni bien ni mal; il avait, autant que je puis me le rappeler, un habit ou une redingote brune... et un gilet blanc.

— Et c'est un pareil rival qui t'effraierait, mon pauvre Fernand?... toi... avec tes seize ans... et...

Soudain Levasseur s'interrompit, ses traits exprimèrent d'abord la surprise, puis l'anxiété, puis enfin une vive douleur; il poussa un cri aigu en portant ses deux mains à sa poitrine.

Effrayé de cette pantomime, je m'écriai :
— André... qu'as-tu donc?
— Oh! que je souffre...
— Tu souffres... Où cela?
— Ici... à la poitrine... c'est horrible!... Je sais ce que c'est... une crampe d'estomac... J'y suis sujet... Déjà deux fois j'ai failli en mourir,... Oh! mon Dieu!..., — murmura Levasseur en se laissant tomber sur un banc, où il se tordit avec l'apparence de la plus atroce douleur. — Oh! mon Dieu! — ajouta-t-il en gémissant, — on dirait que l'on me déchire les entrailles...

Et André se mit à pousser de telles lamentations que plusieurs de nos camarades accoururent et l'entourèrent.
— Oh! c'est à en mourir! — criait André. — Mes amis, je vous en supplie! transportez-moi à l'infirmerie... Ayez pitié de moi!...

Un maître d'études survint et s'informa de ce qui arrivait. Je lui dis que Levasseur était saisi d'une horrible crampe d'estomac, et qu'il avait failli se trouver mal. Les cris d'André devenaient de plus aigus; le maître, fort inquiet, fit aussitôt transporter le malade à l'infirmerie; je l'y accompagnai; il ne cessait de gémir, disant au maître d'une voix lamentable :
— Monsieur, je souffre tant qu'il me semble que ma dernière heure est venue. Je vous en supplie, faites prévenir mon cher oncle, afin qu'il vienne me voir tout de suite.
— Mais, mon ami, — dit le maître, — une crampe d'estomac fait souffrir, mais n'est nullement dangereuse; l'on ne meurt pas de cela... Il est inutile d'inquiéter monsieur votre oncle pour si peu de chose.
— Monsieur, par pitié, je vous en conjure, — dit André en joignant les mains et en pleurant, — accordez-moi cette grâce... Qu'est-ce que cela vous fait... Je sais bien ce que je souffre, moi. Il me semble que je souffrirais moins en voyant mon bon oncle... Oh! mon Dieu! mon Dieu! — ajouta André avec des cris perçants et en se tordant sur son lit. — Quelles douleurs!... Au secours!... Ayez pitié de moi! Mourir! mourir peut-être sans avoir vu mon oncle, mon seul parent!
— Allons, mon ami, calmez-vous, — reprit le maître.
— Prenez courage. Il n'y a d'ailleurs aucun inconvénient à avertir monsieur votre oncle de l'accident qui vient de vous arriver, on lui écrira... et il jugera par lui-même de votre état.
— Oh! monsieur, je vous en supplie, écrivez-lui tout de suite!
— Je vous le promets.
— Oh! bien vrai, monsieur? Vous ne dites pas cela pour me calmer?
— J'écrirai moi-même devant vous, et devant vous encore je donnerai ordre de porter la lettre... Je ne puis faire davantage, mais, pour l'amour de Dieu! ne vous tourmentez pas ainsi; encore une fois, cette crise n'aura aucune suite sérieuse.
— Que je voie mon bon oncle, — reprit André en gémissant, — et je serai plus tranquille.
— Voici la lettre écrite, — répondit le maître en se levant d'une table où il était assis. — Je vais envoyer à l'instant chez monsieur votre oncle; dans une heure vous le verrez, si on l'a trouvé chez lui; ainsi, prenez patience...
— Oh! mon pauvre Fernand, — me dit Levasseur en tournant languissamment la tête de mon côté, — plains-moi... car il me semble que je n'aurai pas la force d'endurer tant de souffrances!

La cloche de l'étude ayant sonné, je fus obligé de quitter l'infirmerie sans avoir eu le temps d'aller m'informer des nouvelles d'Hyacinthe, malade depuis quelques jours.

XI.

Pendant la classe qui suivit l'entrée de Levasseur à l'infirmerie, je fus assailli de tristes pressentimens.

Délivré de la présence d'André, je sentais ce qu'il y avait de coupable et d'insensé dans mon amour pour la mère de mon meilleur ami; ma passion n'en était pas moins vive, mais la réflexion me montrait le néant des absurdes espérances que Levasseur m'avait données.

J'éprouvais surtout un profond regret, presqu'un remords, de l'indiscrétion à laquelle je m'étais laissé entraîner en racontant à André toutes les particularités de ma visite chez madame Raymond. Je ne voyais pas le moindre danger dans ces révélations, mais j'en rougissais comme d'un abus de confiance.

Je sortis de classe. Elle avait duré deux heures. Jean Raymond vint à moi; sa présence m'embarrassa plus que de coutume, il semblait chagrin, préoccupé.
— Fernand, — me dit-il en me tendant la main, — il m'est impossible de m'habituer à cette pensée que notre amitié est peut-être altérée parce que je suis obligé de manquer de confiance envers toi; c'est après-demain, dimanche, mon jour de sortie... il se peut que lundi... tu n'aies plus de reproches à me faire...
— Que veux-tu me dire, Jean?
— Il est possible que je te confie lundi une partie de ce que jusqu'à présent j'ai dû te cacher... je veux parler de diverses circonstances relatives à ma famille, à ma mère, aux principes qu'elle m'a donnés dans mon enfance. D'ici à lundi, mon bon Fernand, demande-toi si tu auras assez de fermeté de caractère pour me garder un secret absolu sur des confidences qui n'intéressent pas que moi. Je connais ta légèreté d'esprit, ton étourderie, elles m'avaient jusqu'ici commandé la plus grande réserve envers toi. Mais, si après avoir mûrement réfléchi, tu me dis: » Jean, je te jure au nom de notre amitié de garder ton secret... » Fernand, je te croirai! Ainsi d'ici à lundi ne m'accuse pas, suspends ton jugement à mon égard; redeviens ce que tu étais pour moi; et si tu savais combien la froideur qui règne entre nous depuis quelques jours m'est pénible! Et pourtant, jamais je n'aurais eu plus besoin de ton amitié! je ne sais pourquoi... je me sens triste, abattu comme si quelque malheur devait m'arriver...

Puis, passant la main sur son front, Jean reprit:
— Secouons ces mauvaises idées... Veux-tu venir voir ce pauvre Hyacinthe à l'infirmerie, je n'ai pu y aller hier?

La proposition de Jean m'inquiétait, car je savais Levasseur à l'infirmerie; cependant je n'osai refuser.

L'infirmerie, divisée en deux salles communiquant l'une à l'autre, était précédée d'un parloir.

Au moment où nous y entrions, nous y trouvâmes Hyacinthe Durand pâle et défait. Assis devant une table, il écrivait et semblait en proie à une vive émotion; en nous apercevant, il s'écria:
— Ah! mon Dieu!... c'est le ciel qui vous envoie... Je t'écrivais, Jean!
— Tu m'écrivais... et pourquoi?
— Le médecin a défendu de me laisser encore sortir... On ne m'a pas permis de descendre; et d'ailleurs c'était l'heure de la classe. Alors, dès que la cloche de la récréation a sonné, je me suis mis à t'écrire pour te demander de venir tout de suite avec Fernand.
— Mais, — reprit Jean avec intérêt, — qu'as-tu donc, mon pauvre Hyacinthe? te voilà tout tremblant?
— C'est vrai, et tout à l'heure je tremblais bien davantage encore... Dieu veuille que je me sois alarmé à tort.
— Alarmé... dit Jean de plus en plus surpris. — Et de quoi t'étais-tu alarmé?
— Du danger que court peut-être la famille d'un de nos camarades, — reprit Hyacinthe. — Puissé-je m'être trompé.
— Ce camarade, — demanda Raymond, — qui est-il?

— Je ne sais, — répondit Hyacinthe. — Son nom n'a pas été prononcé.

— Explique-nous ce mystère,—dit Jean,— pendant que, malgré moi, je me sentais saisi d'une vague appréhension.

— Vous savez, —mes amis, poursuivit Hyacinthe,—vous savez que l'infirmerie est divisée en deux salles?

— Oui, — dit Jean, — la grande et la petite. Ensuite?

— Mon lit est dans la grande... où nous sommes plusieurs... tandis qu'il n'y a, ou plutôt qu'il n'y avait personne dans la petite salle. Tantôt, avant la classe de trois heures, j'avais un violent mal de tête; mes camarades d'infirmerie causaient bruyamment dans la grande salle; j'ai été, pour trouver un peu de silence et de tranquillité, me jeter tout habillé sur un des lits de l'autre pièce... Ce lit est placé en face de la porte... et, pour le garantir des courans d'air, on l'a entouré d'un paravent; j'avais choisi ce lit exprès, parce que le paravent me cachait le grand jour; j'espérais ainsi mieux reposer.

— Très bien, — dit Jean; mais je ne vois pas jusqu'ici de quoi t'alarmer, mon pauvre Hyacinthe... Et toi, Fernand?

— Ni moi non plus, — répondis-je.

Je ressentais néanmoins une inquiétude croissante, songeant qu'André Levasseur avait été transporté à l'infirmerie.

— Vous allez voir,—reprit Hyacinthe, — si ce n'est pas la Providence qui m'a placé là dans le cas où mes craintes seraient fondées. Je m'endormis. Je ne sais au bout de combien de temps je fus réveillé par le bruit d'une porte que l'on ouvrait et par des voix qui parlaient; j'entendis monsieur Bermond (c'était un de nos maîtres) dire à une autre personne :

« — On a transporté ici votre neveu, au lieu de le placer dans l'autre salle, afin qu'il soit seul et tranquille, ainsi qu'il l'a demandé. Je vous laisse avec lui; j'espère que son indisposition subite n'aura pas de suites graves. Du reste, on est allé prévenir le médecin, qui ne tardera pas à venir. »

Et monsieur Bermont sortit; je n'avais pas osé remuer, de peur d'être aperçu et grondé par le maître, car il est défendu d'aller se coucher hors de son dortoir. Après le départ de monsieur Bermont, je n'osai bouger davantage, et, malgré moi, j'entendis la conversation de l'élève dont je parle et de son oncle.

— Et cet élève? — dit Jean, — qui est-il?

— Je ne sais, — répondit Hyacinthe. — Comme il parlait assez bas, je n'ai pu reconnaître sa voix. Lorsque monsieur Bermont a eu quitté le dortoir, l'oncle de cet élève lui dit alors :

« — Maintenant, nous voilà seuls... Parle... Je me suis » douté que tu avais quelque chose à m'apprendre, et que » l'histoire de tes crampes d'estomac était une invention » pour m'amener promptement ici. »

Jean Raymond me regarda et me dit :

— C'est singulier... Quel est donc l'élève qui fait ce mensonge d'une prétendue crampe d'estomac?

— Je... je... ne sais pas,—répondis-je en rougissant, sans que Jean fit attention à mon trouble. Hyacinthe continua :

— L'oncle de l'élève, après avoir ri avec lui de cette supercherie, reprit :

« — Le tour est bon, mais à la rigueur ne pouvais-tu » pas m'écrire?

» — C'était trop important,—répondit l'élève;— les let- » tres s'égarent parfois, mon écriture risquait d'être re- » connue; aussi, j'ai préféré vous faire venir.

» — Au fait, tu as eu raison... C'est plus prudent, — » reprit l'oncle, — je reconnais-là ton bon sens.

» — Avez-vous apporté de quoi écrire?—demanda l'élè- » ve, — car il ne faut rien oublier.

» — Je me doutais de la chose, et j'ai pris mon écri- » toire de poche et mon carnet, — reprit l'oncle en riant. » — Ah! fine mouche!.. j'étais bien sûr que tu réussirais » ici comme ailleurs... Si tu continues, tu iras loin... »

Jean reprit, en nous regardant Hyacinthe et moi :

— Qu'est-ce que cela peut signifier? quel est cet élève? quel est son oncle? où veulent-ils en venir? Je n'y comprends rien, et cependant cela m'inquiète.

— Laisse-moi achever, mon cher Jean, — reprit Hyacinthe; — je fais tout mon possible pour ne rien oublier, en allant ainsi par ordre de souvenirs, sans cela je risquerais de m'embrouiller.

XII.

L'oncle dit alors à son neveu :

» — Me voici prêt à écrire ; mais c'est, en vérité, un » succès plus prompt que je ne m'y attendais.

» — Ça n'a pas été sans peine, allez, — reprit l'élève ; » — le *fils* est une espèce de sauvage qu'on ne sait com- » ment amadouer; avances, amitié, offres de prêt d'argent, » rien n'a réussi; j'ai alors employé le grand moyen, que » je croyais immanquable, pour prendre ce brutal à ma » glu ; en un mot, je lui ai proposé de lui prêter des *mau-* » *vais livres*... afin de nouer ainsi notre intimité ; mais » point ! il m'a envoyé à tous les diables avec mes mau- » vais livres. »

Jean tressaillit et s'écria :

— Hyacinthe... je t'en supplie... rappelle bien tes souvenirs... Cet élève a dit à cet homme : Le *fils*... est...

— Une espèce de sauvage.

— Oui, mais il a dit LE FILS?—demanda Jean d'une voix altérée : — a bien dit LE FILS?

— Certainement, — reprit Hyacinthe ; — il l'a dit.

— Et tu es bien certain,—ajouta Jean avec une anxiété croissante, — que l'élève a raconté qu'il avait proposé au FILS de lui prêter de l'argent et des mauvais livres ?

— Oui, car je n'ai pas perdu une seule de leurs paro- les... Mais qu'as-tu donc, Jean ?... Comme te voilà pâle,— reprit Hyacinthe avec inquiétude.

Puis, me regardant, il ajouta :

— Et toi, Fernand, comme tu rougis, on dirait que tu trembles? Ah ! mes amis, vous le voyez, j'avais raison de m'effrayer...

— Cet élève... doit être André Levasseur,—s'écria Jean. — Je le reconnais aux offres qu'il m'a faites... Tu te le rappelles, Fernand, je t'en ai prévenu.

— C'est vrai, — dis-je en frémissant.

Telle était l'anxiété de Jean que mon émotion lui échappa. Je repris alors un peu courage et j'ajoutai :

— Peut-être... Levasseur a-t-il aussi fait cette proposition à d'autres qu'à toi... et...

— Mais il a dit LE FILS ! — s'écria Jean avec angoisse, —tu n'as donc pas entendu... Il a dit LE FILS... et pour moi ces mots...

Puis s'interrompant, il ajouta :

— Mon Dieu !... qu'est-ce que cela signifie ? Oh ! malgré moi... j'ai peur... Hyacinthe, continue... je t'en conjure... n'oublie rien... rappelle-toi tout, jusqu'au moindre mot.

— Je tâche, Jean, — reprit Hyacinthe ; — heureusement mes souvenirs sont bien présens ; l'élève a dit ensuite à son oncle :

» — Ne pouvant réussir à me lier avec *le fils*, je me suis » adressé ailleurs ; repoussé par le sauvage, par l'ours, j'ai » admirablement réussi auprès d'une espèce d'étourneau, » grâce à qui j'ai su ce qu'il nous fallait savoir, et même » beaucoup plus que nous n'espérions savoir ; mais je vous » garde ceci pour le bouquet. Écrivez donc sous ma dic- » tée. »

— Et voici, — ajouta Hyacinthe,—à bien peu de choses près, ce que j'ai entendu dicter par l'élève à son oncle, qui répétait à mesure ces petites phrases courtes et hachées :

Observations générales.

» La maison est isolée.

» *On* n'y entre qu'après avoir été examiné à travers un » guichet.

» *On* n'a pour tout domestique qu'une vieille servante.

» *On* conserve avec idolâtrie, dans la chambre à coucher, » les insignes du jacobinisme, le portrait du décapité.

» *On* garde encore sous verre sa sanglante défroque.

» *On* parle avec enthousiasme de l'héroïsme des révolu- » tionnaires de la Convention.

» *On* n'a que des imprécations de haine contre les ar- » mées étrangères, alliées de nos souverains légitimes.

» *On* méprise l'état militaire, l'on exalte les professions » industrielles, qui donnent action sur un grand nombre » d'ouvriers... et sur la vile populace. »

Hyacinthe, interrompant alors son récit, comme pour interroger ses souvenirs, se dit, en se parlant à lui-même.

—Oui... C'est bien là tout ce que l'élève a d'abord... dicté à son oncle. Je n'oublie rien...

— Je ne sais quelle était la physionomie de Jean Raymond pendant le récit de notre camarade : je n'osais lever les yeux, une sueur froide baignait mon front ; un condamné à mort, attendant son arrêt, doit éprouver ce que j'éprouvais.

Je me suis trouvé plus tard dans des positions très critiques, mais jamais de n'ai ressenti une pareille épouvante.

Raymond, sans doute plus préoccupé des périls que cette infâme délation pouvait faire courir à sa mère que de la source de cette délation même, ne fit aucune attention à moi ; il était d'ailleurs à mille lieues de me soupçonner. J'entendais sa respiration oppressée, presque haletante ; je ne me sentais pas le courage de le regarder. Lorsque Hyacinthe se fut interrompu afin de mieux recueillir ses souvenirs, Jean lui dit :

— Achève, au nom du ciel... Achève, et n'oublie rien.

— L'élève, —reprit Hyacinthe, —après avoir dicté à son oncle ces renseignemens, lui dit :

» — Maintenant passons au fait. Le deuxième dimanche » de ce mois-ci, entre une et deux heures de l'après-midi, » plusieurs hommes à figures énergiques, vêtus comme des » gens du peuple, étaient réunis chez la *personne en ques-* » *tion ;* l'un de ces hommes, âgé de quarante ans environ, » l'air militaire, le bonnet de police vert et rouge, mous- » taches noires, cheveux grisonnans, a été surtout remar- » qué ; ces espèces de bandits ont accueilli LE FILS avec » déférence ; il a échangé quelques mots mystérieux avec » l'homme au bonnet de police ; puis celui-ci et ses com- » pagnons sont restés environ un quart d'heure en confé- » rence secrète avec LA MÈRE, et sont ensuite sortis.

» Je vous avais promis le bouquet, mon cher oncle, — » a ajouté l'élève, — le voici ; écrivez de votre plus belle » écriture : Le même dimanche, à la même heure, un » homme à longue barbe blonde, d'une assez belle figure, » le front dégarni de cheveux, paraissant âgé de trente-six » à quarante ans, vêtu d'une redingote ou d'un habit brun » et d'un gilet blanc, a été vu à l'une des lucarnes de la » maison en question ; puis il s'est précipitamment retiré, » craignant sans doute d'être aperçu dans sa cachette : » évidemment cet homme est celui que l'on cherche ail- » leurs. »

Hyacinthe fut interrompu par une exclamation de Jean, qui peignait à la fois la stupeur, le désespoir et l'épouvante ; je ne savais s'il avait eu jusqu'alors des soupçons sur moi, mais la délation relative à l'homme à barbe les détourna sans doute ; car il ne m'avait rien confié à ce sujet ; et, dans son trouble, il ne songea pas à rapprocher l'heure à laquelle lui et moi nous nous étions assis dans le jardin en attendant le moment d'être reçus par madame Raymond.

Je me crus un instant sauvé.

Jean, de plus en plus effrayé du danger que couraient sa mère et son oncle (cet homme à barbe était Jacques Godefroid, condamné à mort par une cour prévôtale, et que l'on croyait errant dans les montagnes du Vivarais), Jean s'écria d'une voix entrecoupée, s'adressant à Hyacinthe :

— Et cet homme... qui écrivait... qu'a-t-il dit... aux dernières paroles qu'on lui a dictées !

— C'est surtout sa réponse qui m'a épouvanté, — reprit

Hyacinthe ; car j'ai entendu cet homme se lever brusquement et dire avec un accent de triomphe :

» — *Avant une heure nous les tenons*, LUI et ELLE...

» — Dépêchez-vous, — a dit l'élève, — je n'ai rien de » plus à vous apprendre. »

A ce moment du récit d'Hyacinthe six heures et demie sonnaient à l'horloge du collège.

Jean frissonna, et, calculant que plus de trois heure s'étaient écoulées depuis le départ de l'oncle de Levasseur, et que l'arrestation de madame-Raymond et de Jacques Godefroid avait sans doute eu lieu, il s'écria d'une voix déchirante en joignant les mains :

— Perdus... perdus tous deux !

Puis ses traits devinrent effrayans de haine et de rage. D'un bond il fut à la porte de la petite infirmerie, l'ouvri violemment, et s'y précipita suivi de Hyacinthe, qui le suivit éperdu, après m'avoir dit :

— Fernand, ne le quittons pas... Je suis sûr qu'il va vouloir assommer l'élève... Je comprends tout maintenant... Viens... viens...

Hyacinthe disparut.

J'étais resté immobile à ma place, écrasé, anéanti, n'osant, ne pouvant faire un pas.

Un dernier et fol espoir me restait : c'est que André Levasseur, contre qui la fureur de Jean allait sans doute s'assouvir, ne me nommerait pas.

Soudain j'entends le bruit d'une lutte violente, des coups sourds résonner, suivis de cris aigus de Levasseur appelant au secours de toutes ses forces, tandis que Hyacinthe sanglotait et que Jean répétait avec fureur en frappant André :

— Tiens, mouchard...; tiens, infâme !... si tu ne me dis pas comment tu as pu ainsi espionner ma mère... je t'étrangle.

— Grâce !... — murmurait Levasseur d'une voix défaillante, — grâce... c'est Fernand...; il m'a raconté sa visite chez ta mère...: il a vu l'homme à barbe... il me l'a dit.

Je me sentis perdu. Presqu'au même instant je vis rentrer Jean.

De ma vie, je n'oublierai son regard... sa physionomie... Je ne vis ni fureur ni menace..., mais une expression de désespoir profond. Il me dit avec un accent de déception déchirant :

— Toi ?... c'était toi ?...

Ma tête s'égara. Le parloir de l'infirmerie se trouvait au troisième étage : la fenêtre était ouverte, j'y courus, je montais sur le rebord en fermant les yeux, j'entendis un cri terrible de Jean, et, au moment où je m'élançais dans le vide, ses deux mains vigoureuses me retinrent par le pan de ma redingote. Je restai pendant un instant suspendu à une hauteur de quarante pieds.

Déjà mon poids faisait déchirer mes habits, lorsque deux maîtres, accourus au bruit de la lutte de l'infirmerie, se précipitèrent à l'aide de Jean, qui se cramponnait toujours à mes vêtemens. L'on me prit par les épaules et l'on m'attira en dedans du parloir.

Alors il se passa une scène désolante.

L'un des infirmiers, témoin des violences exercées par Jean sur Levasseur, était allé en hâte prévenir et chercher les maîtres, qui venaient d'accourir ; pendant que l'un d'eux me soutenait, car je me sentais prêt à m'évanouir, l'autre enjoignait à Jean de le suivre au cachot.

— Au cachot ! — s'écria Raymond avec stupeur ; — et ma mère ?... Je cours auprès d'elle...; s'il en est temps encore...

Ce disant, il s'élança vers la porte, mais le maître le saisit par le bras en répétant :

— Au cachot..., et sur l'heure.

— Je ne resterai pas un moment de plus ici, — s'écria Jean en se débattant ; — il faut que j'aille chez ma mère la prévenir, s'il en est temps encore. Je veux quitter le collège... laissez-moi... laissez-moi !

— Vous quitterez le collège si vos parens y consentent,

et lorsque vous aurez subi votre punition, — reprit le maître.

Mais, se voyant violemment repoussé par Jean, cet homme appelle les infirmiers à son aide, et malgré la résistance de Jean, résistance désespérée, furieuse, entremêlée de larmes et de prières déchirantes, car il demandait en grâce qu'on lui permît de courir auprès de sa mère, qui, disait-il, était exposée à de grands dangers, le malheureux fut terrassé, garotté avec un drap de lit, et entraîné pour être conduit au cachot.

Au moment où il quittait le parloir, où j'étais à demi insensé croyant assister à un rêve affreux, Jean fit un mouvement pour tourner vers moi sa figure pâle, meurtrie, contractée... Il me semble la voir encore.

— Adieu... mon ami...—me dit-il avec un sourire amer. —Voilà ton ouvrage... Que le sang des miens, s'il est versé, retombe sur toi...; j'aurais dû te laisser mourir... car tu ne vivras que pour le mal... Va... je te méprise...

Je ne pus en entendre davantage, et je m'évanouis.

XIII.

Le désespoir que m'avaient causé les conséquences de mon odieuse indiscrétion envers André Levasseur me rendit gravement malade; atteint d'une fièvre cérébrale, je restai près d'un mois au lit.

J'ai su plus tard, et je raconte ici dans tous ses détails, le dénoûment de l'arrestation de madame Raymond et de son frère, Jacques Godefroid, conduit en prison deux heures après l'entrevue de Levasseur et de son oncle. Jacques Godefroid, condamné à mort par contumace, par une cour prévôtale, vit son arrêt confirmé.

Il devait être exécuté en place de Grève.

Voici ce qui se passa ce jour-là, d'après la relation de l'un des acteurs de cet événement.

L'exécution de Godefroid était fixée pour neuf heures du matin.

A huit heures et demie, la charrette qui menait le condamné au supplice devait sortir de la Conciergerie.

De grand matin, une centaine d'artisans et de petits marchands du faubourg Saint-Antoine, partant isolément de leurs demeures, arrivèrent de différens côtés sur le quai aux Fleurs.

Quelques curieux s'étaient déjà rendus à cet endroit parfaitement choisi pour voir passer le condamné.

Les *faubouriens*, ainsi que l'on disait alors, tout en se mêlant peu à peu à la foule qui affluait déjà, se placèrent de façon à former, lors du sinistre cortége, une double haie de deux ou trois hommes de profondeur qui, de chaque côté, garnissait le tournant du pont à l'endroit où la charrette et son escorte devaient s'engager en quittant le quai.

Les meneurs de ces groupes étaient les hommes pauvrement vêtus que j'avais vus chez madame Raymond, et desquels Jean m'avait dit : » Ce sont les amis de ma mère... » avec de pareils amis, on peut braver la plus mauvaise » fortune. »

Ces mystérieux préparatifs de délivrance s'organisaient sur le quai, sous la direction d'un homme de haute taille, vêtu d'une blouse, et remarquable par de longues moustaches, et d'épais favoris en collier d'un roux ardent; cet homme n'était autre que *Charpentier*, l'ancien soldat au bonnet de police vert et rouge, qui, grâce à la teinture appliquée à sa barbe et à ses cheveux, avait déjoué les poursuites de la police, mise sur ses traces d'après les renseignemens donnés par moi à André Levasseur.

Après une dernière recommandation adressée aux chefs qui paraissaient diriger les hommes formant la haie à l'angle du pont, *Charpentier* s'approcha de deux vigoureux compagnons qui paraissaient garder deux de ces tonneaux à bras auxquels s'attèlent les porteurs d'eau.

— Attention au commandement !—leur dit à demi voix Charpentier en passant auprès d'eux.

— Sois tranquille,—répondirent-ils en échangeant avec lui un signe d'intelligence, — on a l'œil ouvert.

Charpentier se rendit alors à l'extrémité de l'une des petites rues de la Cité, qui débouchait sur le quai aux Fleurs.

Un fiacre stationnait là.

Le cocher, homme de cinquante ans environ, à la figure résolue, sillonnée d'une profonde cicatrice, était descendu de son siége.

Charpentier lui dit à voix basse :

— Nos hommes sont là... Tout va bien. Es-tu prêt.

— Oui, vieux.

— Tes chevaux... sont frais?

— Comme des roses : ils ont mangé deux avoines. J'ai préféré aller *là-bas* à pied cette nuit, pour ne pas les fatiguer.

— Tu as vu le maître carrier?

— Je l'ai vu, tout est convenu... il viendra au-devant de nous... Mais qu'as-tu, Charpentier?

— Morand... j'ai peur !

— Toi... peur?

— Pour Godefroid... pour sa sœur...

— Il ne faut pas penser à cela avant la chose, on ne serait bon à rien... Allons, pas de faiblesse, Charpentier... Rappelle-toi... nos charges à fond dans les dragons de la république, quand nous sabrions les coalisés de Coblentz! Eh! tonnerre de Dieu! disons aujourd'hui comme dans ce temps-là... *En avant!* nos hommes ne bouderont pas... tu le sais bien, ils se feraient hacher pour Godefroid, madame Raymond et son fils!

— Eh! mordieu! ce que je crains, c'est justement le courage, l'entraînement de nos hommes. J'ai peur qu'ils oublient le *principal* pour l'*accessoire*... Comprends-tu?

—Pardieu! dame! aussi l'accessoire est tentant! Assommer les gendarmes de Louis XVIII!

— Et si nos hommes cèdent à cette tentation, Godefroid est perdu. Perdu! lui... lui notre seul espoir !!!...

— Brave Godefroid! cœur d'or et tête de fer! Non, non, un pareil morceau n'est pas fait pour la guillotine des Bourbons... Du calme, Charpentier, du calme... Nous le sauverons.

Charpentier tira sa montre et dit :

— Encore cinq minutes... Mais, j'y pense, peux-tu laisser tes chevaux seuls?

— Pourquoi faire?

— Il vaudrait mieux que tu sois avec nous, tout prêt à ce que tu sais...

— Tu as raison. Je vois là une boutique de marchand de vins, je vais prier le garçon de veiller sur mes chevaux.

Un instant après, Morand et Charpentier traversèrent le quai aux Fleurs, déjà complètement envahi par la foule; à l'aide de leurs robustes épaules, tous deux arrivèrent bientôt au premier rang des spectateurs; ils se mêlèrent parmi les hommes dont nous avons parlé; ceux-ci formaient la haie à cet endroit, et paraissaient être de simples curieux; deux d'entre eux échangeaient quelques mots avec Charpentier, lorsqu'un sourd et long murmure se fit entendre au loin.

A cet instant la demie de huit heures sonnait à l'horloge du Palais-de-Justice.

— Et surtout ne bougez pas avant que j'aie crié : à vous! — dit tout bas Charpentier aux hommes placés à ses côtés, — et surtout *ne vous amusez pas aux gendarmes*, sinon tout est perdu.

Bientôt le cortége parut.

Un piquet d'une vingtaine de gendarmes, officier en tête, ouvrait la marche.

Puis venait un fiacre contenant les exécuteurs.

Puis la charrette, escortée d'un second piquet de gendarmerie de la même force que le premier.

Jacques Godefroid, seulement vêtu d'un pantalon et d'une chemise, les mains liées derrière le dos, debout dans la charrette, portait le front haut et rayonnant d'enthousiasme; sa longue barbe blonde, ses grands yeux bleus hardis et brillans, le léger coloris de ses joues, le sourire de sérénité fière qui errait ses lèvres, donnaient à ses traits un caractère rempli d'énergie, de calme et de grandeur.

De temps à autre, il s'adressait au peuple d'une voix retentissante, en disant :

« Mes amis... mes frères... je meurs sans crainte et sans » reproche... J'ai combattu pour notre liberté à tous... » Courage... espoir et union! L'Étranger nous a ramené » ces Bourbons, la honte, l'exécration de la France! Ils » tomberont sous le mépris et la haine de la France... » comme est tombé Bonaparte... Bonaparte, qui sacrifia la » république, sa mère... Mais elle renaîtra bientôt de ses » cendres! Vive la république! »

Il faut se reporter, par le souvenir, aux jours sanglans de la réaction de 1815, pour comprendre l'audacieuse énergie de ces paroles.

La foule admirait le courage de Godefroid, mais elle avait, pour ainsi dire, peur d'entendre les véhémentes provocations du condamné, cet indomptable ennemi de la royauté.

Un profond silence de stupeur, d'admiration contenue et d'épouvante, régnait donc sur le passage de Godefroid.

Lorsque la charrette, arrivant à l'angle du pont, se trouva ainsi à la hauteur de la double haie des *faubouriens*, une scène violente se passa.

Charpentier cria d'une voix sonore :
— *A vous!...*

Aussitôt, les hommes qui avaient laissé le piquet d'avant-garde passer et s'engager sur le pont se ruèrent sur la voiture des exécuteurs qui suivait le piquet, la renversèrent à l'entrée du pont, y joignirent, en les renversant également, les deux tonneaux de porteurs d'eau dont j'ai parlé, et formèrent ainsi une espèce de barricade, pour un moment infranchissable aux gendarmes d'avant-garde, alors isolés de la fatale charrette.

Pendant qu'une partie des hommes de Charpentier manœuvrait ainsi, les autres, agissant simultanément, se précipitaient en masse sur le piquet d'arrière-garde, se jetaient aux brides des chevaux, se cramponnaient aux jambes des cavaliers, et en désarçonnaient ainsi plusieurs surpris par cette attaque.

A la faveur de ce tumulte effroyable et de cette mêlée, la charrette resta sans escorte pendant une ou deux minutes. Charpentier et Morand le cocher de fiacre, qui avait quitté son ample carrick et son chapeau ciré, s'élançant dans la charrette, coupèrent les liens de Godefroid; celui-ci, un moment stupéfait de ce secours inattendu, car il se croyait fermement marcher à la mort, reprenant bientôt son sang-froid et son énergie habituels, fut d'un bond à bas de la charrette.

— Mets le carrick et le chapeau de Morand, — lui dit Charpentier; — suis-le... il te dira tout... Adieu, frère.

— Merci, Charpentier, — lui répondit simplement Godefroid en lui serrant la main.

En un instant, il eut endossé le carrick et pris le chapeau du cocher, qui, vêtu en dessous d'une redingote, tira de sa poche une casquette, la mit, et, donnant le bras au condamné, l'entraîna rapidement vers le fiacre, lui disant tout en marchant :

— Monsieur Godefroid, vous allez monter sur le siége, moi dans la voiture... Allez bon train à la barrière d'Enfer. Une fois hors Paris, vous vous arrêterez. Je vous dirai le reste.

Ce qui fut dit fut fait.

En quelques secondes, Godefroid arriva auprès du fiacre, monta sur le siége pendant que Morand s'élançait dans la voiture, qui, grâce à deux chevaux frais, gagna rapidement la barrière d'Enfer.

Tout ceci se passa si brusquement, que le fiacre était déjà loin lorsque les gendarmes du piquet d'avant-garde parvinrent, à grand'peine, à déplacer la voiture des exécuteurs et les deux tonneaux de porteurs d'eau qui, leur

barrant le passage, les avaient empêchés d'aller au secours du piquet d'arrière-garde, qu'ils voyaient attaqué. Cette escorte fut d'ailleurs dégagée comme par enchantement, lorsque Charpentier, après avoir suivi de l'œil Godefroid et Morand jusqu'à l'entrée de la rue où stationnait le fiacre, les vit partir en voiture, et s'écria d'une voix sonore :
— En route!

L'agression avait eu lieu avec tant d'ensemble, la délivrance de Godefroid s'était accomplie si prestement, qu'à la faveur du tumulte inséparable d'un pareil événement, les faubouriens, se faufilant à travers une foule compacte, s'échappèrent de différens côtés, se rendirent isolément, ceux-ci dans leurs ateliers; ceux-là dans leur domicile; deux ou trois des auteurs de ce coup hardi, blessés par les sabres des gendarmes, tombèrent seuls entre leurs mains, et furent condamnés à quelques années de prison.

Le fiacre conduit par Godefroid arrivant à la barrière d'Enfer, passa outre.

Morand, assis sur le devant de la voiture, indiqua au cocher improvisé la route qu'il devait suivre, et, au bout d'une demi-heure de marche, il entra dans un petit chemin conduisant à une maison isolée, située dans la plaine de Montrouge, et voisine d'une profonde carrière en exploitation.

Le maître carrier se tenait depuis longtemps à sa porte, fumant tranquillement sa pipe; dès qu'il vit au loin la voiture s'approcher, il alla au-devant d'elle et fit signe au cocher de s'arrêter devant un amas de plusieurs pierres énormes récemment extraites de la carrière; la voiture s'arrêta; pendant que Godefroid descendait du siége, le maître carrier souleva une planche cachée par des gravois; elle bouchait l'orifice d'une espèce de puits.

— Monsieur Godefroid, — dit le carrier, — vous allez vous laisser couler par cette ouverture; il n'y a que six pieds de hauteur; vous marcherez ensuite tout droit devant vous en vous baissant; la lueur d'une lumière vous guidera, vous trouverez des habits et des rafraîchissemens dans cette cave. Ce soir, je viendrai vous voir par un autre puits. Filez vite... J'aperçois là-bas des charretiers; il ne faut pas qu'on remarque que le fiacre a stationné longtemps ici.

Godefroid se débarrassa du carrick et du chapeau de Morand, lui serra la main et disparut par l'orifice du puits.

— Toi, mon vieux, — dit le carrier à Morand, — remonte vite sur ton siége pendant que je vais cacher l'entrée du puits... je réponds de tout... Fais savoir le plus tôt possible à madame Raymond et à son fils qu'ils peuvent être tranquilles sur monsieur Godefroid... Et entre nous il l'a échappé belle...

— Heureusement, les amis sont là, — répondit Morand en endossant son carrick à la hâte; puis, remontant sur son siége, il dit au carrier :

— Je vais, pour plus de précaution, faire un détour et rentrer par la barrière des *Bons-Hommes*, ce sera plus sûr... Adieu, vieux.

— Au revoir, Morand, — répondit le carrier.

Et il s'occupa de soigneusement masquer l'entrée du puits sous des débris de pierre.

* * *

Lorsque j'appris tous les détails de la délivrance de Godefroid, je fus profondément frappé de la simplicité antique avec laquelle ces hommes résolus, ces frères reliés par une foi commune, se dévouaient les uns aux autres, sans emphase et sans phrase, témoin ce mot d'un laconisme héroïque, ce mot de Godefroid à son sauveur qui, aidé de ses compagnons, l'arrachait à une mort certaine :
— *Merci, Charpentier.*

Ainsi ce que tous faisaient pour chacun, chacun l'eût fait pour tous, avec la même simplicité de dévouement.

Je compris alors toute la portée des paroles de Jean Raymond, lorsque voyant ma surprise presque dédaigneuse à l'aspect des humbles amis de sa mère, il m'avait dit fièrement que de tels amis étaient rares.

Jacques Godefroid, après être prudemment resté environ un mois dans la cachette du maître carrier, dépista ainsi les limiers de la police, et parvint à passer en Angleterre.

Madame Raymond, arrêtée en même temps que son frère, avait été condamnée à plusieurs années de prison, pour recel d'emblèmes révolutionnaires et pour complicité d'excitation au renversement du gouvernement établi ; jugement absurde, inique de tous points ; mais la magistrature de la Restauration se souciait peu de la raison et de la justice.

Le lendemain de la délivrance de Jacques Godefroid, Charpentier, muni d'une lettre de madame Raymond, vint chercher Jean à Sainte-Barbe, qu'il quitta pour toujours.

Je me trouvais alors dans la période la plus dangereuse de ma maladie. Je ne revis donc pas Raymond avant son départ du collége ; j'appris seulement par Hyacinthe, lors de ma convalescence, que Jean lui avait dit en le quittant :

— Je pardonne à Fernand... Si je l'avais cru capable d'avoir dénoncé ma mère et mon oncle par méchanceté, je l'aurais laissé se jeter par la fenêtre, ou je l'y aurais jeté moi-même. Car sa trahison eût été mille fois plus infâme que la délation de Levasseur ; celui-ci faisait, après tout, son métier d'espion. Fernand, comme toujours, a mal agi, par faiblesse, par légèreté. Il ne m'inspire qu'une méprisante pitié.

— Tu dois lui pardonner et le plaindre, Jean, — lui dit le bon et tendre Hyacinthe. — Tu ne peux te figurer ce qu'il souffre depuis cette fatale journée ; dans le délire de la fièvre, il t'appelle et te demande pardon ; il te supplie, il s'accuse, il se reconnaît indigne... Enfin, la préoccupation continuelle de son pauvre esprit égaré est de t'avoir involontairement trahi.

— Alors,—reprit Raymond ému au souvenir de notre affection, — tu diras à Fernand que je le plains et que je lui pardonne ; Dieu merci ! mon oncle est sauvé. Quant à ma pauvre mère, je connais son courage, la prison ne l'abattra pas... j'espère pouvoir passer quelques heures avec elle, chaque semaine.

En effet, Jean Raymond accomplit ce pieux devoir ; à sa sortie de Sainte-Barbe, et selon le désir de sa mère, il alla demeurer chez Charpentier, homme inculte, mais d'un caractère héroïque.

Il exerçait la profession de sellier en chambre ; sa femme tenait un petit commerce de fruiterie dans le faubourg Saint-Antoine. Grâce à leurs deux industries et à une vie d'une moralité exemplaire, ils jouissaient d'une modeste aisance. Ils cédèrent une des chambres de leur petit logis à Jean Raymond ; dès lors il se rendit chaque jour à l'école des Arts et Métiers pour y suivre les cours publics : le dimanche il allait passer sa journée en prison auprès de sa mère, dont la fermeté sereine ne se démentit pas un moment durant sa longue captivité.

Ce fut ainsi que Jean Raymond employa les dernières années de son adolescence, se rendant chaque dimanche à la prison de sa mère, et, les autres jours, suivant les cours des Arts et Métiers, qu'il complétait par de nombreuses études. A la fin de la journée, il regagnait l'humble foyer de l'artisan, dont il partageait le repas frugal ; puis, souvent, le soir, il assistait à des réunions secrètes composées de patriotes du faubourg Saint-Antoine, simples, probes, laborieux, et restés fidèles à leur foi républicaine, malgré les funestes éblouissemens de l'Empire et l'impitoyable réaction monarchique de 1815.

Plusieurs de ces hommes avaient connu le père de Raymond, marché avec lui à la frontière, et applaudi sa voix patriotique à la Convention, où il siégeait à côté de son beau-frère Jacques Godefroid, au sommet de la Montagne ; tous s'accordaient à le dire, chez ces deux beaux-frères, qui s'aimaient tendrement et professaient la même opinion, jamais courage plus indomptable ne se joignit à une âme plus généreuse. Souvent, par leur éloquence chaleureuse et pénétrante, ils avaient arrêté de terribles

représailles contre les implacables ennemis de la révolution.

Proscrit avec Godefroid au 9 thermidor, ainsi que tous les hommes austères qui croyaient voir, après tant d'orages, s'élever l'aurore d'une régénération universelle, le conventionnel Raymond revint à Paris avec sa femme, sous le Consulat. Déjà les plans ambitieux de Bonaparte épouvantaient ou révoltaient les républicains sincères ; parmi ceux-ci se trouvait *Aréna*. Ce nouveau Brutus voulait, dit-on, poignarder le nouveau César : si le crime fut conçu, il n'y eut pas commencement d'exécution. Pourtant Bonaparte laissa exécuter la sentence de mort qui, le 30 *janvier* 1802 (an X de la République), frappa non-seulement *Aréna*, mais encore ses prétendus complices, *Cérachi, Topino-le-Brun, Demerville* et *Diana*. Ainsi tombèrent ces cinq têtes, qu'un mot de clémence aurait pu sauver.

Une sixième tête tomba plus tard, ce fut celle du conventionnel Raymond. Le seul crime de cette nouvelle victime fut son ardent républicanisme et ses liaisons avec Aréna. Mais loin de le pousser au meurtre de Bonaparte, Raymond avait au contraire usé de toute son influence sur son ami pour tâcher de le détourner de cet assassinat, lui montrant cet acte comme une tache pour le parti républicain.

Malheureusement pour l'ancien conventionnel, ses fréquentes entrevues avec Aréna furent constatées ; après l'exécution de ce dernier, on trouva de nombreuses lettres de Raymond. Dans cette correspondance, il exhalait sa douleur, son indignation de voir la France se jeter au-devant du despotisme ; il n'en fallut pas davantage pour faire regarder l'ancien conventionnel comme complice du crime d'Aréna, dont plus tard il partagea le sort.

. . . .

Ainsi, la condamnation à mort de Jacques Godefroid, la captivité de madame Raymond, telles avaient été les conséquences de mon indiscrétion de collége. Première et triste page de mon adolescence.

XIV.

Nous nous substituerons quelquefois à Fernand Duplessis, dans le courant de ses *Mémoires*, d'où nous avons extrait l'espèce de prologue que l'on vient de lire.

Une partie notable du récit de Fernand Duplessis était consacrée à raconter les trois années qu'il passa d'abord aux Pages du roi, où il entra autant par vanité que par déférence pour les sollicitations de sa grand'mère et de monsieur de La Bussière, renonçant, on le pense bien, d'après les événemens précédens, à la velléité d'accompagner Jean Raymond à l'école des Arts et Métiers.

Fernand Duplessis raconte aussi comment, après être resté dans les pages jusqu'à dix-huit ans, il fut incorporé dans une compagnie de *gardes du corps*. Bien que le service de ces compagnies privilégiées fût peu pénible, et que la discipline fût loin d'être sévère, Fernand Duplessis, au bout de quatre ou cinq ans, abandonna l'état militaire.

D'ailleurs, peu de temps avant de quitter le service, il avait perdu sa grand'mère. Jusqu'à son dernier moment elle conserva la pratique de cette philosophie facile et légère dans laquelle Fernand avait été élevé, et qui devait avoir une fatale influence sur son caractère et sur son avenir.

Maître d'une fortune considérable à la mort de sa grand'mère, Fernand se livra sans réserve à une vie de plaisir, de dissipation et d'oisiveté.

Cependant, contradiction bizarre, sa première passion pour madame Raymond ne s'était jamais complétement effacée de son cœur, même au milieu de l'entraînement de ses nombreux amours, dont le choix et la quantité prouvaient plus en faveur de la fougueuse ardeur de sa nature qu'en faveur de la délicatesse de ses sentimens ;

Fernand reviendra d'ailleurs plus tard, et d'une façon rétrospective et sommaire, à cette époque de sa vie.

Bien souvent, au milieu de la lassitude des plaisirs faciles ou éphémères, la figure grave et douce de madame Raymond apparaissait à Fernand comme l'idéal de l'amour que son adolescence avait rêvé. Disons aussi qu'il regretta longtemps et sincèrement la perte de l'amitié de Jean Raymond; mais, vivant d'une vie complétement différente, les deux amis d'enfance ne se rencontrèrent pas durant plusieurs années. On verra plus tard quel événement les rapprocha.

Grâce à la même disparité d'existence, Fernand Duplessis avait aussi, depuis sa sortie de Sainte-Barbe, complétement perdu de vue Hyacinthe Durand, qu'il va bientôt rencontrer.

Nous résumerons donc en quelques mots l'adolescence et la première jeunesse de Fernand Duplessis. En 1816, ayant seize ans, il était entré aux Pages du roi, d'où il sortit deux ans après pour faire partie des gardes du corps; après quelques années de service, à la mort de sa grand'mère, il avait abandonné l'état militaire, vers l'année 1822.

Depuis cette époque jusqu'à celle de 1826, où nous allons le retrouver, la vie de Fernand Duplessis fut celle d'un jeune homme riche, bon compagnon de table, de duel et de chasse; bien venu des femmes grâce à sa jolie figure, à son élégance, à son luxe et à son aimable esprit; abusant de tous les plaisirs, leur prodiguant sa santé, quoiqu'elle ne fût pas robuste, et capable enfin, soit audace, soit plutôt faiblesse, de risquer ses jours pour le plaisir d'un jour, quoique Fernand tînt prodigieusement à l'existence.

Un intervalle de dix ans s'était donc passé entre les événemens racontés dans les Mémoires de Fernand Duplessis et le récit suivant, que nous lui empruntons.

Vers la fin du mois de juin 1826, je me rendais chez une femme dont l'amour flattait surtout mon orgueil. Elle était de haute naissance et portait un nom de grande et antique race.

Il faisait ce jour-là un temps magnifique. Je passais par le jardin des Tuileries sur les quatre heures du soir; je venais du faubourg Saint-Honoré, et j'allais au pont Royal, non loin duquel je devais retrouver mon cabriolet qui m'attendait.

En traversant le quinconce des grands marronniers, l'ombre me parut si engageante, si fraîche, que, reculant un peu l'heure d'un rendez-vous, pourtant déjà sonnée, je pris une des chaises éparses sous ces vieux arbres, et je m'y assis dans un endroit peu fréquenté.

Au bout de quelques instans, je remarquai à peu de distance, et comme moi assise à l'écart, une jeune femme qui me parut charmante; elle lisait, et sur la chaise où s'appuyaient ses pieds se trouvaient, à côté de son chapeau de paille, un panier à ouvrage d'où sortait une broderie commencée.

Cette inconnue portait une robe d'été très simple, fond blanc à petits bouquets roses, dessinant à ravir un corsage et une taille accomplie, autant que je pouvais en juger par l'attitude de cette jeune femme, un peu repliée sur elle-même; je remarquai aussi, découvert jusqu'à la cheville, un petit pied, coquettement chaussé d'un soulier mordoré à cothurnes, appuyé sur le dernier bâton de la chaise.

Je ne voyais de ma place que le profil de cette *liseuse* solitaire; mais ce profil était délicieux; d'épaisses grappes de cheveux d'un noir vif et luisant l'encadraient merveilleusement; un sourcil d'ébène hardiment arqué surmontait la paupière abaissée vers le livre et frangée de longs cils; deux petits signes pareils à deux mouches de velours noir, placés l'un vers le bas de la joue, et l'autre presque au coin d'une lèvre vermeille estompée d'un léger duvet brun, rehaussaient la blancheur animée de la peau. Les mains étaient si fines, si élégantes, que je m'indignais de

les voir feuilleter les pages d'un volume qui, par sa couverture graisseuse, me parut devoir appartenir à quelque cabinet de lecture. Du reste, jamais livre imprimé sur le vélin et relié de maroquin doré n'a été lu plus avidement que ne semblait l'être le volume sordide dont je parle.

Plusieurs fois je vis une brusque rougeur envahir le front blanc de la jeune femme, et son sein soulever par ses battemens la mince étoffe dont il était voilé.

Au bout de quelques instants, l'inconnu déposa le livre ouvert sur le bord de sa chaise, où s'appuyaient ses pieds, redressa la tête, et du plat de sa main rejeta légèrement en arrière les épaisses boucles de cheveux noirs qui cachaient à demi son front. Elle semblait émue, troublée; ses grands yeux d'un bleu de bluet, bordés de longs cils aussi noirs que ses sourcils, parurent s'allanguir, ses joues s'empourprèrent, et par deux fois elle porta son mouchoir à son front pour étancher sans doute la légère moiteur dont il se couvrait.

L'endroit était écarté, les promeneurs rares ou éloignés. L'arbre contre lequel j'étais assis me cachait à demi; aussi, ne se croyant pas observée, l'inconnue ne cacha pas la singulière émotion qu'elle ressentait, et, cédant bientôt à un mol abattement. Elle entrelaça ses doigts, et leur donnant pour point d'appui un de ses genoux un peu relevé, elle se renversa doucement sur le dossier de sa chaise, la tête à demi penchée sur son épaule, les yeux presque clos et noyés de langueur, comme si elle se fût oubliée dans un rêve plein de morbidesse et d'extase.

Ces singularités, la rare beauté de l'inconnue, agissaient si vivement sur mon imagination, que, sacrifiant le rendez-vous qui m'attendait, je résolus de suivre cette jeune femme, afin de savoir où elle demeurait; je m'ingéniais à deviner qui elle pouvait être, et même quel était le livre qu'elle lisait avec une si étrange émotion.

Quant à la condition de la jeune femme, je supposai, avec assez de vraisemblance, qu'elle appartenait à la petite bourgeoisie, et que, comme tant d'autres personnes, elle venait chaque jour passer quelques heures aux Tuileries, y lire, y travailler et peut-être y conduire un enfant, occupé sans doute à jouer au loin; cependant je ne sais pourquoi je me figurais que cette inconnue ne devait pas être mère; je désirais savoir quel livre elle lisait, me promettant de tirer de significatives inductions de ma découverte.

Une heureuse idée me vint.

Je pourrais et connaître le titre du livre et probablement engager une conversation avec la jeune femme.

Elle était toujours dans son attitude languissante et pensive; le volume restait ouvert et placé au bord de la chaise. Je me levai doucement, m'approchai presque sans faire crier sous mes pieds le sable des allées: aussi l'inconnue ne sortit de sa rêverie qu'au léger choc que je donnai comme par mégarde à la chaise, de sorte que le livre tombant ouvert à mes pieds, je pus lire le titre en me baissant pour ramasser le volume que je rendis à l'inconnue, en m'excusant de ma maladresse.

Il est des fatalités étranges!

Ce livre était un volume de *Faublas*, un de ces *mauvais livres* que, dix années auparavant, André Levasseur m'avait prêtés, afin de se lier avec moi et de m'amener à une délation involontaire mais odieuse.

Ce pénible souvenir opéra un si brusque revirement dans mon esprit, qu'au lieu de chercher à engager un entretien avec l'inconnue, qui avait accueilli mes excuses de fort bonne grâce, et m'avait même par deux fois assez fixement regardé, je m'éloignai le cœur profondément attristé.

Quoique vif et douloureux, car il me rappelait une indigne action, souvent déplorée par moi avec amertume, ce ressentiment, je l'avoue, s'effaça bientôt devant l'impression de plus en plus profonde que cette jeune femme avait faite sur moi; j'en vins à regretter le moment perdu peut-être de nouer un entretien avec elle; le choix du livre qu'elle lisait me donnait beaucoup à penser. S'il se fût agi de quelque roman sentimental, mon jugement sur la belle lectrice eût été tout autre; mais lire *Faublas*, cette brutale théorie de l'amour physique, et surtout le lire dans la solitude, non pas avec la froide curiosité que peut inspirer à une honnête femme un ouvrage classique dans son genre, mais le lire avec l'espèce d'enivrement sensuel où l'inconnue m'avait un instant paru plongée, cela me donnait beaucoup à réfléchir.

Et puis, à en juger du moins par l'espèce de liberté dont semblait jouir l'inconnue, et par le choix de sa lecture, ce n'était pas une *jeune fille*, ce n'était pas non plus une de ces femmes faciles qui viennent aux Tuileries chercher des rencontres. Ces femmes-là ne lisent plus *Faublas* ou lisent pis que *Faublas* ; et d'ailleurs, la modestie de sa mise, je ne sais quoi de contenu, d'embarrassé, lorsque je lui avais adressé la parole, tout me donnait à penser que l'inconnue était ce qu'on appelle une *petite bourgeoise*.

Décidé à savoir à quoi m'en tenir à cet égard, je me rapprochai, après quelques tours d'allée, de l'endroit où j'avais laissé l'inconnue.

Je la vis à la même place, lisant toujours...

Mais soudain elle interrompit sa lecture, cacha précipitamment le volume dans son panier à ouvrage, y prit la bande de broderie que j'avais remarquée, et se mit à y travailler activement, les yeux baissés, comme si depuis quelque temps elle ne se fût nullement occupée de ce qui se passait autour d'elle.

Très surpris de cette dissimulation, curieux d'en pénétrer la cause, je me mis à l'abri d'un énorme tronc d'arbre, afin de tout observer à mon aise.

Je vis bientôt un homme de très-petite taille, et dont je ne pouvais distinguer les traits, car il me tournait le dos, s'approcher de l'inconnue. Celle-ci joua l'étonnement, ayant l'air d'apercevoir ce nouveau venu pour la première fois, tandis qu'évidemment l'approche de ce personnage avait seul fait disparaître le volume de *Faublas* dans le panier à ouvrage de la solitaire. Après quelques mots qui me semblèrent cordialement échangés, la jeune femme remit son chapeau, rajusta son châle, et, après une lutte amicale où elle eut le dessus, elle resta maîtresse de son panier à ouvrage dont son compagnon voulait la débarrasser ; puis, tous deux se donnant le bras, se dirigèrent d'un côté opposé à celui où j'étais demeuré caché.

Le nouveau venu devait être un père ou un mari. Afin de m'éclairer à ce sujet, et désireux de savoir si la jeune femme me reconnaîtrait, je hâtai ma marche afin de rejoindre les deux promeneurs, de les dépasser, et de revenir ensuite sur mes pas pour satisfaire ainsi mon impatiente curiosité.

Je suivis ces deux personnes pendant quelques instants ; il était impossible de voir une taille plus svelte, plus souple, plus accomplie, et surtout une démarche plus voluptueusement cadencée que celle de l'inconnue.

L'homme à qui elle donnait le bras, très grêle et très petit, car elle le dépassait de toute la tête, était modestement vêtu ; je passai devant eux, puis au bout de quelques instans je me retournai et vins à leur rencontre, tâchant de surprendre un regard de l'inconnue ; soudain son compagnon abandonna le bras qu'elle lui donnait, s'arrêta, et fit vivement quelques pas vers moi. Je l'examine plus attentivement et je reconnais... Hyacinthe Durand, que je n'avais pas rencontré depuis ma sortie de Sainte-Barbe.

XV.

— Fernand !
— Hyacinthe !

Telles furent les exclamations que nous échangeâmes en nous serrant la main, moi et mon ami d'enfance.

De grosses larmes roulaient dans les yeux d'Hyacinthe. Sa douce figure, encore imberbe malgré son âge, conservait sa timide et affectueuse expression d'autrefois. Il avait à peine grandi depuis sa sortie du collège, et était non moins chétif que par le passé.

— Quel heureux hasard nous rapproche après tant d'années ! — lui dis-je.

— Oui... c'est vrai... c'est le hasard,—me répondit Hyacinthe d'un ton de reproche amical. — Il a fallu le hasard... pour que nous nous rencontrions.

— Ce n'est pas ma faute, je t'assure... — repris-je véritablement confus de mon ingrat oubli. — J'attendais toujours ta visite... Tu sais qu'à ma sortie de Sainte-Barbe... je t'avais laissé l'adresse de ma grand'mère... et celle de l'hôtel des Pages ?

— Es-tu fou ?—dit Hyacinthe en souriant. —Y penses-tu ! moi... aller te voir à l'hôtel des pages du roi... M'aventurer parmi des brillans espiègles ? timide comme je l'étais... comme je le suis toujours. Rappelle-toi donc qu'en nous quittant je ne t'ai demandé qu'une chose : de venir me voir au collège quand tu n'aurais rien de mieux à faire, et d'échanger quelques lettres... Je me suis empressé de t'écrire... tu m'as répondu deux ou trois fois, et puis plus rien... vilain insouciant !

Mais Hyacinthe s'interrompant me dit en souriant, en se retournant du côté de sa compagne :

— Ces souvenirs de collège me font oublier que je ne t'ai pas présenté ma bonne et chère femme...

Je m'inclinai profondément.

Madame Durand me rendit mon salut en rougissant, pendant qu'Hyacinthe lui disait avec une douce émotion :

— Césarine, c'est Fernand dont je t'ai souvent parlé ; Fernand, le seul qui à Sainte-Barbe ait eu pitié de ma faiblesse... le seul qui m'ait défendu... le premier qui m'ait aimé... Aussi, il aura beau faire, l'ingrat!... je ne l'oublierai jamais ; je ne l'ai jamais oublié ; je t'en prends à témoin, Césarine !

— C'est vrai, mon ami,—répondit la jeune femme d'une voix douce, mais sonore et vibrante comme le sont les voix de *contralto*. — Bien souvent tu m'as parlé de l'amitié de monsieur Fernand pour toi...

Puis, s'adressant à moi, elle ajouta :

— Il vous a été facile d'aimer Hyacinthe... il est si bon... si adorablement bon, n'est-ce pas, monsieur ?

Je ne puis rendre avec quel accent de sincérité, avec quelle expression de sereine tendresse, de reconnaissance expansive, la jeune femme prononça les derniers mots que j'ai cités et qui prouvaient son attachement pour Hyacinthe.

Je ne manque pas de pénétration ; je fus convaincu (avec raison) que la femme de mon ami éprouvait pour lui une profonde affection. Je n'en fus pas surpris, mais je ne compris plus qu'une pareille femme pût lire si ardemment *Faublas*.

Ces réflexions s'étaient présentées à mon esprit avec la rapidité de la pensée ; aussi je répondis à madame Durand, faisant allusion à ses dernières paroles :

— C'est l'adorable bonté d'Hyacinthe qui m'avait, madame, rendu son amitié si chère, et cette ineffable bonté me pardonnera, j'en suis certain, non pas mon oubli, mais ma négligence.

— Je te pardonne, — reprit Hyacinthe en souriant, — mais à condition que tu t'amenderas, et que tu ne dédaigneras pas de venir visiter quelquefois le petit ménage d'un modeste employé à dix-huit cents francs.

— Hyacinthe, si tu parlais sérieusement tu m'affligerais.

— Et j'en serais désolé, mon cher Fernand ; rassure-toi, quoique tu sois, pour nous autres petits bourgeois, un très grand seigneur, ma foi ! je suis sûr que tu ne fuiras pas la médiocrité de tes amis ; d'ailleurs cette médiocrité leur suffit... Que dis-je, la médiocrité ? — ajouta Hyacinthe en souriant et regardant autour de lui d'un air de possession triomphante, — Notre Médiocrité ne jouit-elle pas d'un jardin superbe, orné de statues, de bassins et de fleurs ? On l'appelle le jardin des Tuileries ? moi, je l'appelle le jardin de Césarine, puisqu'elle y vient presque chaque jour s'y asseoir en m'attendant à la sortie de mon bureau du ministère de l'intérieur. Notre Médiocrité n'a-t-elle pas aussi des musées admirables et de toutes sortes ? soignés, entretenus pour notre plaisir à Césarine et à moi ; musées merveilleux où nous faisons le dimanche d'instructives et délicieuses promenades ; Notre Médiocrité n'a-t-elle pas enfin sa troupe d'Opéra ? ses comédiens français ? ses petits théâtres ? que nous honorons de temps à autre de notre présence, Césarine et moi, moyennant des billets que l'on me donne à mon ministère ? Ce qui te le prouve, Fernand, que, malgré leur médiocrité, tes amis ont tout bonnement des jouissances princières, royales, dont ils te feront les honneurs quand tu voudras...

— Et vous accepteriez bien vite, monsieur, — me dit madame Durand. — Si vous le saviez, et vous devez le savoir, combien Hyacinthe est intéressant à entendre : tenez, dimanche dernier, nous sommes allés visiter le musée d'artillerie que nous ne connaissions pas. Cela paraît bien sérieux, bien guerrier pour une femme, n'est-ce pas ? et pourtant Hyacinthe m'a appris tant de curieuses choses sur l'histoire des armes et des armures, que nous avons passé dans ce musée trois heures des plus intéressantes.

— Vous me donnez à la fois, madame, des regrets et des espérances, —lui dis-je ; —aussi vous me permettrez d'être d'une de vos premières excursions ?

— Tout cela est fort bien, — reprit gaîment Hyacinthe ; —mais, pour convenir du jour de la partie, il faut au moins se voir. Or, quand viendras-tu nous voir, Fernand ?... Ah ! ah ! te voici au pied du mur !

— Je viendrai le plus tôt possible.

— Demain ?

— A merveille... Demain, à quelle heure ?

— Si tu le peux, viens sur les huit heures, après ton dîner, nous t'attendrons...

— Hyacinthe, je suis plus exigeant que cela.

— Comment donc ?

— Madame Durand voudra bien comprendre, j'en suis sûr, que de vieux amis comme nous ont à causer d'une foule de choses, qui, je le crains, seraient sans intérêt pour elle... Je viendrai donc demain matin causer longuement avec toi, ce qui ne m'empêchera pas, si madame m'accorde cette grâce, de revenir le soir ?

— Madame t'accordera cette grâce-là, — reprit en souriant Hyacinthe, — et moi, je t'attends demain matin... mais viens de bonne heure, car il faut que je sois à mon bureau avant dix heures.

Nous étions, en causant ainsi, arrivés à la grille qui donne sur le pont Royal, où je quittai Hyacinthe et sa femme.

XVI.

Je restai longtemps sous la douce influence de ma rencontre avec Hyacinthe. Quoique longtemps oublié au milieu du tourbillon de plaisirs qui m'emportait, cette naïve et tendre amitié d'autrefois contrastait tellement avec ces liaisons banales, superficielles ou intéressées, si fréquentes dans le monde où je vivais, qu'elle me revenait au cœur, fraîche et pure comme une des meilleures émotions de mon adolescence.

Longtemps absorbé dans ces pensées, je ne songeai pas d'abord à la femme d'Hyacinthe ; cependant, peu à peu et pour ainsi dire malgré moi, son souvenir me domina complètement ; vue de près, je la trouvai encore plus belle que je ne l'avais supposée ; c'était surtout, je l'avoue, la femme la plus *désirable* que j'eusse jamais connue.

Je ne songeais pas seulement à sa rare beauté, mais à des contradictions étranges dont je cherchais en vain le secret.

Ainsi, je n'en pouvais douter, elle ressentait la plus tendre affection pour son mari ; et pourtant ses grands yeux baissés pendant le commencement de mon entretien avec Hyacinthe, s'étaient ensuite deux ou trois fois arrêtés et fixés sur les miens avec une assurance qui devait être le comble de la hardiesse ou de l'ingénuité. De l'ingénuité, pouvais-je le croire ? Elle lisait *Faublas*, en cachette de

son mari. Et pourtant ce qu'elle m'avait appris de leurs excursions aux divers musées de Paris annonçait une certaine finesse de goût.

Le dirai-je enfin, la physionomie de Césarine, qui aurait pu servir de type à la Vénus Aphrodite, me paraissait plus sensuelle qu'intelligente ; aussi, connaissant l'esprit élevé, la délicatesse exquise des sentimens d'Hyacinthe, je me demandais (dans le cas où mes suppositions eussent été fondées) par quel autre contraste ce mariage avait eu lieu : contraste aussi frappant au point de vue matériel qu'au point de vue moral. Césarine me représentait, je le répète, le type de la beauté ardente, passionnée, dans toute la vigueur de la jeunesse, et d'une santé exubérante ; il n'était pas jusqu'au timbre sonore et mâle de sa voix de contralto qui n'ajoutât encore au caractère de puissance physique si remarquable chez cette grande et admirable créature...; tandis qu'Hyacinthe, chétif, presque valétudinaire, était une de ces natures nerveuses, impressionnables, véritables sensitives qui ne vivent que par l'esprit et par le cœur.

Comment ces deux organisations si dissemblables s'étaient-elles unies ? comment surtout paraissaient-elles si parfaitement heureuses de cette union ?

La curiosité de pénétrer ce secret me fit attendre avec impatience mon entrevue du lendemain avec Hyacinthe, et, je l'avoue, Césarine, pendant la nuit, traversa souvent mes rêves, dans tout le radieux éclat de sa jeunesse, de son enivrante beauté.

Je fus exact au rendez-vous de mon ami.

A huit heures du matin, j'étais chez lui.

Il demeurait au quatrième étage d'une maison située rue du Bac, à proximité de son ministère ; je sonnai : une vieille servante, mal vêtue, m'ouvrit la porte.

Je traversai une petite salle à manger obscure, et j'entrai dans un salon modestement meublé, où régnait le plus déplorable désordre : des robes, un châle et des jupons, étaient épars sur les meubles et sur le carreau ; quelques pots de fleurs à demi fanées garnissaient la cheminée. Je vis sur un vieux piano un verre, une bouteille et une assiette contenant encore quelques fruits et du pain durci, à côté d'un joli chapeau de femme et de brodequins très frais, très mignons sans doute, mais singulièrement placés là. Les rideaux, jadis blancs, étaient d'une teinte rousse, et déchirés en plusieurs endroits.

Jamais, en un mot, l'image du désordre et de l'incurie ne m'avait apparu plus frappante.

Ce triste tableau me serra le cœur et me surprit beaucoup ; je me rappelai qu'au collège Hyacinthe avait un soin extrême du peu qu'il possédait ; son *pupitre* et sa *baraque*, au lieu d'être comme tant d'autres de véritables *Capharnaums* remplis des objets les plus divers entassés pêle-mêle, étaient des modèles d'ordre et d'arrangement. Je m'attendais donc à trouver chez lui un de ces intérieurs modestes dont une propreté recherchée est le charme et le luxe ; mon attente fut complètement trompée ; cette déception me donnait une triste opinion de Césarine ; je compris qu'elle aimait mieux passer ses journées sous les frais ombrages des Tuileries que de vivre dans une demeure si négligée.

Au bout de quelques instants, Hyacinthe vint me rejoindre, m'accueillit avec son affectuosité habituelle, et me fit entrer dans son cabinet de travail.

Cette petite pièce, quoiqu'aussi modestement meublée que le reste de l'appartement, était merveilleusement proprette et rangée ; le carreau brillait clair et luisant, de frais rideaux blancs garnissaient les croisées. Les livres d'Hyacinthe, symétriquement rangés sur leurs rayons de bois peint en gris, n'offraient pas à la vue un seul grain de poussière ; enfin, sur la table de travail, recouverte d'un tapis de drap évidemment brodé par une main de femme, je vis dans un cache-pot rustique un rosier tout fleuri.

Ce contraste avec l'aspect désordonné du salon me frappa

tellement que je ne pus m'empêcher de dire à Hyacinthe :
— Comme tu dois te plaire dans ce joli cabinet si coquettement arrangé !
— N'est-ce pas ? — me répondit Hyacinthe en souriant.
— Et tu concevras si je m'y plais doublement, quand tu sauras que c'est Césarine qui met tout en ordre ici ; elle range et époussète mes livres, fait enfin tout ce petit ménage elle-même, sans vouloir accepter d'aide ; j'ai eu beau me révolter contre mon *tyran*, il m'a fallu céder ; mais, — ajouta Hyacinthe en me prenant les mains,—te voilà... enfin... te voilà ; c'est à peine si j'ai dormi en songeant à notre rendez-vous du matin... Que veux-tu, si habitué que je sois maintenant au bonheur... des surprises comme celle d'hier ne laissent pas que de vous agiter un peu.
Le bonheur rayonnait en effet sur les traits d'Hyacinthe.
— Ainsi, mon ami, — lui dis-je, — tu es heureux, très heureux !
— Oui... Oh ! oui, Fernand, très heureux.
— Je le crois, mon ami, une affection partagée est le premier des biens.
— Et ce bien, nous le possédons, Fernand. J'idolâtre ma femme.
Et il ajouta avec une expression touchante :
— C'est tout simple... elle était si à plaindre... quand je l'ai épousée.
— Ta femme ?
— Ah ! mon ami, la pauvre chère créature a tant souffert, tant souffert ! que le modeste sort que j'ai pu lui offrir est pour elle le comble de la félicité, si j'en juge par les soins charmans et tendres dont m'entoure sa reconnaissance...
— Et pourquoi ta femme a-t-elle tant souffert ?
— En deux mots, Fernand, voici l'histoire de mon mariage :
« Au sortir du collège, je suis entré comme surnuméraire dans les bureaux du ministère de l'intérieur ; à ma majorité, mon bourru de tuteur me mit en possession de mon petit avoir, qui consistait en une inscription de 1,500 francs de rente ; c'était, tu le vois, fort modique. J'occupais une petite chambre garnie dans un mauvais hôtel meublé de la rue Mazarine, tenu par une veuve nommée madame Robin, belle-mère de Césarine ; cette femme Robin était la méchanceté, la grossièreté incarnée ; ajoute à cela, mon cher Fernand, qu'elle s'enivrait souvent ; juge de la cruelle existence de Césarine, sa belle-fille, que cette mégère abhorrait. Leur appartement se trouvait sur le même palier que ma chambre ; souvent j'entendais les cris et les sanglots de Césarine battue par sa marâtre, que le vin rendait souvent furieuse.
— Mais c'était un monstre que cette femme.
— Oui, un monstre, et la vie de Césarine un enfer ; tu sais combien la vue des batailles du collège m'inspirait de douleur et d'épouvante ; eh bien ! mon cher Fernand, métamorphose complète !—ajouta Hyacinthe en souriant.—En voyant cette mégère maltraiter si cruellement sa belle-fille, moi timide et chétif, je suis devenu un héros, un César... Plus d'une fois (le sort des armes est chanceux), j'ai même été outrageusement battu par cette horrible Robin, lorsque je voulais m'interposer entre elle et sa victime... Mais ma défaite ne faisait qu'enflammer mon courage ! Tu vois ce que c'est que combattre pour la bonne cause !
— Bon et brave Hyacinthe !...
— Ne va pas croire qu'en me faisant ainsi le paladin, le chevalier de la faiblesse opprimée, j'eusse quelque arrière-pensée amoureuse... Non, non. L'injustice et la cruauté me révoltaient, voilà tout ; enfin, un jour que j'intervenais encore, tâchant de calmer madame Robin et de lui faire sentir la cruauté de sa conduite envers Césarine, elle me dit aigrement :
—«Eh bien ! puisque vous vous intéressez tant à ma belle-fille, chargez-vous-en ; débarrassez-moi d'elle, épousez-la ; je lui fournirai un trousseau, c'est tout ce que je peux faire. » Je te l'ai raconté, mon cher Fernand, les chagrins et la souffrance de Césarine m'avaient inspiré pour elle

une tendre compassion, mais pas d'amour. J'avais, vois-tu, trop de bon sens pour cela, trop de conscience pour devenir amoureux, mon pauvre Fernand.
— Que veux-tu dire ?
— Césarine était trop belle.
— Pour que tu puisses l'aimer d'amour ?
— Sans doute.
— Hyacinthe, je ne te comprends pas.
— Je le vois, mon ami. Ecoute-moi donc. Faible et chétif, sans agrémens extérieurs, je ne vaux que par le cœur, aussi ai-je un impérieux besoin d'affection. Avant de connaître Césarine, mon rêve était d'épouser une humble et douce créature, non pas précisément laide, mais enfin point assez belle pour présenter avec moi un contraste presque pénible à voir.
— Hyacinthe, y penses-tu ! ce n'est pas parler sérieusement.
— Je parle très sérieusement, Fernand ; selon moi, la grâce et la beauté sont aussi des richesses, et, en ce sens, il est des mariages cruellement disproportionnés ; un homme comme moi, par exemple, épousant une femme aussi admirablement belle que Césarine, ne se trouve-t-il pas dans la même position qu'un homme pauvre épousant une femme immensément riche ? On lui donne tout, il ne donne rien ; aussi, pour peu qu'il soit doué d'une âme délicate, il a la conscience de l'infériorité de sa position, et il tâche de l'équilibrer, à force de reconnaissance et de dévoûment pour celle qui a daigné descendre jusqu'à lui.
— Vas,'crois-moi, Hyacinthe, celui qui dans une pareille union apporte un cœur comme le tien, comble et bien au delà cette disproportion physique dont tu parles.
— Non, Fernand, non, je ne m'abuse pas... D'ailleurs le cœur de ma femme vaut le mien, si ce n'est davantage ; je lui dois donc de plus ces momens d'extase impossible à te rendre, lorsque silencieux et recueilli je contemple avec une sorte d'adoration l'éblouissante beauté de cette jeune femme qui s'est enchaînée à moi... Alors, je te l'avoue, je ressens parfois une vague amertume, presque un remords. Oui, cette possession me semble inique. Ne lui dois-je pas ces ravissemens que jamais elle ne partagera ? Et pourtant, je crois, je sens que je mourrais s'il me fallait renoncer à Césarine... Tu vas me demander, maintenant, pourquoi, pensant ainsi, j'ai épousé ma femme ?
— L'amour et la raison auront surmonté tes scrupules, entre nous très exagérés...
— Voici, mon ami, ce qui est arrivé ; la belle-mère de Césarine réfléchit plus tard aux paroles qui lui étaient d'abord échappées dans un moment de colère, en me proposant de la débarrasser de sa belle-fille ; un jour, cette abominable mégère eut le cynisme de me dire : « Voulez-» vous, oui ou non, épouser Césarine ? Vous me rendrez » service et vous ferez une bonne action ; j'ai cette fille en » horreur, cette horreur ne fait qu'empirer : aussi, tôt ou » tard, Césarine finira, comme elle m'en a déjà menacée, » par se sauver de chez moi. Elle a dix-huit ans, pas un » sou vaillant, pas d'état, elle est horriblement paresseuse ; » car feu son père l'avait sottement élevée en demoiselle. » Vous savez comme elle est belle. Or, une belle fille de » dix-huit ans, qui est paresseuse, sans état, sans le sou, » et qui ne sait où aller coucher, finit toujours bien par » trouver un lit... Vous m'entendez, monsieur Durand. »
— C'est affreux ! —m'écriai-je.
— Oui, Fernand, si affreux, et malheureusement si vrai, que pensant à l'avenir honteux, horrible peut-être, auquel cette jeune fille pouvait être exposée, je fus saisi d'une commisération profonde. Cependant je répondis à cette indigne Robin : — « Mais d'abord, mademoiselle Césarine » ne voudrait sans doute pas de moi pour mari ; ensuite, » je suis pauvre, je ne possède que la rente de quinze » cents francs ; plus tard, il est vrai, quand de surnumé-» raire je passerai employé, j'obtiendrai sans doute une » place vacant pareille somme. » — Madame Robin ne me laissa pas achever, et reprit : — « Ma belle-fille se marie-» rait avec le grand diable d'enfer pour échapper à mes

» griffes; car, en fait d'aversion, nous nous payons de
» retour. Césarine est là, je vais vous l'envoyer. » — En
effet, quelques instans après, Césarine, prévenue par sa
belle-mère de la possibilité d'un mariage, accourut à moi.
Ses premiers mots, prononcés avec une expression de bonheur et de reconnaissance indicible, furent ceux-ci : — « Il
» serait vrai, monsieur, vous consentiriez à m'épouser, je
» quitterais l'enfer où je vis! » — Puis fondant en larmes
et joignant les mains, elle s'écria : — « Je vous en supplie,
» ayez pitié de moi, ne m'abandonnez pas. »
— Pauvre jeune fille!..
— Mes larmes coulèrent aussi, je t'assure, Fernand, puis
je parlai raison à Césarine; je tâchai de lui faire envisager
l'avenir sans illusion, afin de nous épargner à nous deux
de pénibles déceptions; je lui dis qu'avec ses dix-huit ans,
sa rare beauté, elle ne pouvait m'aimer d'amour, que
notre existence serait des plus humbles; que je tâcherais
cependant de suppléer, à force de cœur et de tendresse,
aux avantages qui me manquaient... Césarine m'interrompit et s'écria d'un accent si convaincu que mon hésitation
cessa : « Quoi! je ne vous aimerais pas... jusqu'à l'adora-
» tion, monsieur Hyacinthe... vous... vous qui êtes doux
» et bon comme un ange... vous qui me retireriez de l'en-
» fer où je vis! Je ne vous aimerais pas! Mais vous me
» croyez donc sans cœur ni âme? » — Je te l'ai dit, Fernand, je n'eus plus le courage d'hésiter; un sentiment
de pitié profonde me fit faillir à ma résolution première.
J'épousai Césarine. Malheureusement, manquant plus tard
à mes résolutions, — ajouta Hyacinthe en souriant, — j'ai
eu l'audace de devenir amoureux... suis amoureux fou
de ma femme, et, sauf les quelques petits remords dont
je t'ai parlé, cet amour me rend le plus heureux des hommes... Césarine se montre très satisfaite de son sort; elle
me donne chaque jour des preuves de la sincérité de son
attachement; enfin, depuis deux années de mariage, jamais
le plus léger nuage ne s'est élevé entre nous. Aussi, te
dis-je, je suis heureux... mais heureux, — ajouta Hyacinthe les larmes aux yeux, — comme je ne pouvais pas
espérer de l'être... Car, tu le sais mieux que personne,
Fernand... je ne semblais pas né pour le bonheur...
— Cher Hyacinthe! quelle joie tu me causes en me par-
ant ainsi! Comment d'ailleurs ne serais-tu pas heureux!
Ta femme est aussi bonne que belle...
— Oh! oui, bonne, excellente! Tu le savais, depuis notre
mariage, comme sa raison s'est formée... comme son intelligence s'est développée... comme ses goûts se sont
raffinés!
— Je le crois sans peine, avec un éducateur tel que toi...
— Pauvre enfant! son esprit était inculte... peu à peu,
il s'est ouvert, éclairé... Quand tu la connaîtras, tu verras
de quel charme naturel, de quel bon sens elle est douée.
Ainsi, craignant qu'elle ne s'ennuie pendant mon absence
forcée de chaque jour, car je sors d'ici à dix heures pour
ne rentrer qu'à quatre heures; craignant aussi que nos
soirées passées en tête-à-tête fussent ennuyeuses pour
Césarine, je lui avais conseillé de se lier avec les femmes
de deux ou trois de mes camarades de bureau, de les
réunir le soir ici, afin de lui composer une petite société
de braves gens et d'une position égale à la nôtre : Césarine
m'a refusé.
» — A quoi bon de nouvelles connaissances? — m'a-t-elle
» dit, — je passe mon temps à merveille. Je me lève tard,
» je mets ton cabinet en ordre, cela m'amuse, puis, tant
» qu'il fait beau, je vais m'asseoir, travailler ou lire aux
» Tuileries, en attendant l'heure où tu sors de ton bureau,
» tu viens me rejoindre, nous faisons une petite prome-
» nade, nous rentrons; après dîner tu me mènes souvent
» au spectacle, ou bien tu me fais des lectures qui m'inté-
» ressent et m'instruisent; je ne m'ennuie pas le moins
» du monde : continuons cette vie puisqu'elle nous plaît à
» tous deux. » Et nous la continuons, mon cher Fernand;
Césarine adore le spectacle; comme c'est un divertisse-
ment assez coûteux pour une petite bourse comme la
nôtre je me suis arrangé de façon à rendre quelques ser-

vices de rédaction à un sous-chef du bureau des théâtres
à mon ministère; il me donne des billets de spectacle,
Césarine est ravie... et moi aussi.
— Je comprends, mon bon Hyacinthe, que toi et ta
femme vous viviez ainsi heureux et contens; les chances
de bonheur sont assurées, ce me semble, lorsqu'on ne demande ce bonheur qu'à soi-même; les bruyants plaisirs
du monde sont si vains... si creux...
— C'est aussi mon avis; ma femme et moi nous vivons
en vrais loups, ne recevant absolument personne... Quand
je dis personne, nous recevons pourtant souvent une visite
qui m'est bien chère... et...
Hyacinthe s'interrompit, rougit et me parut embarrassé;
sa physionomie prit même une expression pénible; je
pressentis la cause de la réticence d'Hyacinthe.
— Je devine de qui tu veux parler, — lui dis-je tristement; — il s'agit de Jean Raymond... Tu ne me réponds
pas... j'ai donc raison...
— Oui, Fernand...
— Rassure-toi, Hyacinthe; après avoir causé de grands
malheurs par ma déplorable légèreté, je n'ai pas le droit,
le le sais, de prononcer le nom de celui dont nous par-
jons, de te demander où il est? quelle est sa vie? Qu'elle
soit du moins heureuse et conforme à ses vœux! tel est
mon désir sincère... Je suis certain que tu croiras à mes
paroles.
— Si je n'y croyais pas, Fernand... — me répondit Hyacinthe d'un ton grave et pénétré, —si, comme Jean, qui t'a
pardonné, je te l'ai dit autrefois, je n'étais pas persuadé que
l'on ne peut te reprocher que ton étourderie et ton indiscrétion, exploitées avec un art infernal par Levasseur; si,
en un mot, je te croyais coupable d'une infamie, hier, au
lieu d'aller à toi, la main tendue... j'aurais évité de te rencontre. Tout à l'heure le nom de Raymond est resté sur
mes lèvres, sais-tu pourquoi? C'est que j'ai craint, en le
prononçant, de réveiller chez toi de tristes souvenirs...
Quant à Jean, il se porte bien; il vit auprès de sa mère, il
est heureux; il est directeur d'une usine considérable.
— Et sa mère? — lui dis-je en sentant renaître les souvenirs qui jamais ne s'étaient effacés de mon cœur, — elle
est toujours l'adorable femme que j'ai connue?
— Toujours, Fernand. Elle est toujours ce qu'elle était
jadis, non-seulement au moral, ce qui n'a rien d'étonnant,
mais au physique, et cela, je l'avoue, est fort surprenant.
— Comment! sa beauté déjà si merveilleusement conservée...
— La merveille continue, mon ami; je l'ai vue il y a trois
mois; c'est inouï, elle ne paraît pas avoir trente ans.
— Allons! tu exagères!
— Pas le moins du monde. Si tu la vois, tu seras de
mon avis.
J'éprouvai une singulière impression en apprenant que
madame Raymond était demeurée belle. Je le regrettai. Il
me sembla que cette charmante image allait m'apparaître
plus fréquemment encore.
Après un instant de silence, je dis à Hyacinthe :
— Merci, mon ami, des renseignemens que tu me donnes
sur Jean... Il est heureux, sa mère aussi, je n'ai pas le
droit de te demander d'autres détails... C'est la juste punition de ma coupable légèreté d'autrefois; un mot seulement, mon ami... Je désirais te voir souvent, mais peut-
être ma présence serait-elle pénible à Jean...
— Pénible... je ne sais; son cœur est si bon, si généreux,
son esprit si juste, que, tout en faisant la part du blâme dû
à ton indiscrétion, il n'a conservé contre toi ni haine, ni
colère; loin de là, lorsque ton nom vient dans nos entretiens, Raymond rend toujours justice à ce qu'il y a d'excellent dans ton cœur; du reste, Jean est absent, il ne
reviendra guère à Paris avant deux ou trois mois; d'ici
là, — ajouta Hyacinthe en souriant, — tu n'auras pas du
moins la présence de la possibilité d'une rencontre avec
notre ami pour me délaisser. Ce n'est pas un reproche,
Fernand, ta vie et la mienne sont si différentes! il est tout
simple que nous ayons été séparés, que nous nous soyons

perdus de vue; je l'avais d'ailleurs prévu. Te rappelles-tu... l'apologue du *Roitelet et du Faucon?*

— Oui, —dis-je à Hyacinthe avec émotion en lui rappelant la fin de ce naïf et tendre apologue : — « Le faucon aura beau s'élever à perte de vue dans les plaines de l'air, » voler de montagne en montagne, de châteaux en châ- » teaux, il ne sera pourtant jamais séparé du roitelet, » destiné, lui, à vivre et à mourir dans son buisson. Oui, » le hardi faucon aura beau rêve là-bas, il sera toujours » ici. — Où donc cela? — Dans le cœur du roitelet. »

— Oui, et il y est toujours resté, — me dit Hyacinthe ému jusqu'aux larmes et me tendant les bras. — Quoi? après tant d'années, tu te rappelles si fidèlement ce premier témoignage de mon amitié... Ah! il n'y a que les tendres et nobles cœurs qui gardent de pareils souvenirs.

L'émotion d'Hyacinthe me gagna, les larmes me vinrent aussi aux yeux en le serrant dans mes bras; tout ce qu'il venait de me raconter de son mariage me semblait si touchant, si honorable pour lui et pour sa femme, ils étaient enfin si heureux tous deux, que je ressentis une joie délicieuse; je me reprochais en toute sincérité d'âme d'avoir craint un instant de m'être laissé, la veille, trop vivement impressionner par la rare beauté de Césarine Durand. Songer à compromettre le bonheur d'Hyacinthe, non pas même sérieusement, mais par la plus légère inconséquence, m'avait paru une pensée tellement odieuse, que je ne m'y arrêtai pas; je me promis au contraire une foule de purs et doux plaisirs de notre nouvelle intimité.

. . . .

A mon tour je racontai à mon ami les principaux incidens de ma vie, depuis mon départ de Sainte-Barbe: la mort de ma grand'mère, ma sortie de l'état militaire, et l'oisiveté, la dissipation de mon existence. Hyacinthe, après m'avoir écouté, me dit, en me regardant plus attentivement qu'il ne l'avait fait jusqu'alors:

— Mon pauvre Fernand, ce que tu viens de me raconter de ta vie d'agitation et de plaisir m'explique le changement que je remarquais en toi, sans te le dire.

— Quel changement?

— Tu n'as plus ta belle et florissante santé d'autrefois, tes fraîches couleurs se sont effacées... je te trouve pâle... amaigri... Les belles dames du grand monde, — ajouta-t-il en souriant, — qui ont peut-être contribué à ta pâleur, la trouvent sans doute très *distinguée*... mais moi, qui te vois avec des yeux de frère, j'aimerais mieux pour toi moins de ressemblance avec un héros de roman... et une meilleure santé.

— Il est vrai, mon bon Hyacinthe, depuis environ un an, je suis sujet à quelques malaises... Autrefois je restais, s'il le fallait, toute une nuit à table ou au jeu; maintenant ces excès me fatiguent, me pèsent, sans doute parce que je continue cette étourdissante vie de jeune homme plus par habitude que par plaisir.

— Et puis, cinq ou six fois... tu as toussé... d'une petite toux sèche que je n'aime pas.

— Mon médecin non plus... ne l'aime pas, cette toux, —dis-je en riant;—mais comme mon médecin est le docteur *Tant pis*, je suis très récalcitrant à ses conseils.

— Et tu as tort, Fernand... un peu de calme, de modération dans les plaisirs, te rendrait si facilement une bonne santé... à ton âge il y a tant de ressources... Et tiens... je suis certain que, si tu venais souvent, comme tu me le promets, passer avec nous de bonnes petites soirées, bien tranquilles, bien intimes, après quoi tu rentrerais chez toi de bonne heure, tu te trouverais à merveille de ce régime. Tu vas dire, — ajouta Hyacinthe en souriant avec une bonté charmante, — tu vas dire que je fais là de la médecine personnelle... de la médecine d'égoïste... Mais essaie un peu de cette douce vie de famille... et tu verras si le corps et l'âme n'y gagnent pas!

— Cher Hyacinthe, — lui dis-je, profondément touché de ce délicat intérêt, — tendre et bon frère, combien ton amitié est pénétrante et inquiète. Est-il possible de résister à tes conseils? Juge donc! Retrouver à la fois le charme

de notre intimité d'autrefois, et ma santé passée! Quelle cure merveilleuse! dont tu serais le médecin.

— Et Césarine, donc! — reprit gaîment Hyacinthe. — n'aura-t-elle donc pas aussi sa part dans ta guérison? Elle aura mission de te renvoyer inexorablement d'ici à dix heures, et d'obtenir ta parole de rentrer sagement chez toi en nous quittant. Mais, — reprit Hyacinthe, en s'interrompant au bruit de la pendule du salon qui sonnait neuf heures et demie, — excuse-moi, Fernand, il faut que je sois à mon bureau à dix heures précises, et je suis d'une exactitude plus ponctuelle que jamais. Affreux machiavélisme ! — ajouta Hyacinthe en riant d'un air mystérieux. — Figure toi que l'on parle d'une prochaine promotion dans les bureaux, et j'ai la présomption de viser certaine place de sous-chef... Ce serait mon rêve d'ambition, mon bâton de maréchal de France... Mais je me berce d'illusions, car je n'ai aucune protection; enfin, j'aime autant me créer des droits par mes bons services, et advienne que pourra. Ainsi, Fernand, à ce soir, n'est-ce pas? Tu me l'as promis; Césarine compte sur ta visite, et aujourd'hui nous commencerons cette fameuse cure que nous entreprenons.

— Être soigné ainsi, — dis-je à Hyacinthe en lui serrant la main, — cela donnerait envie de faire durer longtemps la maladie.

Je me levai, Hyacinthe m'accompagna dans le salon que nous devions traverser.

Mon ami, réfléchissant probablement que le contraste du désordre de ce salon, avec l'ordre qui régnait dans son cabinet, devait me surprendre, reprit à demi voix et en souriant:

— Quand je te parlais de mon bonheur complet, je te faisais un gros mensonge. Césarine a un incorrigible défaut... C'est le plus terrible *sans soin* que tu puisses imaginer.

— Mais ne m'as-tu pas dit que l'ordre du coquet arrangement de ton cabinet était dû aux soins qu'en prenait ta femme elle-même?

— Eh! sans doute; parce qu'elle sait que l'ordre est pour moi à la fois un besoin et un plaisir; mais quant au reste de l'appartement, que je n'habite pas personnellement... tu vois, hélas! Et ce n'est pas tout: je ne sais quel moraliste a dit que l'on s'incarnait encore plus les défauts que les qualités de l'objet aimé. Eh bien! sans devenir aussi *sans soin* que Césarine, j'ai l'indignité de la défendre, de la justifier; oui, et nous avons quelquefois à ce sujet, avec Raymond, les discussions les plus orageuses; je l'accable sous une grêle de paradoxes qui le révoltent, mais dont il rit aux éclats; je soutiens, par exemple, que rien n'est plus pittoresque, plus inattendu, que ce contraste des choses les plus diverses... Cette assiette et ce brodequin sur ce piano... je suppose...

— Je suis complétement de ton avis; un si charmant brodequin ne saurait être trop en évidence, et je le trouve pour ma part admirablement placé là.

— A la bonne heure! — me dit gaîment Hyacinthe, — voilà qui est parler en philosophe, en sage!.... Nous ne pouvions manquer de nous entendre... Adieu, Fernand, à ce soir!

— A ce soir!

XVIII.

Je quittai Hyacinthe l'âme remplie d'une ineffable sérénité; désormais sûr de moi, je me sentais capable de braver l'enivrement que m'avait un instant causé la beauté de Césarine; impression qui, je l'avoue, s'effaçait presque en présence du souvenir de madame Raymond, si soudainement réveillé dans mon cœur.

Les fraternelles observations d'Hyacinthe sur ma pâleur m'avaient aussi frappé. En effet, depuis une année environ, ma santé s'était légèrement altérée ensuite de nombreux excès; en vain mon médecin m'avait exhorté à une vie plus régulière et surtout à exécuter certaine ordonnance qui me causait une horreur insurmontable; mais par compensation je me promis de suivre les conseils d'hygiène morale et physique d'Hyacinthe.

D'ailleurs, je commençais à me fatiguer de cette vie du monde, agitée, brillante et factice ; puis enfin la mobilité naturelle de mon imagination me montrait comme un délicieux contraste la confiante et paisible intimité dont j'allais jouir au sein du modeste ménage de mon ami d'enfance et de sa femme.

En sortant de chez Hyacinthe, je me rappelai ce qu'il m'avait dit au sujet de la place de sous-chef de bureau, espoir de son humble ambition. J'eus l'excellente pensée d'être utile à Hyacinthe et de le servir efficacement. Il était encore de bonne heure ; je me rendis chez monsieur de La Bussière, ancien sous-gouverneur des pages et ami de ma grand'mère. Après ma sortie de la maison du roi, j'avais conservé avec mon ancien gouverneur de très-amicales relations. Je savais son crédit considérable, je comptais lui demander son active protection pour mon ami.

Monsieur de La Bussière m'accueillit à merveille ; il se trouvait être justement l'ami particulier de comte de ***, ministre de l'intérieur ; il me proposa très-obligeamment de se rendre avec moi le matin même au ministère. J'acceptai ; nous partîmes. En l'absence du ministre, en ce moment en conférence, nous dit-on, avec ses chefs de division, nous fûmes reçus par son secrétaire particulier, homme à peu près de mon âge. Monsieur de La Bussière le connaissait sans doute depuis longtemps, car il l'aborda familièrement en l'appelant *monsieur de Sainte-Marie*.

Il reçut monsieur de La Bussière avec une exquise politesse, nuancée de la déférence qu'inspirait l'âge et la condition du nouveau protecteur d'Hyacinthe. En attendant le retour du ministre, la conversation s'engagea sur des banalités ; monsieur de Sainte-Marie se montra de la meilleure compagnie, d'un esprit agréable et moqueur. Je ne sais pourquoi, il me parut qu'il faisait comme on dit *des frais* pour moi, car plusieurs fois, après un bon mot, il sembla me demander du regard mon approbation.

Nous causions ainsi depuis une demi-heure, lorsqu'un huissier entra, vint parler à l'oreille de monsieur de Sainte-Marie, et sortit ; le secrétaire du ministre parut très contrarié, et, s'adressant à monsieur de La Bussière :

— Je suis désolé, monsieur, de ce qui arrive, l'heure du conseil a été avancée à cause de la chasse du roi, et Son Excellence ne pourrait pas avoir l'honneur de vous recevoir ce matin. Si je pouvais être votre interprète auprès de Son Excellence, je vous prie de disposer de moi. Vous savez, monsieur, combien je suis à vous.

— Je regrette aussi beaucoup de ne pouvoir parler au ministre,—reprit monsieur de La Bussière ;—mais je serai, je l'espère, plus heureux demain. Cependant, mon cher monsieur de Sainte-Marie, aurez-vous la bonté de lui dire l'objet de ma visite ; monsieur Fernand Duplessis (et monsieur de La Bussière se tourna de mon côté), qui a eu l'honneur d'être attaché au service du roi, dans ses pages et dans ses gardes, porte le plus vif intérêt à l'un des meilleurs et des plus dignes employés de votre ministère ; une place de sous-chef de bureau va être, dit-on, bientôt vacante dans la septième division ; je voulais appeler la bienveillance du ministre sur le protégé de monsieur Duplessis, et dire à Son Excellence que je lui aurais une gratitude toute personnelle de ce qu'il pourrait faire en cette occasion.

— Vous ne pouvez douter, monsieur, de l'empressement que mettra Son Excellence à vous être agréable,—répondit monsieur de Sainte-Marie.

Puis, s'adressant à moi :

— Les recommandations des personnes qui, comme vous, monsieur, ont eu l'honneur de servir le roi, sont toujours accueillies avec la considération qu'elles méritent ; je ne doute donc pas, monsieur, que Son Excellence fasse tout ce qui dépendra d'elle pour répondre à vos désirs et à ceux de monsieur de La Bussière... Voudriez-vous, afin de hâter la nomination si elle est possible, me faire

connaître dès à présent le nom de l'employé dont il est question ?

— Monsieur Hyacinthe Durand... — dis-je à monsieur de Sainte-Marie, — employé à la septième division.

— Je vous remercie, monsieur,—me dit obligeamment monsieur de Sainte-Marie en écrivant le nom d'Hyacinthe Durand sur un papier ; — Son Excellence aura égard, j'en suis convaincu ; dès l'arrivée du ministre, j'appellerai son attention sur cette demande, et, si vous voulez me le permettre, monsieur, j'aurai l'honneur d'aller vous instruire moi-même de la réponse de Son Excellence, et en conférer avec vous.

— Monsieur, — repris-je presque confus de l'excessive prévenance de monsieur de Sainte-Marie, que rien ne me paraissait motiver, — je ne veux pas que vous vous donniez cette peine, et...

— Croyez, monsieur, que ce sera toujours pour moi un grand plaisir de donner à monsieur de La Bussière de nouvelles preuves de dévoûment ; il sait combien je suis à lui... et à ses amis.

Je voulus en vain me défendre de l'offre obligeante de monsieur de Sainte-Marie, il me fut impossible de vaincre sa persistance, et de ne pas lui dire à quelle heure il me trouverait le lendemain.

Hyacinthe Durand m'avait donné rendez-vous pour le soir ; à huit heures, j'allai chez lui, me proposant de ne pas lui faire part de ma démarche en sa faveur avant d'être certain d'un heureux résultat.

J'éprouvai une étrange surprise en entrant chez mon ami.

Au désordre du matin, ou plutôt au désordre habituel, ainsi que me l'avait dit Hyacinthe, avait succédé l'ordre le plus merveilleux. Je trouvai le petit salon d'une propreté ravissante : le parquet brillait comme s'il eût été verni, une masse de fleurs fraîches garnissait la cheminée, des rideaux d'une blancheur éblouissante cachaient à demi les fenêtres, dont les vitres nettoyées avaient la limpidité du cristal ; ces détails puérils ne m'eussent sans doute pas frappé sans le contraste qu'ils offraient avec la sordide incurie du matin. Lorsque j'entrai, Hyacinthe se trouvait seul.

— Arrive donc, grand thaumaturge,— me dit-il en souriant, — viens donc jouir de tes miracles...

— Quels miracles ?

— Comment ! tu ne vois pas ?... tu ne trouves rien de changé ici ? Tâche donc de rencontrer par hasard, comme ce matin, un brodequin sur le piano ?

— Il est vrai, — répondis-je avec un embarras dont je ne me rendis pas compte, — je ne vois pas de brodequins sur le piano, et voici sur la cheminée des fleurs charmantes ; mais quant à être l'auteur de ce que tu appelles des miracles, ma modestie s'en défend de toutes ses forces...

— Eh bien! mon ami, ta modestie est, comme toujours, parfaitement aveugle ; écoute, et sois convaincu.

— Ce sera difficile... mais enfin, voyons.

— Ce matin je suis parti pour mon bureau sans me douter de rien ; tantôt je reviens comme d'habitude par les Tuileries, pour y prendre Césarine, et je ne la trouve pas. J'arrive ici un peu inquiet ; juge de ma stupeur à la vue de la soudaine métamorphose opérée dans ce salon, et qui s'achevait à peine, grâce à l'activité de ma chère femme, qui, aidée de notre servante, s'est donné toute la journée une peine infinie pour mettre ici l'ordre que tu vois... Aussi, n'ayant pu s'habiller que très tard, elle est encore à sa toilette... Tu l'excuseras, n'est-ce pas, Fernand, en faveur du motif ?

— Rien n'est plus sacré qu'une femme à sa toilette ; mais tout en rendant hommage à l'activité dont je vois ici tant de preuves, je ne comprends pas encore quelle est ma part dans ce miracle.

— Tu vas me comprendre, et surtout, Fernand, ne te moques pas de moi ; car si tu me vois ému à propos de quelquesfleurs fraîches placées sur une cheminée et d'une paire de rideaux blancs tendus à une croisée, c'est que tu ne sais pas la pensée pleine de délicatesse et de reconnaissance qui a inspiré Césarine...

— De grâce, Hyacinthe, explique-toi?

» — Bon Dieu ! — ai-je dit à ma femme en rentrant tantôt, — » quel changement, chère *sans soin*! Que va devenir mon arsenal de paradoxes en faveur de l'aspect » pittoresque du désordre ! Cette superbe thèse que je » soutenais si intrépidement contre Jean Raymond ?

« — Mon ami, — me répondit Césarine d'une voix pé- » nétrée, j'étais la plus malheureuse des créatures... J'é- » tais battue par une marâtre... Tu as été bon... tu as été » courageux... tu as eu pitié de mes tourmens... enfin, tu » as fait pour moi ce qu'autrefois monsieur Duplessis a » fait pour toi... lorsqu'il t'a défendu contre ceux dont tu » étais victime... Eh bien! c'est pour moi un jour de fête » que celui où nous recevons chez nous un si ancien et sur- » tout un si généreux ami; voilà pourquoi j'ai tâché de » donner de mon mieux un air de fête à notre humble » logis. Pourquoi cette pensée ne m'est-elle pas venue » toutes les fois que nous avons reçu notre excellent » monsieur Raymond ? Je n'en sais rien... C'est peut-être » parce que ma reconnaissance de tes bontés me rend plus » sensible encore au tendre dévoûment dont monsieur Du- » plessis t'a autrefois donné la preuve. Et, en pensant » qu'il viendrait ici ce soir, je suis... à ma grande sur- » prise, je te l'avoue, je suis sortie de mon incurie habi- » tuelle, voulant que ce salon, qui représente mon petit » empire, comme le tien est représenté par ton cabinet de » travail, fût digne de recevoir monsieur Duplessis. »

— Mais, — ajouta Hyacinthe en s'interrompant au bruit des pas de sa femme, — je ne veux pas parler devant elle du plaisir qu'elle m'a causé en cette circonstance, son excellent cœur en serait embarrassé...

Césarine entra bientôt dans le salon, vêtue d'une simple et fraîche robe de mousseline bleuâtre; ses bras étaient nus, ses épaules et son sein à demi découverts; elle n'avait d'autre coiffure que ses magnifiques cheveux, tordus en natte derrière sa tête, et tombant en longues grappes le long de ses joues.

Hélas! après mes réflexions de la journée, je me croyais sûr et maître de moi : mon amitié pour Hyacinthe, sa noble confiance, et jusqu'à l'ineffable félicité dont il jouissait, tout devait me rendre sa femme sacrée; je ne devais la contempler qu'avec des regards de frère. Enfin, comme tant de fois déjà, le souvenir de madame Raymond s'effaça de mon cœur devant la fougue de mes passions, et Césarine n'était pas depuis dix minutes dans le salon, que je me sentais passionnément amoureux d'elle... si l'on peut appeler amour... le désir le plus ardent qui ait jamais embrasé le sang d'un homme. Non, de ma vie je n'avais subi plus violemment l'empire de cette attraction physique, qui malheureusement ne se raisonne pas, ne se combat pas ; elle est parce qu'elle est. Vous recevez le choc électrique, aucune puissance humaine n'est capable d'empêcher ce choc qui allume le feu dans nos veines.

Césarine m'accueillit avec une bienveillance cordiale, mêlée cependant d'une sorte de réserve, peut-être affectée; ses regards qui s'étaient souvent, la veille, arrêtés fixement sur les miens, ne les cherchèrent pas une seule fois; elle prit part à la conversation avec mesure, convenance et modestie. Deux ou trois fois seulement, ses réponses se ressentirent d'une évidente préoccupation. Cependant, mille symptômes me prouvèrent encore, durant cet entretien, que Césarine aimait, je dirais presque adorait son mari ; la sincérité de cette affection se révélait à chaque instant, non-seulement dans l'accent, dans les paroles, dans la physionomie de la jeune femme, mais parfois même dans des détails si puérils, que jamais la feinte d'un sentiment n'aurait été calculée à ce point.

Hyacinthe, tout entier au bonheur que lui inspirait la réunion de notre *trio*, comme il disait, causait beaucoup, et d'une manière exquise. Son ingénieuse amitié trouvait souvent l'occasion de nous confondre, Césarine et moi, dans l'expression du bonheur qu'il ressentait au milieu de

nous ; sa femme l'écoutait avec une sorte d'orgueil avide ; quelques mots remplis sinon d'esprit, du moins de justesse et d'à-propos, me prouvaient qu'elle savait apprécier les nuances les plus fines de l'esprit enchanteur d'Hyacinthe.

—Et pourtant cette femme lit *Faublas* en cachette,—me disais-je ; et pressentant un mystère ou une énigme dans la vie de Césarine, je m'efforçais de découvrir le fond de sa pensée ; mais ma sagacité s'émoussait sur ce front impénétrable comme le marbre, dont il avait la blancheur.

J'abrégeai ma visite, au regret cordial de mon ami et de sa femme. Ils me firent promettre de revenir le surlendemain.

Rentré chez moi, je passai une nuit d'agitation et de trouble ; et, après m'être interrogé avec une inexorable sévérité, je reconnus que j'étais amoureux fou de Césarine, et je me décidai à quitter Paris si je ne pouvais vaincre cette fatale passion.

. . . .

Depuis plus d'un mois, j'étais presque chaque soir sorti de chez Hyacinthe avec la ferme résolution de m'éloigner de Paris le lendemain, voyant les progrès de mon amour; mais une coupable faiblesse me faisait ajourner cette sage résolution.

— Après tout, me disais-je, qu'ai-je à me reprocher? Seul je souffre de cette folle passion; elle est ignorée de Césarine et de son mari. Pourquoi romprais-je cette intimité où je trouve chaque jour un nouvel attrait et dont Hyacinthe lui-même semble si heureux? Ne me répète-t-il pas sans cesse avec expansion :

« — Un ami comme toi, une femme comme *elle*, c'est » le bonheur idéal. »

Non, non, ajoutai-je, je suis sûr de moi ; jamais je n'aurai la lâcheté de trahir la confiance ingénue de cet ami si loyal et si bon ; jamais je ne suis resté un seul instant tête-à-tête avec Césarine ; jamais un mot d'amour n'est sorti de mes lèvres ! Ne sera-t-il pas assez temps de m'éloigner si jamais je suis assez insensé pour sortir de ma réserve.

Un jour, Hyacinthe ayant à répondre à une lettre, nous quitta, sa femme et moi ; c'était la première fois que nous nous trouvions seuls ; l'entretien, jusqu'alors assez vivement engagé entre Césarine, son mari et moi, tomba soudain ; et, rougit beaucoup, baissa les yeux et resta muette. Deux ou trois fois j'essayai de reprendre la conversation; mais l'altération de ma voix, l'incohérence de mes paroles trahirent mon émotion.

Césarine comprit sans doute la signification de ce silence ; ses traits, d'abord animés d'un vive rougeur, devinrent pâles, son sein palpitait violemment. Désirait-elle, craignait-elle un aveu? Je ne sais; mais bientôt, et comme si elle eût cédé à une puissance irrésistible, elle leva lentement vers moi ses grands yeux à la fois humides et brillans, les arrêta quelques instans sur les miens, puis, confuse ou irritée de mon mutisme obstiné, elle se leva brusquement et s'approcha de la croisée afin de me cacher, sans doute, l'expression de ses traits.

Il m'est impossible de rendre ce qu'il y avait d'amour, de honte, de reproches, de remords peut-être, dans ce long regard qui me bouleversa, me brûla, me rendit fou, car je m'écriai :

— Césarine ! !

Et mes lèvres tremblaient si fort que je ne pus ajouter une parole ; mais ce mot et mon trouble avaient tout dit.

Presqu'aussitôt Hyacinthe rentra. Sa lettre était écrite. Je parvins, grâce à un effort de volonté inouï, à occuper assez l'attention de mon ami, pour qu'il ne s'aperçût pas de l'embarras de Césarine. Elle prétexta bientôt d'une subite et violente migraine pour rentrer chez elle. Je quittai Hyacinthe.

Cette fois, je n'hésitai plus à m'éloigner de Paris.

Je fis commander des chevaux de poste pour le lendemain à midi, déterminé à aller passer quelques mois en Italie : le matin, je reçus une lettre très obligeante de monsieur de Sainte-Marie; il avait la bonne grâce de m'envoyer la nomination d'Hyacinthe comme sous-chef de bureau.

Deux heures avant le moment fixé pour mon départ, j'écrivis à mon ami la lettre suivante, à laquelle je joignis sa nomination :

« Mon cher Hyacinthe, je suis enfin parvenu à te faire
» rendre justice. Voici ta nomination ; il me faut malheu-
» reusement renoncer au plaisir d'aller te porter cette
» bonne nouvelle ; une circonstance imprévue m'oblige
» de quitter Paris aujourd'hui ; que ton amitié ne s'inquiète
» pas de cette brusque détermination ; il s'agit seulement
» pour moi d'aller veiller à d'asssez graves intérêts de for-
» tune, compromis par une faillite inattendue. Je suis
» tellement occupé ce matin qu'il m'est impossible de t'é-
» crire longuement, mais je prendrai prochainement ma
» revanche.

» Adieu en hâte. Mille souvenirs à ta chère femme.

» Tout à toi,

» F. D. »

J'envoyai cette lettre chez Hyacinthe, et je m'occupai des préparatifs de mon voyage.

Une heure à peine s'était écoulée depuis que j'avais écrit à mon ami, lorsque l'on vint m'annoncer qu'une dame désirait me parler pour une affaire très grave et très urgente.

On fit entrer cette femme dans mon salon, où je la rejoignis presqu'aussitôt. Lorsque nous fûmes seuls, elle leva un voile noir épais qui cachait sa figure... Je reconnus Césarine.

XIX.

A l'aspect de Césarine, je restai stupéfait, presque effrayé.

Elle était pâle, tremblante ; ses yeux brillaient d'un éclat fiévreux, et, sur ses joues, je remarquai les traces de larmes récentes ; avant que dans mon saisissement j'eusse pu prononcer un mot, elle me montra la lettre qu'une heure auparavant j'avais écrite à Hyacinthe, et me dit:

— Vous partez!

— Madame, cette lettre...

— On m'a dit qu'elle venait de vous, je l'ai décachetée... Ainsi... vous partez?

— Oui, madame, —répondis-je, appelant au secours de ma faiblesse toutes les forces de mon âme ; — je pars... de graves intérêts m'appellent en province.

— Vous me trompez. Ce n'est pas pour cela que vous quittez Paris.

— Il est vrai, madame... je ne saurais mentir... Je quitte Paris pour échapper à une position intolérable, affreuse. Je quitte Paris... dans l'espoir d'oublier et de ne plus souffrir!

— Écoutez-moi, monsieur Fernand... écoutez-moi bien. Vous aimez Hyacinthe, n'est-ce pas?

Et Césarine ajouta avec autant d'émotion que d'attendrissement:

— Vous l'aimez... cet homme d'une bonté d'ange... cet homme de qui l'esprit vaut le cœur, et le cœur est ce qu'il y a de plus noble, de plus généreux au monde!

— C'est parce que je le juge comme vous, madame ; c'est parce que je l'aime comme un frère que je pars.

— Monsieur Fernand ! partir, c'est tuer Hyacinthe!

— Que dites-vous, madame!

— Je vous dis que, seul et loin de moi, il mourrait de douleur.

— Loin de vous, madame! De grâce, que signifie...

— Cela signifie que je ne veux pas qu'il meure de chagrin ; je veux qu'il vive, aimé, honoré, respecté par moi : par moi, pure de tout reproche... Et c'est parce que je veux cela que vous me voyez ici, monsieur Fernand.

L'apparente contradiction de ces paroles avec l'impru-

dente et audacieuse démarche de Césarine me confondit.

Elle continua après un moment de silence.

— Monsieur Fernand, la première fois que je vous ai rencontré, je lisais un livre détestable, *Faublas*... Savez-vous pourquoi je lisais ce dangereux roman?

— Madame?...

— Je vais vous le dire. Je lisais *Faublas* pour donner le change à mon imagination par des amours romanesques, Mais ces lectures, loin de l'apaiser, l'enflammaient, l'égaraient encore. Mon mari me quitte le matin à neuf heures pour aller à son bureau. Ces journées sont longues ; et, dans la solitude, je lis ou je rêve. J'ai toujours ressenti pour Hyacinthe la plus tendre reconnaissance, une vénération, je dirais presque passionnée ; mais je ne l'aime pas d'amour : je veux pourtant que ma conduite reste irréprochable comme par le passé. Cela, monsieur Fernand, dépend de vous.

— De moi, madame?

— Absolument de vous. Hyacinthe vous dit souvent en parlant de moi: Une femme comme elle et un ami comme toi, c'est le bonheur idéal. — Je dirai à mon tour: Le bonheur idéal, c'est un mari comme *lui* et un AMI comme vous. Je dis un *ami*, monsieur Fernand... si je pensais autre chose, je serais morte de honte avant d'avoir mis les pieds chez vous... soyez cet ami, et jamais Hyacinthe et moi nous n'aurons été plus heureux.

— Ah! madame, ce serait le rêve de ma vie, mais...

— Je vous entends: entre un homme de votre âge et une femme du mien, l'amitié a ses dangers... oui, pour les âmes faibles, lâches, ingrates ; mais je n'ai pas, moi, une de ces âmes-là... ni vous non plus, monsieur Fernand.

— Non, madame, car j'aurai le courage de quitter Paris dans deux heures.

— Vous ne quitterez pas Paris, parce que ce serait, je vous le répète, la mort d'Hyacinthe. Si j'ai par hasard quelques qualités, j'ai mes défauts. Ils viennent peut-être moins de mon cœur que de mon âge, de mon sang, et surtout de mon éducation. J'ai été si misérablement élevée! Après tout ce que j'ai vu, tout ce que j'ai enduré, si je ne suis pas pervertie, c'est qu'il y a quelque chose de foncièrement honnête en moi, c'est aussi parce que l'adorable bonté d'Hyacinthe m'a tirée d'une fange où, comme tant d'autres, je serais perdue. Mais enfin, ces défauts, je les ai ; je ne veux pas me prévaloir de mes luttes contre moi-même pour vous assurer que je saurais résister à de dangereux entraînemens. Cependant, je puis bien le dire, je me suis éprouvée dans ces luttes ; je suis sûre de moi jusqu'aux limites du possible ; mais au-delà, non, je ne m'abuse pas ; et pour moi, savez-vous ce que c'est que le possible, monsieur Fernand? C'est de continuer à vivre entre Hyacinthe et vous, comme nous vivons depuis six semaines... rien de plus, rien de moins... A cette condition, je réponds de moi... je réponds même de vous et du bonheur de mon mari. Mais l'impossible, monsieur Fernand, —ajouta-t-elle d'une voix altérée sans pouvoir retenir ses larmes, — l'impossible, c'est de vous laisser partir ou de vous laisser partir seul...; et si vous me repoussez, si vous me chassez, l'impossible encore, pour moi, sera de retourner chez mon mari.

— Césarine, y songez-vous?

— Ce que je dis là est odieux, horrible, je le sais, mais cela est. Je me sens le courage de renoncer par devoir à ce qu'il y a de plus coupable dans l'amour, pourvu que le pur amour me reste. Sacrifier davantage, je ne le pourrais, ou alors je deviendrais folle ; et, comme une folle ne raisonne plus, tous les mauvais instincts si longtemps combattus par moi me vaincraient à leur tour et m'entraîneraient...; et alors... alors... tenez, monsieur Fernand, vous ne savez pas où la fougue du caractère, l'impétuosité du sang, déchaînés par le désespoir, peuvent emporter une femme de vingt ans, élevée comme je l'ai été!

L'espèce d'énergie sauvage avec laquelle Césarine prononça ces paroles me fit tressaillir.

Elle s'en aperçut, et me dit :

— Et Hyacinthe! au milieu de tous ces emportemens, que deviendrait-il? lui, pauvre créature angélique, qui ne vit maintenant que par moi, que pour moi?... Oh! il ne fera entendre aucune plainte; non, de même que le roitelet de la fable qu'il a écrite pour vous, étant enfant, il cherchera quelque solitude, et là il se laissera mourir sans un sentiment de haine contre ceux qui auront causé sa mort... Cette mort sera comme sa vie, pleine de mansuétude et de pardon.

— Ah! ne parlez pas ainsi,—m'écriai-je, — il n'est que trop vrai. Je connais l'excessive délicatesse de cette nature si tendre et si frêle, véritable sensitive qu'un souffle du malheur peut briser.

— Alors, répondez, monsieur Fernand, cette vie que vous savez si heureuse, que vous pouvez rendre plus heureuse encore, aurez-vous le courage, la cruauté de la briser par votre départ? Mon Dieu! il me semble pourtant que votre sort serait à envier : vivre entre l'amour d'une honnête femme et l'affection de votre meilleur ami.

— Et ce sort sera le mien! — m'écriai-je plein de foi dans mes paroles et dans mon émotion du moment; — Croyez-moi, je serai digne de vous, digne de lui... Vous fuir, c'était de la lâcheté, de l'ingratitude...

— Monsieur Fernand, — me dit cette femme étrange, dont les yeux se mouillaient de larmes, vous êtes un bon et vaillant cœur. Je suis fière de vous aimer. Vous reconnaîtrez mon amour au bonheur de notre Hyacinthe.

Et, rabaissant son voile, Césarine me quitta brusquement.

J'étais de si bonne foi dans ma résolution, je voyais quelque chose de si pur et de si touchant dans la possibilité de cette intimité à trois, que de ma vie je crois je n'éprouvai un sentiment plus délicieux; me savoir aimé de Césarine et n'avoir pas à me reprocher cet amour, jouir sans remords de ce qu'il y avait d'irrésistible dans le charme des épanchemens d'Hyacinthe, me dire enfin chaque jour que le sacrifice de ma passion insensée épargnait à mon ami d'affreux tourmens qui l'eussent tué; tout, enfin, jusqu'à la singularité même de cette liaison, lui donnait un attrait inexplicable. Je me sentais sûr de la résolution de Césarine. La hardiesse de sa démarche auprès de moi me prouvait du moins la sincérité de ses paroles lorsqu'elle me disait : « Je suis capable du possible... non de l'impossible. »

XX.

Je retrouve les feuillets épars d'une sorte de journal écrit par moi à différentes époques de ma vie, et commencé à la date ci-après. Ces feuillets continueront le récit commencé.

10 *septembre* 1820.

Ce qui se passe depuis quelque temps est si bizarre, les notions du bien et du mal, du juste et de l'injuste me semblent tellement confondues dans mon esprit, que je veux traduire par écrit mes impressions, relater les faits; un jour, sans doute, mûri par l'âge ou changé par l'expérience , je reconnaîtrai ce qu'il y a de vrai ou de faux dans mon jugement d'aujourd'hui.

Il y a trois mois, jour pour jour, que Césarine est venue chez moi pour me supplier, au nom du bonheur d'Hyacinthe, de ne pas quitter Paris.

Ce soir, selon une habitude qui s'est peu à peu introduite dans mon intimité avec Hyacinthe, j'ai dîné chez lui, de même qu'il vient avec sa femme dîner chez moi tous les dimanches.

Le temps était magnifique; vers les quatre heures, je suis allé prendre mon ami à son bureau, où il travaille seul depuis qu'il a été nommé sous-chef; Hyacinthe m'a accueilli avec sa cordialité accoutumée, puis, bras dessus bras dessous, nous nous sommes dirigés vers les Tuileries;

nous devions y rencontrer Césarine, elle y attendait son mari.

Chemin faisant, nous avons causé avec Hyacinthe. Je me souviens mot pour mot de notre entretien d'aujourd'hui.

Le voici :

HYACINTHE, souriant.

Sais-tu, Fernand, que nous sommes à peu près revenus au temps du collége? Je ne parle pas de notre amitié... elle a mûri avec l'âge; mais enfin... nous avons comme autrefois nos *jeudis* et nos *dimanches*. Or, ami, je te le jure, jamais écolier n'a plus que moi impatiemment attendu *son* jeudi.

MOI.

Je te comprends... et moi aussi j'attends *mon* dimanche.

HYACINTHE.

N'est-ce pas? C'est bon, si doux pour notre petit TRIO, d'être là, attablés toute une soirée, tantôt chez toi, tantôt chez nous, jasant en toute confiance, en toute sécurité de cœur. Nous nous comprenons si bien... tous les trois!

MOI.

Excepté lorsque ta femme me fait la guerre!..

HYACINTHE.

Heureusement , tu n'as pas besoin de moi pour te défendre, et tu ne la ménages pas; souvent même un frère ne serait pas plus... pas plus... sincère.

MOI.

Tu allais dire brutal?

HYACINTHE.

Et pourquoi non? La rudesse est toujours un peu le fait de la franchise... et sans franchise pas de salut pour l'amitié! Oh! la confiance, la sincérité! nobles besoins des nobles âmes! Dis, Fernand? conçois-tu au monde un bonheur pareil au nôtre, lorsque toi, ma femme et moi, nous échangeons toutes nos pensées, des plus bizarres, des plus folles, jusqu'aux plus élevées! Toujours certains d'être écoutés, interprétés par des cœurs amis, dire ce que l'on croit... croire ce que l'on dit... c'est si doux! mais rarement possible pour des *timides* de mon espèce, à moins qu'ils ne soient certains de s'adresser à des natures sympathiques et depuis longtemps éprouvées, toi et Jean, par exemple! Et, s'il est possible, toi plus encore que Jean: il a trop de choses en tête, trop de travaux, une activité trop fébrile, pour passer, comme nous, des soirées entières dans de délicieux épanchemens! Cependant j'ai une ambition; je veux qu'au prochain retour de Jean nos *trio* deviennent *quatuor*, grâce à lui, souvent des *quatuor*; je m'inquiète pas de ta première entrevue avec Raymond, ami Fernand, cela me regarde. Quand il saura les preuves de rare affection que tu m'as données pendant ces trois mois-ci (je ne parle pas de mon *bâton de maréchal* que je dois à ton amicale recommandation); quand Jean saura qu'il y a six semaines... lorsque j'ai été atteint de ce commencement de fluxion de poitrine, dont je commence à me rétablir...

MOI.

Je t'en prie, ne parlons pas de cela.

HYACINTHE.

N'en pas parler! Et à qui ai-je dû le rétablissement de ma santé, la vie peut-être, sinon à tes soins et à ceux de Césarine? Ces longues nuits de veilles passées à mon chevet par ma femme et par toi? N'est-ce donc rien cela? Crois-tu qu'on l'oublie?... (Hyacinthe porte la main à ses yeux.) Chères, chères et douces larmes que celles-ci, Fernand... Ah! si Jean les voyait couler, comme il t'ouvrirait les bras, en te disant: Viens, viens; tu es bon... oublions le passé... Tout est pardonné à ceux qui sont bons!

MOI.

Ah! mon ami, vienne le jour où, par la présence de Jean, notre *trio* sera, comme tu dis, changé en *quatuor!* Quelle fête complète!

HYACINTHE.

C'est aussi le désir de Césarine. Voir les trois amis réunis autour d'elle... c'est son rêve... parce que c'est mon désir.

MOI.

Bonne, excellente femme! Tu parles de mes soins pendant ta courte maladie? Que sont-ils auprès des siens! Que de sollicitude, que de prévenances délicates? Que de divination, si cela se peut dire, afin de prévenir les moindres désirs du pauvre malade? Lors de ta convalescence, ta femme était-elle heureuse et fière de guider tes pas encore chancelans, de t'offrir l'appui de son bras! Elle seule voulait remplir ce doux devoir; te rappelles-tu comme elle me malmenait lorsque je voulais la suppléer auprès de toi pendant tes promenades!

HYACINTHE, très ému:

Oh! un ange... un ange... et si belle, si adorablement belle!... Car, en vérité, on dirait que chaque jour sa beauté augmente... de même que son esprit s'élève et grandit; cela ne te frappe-t-il pas aussi? Avoue-le, ami, elle a souvent des réparties, des aperçus d'une finesse et d'une sensibilité exquises... Ah! Fernand, Fernand, lorsque dans ma maladie je vous voyais si empressés tous deux auprès de moi... je te le jure, si quelquefois je pensais à la mort j'y pensais avec sérénité. Maintenant je puis mourir, disais-je; il n'est pas une créature de Dieu qui ait été plus heureuse que moi!

MOI.

Que parles-tu de mourir? Il faut vivre, au contraire... et vivre... longtemps pour ta chère femme et tes amis.

HYACINTHE, gaîment:

Et j'y compte bien, car avec mon petit air chétif et malingre, le bonheur me donne une force, une vitalité à faire envie à un géant; et puis, enfin, je n'ai jamais tant senti le besoin de vivre qu'aujourd'hui.

MOI.

Pourquoi plutôt aujourd'hui?

HYACINTHE, riant et d'un air mystérieux.

Oh! oh! voilà;... c'est une idée que j'ai...

MOI.

Il se cache là-dessous quelque terrible secret.

HYACINTHE, gaîment.

Malheureux, tu ne le sauras que trop!... Mais silence.. je vois là-bas Césarine.

XXI.

Hyacinthe et moi, nous étions arrivés, en causant ainsi, sous les grand marronniers des Tuileries. Césarine nous y attendait, assise à la même place où je l'avais rencontrée pour la première fois, lisant *Faublas*. En nous voyant, elle sourit, serra sa broderie dans son panier, prit le bras d'Hyacinthe, tandis que je marchais à côté d'elle de l'autre côté; nous gagnâmes ainsi, en causant tous trois et en nous promenant, le logis d'Hyacinthe, où le dîner nous attendait; nous nous mîmes à table, et l'entretien commença ainsi:

HYACINTHE, regardant sur la table.

Eh bien! eh bien! Césarine... tu as donc oublié?...

CÉSARINE.

Quoi donc, mon ami?

HYACINTHE,

Le Xérès de Fernand?

CÉSARINE.

Je suis incapable de cette énormité, mon ami; le vin est resté dans le seau à glace, on le servira seulement après le potage.

MOI.

En vérité, madame, je suis honteux de mes goûts excentriques et des soucis qu'ils vous causent.

CÉSARINE, riant et à son mari.

L'entends-tu, mon ami? toujours formaliste. (A moi.) J'ai fort envie, monsieur Fernand, pour vous punir, de vous prendre au mot, et de ne plus m'en occuper du tout de vos goûts excentriques...

MOI, riant.

Entre nous, madame, je serais très puni, car j'ai une passion désordonnée pour le vin de Xérès glacé; boire le vin de Xérès à la glace, c'est une hérésie, je le sais, mais vous et Hyacinthe, vous êtes si indulgens...

HYACINTHE.

Et toi donc, n'es-tu pas aussi très indulgent pour la passion désordonnée de ma malheureuse femme à l'endroit de la gelée d'ananas, lorsque nous dînons chez toi, seigneur Lucullus? car, en vérité, tu nous reçois avec une splendeur, avec un luxe dignes de l'ancienne Rome!

CÉSARINE.

Et il a raison; l'on ne saurait, quand on le peut, trouver rien de trop bon, rien de trop beau, rien de trop recherché pour ses vrais amis... Et quand monsieur Fernand, pour nous recevoir seulement toi et moi, Hyacinthe, fait remplir de lumières et de fleurs tous les appartemens de son hôtel, depuis le vestibule jusqu'aux salons, comme s'il attendait cent personnes, il agit en homme qui comprend l'amitié. N'est-ce pas ton avis? Quant à moi, je l'avoue, je n'ai que dédain pour les sots vaniteux qui se ruinent souvent à recevoir des indifférens ou des envieux.

HYACINTHE.

Eh! mon Dieu! ce matin même, il s'est passé, au ministère, un bien triste fait, qui prouve combien tu dis vrai.

MOI.

Conte-nous donc cela.

HYACINTHE.

Ah! mes amis, en entendant cette triste histoire, j'ai doublement béni le ciel de m'avoir donné une femme comme ma Césarine! Voici le fait en deux mots: Un de mes collègues, bonhomme au fond, mais d'une déplorable faiblesse de caractère, a pour femme la plus sotte, la plus orgueilleuse des créatures; joignez à cela qu'elle a un amant non moins sot et non moins orgueilleux qu'elle.

MOI.

Voilà du moins des gens bien appareillés.

HYACINTHE.

Oh! parfaitement. Et de ce bel accord savez-vous, mes amis, ce qui est résulté? Mon malheureux collègue ira probablement aux galères.

CÉSARINE.

Ah! c'est affreux...

MOI.

Et comment cela est-il arrivé?

HYACINTHE.

Le plus naturellement du monde. La femme, pour plaire à son vaniteux amant, faisait de folles toilettes; puis, pour faire admirer ces toilettes, elle donnait des soirées, de petites fêtes; vous concevez, amis, qu'à ce train-là on va vite, avec mille écus d'appointemens. Le pauvre Michaud (c'est le nom de mon collègue) ne possédait que cela et environ douze cents francs de la dot de sa femme. Ce revenu dépassait ses besoins, car le pauvre homme a des goûts aussi simples que les nôtres; mais les absurdes dépenses de sa femme ont eu bientôt absorbé les appointemens et la petite rente. Les dettes sont venues, puis les poursuites, les saisies; alors, poussé à bout, craignant surtout de perdre sa place à cause de ses dettes, ce malheureux, suivant les indignes conseils de sa femme, a détourné une partie des fonds dont il était chargé ; puis, pour masquer ce vol, il a commis, dit-on, des faux dans ses écritures... Si la chose est prouvée, il y va des galères... Et ce pauvre homme avait été irréprochable jusqu'au jour où sa femme l'a plongé dans un double déshonneur. Eh bien! amis, en entendant cette triste histoire, je comparais, à part moi, mon petit ménage si modeste, si rangé, grâce à cette adorable ménagère que voici ; je pensais à notre calme et heureux foyer, seulement ouvert à deux amis d'enfance, et je me disais : Si, avec ma timidité, j'avais épousé une indigne femme, au lieu de Césarine, je ne sais pas où j'en serais aujourd'hui. Non, non, mes amis, car je comprends qu'un homme faible, dominé par une mauvaise femme, puisse finir par perdre la tête ; or, qui sait si, comme tant d'autres, je ne serais pas tombé dans quelque abîme d'infamie et de désespoir... au lieu de vivre comme je vis... grâce à Césarine.

CÉSARINE, à son mari, d'une voix pénétrée et me regardant avec expression sans être aperçue de lui.

Ainsi, mon bon Hyacinthe, je te rends heureux, bien heureux, complétement heureux?

HYACINTHE, me regardant en souriant.

L'entends-tu? la vaniteuse! aime-t-elle assez à m'entendre lui répéter qu'elle est adorée, idolâtrée, pour la félicité que je lui dois?

CÉSARINE, avec émotion.

Eh bien! oui, c'est vrai, de tes louanges je ne me lasse pas ; si tu savais, ami, ce qu'elles ont pour moi de doux et de bon? Si tu savais, vois-tu, ce qu'il y a de bienfaisant pour le cœur à se dire : Telle que je suis, malgré mes défauts, je rends Hyacinthe heureux, complétement heureux. Il ne trouve pas le moindre reproche à m'adresser (souriant doucement). Car enfin, voyons, cherche, interroge le plus profond de ta pensée? Rien dans ma conduite, dans mes sentiments, dans mes paroles, ne te choque... je dirai moins... ne cause le plus léger, le plus imperceptible froissement à ton cœur... si délicat et si impressionnable... chère sensitive?

HYACINTHE, un sourire aux lèvres et de douces larmes dans les yeux.

Fernand... je devine. Elle veut que devant toi je me jette à ses pieds, pour les baiser... elle veut montrer jusqu'à quel degré d'ineffable idolâtrie peut se porter un pauvre esclave du bonheur? et avec quelle sainte joie, avec quelle pieuse reconnaissance il s'agenouille devant sa divinité charmante! (Gaîment.) Eh bien! non, madame Hyacinthe! non, vous ne jouirez pas de ce triomphe! Votre caractère inflexible m'a voué à une éternelle félicité, je subirai résolument mon sort ; mais ce n'est pas à vous que je dirai grâce et merci, c'est à Dieu... qui vous a placé sur ma route!

MOI.

Et ce sera bien fait. Voilà, madame Hyacinthe, ce qu'on gagne à mettre, comme on dit, les gens au pied du mur. On embourse de ces bonnes vérités-là!...

HYACINTHE.

Et ce n'est pas tout... je me vengerai de la tyrannie de madame!

MOI.

Très bien!

HYACINTHE.

J'ai mon projet.

MOI.

Le mystère de tantôt?

HYACINTHE.

Justement.

MOI.

Bravo! Dis-moi ton secret, je t'aiderai.

HYACINTHE.

Je crois bien... tu es indispensable à ma vengeance...

MOI.

Parle... et je serai ton Séide... ton sicaire!

CÉSARINE, gaîment.

Hélas!... ayez donc des amis... pour qu'ils vous abandonnent au moment du danger.

HYACINTHE.

Silence, madame... étouffez vos larmes et vos cris. Voici mes dernières volontés.

MOI.

Voyons.

HYACINTHE.

Elles seront irrévocables.

MOI.

Impitoyables!

CÉSARINE, toujours gaîment.

Hélas! hélas!...

HYACINTHE.

Ah!... vous ne vous attendez pas à cela. Mais, moi depuis plus de quinze jours, je... mitonne ma vengeance.

CÉSARINE, levant les mains au ciel.

Vous l'entendez, ô cieux! non seulement depuis quinze jours il médite une vengeance, mais il la mitonne!

MOI.

Un vrai consommé de scélératesse! une férocité cuite dans son jus!

HYACINTHE, se donnant un air farouche.

Écoutez-moi bien, madame : la vie que je mène ici m'étant affreuse, j'ai demandé, il y a quinze jours, un congé d'un mois à mon chef de division ; touché du désespoir qui assombrissait mes traits, il me l'a accordé ce congé.

CÉSARINE.

Un congé!

HYACINTHE.

Oh! ne croyez pas m'échapper (se tournant vers moi), nous échapper, veux-je dire... Car tu l'as juré, ami Fernand, tu prendras part à ma vengeance.

MOI, d'une voix terrible.

Je le jure.

CÉSARINE.

Seigneur! mon Dieu! ayez pitié de moi. Que vais-je devenir?...

HYACINTHE.

Dans huit jours, le soir, à la nuit tombante. Entendez-vous, madame? le soir, à la nuit tombante!

MOI.

Et peut-être même à la nuit tombée! madame.

CÉSARINE.

Les bourreaux! que vont-ils faire de moi, juste ciel!

HYACINTHE.

Vous allez le savoir, madame. Je reprends... Dans huit jours, le soir, à la nuit tombante... vous monterez en fiacre... avec Fernand et moi.

MOI.

Le fiacre sera attelé de chevaux noirs, hein? Hyacinthe.

HYACINTHE.

Noirs comme des corbeaux, avec d'effrayantes crinières ; madame ne poussera pas un cri... ou sinon...

CÉSARINE.

Je jure de ne pas crier.

HYACINTHE.

Et vous ferez bien. Le fiacre, alors, se dirigera rapidement vers...

CÉSARINE.

Tout cela est extraordinaire et tient du prodige!! Un fiacre... marchant rapidement.

HYACINTHE.

Silence ! madame... vous en verrez bien d'autres ! Le fiacre se dirigera donc, rapidement vers une certaine rue étroite et sombre où il y a... où il y a... Savez-vous, madame, ce qu'il y a ?

MOI.

Ah !... si elle le savait, la malheureuse femme !

CÉSARINE.

La moelle de mes os frissonne ! Hélas ! qu'y a-t-il dans cette rue, monsieur !

HYACINTHE.

Il y a un bureau de diligences, madame, et, par mes soins... ténébreux, le coupé est retenu d'avance. Fernand et moi, malgré votre résistance et vos sanglots, nous vous entraînerons dans ce coupé, nous y monterons auprès de vous ; la voiture part, deux jours après nous sommes à Strasbourg. Et alors... tremblez, madame... et alors nous commençons tous trois un voyage sur les bords du Rhin, que l'on dit des plus pittoresques. Et ce n'est pas tout...

CÉSARINE, vivement.

Hyacinthe !... Il serait possible ! Tu ne plaisantes pas, vraiment ? tu nous aurais ménagé cette surprise ? Quel bonheur ! un tel voyage serait ravissant !

MOI.

J'ai le mot de l'énigme, madame. Vous rappelez-vous qu'il y a environ trois semaines, un dimanche, à dîner, chez moi, vous avez admiré un album renfermant des vues des bords du Rhin ?

CÉSARINE.

Certainement, je m'en souviens.

MOI.

Et vous rappelez-vous aussi, imprudente que vous étiez ! d'avoir dit : « Mon Dieu ! qu'un voyage des bords du Rhin » doit être délicieux ?... »

CÉSARINE.

C'est encore vrai.

MOI.

Et voilà, madame, ce qui arrive lorsqu'on a le malheur de parler devant ce monstre d'Hyacinthe d'un désir que l'on a. Il n'a pas de cesse qu'il ne l'ait satisfait ; bien heureux est-on lorsqu'il ne le prévient pas.

HYACINTHE.

Ainsi, amis, vous adoptez mon idée !

MOI.

A l'unanimité !

CÉSARINE.

Quel bonheur ! Ce sera une véritable fête que ce voyage... L'automne est beau cette année ; ce sera enchanteur.

HYACINTHE.

Nous voyez-vous tous trois admirant ensemble ces points de vue magiques ! échangeant nos impressions de voyage ! Quelles intarissables causeries ! et puis au retour quels bons souvenirs pour nos soirées d'hiver ?

MOI.

Aussi, pour les fixer, ces souvenirs, il faudra écrire notre voyage : tu t'en chargeras, Hyacinthe. Moi, je dessinerai les illustrations.

HYACINTHE.

A merveille... et nous ferons hommage de l'œuvre à Césarine.

CÉSARINE.

J'accepte avec joie, et le voyage aura pour titre : AVENTURES ET PÉRÉGRINATIONS DE TROIS AMIS.

MOI.

Adopté.

CÉSARINE.

Autre condition : monsieur Fernand est sans doute ex-

cellent dessinateur, mais il est un détestable calculateur.

HYACINTHE.

Attrape, Fernand.

CÉSARINE.

Il est de plus habitué à trancher du grand seigneur ; je demande donc formellement qu'il lui soit interdit de rien commander dans les auberges, il nous ruinerait.

HYACINTHE.

Adopté.

MOI.

Je demande la parole.

CÉSARINE.

C'est juste... mais vous ne l'aurez pas ; ce sera donc moi qui serai chargée de donner les ordres pendant le voyage ; Hyacinthe sera le caissier... et monsieur Fernand...

MOI.

Enfin... voyons, que serai-je ?

CÉSARINE.

Vous serez le directeur et ordonnateur général des promenades, des excursions.

MOI.

J'accepte ; mais...

CÉSARINE.

Mais il est entendu et arrêté que monsieur le directeur et ordonnateur général des promenades fera, à ce sujet, tout ce que voudra la majorité des voyageurs, ou même tout ce que voudra chaque voyageur en particulier.

HYACINTHE.

C'est évident... Sans cela monsieur le directeur et ordonnateur général pourrait se livrer à un abominable arbitraire !

MOI.

Allons, si grave que soit la responsabilité qui pèsera sur mon pouvoir despotique, j'accepte ces éminentes fonctions.

La fin de la soirée s'est passée dans des épanchemens délicieux, en parlant de ce prochain voyage dont Hyacinthe, Césarine et moi, nous étions enchantés.

. . . .

Je viens de relire l'entretien de ce soir entre Césarine, Hyacinthe et moi ; je cherche minutieusement dans mes souvenirs si j'ai ressenti, je ne dirai pas des remords, mais la moindre confusion, le moindre embarras, durant cette longue soirée, dans laquelle la sereine confiance d'Hyacinthe aurait dû me faire éprouver le martyre incessant d'une position parjure et lâche ? Car cette promesse, échangée entre Césarine et moi, de nous contenter d'un pur et chaste amour, cette promesse consentie par nous de bonne foi, et avec la ferme intention de la tenir... nous l'avions plus tard indignement trahie.

Et cette trahison infâme m'inspire-t-elle quelques remords ?

Non... car jamais, je crois, je n'ai ressenti pour Hyacinthe une affection plus sincère et plus vive.

Je n'ai pourtant l'âme ni bronzée ni perverse. D'où vient que je reste insensible à cette pensée terrible ?

J'abuse d'une manière indigne de la confiance de mon meilleur ami : je l'ai déshonoré.

Je me disais tout à l'heure qu'il fallait que toutes les notions du juste et de l'injuste, du bien et du mal, fussent confondues dans mon esprit, et voici pourquoi :

Hyacinthe est le plus heureux des hommes, il me le répète chaque jour ; je le crois, je le sais, je le vois, enfin tout me le prouve. Césarine, qui m'a toujours tendrement aimé comme un frère, le comble de soins, d'attentions, autant sinon plus que par le passé. Il a été gravement malade, nous l'avons elle et moi veillé, non par fausseté, non pas afin de nous faire mieux venir de lui, mais sincèrement, mais consciencieusement, mais par suite de notre profonde affection pour lui.

Ce projet de voyage à *trois* me ravit, et enchante aussi Césarine, je l'ai vu à sa physionomie ; car ainsi que moi elle apprécie, comme mérite de l'être, l'adorable caractère et le charmant esprit d'Hyacinthe, elle sait combien notre ami est heureux entre nous deux.

Au sujet de ce manque de remords dont je m'étonne, Césarine est comme moi ; combien de fois m'a-t-elle dit, dans ces courts momens qui succèdent ou précèdent notre ivresse toujours renaissante :

« A quoi servirait à Hyacinthe le temps que je te donne
» chaque jour de midi à trois heures , pendant qu'il est à
» son bureau ? Négligeai-je en rien mes devoirs d'épouse
» dévouée, d'intelligente ménagère ? Suis-je moins aimante
» pour lui que par le passé ? Non, car il m'inspire le même
» attachement. Tu le sais, Fernand, il ne se passe pas de
» jour où nous ne disions de *notre* Hyacinthe : Cœur angé-
» lique ! esprit enchanteur ! délicatesse exquise ! Et cela
» nous le disons, non par hypocrisie, il n'est pas là ; nous
» sommes seuls, qui pourrait nous entendre ? C'est donc de
» cœur à cœur que nous causons ! Que demain Hyacinthe
» soit malade, qu'il ait besoin de moi, que les soins de mon
» modeste ménage me réclament, nos rendez-vous seront
» aussi longtemps suspendus que la nécessité l'exigera.
» Enfin, crois-tu qu'il y ait au monde un homme plus
» heureux, plus adoré que *notre* Hyacinthe ? »

Et demain, sans doute, rappelant l'histoire racontée ce soir à dîner par son mari, au sujet d'un de ses collègues du ministère, Césarine me dira :

« — Vois pourtant, parce que sa femme, orgueilleuse et
» imbécile, a aimé un sot, un vaniteux, au lieu d'un galant
» homme, ce malheureux va peut-être aller aux galères ! »

Voilà, je n'en doute pas, quelles seront les *réflexions* de Césarine ; je penserai comme elle, et je parlerai du fond de l'âme, car il faut, je le répète, que les principes du bien et du mal, du juste et de l'injuste, soient confondus dans mon esprit !

. . . .

Oui, ce soir, 10 septembre 1826, voilà ce que je pense et ce que j'ai écrit face à face avec moi-même, la main sur ma conscience.

Je précise ceci, afin de savoir, lorsqu'un jour l'âge, les réflexions ou les événemens m'auront mûri ou changé, quel jugement je porterai sur mes convictions d'aujourd'hui.

Ce futur examen me semble devoir être si curieux, peut-être même si instructif, que je me promets de continuer autant que possible ce journal, me promettant d'être toujours, soit pour le mal, soit pour le bien, aussi sincère envers moi-même que je viens de l'être en écrivant ces lignes.

XXII.

15 novembre 1826.

Oui, les notions du bien et du mal, du juste et de l'injuste, étaient confondues dans mon esprit.

Hélas ! je n'ai pas eu besoin d'attendre la maturité de l'âge et des réflexions, pour avoir la conscience et acquérir la preuve terrible que, dans ma conduite envers Hyacinthe, j'étais aveuglé par l'absurde sophisme de l'égoïsme.

Deux mois se sont à peine écoulés depuis que j'ai écrit les pages précédentes, et déjà que de larmes, que de remords affreux ! remords éternels, peut-être !

Ah ! ce n'est plus un vain sentiment de curiosité réservée à l'avenir qui me dicte ces pages, c'est une expiation que je m'impose ; si l'oubli pouvait succéder jamais au chagrin que j'endure, et surtout aux maux que j'ai causés, ces lignes palpitantes de regrets me rappelleraient un passé qui m'accable de douleur et de honte.

. . . .

Huit jours après la soirée que j'avais passée avec Hya-

cinthe et sa femme, nous devions partir tous trois pour ce voyage du *Rhin*, dont nous nous faisions une fête.

Un dimanche, la surveille de notre départ, nous étions convenus, au lieu de dîner chez moi, comme d'habitude, d'aller à Versailles voir jouer les grandes eaux, et de dîner ensuite à l'auberge ; je devais venir dans la matinée prendre Césarine et Hyacinthe.

A midi, je descendais de voiture à leur porte...

Lorsque j'entrai dans le petit salon où je pensais trouver mon ami et sa femme, celle-ci était seule ; croyant Hyacinthe chez lui, je saluai Césarine avec une politesse cordiale en lui disant :

— J'espère, madame, que vous ne vous plaindrez pas de mon exactitude, et...

Mais elle ne me laissa pas le temps d'achever, me sauta au cou et me dit.

— Embrasse-moi vite...

Craignant la présence d'Hyacinthe, je dis à Césarine :

— Prends garde... pas d'imprudence.

— N'aie pas peur,—reprit-elle, —Hyacinthe est sorti... Ah ! Fernand, quelle bonne journée nous allons passer aujourd'hui... et après-demain partir pour ce délicieux voyage. Seulement, il faut nous hâter de partir ; sans quoi, je te jure, Fernand, qu'Hyacinthe deviendrait fou ; il ne rêve que ce voyage, ne parle que de ce voyage ;... et s'il lui plaît tant, c'est qu'il doit le faire avec nous.

— Ne pensons-nous pas comme lui ?

— Cela est vrai, Fernand, et je suis certaine que tu diras comme moi.

— Voyez-vous la présomptueuse ! Allons, que dirai-je comme toi ?

— Avoue que, si nous avions le choix de rester à Paris tous deux, libres comme des oiseaux pendant un mois, grâce à une absence d'Hyacinthe, ou de faire ce voyage avec lui, nous préférerions...

— Nous préférerions faire le voyage avec lui ? Parbleu ! je le crois bien.

— Et cela, égoïstes que nous sommes, au moins autant pour le plaisir d'être avec lui que pour lui donner le plaisir d'être avec nous.

— C'est tout simple... Où trouver un compagnon de voyage plus charmant, plus spirituel ? Nous sommes tous trois tellement en confiance, en confiance si bien ! Et puis notre Hyacinthe est un observateur si fin, si poétique ; il sait tant et sur tout ! Aussi, tiens, Césarine, je suis sûr qu'il nous fera voir, remarquer, sentir des choses qui, sans lui, nous auraient échappé, pauvres *non-voyans*, pauvres ignorans que nous sommes !

— A propos d'ignorans, hier, Hyacinthe m'a raconté un fait qui m'a émue jusqu'aux larmes. C'est une nouvelle preuve de la délicatesse de ce cœur angélique.... Tu vas voir, Fernand, comme c'est bien de lui !

— Oh ! je le connais ; je m'attends à tout.

— Figure-toi qu'il y a dans le bureau voisin de celui d'Hyacinthe un pauvre expéditionnaire, le plus naïf et le plus ignorant des hommes ; en un mot, une véritable machine à écrire ; aussi, les esprits forts de son bureau ne manquent jamais de mystifier ce brave homme. Hier, Hyacinthe assista par hasard à une de ces ridicules scènes ; on faisait à la pauvre dupe un conte des plus saugrenus, à propos de je ne sais quels habitans de la lune et des étoiles ; le digne homme écoutait ces sottises avec autant d'ingénuité que de reconnaissance, disant de temps à autre dans son ébahissement candide : « Vraiment ! comme c'est
» extraordinaire ! combien vous êtes heureux d'être si sa-
» vans ! Etes-vous bons de m'éclairer ! que les ignorans
» comme moi sont à plaindre ! »

— Vraiment ! — dis-je à Césarine, — cette naïveté me touche.

— Et elle a si vivement touché Hyacinthe que, malgré sa timidité habituelle, il n'a pu contenir son indignation :
» Vous êtes de méchantes gens, leur ai-je dit, »—me racontait-il hier encore, tout ému à ce souvenir ; « — oui,
» il faut avoir un mauvais cœur pour ne ressentir ni pitié,

» ni intérêtà l'égard d'une pauvrecréature qui avoue hum-
» blement son ignorance, s'adresse à vous en toute sincé-
» rité, vous croit et vous remercie, tandis que vous vous
» raillez d'elle ! Voilà-t-il pas un beau triomphe ! Abuser
» de la confiante crédulité d'un enfant ! — Et c'est vrai,
» ajoutait Hyacinthe les larmes aux yeux,—rien ne m'ins-
» pire une plus touchante commisération que l'humble et
» timide ignorance. Malheureux exilés de ce monde de
» l'intelligence et du savoir, où nous trouvons, nous au-
» tres, tant de jouissances élevées! Aussi, lorsque par ha-
» sard ils s'adressent à moi, ces pauvres ignorans, je re-
» garde toujours comme un devoir sacré de mettre mon
» petit savoir à leur portée, — ajoutait Hyacinthe avec ce
» doux et fin sourire que tu lui connais, Fernand, — et
» de faire un peu comme des oiseaux du bon Dieu, qui
» donnent aux plus petits une *becquée* proportionnée à
» leurs forces. » — Non, je ne puis te dire, Fernand, l'expression d'idéale bonté de la physionomie d'Hyacinthe, en
prononçant ces mots... Je te le répète, les larmes m'en
sont venues aux yeux.

— Ah! quelle âme que la sienne! Césarine; combien de
fois n'avons-nous pas dit de notre Hyacinthe : Cœur angélique, esprit enchanteur, délicatesse exquise! C'est la
sensibilité, la tendresse faite homme : comme toi, ma Césarine, tu es la beauté, la séduction, l'enivrement en personne...

— Ah! Fernand, Fernand, — me répondit Césarine en
souriant, — ne me regarde pas ainsi, c'est dangereux...

Soudain un choc sourd et retentissant venant du cabinet d'Hyacinthe nous fit tressaillir.

Je dis à voix basse à Césarine :

— Il y a quelqu'un là ?

— Poltron, — reprit-elle aussi à voix basse mais en
souriant et en haussant les épaules, — c'est la servante
qui aura renversé une chaise.

— Mais vois donc, — lui dis-je de plus en plus inquiet,
— la porte de ce cabinet est entr'ouverte... on a pu nous
entendre...

— Sois tranquille, — répondit tout bas Césarine, — je
vais la fermer... cette porte...

Et se dirigeant sur la pointe du pied vers le cabinet,
elle prêta un instant l'oreille, puis, n'entendant plus aucun bruit, elle entrebâilla doucement la porte...

Mais ausitôt, se rejetant en arrière, pâle, les traits bou-
leversés, elle poussa un cri étouffé...

Je courus à elle, que vis-je dans le cabinet? Hyacinthe
étendu sur le carreau sans connaissance, et tenant encore
à la main un magnifique bouquet de roses qu'il venait,
sans doute, d'aller acheter pour Césarine.

Je restai un moment frappé de stupeur et d'épouvante.
Ces mots de Césarine, prononcés d'une voix déchirante,
me rappelèrent à moi-même :

— Mais il se meurt!

J'aidai Césarine à transporter Hyacinthe sur son lit et à
donner les premiers soins à cet infortuné, pendant que la
servante courait en hâte chercher un médecin.

Hyacinthe était d'une pâleur mortelle, la sueur froide
qui baignait son front collait à ses tempes ses cheveux
fins et soyeux; ses paupières, demi ouvertes, laissaient
voir son œil terne; sa respiration semblait suspendue;
on eût dit que le coup terrible, imprévu, qu'il venait
de recevoir au cœur, avait brisé tous les ressorts de
la vie chez cette tendre et frêle créature. Ses lèvres
étaient blanches, ses mains inertes et glacées. Cependant, au bout de quelques instants, sa poitrine se souleva,
et il s'en échappa un long et pénible soupir; puis une
larme coula bientôt sous ses paupières abaissées.

Césarine, agenouillée devant le canapé, soutenant sur
un de ses bras la tête appesantie de son mari, épiait son
retour à la vie, et essuyait de temps à autre du revers de
sa main les larmes dont elle était aveuglée.

Un léger tressaillement d'Hyacinthe et un nouveau soupir moins oppressé annonça que la sensibilité lui revenait, Césarine me dit d'une voix altérée :

— Je crois qu'il va reprendre connaissance... Ne restez
pas là...

J'avais le vertige, mes genoux vacillaient tellement que
je fus obligé de m'appuyer sur les meubles, pour pouvoir
gagner la porte de la chambre; puis je me laissai tomber
anéanti sur l'un des fauteuils du salon.

Je l'avoue, si à ce moment les forces ne m'eussent pas
manqué, j'aurais commis une lâcheté... j'aurais fui cette
maison, laissant Césarine avec Hyacinthe, tant la pensée
de reparaître devant lui me causait d'épouvante. J'aurais
eu affaire à un mari violent et redoutable, que j'eusse
bravé le péril; mais soutenir le premier regard de mon
ami revenu à lui-même... ce courage était au-dessus de
mes forces, et j'écoutais avec une affreuse angoisse ce
qui se passait et se disait dans la chambre voisine...

D'abord je n'entendis que les sanglots de Césarine et
quelques soupirs d'Hyacinthe, qui, bientôt, d'une voix
faible, qui arriva cependant jusqu'à moi, dit à sa femme :

— J'étais allé... sur le quai... pour t'acheter des roses...
en revenant... j'ai vu... en bas... la voiture de Fernand...
Alors... l'idée... m'est venue... de vous surprendre... En
entrant... mon bouquet à la main... je n'ai pas sonné..
J'ai ouvert la porte... avec ma clé... j'ai passé par mon
cabinet... la porte du salon... était entrebâillée... Alors...
j'ai tout entendu...

— Grâce!... grâce!... — murmura Césarine d'une voix
étouffée.

Après un assez long silence, Hyacinthe reprit :

— Où est Fernand?...

Je frissonnai, le cœur me manqua; je me sentais cloué
à ma place, il me semblait qu'en ce moment l'on m'eût
tué plutôt que de me forcer de paraître aux yeux d'Hyacinthe. Il reprit prononçant en s'adressant à sa femme :

— Je te demande où est Fernand?

— Dans le salon, — reprit-elle en sanglottant.

— Qu'il vienne! — dit son mari.

Un instant après, Césarine, pâle, baignée de larmes,
sortit de la chambre et me dit :

— Il vous demande, venez.

— Non!... non!... — m'écriai-je, — je n'ose pas.

— J'ose bien, moi... — répondit Césarine. — Venez.

Et, me saisissant par la main, elle me força de la suivre.
J'obéis machinalement.

A la vue des traits d'Hyacinthe, déjà livides et décom-
posés, comme sa mort dût être prochaine, j'éclatai aussi
en sanglots. Je me jetai à son chevet, et, cachant ma figure entre mes mains, je m'écriai souffrant, oh! oui,
souffrant toutes les tortures du cœur :

— Pardonne-moi... pardonne-moi!

Hyacinthe ne me répondit rien; mais bientôt sa main,
déjà défaillante et froide, tâtonna autour de lui, effleura
mes cheveux, puis enfin, rencontrant une de mes mains
où j'appuyais mon front, il la serra faiblement.

A cette pression, je relevai vivement la tête. Un sourire
navrant errait sur les lèvres décolorées d'Hyacinthe. Ses
yeux se fixèrent sur moi; je lus le pardon dans ce regard
angélique, et je baisai en pleurant la main qu'il laissait
dans la mienne.

Césarine, assise au pied du lit, la tête inclinée, les bras
pendants, ne semblait ni voir ni entendre.

— Fernand, — me dit Hyacinthe d'une voix éteinte, —
tout-à-l'heure je me suis... senti... frappé au cœur...
comme si j'avais reçu un coup de poignard. Je n'y survi-
vrai pas... je vais mourir!

— Non! — m'écriai-je en gémissant, — non, tu ne
mourras pas!

Hyacinthe continua :

— Les promesses que l'on fait aux mourans sont sa-
crées, Fernand! Jure-moi de ne pas abandonner Césarine...
lorsque je ne serai plus...

— Hyacinthe, je t'en supplie, chasse ces sinistres pensées.

— Laisse-moi achever... les forces... vont bientôt... me
manquer... Fernand, la faute de Césarine est excusable;

elle ne pouvait pas m'aimer d'amour... mais elle m'a comblé des soins les plus tendres ; je lui ai dû les momens les plus heureux de ma vie, — ajouta Hyacinthe, dont la voix s'altérait de plus en plus. — Tu t'en souviens... je t'ai dit... ce mariage... était *disproportionné*... pour moi... Elle était trop belle... Mais comme cœur... comme dévoûment... comme affection... oh ! elle m'a donné... plus encore que je ne lui ai donné... Fernand, ne sois ni injuste, ni ingrat envers elle. *Jure-moi de lui pardonner... l'amour qu'elle a eu pour toi...*

— Que dis-tu, Hyacinthe ? Mon Dieu ! je ne te comprends pas.

— Lorsque Césarine... après ma mort... viendra te dire : « — Je suis libre, consacrons notre amour... par le mariage... » — Jure-moi... Fernand, de ne pas lui reprocher alors la faute dont tu as été complice... Jure-moi... de ne pas repousser Césarine en lui disant qu'une femme coupable d'une faiblesse... n'est pas digne de porter ton nom...

— Mais ce serait infâme ! — m'écriai-je, douloureusement frappé de l'odieux soupçon d'Hyacinthe.

— Oh !... oui !... ce serait bien infâme... car moi, Fernand... je lui pardonne... car moi, si j'ai vécu... au nom de son attachement, de son pieux respect pour moi... au nom de ses vertus domestiques dont tu as été témoin comme moi... Va, Fernand... Césarine portera noblement ton nom... Vous serez heureux tous deux... à votre bonheur rien ne manquera ; vous êtes jeunes, vous êtes beaux... et vous vous adorez...

Césarine, immobile, contenait à peine ses sanglots convulsifs ; ainsi que le mien, son cœur débordait d'attendrissement et d'admiration pour l'adorable clémence de cet infortuné, qui s'éteignait sans une parole de reproche ou d'amertume contre nous, ses bourreaux.

— Césarine. — reprit Hyacinthe, — encore une fois ta main... ta belle main... le froid me monte au cœur... ma vue s'éteint ;.. la vie s'en va... Ta main aussi... Fernand... tu me jures que Césarine sera ta femme ?...

— Oh ! par les remords affreux de tout le mal que je t'ai fait... je te le jure !

— Tu me jures... de la rendre... heureuse ?

— Oui... Oh ! oui, pour moi elle sera sera sainte et sacrée comme ton souvenir !

— Adieu... Vous m'avez du moins aimé... tous deux, comme je vous ai aimés... — ajouta Hyacinthe d'une voix expirante ;—pensez quelquefois... à votre ami... à votre Hyacinthe... Jamais il ne vous a fait verser d'autres larmes.

. . . .

Ces paroles furent les dernières paroles intelligibles d'Hyacinthe.

Son agonie fut longue, mais douce ; il s'éteignit, sans douleur apparente, dans la nuit du dimanche au lundi. Césarine lui ferma pieusement les paupières.

. . . .

Le médecin donna deux motifs à cette mort si prompte ; d'abord un désordre organique, dit-il, résultat de la dernière maladie de mon ami, puis la rupture soudaine d'un vaisseau dans la poitrine, amenée sans doute par une émotion trop vive et trop soudaine ; ces deux causes, jointes à la débilité naturelle d'Hyacinthe, devaient le conduire rapidement au tombeau.

XXIII.

La mort d'Hyacinthe me causa d'abord un violent chagrin, des regrets désespérés ; je trouvais une sorte de consolation mélancolique dans la pensée d'accomplir le serment solennel fait par moi à mon ami mourant : d'épouser Césarine.

Dans mon état de tristesse et d'abattement profonds, je regardais ce mariage comme un bonheur, il fixait mon avenir.

La douleur simple et vraie où je voyais plongée Césarine depuis la mort de son mari, l'amertume de ses remords, souvent traduite par ces mots prononcés par elle au milieu de ses larmes : « Fernand, c'est nous qui l'avons tué ; » l'inexorable sévérité avec laquelle alors elle jugeait les funestes sophismes dont nous avions couvert notre trahison envers Hyacinthe ; tout enfin me faisait croire à la noblesse du cœur, à la solidité du caractère de Césarine. J'étais persuadé de trouver en elle de sérieuses garanties pour mon bonheur à venir.

La question de fortune n'avait pour moi aucune importance, j'étais assez riche pour n'écouter que le désir de mon cœur et la voix du devoir.

Par un sentiment de délicatesse apprécié et partagé par moi, Césarine, depuis la mort d'Hyacinthe, n'était pas revenu chez moi ; je la voyais chaque jour chez elle. A l'ardeur de notre passion avait succédé une réserve commandée par la pensée de cette tombe à peine fermée.

Pendant nos longs et tristes entretiens, jamais Césarine ne me parlait de notre prochain mariage ; elle aurait cru me faire injure ; je ne lui en parlais pas non plus. A quoi bon rappeler un engagement ?

Six semaines se passèrent ainsi.

Cependant ma douleur perdait peu à peu de sa première âcreté ; j'avais depuis longtemps rompu avec tout plaisir, avec toute distraction ; ma vie amoureuse et dissipée s'était pour ainsi dire un moment arrêtée sous le coup du violent chagrin où m'avait jeté la mort de mon ancien ami ; mais à mesure que ce chagrin, comme tout chagrin, s'apaisa, je me sentis renaître pour le plaisir, je reçus et j'allai voir mes amis, longtemps négligés ; triste encore, je cherchai quelques distractions dans mes habitudes passées.

Alors, mon serment d'épouser Césarine, auquel je voulais d'ailleurs rester fidèle, commença de m'apparaître, non plus comme un port assuré contre les orages des passions, mais comme le tombeau de ma vie de jeune homme.

Je m'effrayais de me marier à vingt-six ans ; je demandais, dans un sentiment de très sincère intérêt pour Césarine, si j'étais capable de répondre à son bonheur ?

Je m'avouai, en me l'exagérant peut-être à dessein, l'impression qu'une ou deux jolies femmes m'avaient fait éprouver, depuis que mes regrets de la mort d'Hyacinthe s'étaient un peu calmés.

Plus tard mes doutes se transformèrent.

Je ne me demandais plus si j'étais digne et capable d'offrir à Césarine de sérieuses garanties pour l'avenir, mais je me demandais si elle-même m'en offrait... comme je l'avais cru d'abord.

Les craintes presque prophétiques d'Hyacinthe, à ses derniers momens, commençaient à se réaliser.

Je finis par me dire :

— « Césarine a trompé Hyacinthe ; pourquoi, une fois » ma femme, ne me tromperait-elle pas aussi?

» Sans doute elle m'a aimé d'amour, mais souvent, à » l'amour le plus ardent, succède la froideur, la satiété... » Il faut d'ailleurs l'avouer, depuis l'interruption de nos » rendez-vous avec Césarine, depuis qu'elle me m'apparaît » plus comme autrefois, entraînante de passion et de vo- » lupté, mais grave, mélancolique, et souvent baignée de » larmes, j'ai senti le refroidissement me gagner? Ne peut- » il pas aussi la gagner? Et lorsqu'elle n'aura plus d'amour » pour moi, n'ai-je pas à craindre qu'un, cédant à l'ardeur » de sa nature, Césarine ne me traite comme Hyacinthe, » et que, conservant peut-être pour moi de l'attachement, » du respect à sa façon, elle ne prenne un amant? »

Or, à cette pensée de ridicule et de honte, tout se révoltait en moi ; je ne me sentais à l'endroit de mes aventures conjugales, ni la placidité, ni la philosophie d'Hyacinthe.

Plus tard, enfin, j'allai plus loin :

Je me demandais si j'avais été le premier amant de Césarine ?

Elle m'avait mille fois affirmé, avec l'accent d'une sérénité parfaite, que j'avais été son premier amour. Mais les femmes sont si impénétrables!...

Et d'ailleurs Césarine ne s'était-elle pas pour ainsi dire jetée à ma tête? Une femme jusqu'alors irréprochable aurait-elle montré si peu de réserve?

Ainsi que moi, Jean Raymond avait vécu dans l'intimité d'Hyacinthe... Qui me disait que, comme moi, il n'avait pas été l'amant de Césarine? Rien ne prouvait que mes doutes fussent fondés, rien ne prouvait non plus qu'ils ne le fussent pas... Je m'étais d'ailleurs montré crédule et facile à cet égard, peu soucieux de cette jalousie rétrospective; mais au moment de contracter un engagement éternel, qui pouvait plus tard mettre en question mon repos, mon honneur, je trouvais mes irrésolutions fort légitimes.

Enfin j'en vins à regarder ce mariage comme une folie, et à considérer le serment solennel juré à Hyacinthe comme un entraînement irréfléchi, comme une promesse impossible à réaliser.

La faiblesse de mon caractère, la crainte de désespérer Césarine, m'empêchèrent longtemps de lui laisser seulement supposer mes hésitations; elle avait récemment fait quelques allusions à notre futur mariage d'un air si convaincu, que, loin de la désabuser, j'avais encouragé ses illusions, remettant de jour en jour une explication décisive.

Souvent je m'étonnais du manque de prénétration de Césarine au sujet de mon refroidissement; la cause de cet aveuglement était fort simple: elle me croyait toujours sous la pénible impression de la mort d'Hyacinthe, et elle était elle-même très préoccupée.

Voici pourquoi.

Vers le commencement de l'hiver, deux mois environ après la perte de mon ami, étant venu, selon mon habitude, voir Césarine, je lui trouvai un air toujours mélancolique, mais cependant tempéré par une expression de bonheur contenu.

— Mon ami... — me dit-elle, — vous avez dû vous apercevoir que, depuis quelque temps... je suis très absorbée?

— Non, Césarine, je n'avais pas fait cette remarque.

— Tant mieux, —me répondit-elle,— cela aurait pu vous inquiéter: je ne voulais vous parler de rien... de peur de vous causer une fausse joie.

— Une fausse joie! De grâce, expliquez-vous, ma chère amie?

Césarine, depuis la mort d'Hyacinthe, ne m'avait jamais donné que sa main à baiser. Soudain elle se jeta à mon cou et me serra dans ses bras, en murmurant passionnément ces mots à mon oreille avec une expression de ravissement ineffable:

— Mon Fernand... je suis mère!

Hélas! rien ne vibra en moi à ce premier cri de la maternité de Césarine!

Je vis dans cet aveu un nouveau droit que la veuve d'Hyacinthe s'arrogeait sur moi; j'en fus atterré. Dès lors, il ne me sembla plus possible de manquer à ma parole sans me déshonorer; puis, pour combler mon dépit et mon chagrin, je me figurai la beauté de Césarine altérée, flétrie, pendant tout le temps de sa grossesse, et longtemps après encore, si elle voulait par hasard allaiter son enfant.

Il y a souvent dans l'expression du bonheur un tel aveuglement, que Césarine, toute à son ravissement, ne s'aperçut pas de la triste froideur avec laquelle j'accueillis sa confidence; la vivacité de son imagination ne me laissa pas le temps de lui répondre, et bientôt elle se lança dans l'énumération des joies, des félicités de toutes sortes qu'elle attendait de sa maternité.

Cette explosion de projets et d'espérance me laissa le temps de me remettre; je feignis de mon mieux de partager l'attendrissement de Césarine, et je la quittai la mort dans l'âme.

· · · · · · · · · · · · · · · · · · · ·

Après de longues heures de réflexion, voici ce que le jour même j'écrivis à Césarine.

Cette lettre était la véritable expression de ma pensée; j'aurais agis comme j'écrivais.

12 novembre, deux heures du matin.

« Ma chère Césarine, depuis que je vous ai quittée tantôt, » j'ai scrupuleusement interrogé ma conscience. Le résul-» tat de cet examen me fait un devoir de vous exposer avec » une inexorable sincérité l'état de mon cœur et de mon » esprit... Vous aviserez ensuite.

» Je dois avant tout vous déclarer, ma chère Césarine, » *que je suis prêt à accomplir le serment juré par moi au* » *chevet d'Hyacinthe mourant.* Vous êtes mère... L'hé-» sitation ne m'est plus possible, vous serez ma femme si » vous l'exigez... C'EST VOTRE DROIT, *je le reconnais, je* » *m'y soumettrai.*

» Ne vous indignez pas de ma franchise, je crois agir, » j'agis en honnête homme.

» Si je n'ai pas osé tantôt vous dire ce que je vous écris » à cette heure, c'est que j'ai craint le spectacle de votre » douleur et les reproches que je mérite peut-être...

» Maintenant, voici, ainsi que je vous l'ai promise, la » situation de mon cœur et de mon esprit.

» Le serment fait par moi à Hyacinthe, au milieu d'un » entraînement irréfléchi, ne sera pas parjuré; mais je » dois vous déclarer aujourd'hui que je crains de m'être » inconsidérément engagé envers vous, ma chère Césa-» rine, et voici pourquoi:

» Beaucoup d'années s'écouleront sans doute encore » avant que l'âge ait amorti mes passions. J'ai vingt-six » ans, et je me sens incapable de vous promettre d'être » un mari fidèle.

« Si je vous suis infidèle, j'ai la conviction inébranlable » que vous imiterez ma conduite...

» Or, je me crois trop pénétrant pour être un mari » trompé sans le savoir, et le sachant, je suis trop orgueil-» leux pour supporter la honte et le ridicule.

» Une défiance mal fondée, je l'espère, et à mon regret » offensante pour vous, me fait mettre en doute que j'aie » été votre seul et premier amant.

» Avant de savoir que vous étiez mère, je me serais peut-» être cru autorisé, dans votre intérêt et dans le mien, à » ne pas tenir la promesse de mariage que je vous ai faite » mais aujourd'hui, je vous le répète, votre *droit* est dou-» blement consacré, je m'y *soumettrai quand vous l'exi-» gerez.*

» Si cruel, si honteux pour moi que soit cet aveu, ma » chère Césarine, je dois vous confesser que votre cri de joie » *je suis mère!* n'a pas eu dans mon cœur tout le reten-» tissement qu'il devait avoir; j'ai moins ressenti le bon-» heur d'être père que le poids de la chaîne que votre ré-» vélation rivait à mon avenir.

» Voilà, ma chère Césarine, en toute sincérité, ce que je » pense, ce que j'éprouve à cette heure.

» Je ne m'excuse pas, je dis ce qui est, croyant qu'en » une circonstance si grave la franchise est le premier des » devoirs.

» De même que j'ai confessé le mal, je dois aussi vous » confesser le bien, car je ne suis ni tout à fait bon ni tout » à fait méchant.

» Vous me connaissez, ma chère Césarine, vous savez » que mon cœur est bienveillant, mon caractère, tout à » fait facile et variable; peut-être m'y exagère et mon re-» froidissement pour vous et les chances mauvaises que » j'entrevois à notre mariage.

» Peut-être, une fois cette union accomplie, reviendrai-» je, moitié par nécessité, moitié par commodité de carac-» tère, à envisager moins tristement la vie conjugale; » peut-être même cette paternité, aujourd'hui presque in-» différente à mon cœur, me deviendra-t-elle douce et » chère un jour.

» En sera-t-il ainsi? Je suis loin de vous l'affirmer... » Mais enfin cela est possible.

» Je ne puis répondre de l'avenir: ce dont je suis certain,

» c'est du présent, c'est de ce que j'éprouve aujourd'hui.

» Je vous en supplie, ma chère Césarine, ne croyez pas
» que je cache une lâche arrière-pensée sous une appa-
» rence de rude franchise; non, je ne veux pas blesser
» votre cœur d'une manière incurable, afin de vous forcer
» pour ainsi dire moralement aux droits que vous avez sur
» moi.

» Si telle avais été ma pensée, je ne vous aurais pas
» dit que peut-être je cède, malgré moi, à des appréhen-
» sions exagérées, et qu'il se peut que je sois meilleur mari
» que je ne le pense...

» Et puis enfin, si j'avais été fourbe et lâche, j'aurais pu
» partir cette nuit, pour un long voyage, et vous laisser
» ignorer le lieu de ma retraite.

» Non, non, cela eût été indigne, je ne l'ai pas voulu;
» j'ai préféré vous dire la *vérité tout entière et me mettre*
» *à vos ordres...*

» Un dernier mot, ma chère Césarine. On peut être ma-
» riés *sans vivre ensemble.* Je vous déclare sur l'honneur
» que si vous voulez prendre mon nom, à la condition de
» nous séparer ensuite amiablement, j'y consentirai.

» Ai-je besoin de vous dire, ma chère Césarine, que,
» quelle que soit votre résolution, le sort de cet enfant
» et le vôtre seront assurés; dès demain, une somme de
» cent mille francs sera déposée pour vous chez mon no-
» taire. (Je joins son adresse à cette lettre.)

» Adieu, ma chère Césarine, je vous en prie, ne me ré-
» pondez pas sous la première émotion de cette lettre; pre-
» nez quelques jours pour réfléchir; mais je desire qu'en
» attendant votre décision nous cessions de nous voir. Vous
» comprendrez le motif de ma demande.

» En un mot, quelle que soit votre décision, je ne saurais
» trop vous le répéter, *je l'accepte d'avance,* et vous me
» connaissez assez pour être certaine qu'une fois la déci-
» sion prise, j'agirai en galant homme.

» FERNAND DUPLESSIS. »

Le matin venu, j'envoyai cette lettre à Césarine.

Le lendemain soir, en rentrant chez moi je reçus ce billet:

» Merci de votre franchise.

» Je vous dégage de votre parole.

» Vous n'entendrez j'amais parler de moi ni de mon
» enfant.

» Gardez votre argent.

» CÉSARINE DURAND »

Contradiction étrange! à la lecture du billet, mon
cœur se brisa; j'avais cédé plus peut-être à l'impatience
de me sentir sous le coup d'un mariage pour ainsi dire
forcé, qu'à l'appréhension même de ce mariage.

Le refus calme et digne de Césarine m'ouvrit les yeux,
réveilla mon amour pour elle, parce qu'il était peut-être
désormais impossible; je courus chez elle à minuit. Depuis
le matin, elle avait quitté sa maison, après avoir vendu à
un tapissier son modeste mobilier, car elle partait, avait-
elle dit, pour un long voyage.

Malgré d'actives recherches, il me fut impossible de retrouver les traces de Césarine. Je ne devais la revoir que
plusieurs années après cette époque.

Le séjour de Paris m'étant devenu pesant, je partis pour
le Berry, afin de visiter la terre de Lariballière, que m'avait
laissée ma grand'mère; je n'étais pas allé depuis quelques
années dans cette propriété, à laquelle je pensais parfois
comme lieu de retraite lorsque l'âge aurait amorti la fougue de mes passions. . . . .

. . . .

La mobilité du caractère de Fernand Duplessis lui fit bientôt oublier Césarine: de 1826 à 1828, époque à laquelle il se
maria pour la première fois, il continua sa vie d'aventures
et de plaisir, il eut quelques maîtresses de plus à classer
dans ses souvenirs; son récit, qui embrasse ces deux der-

nières années de sa vie de garçon, peut être considéré
comme le journal d'un homme à bonnes fortunes, mais
qui, déjà fatigué par des excès précoces, commence à ressentir la satiété.

Pendant ces deux années, il alla chaque automne passer
quelques semaines dans le Berry, trouvant déjà un certain
charme dans le contraste de la solitude des champs et des
travaux rustiques avec la bruyante vie de Paris; ce fut
surtout durant les loisirs de cette existence calme et retirée que le souvenir de madame Raymond se réveilla souvent dans son cœur.

Nous reprenons les mémoires de Fernand Duplessis à
l'endroit où il expose les motifs et les circonstances de son
mariage.

XXIV.

Il y a quelque chose de fort étrange dans la façon dont
se font certains mariages dits de convenance, c'est-à-dire
l'immense majorité des mariages.

Voici comment et à quel propos je me suis marié pour
la première fois.

J'extrais les pages suivantes du journal que j'avais commencé à écrire lors de ma liaison avec Césarine Durand,
journal souvent interrompu, mais où se trouvent cépen-
dant les principaux faits de ma vie.

Le 5 septembre 1828, vers les midi, mon médecin vint
me voir; nous eûmes l'entretien suivant:

LE DOCTEUR.

Excusez-moi, mon cher ami, de venir si tard... j'ai été
retenu à une consultation... Ah! çà, qu'avez-vous?

MOI.

Depuis quelque temps, j'éprouve du malaise.... une
assez grande faiblesse, puis cette toux de poitrine que
vous savez m'est revenue; enfin, depuis deux ou trois
jours, je ne me sens pas bien...

LE DOCTEUR.

Parce que nous n'avons pas été sage! parce que nous
ne voulons pas enrayer, parce qu'enfin nous continuons
la vie de jeune homme comme si nous avions vingt ans.

MOI.

Ne dirait-on pas, docteur, qu'à vingt-huit ans on est valétudinaire?

LE DOCTEUR.

Tout ce que je sais, c'est que depuis une dizaine d'années que je vous connais, vous brûlez, comme on dit, *la
chandelle par les deux bouts.* Que voulez-vous, mon cher,
on n'a pas été page et garde du corps... impunément!

MOI.

Voyons! ai-je donc commis de si grands excès?

LE DOCTEUR.

Ma foi! écoutez-donc, vous aviez toujours une ou deux
maîtresses, sans compter les caprices, puis les soupers, la
moitié des nuits passées au jeu, et tout ce qui s'ensuit.

MOI.

Après tout, cher docteur, je fais ce que tout le monde
fait.

LE DOCTEUR.

Et il vous arrive ce qui arrive à tout le monde, si vous
entendez par là les gens de plaisirs comme vous. Eh!
mon Dieu! rien de plus simple: pendant les trois ou quatre premières années de la jeunesse, la sève surabonde;
on s'amuse sincèrement; aussi, peu de fatigue; mais plus
tard la satiété arrive et l'on continue la même vie, moitié
par habitude, moitié par amour-propre. L'on appelle la
vanité à l'aide de la force déjà défaillante. Aussi, à vingt-
deux ou vingt-trois ans, l'on sortait de table au jour naissant, l'œil vif, le teint frais, tandis qu'à vingt-huit ans, on
en en sort l'œil rougi et le teint plombé.

MOI.

C'est un peu vrai ce que vous dites là, docteur; depuis environ un an, je commence à avoir de la vie de garçon par-dessus la tête, et pourtant...

LE DOCTEUR.

Et pourtant, vous persévérez... Vous faites comme les gens qui mangent sans appétit, et la digestion leur devient laborieuse... Tenez, sérieusement, il faut prendre garde à cela. Vous êtes sans doute d'une bonne constitution, mais vous avez besoin de soins, de grands ménagemens... Cette petite toux sèche est d'un fâcheux symptôme... Voilà plus de six mois que je vous avais offert un moyen infaillible de vous en débarrasser... D'abord, il fallait vous couvrir de flanelle de la tête aux pieds...; vous n'avez pas voulu...

MOI.

Je n'ai pas voulu... vous savez bien... que...

LE DOCTEUR.

Je sais que lorsqu'on fait le beau, le Don Juan... il est désobligeant d'être entortillé de flanelle comme une momie, et surtout d'être orné d'un... cautère...

MOI,

Ah! docteur... ne prononcez pas cet horrible mot!

LE DOCTEUR.

Eh bien! d'être, en outre de la flanelle, orné d'un *exutoire* quelconque, puisque la crudité de l'autre terme vous effarouche; mais enfin il s'agit de savoir si vous tenez à la vie, oui ou non?

MOI.

Si j'y tiens!... Certes, et beaucoup,

LE DOCTEUR.

Tant pis! si vous ne changez pas complétement de régime, et surtout si vous refusez le seul moyen de guérir votre toux chronique, vous vous exposez, sinon à une fin prochaine, du moins à une vieillesse très prématurée, très cacochyme... Cela vous convient-il?

MOI.

Pas du tout. Mais quel régime me conseillez-vous de suivre?

LE DOCTEUR.

Je vous l'ai déjà dit: mener une vie calme, régulière, renoncer aux femmes et aux excès de table, vous coucher de bonne heure, habiter de préférence la campagne, où vous jouirez d'un air salubre, au lieu de respirer l'air vicié de Paris, toujours fatal aux poitrines affaiblies comme la vôtre. Oui, suivez mes avis, et alors vous rattraperez peu à peu vos forces perdues; votre constitution se rétablira, et vous pourrez vivre cent ans. Sinon, avant deux ou trois ans, ou vous mourrez de consomption, ou vous traînerez une vie défaillante; voici le vrai. Je suis autant votre ami que votre médecin. Je vous le répète donc, il est temps, plus que temps de m'écouter, sinon... votre serviteur de tout mon cœur.

MOI.

Je vous assure, mon cher docteur, que je sens la sagesse, l'urgence de vos avis; depuis quelques mois surtout l'état de ma santé m'inquiète, quoique les apparences...,

LE DOCTEUR.

Et certainement, à vous voir, sauf un peu de pâleur et votre petite toux, vous avez, comme on dit, bonne mine... Mais attendez que vos poumons soient sérieusement attaqués... et vous verrez, malgré votre apparence de santé, quel changement s'opérera en moins de deux ou trois mois.

MOI.

Je vous crois, aussi, depuis quelque temps, je songeais sérieusement à l'état de ma santé, au régime que plusieurs fois déjà vous m'avez conseillé,

LE DOCTEUR.

Il ne s'agit pas de songer, il faut agir, et si j'étais à votre place, moi, savez-vous ce que je ferais?

MOI.

Quoi donc?

LE DOCTEUR.

Je me marierais.

MOI.

Me marier!

LE DOCTEUR.

Eh bien?

MOI.

Me marier... diable!

LE DOCTEUR.

Qu'est-ce que cela a donc d'extraordinaire?

MOI.

Me marier!... Hum!.. docteur, voilà un remède qui pourrait être pire que le mal.., Cependant, il peut y avoir du bon dans votre idée; je trouverais, il est vrai, dans le mariage cette régularité de vie que vous m'ordonnez.

LE DOCTEUR.

C'est évidemment le meilleur moyen de rompre avec cette vie de garçon qui vous tuera, et que vous continuerez plus par habitude que par goût, vous l'avouez. Or, pour nous résumer, mariez-vous, portez de la flanelle, et résignez-vous pour plusieurs années, pour toujours peut-être, à l'*exutoire* en question... et vous êtes sauvé...

MOI.

Cette dernière condition est donc?

LE DOCTEUR.

Indispensable. C'est le *sine quâ non* de votre question.

MOI.

Allons, je me résigne; après tout, l'on se marie pour se régler, se soigner, et non pour faire le beau. Cependant...

LE DOCTEUR.

Cependant... quoi? N'avez-vous pas eu assez de maîtresses de toutes sortes... Bon Dieu! de trop de sortes... j'en sais quelque chose; vous rappelez-vous? hein! il y a quatre ans? Enfin, n'avez-vous pas usé et abusé de tout?

MOI.

C'est vrai, j'ai joui de tout, et beaucoup, et trop peut-être.

LE DOCTEUR.

Alors pourquoi diable hésiter à vous marier? N'est-ce pas le moment ou jamais? Vous avez une belle fortune, vous êtes le meilleur garçon que je connaisse, enfin, sans vous flatter, vous avez eu assez de maîtresses pour savoir que vous êtes ce qu'on appelle un homme fort agréable. Vous n'aurez donc, j'en suis sûr, que l'embarras du choix entre dix excellens mariages.

MOI.

Eh! mon Dieu! docteur, je vous comprends; oui, surtout eu égard à ma position de santé, le mariage s'offre à moi comme un port de salut. C'est le calme au lieu de l'agitation. C'est une vie réglée au lieu d'une vie désordonnée. C'est le repos de l'âme et du corps, et par conséquent la santé. Enfin, c'est la liberté, car, au lieu d'être aux ordres et aux caprices d'une maîtresse, on est le maître chez soi; au lieu d'être condamné à faire toujours le *Céladon*, l'on se met à son aise. C'est, en un mot, la vie en pantoufles et en robe de chambre; votre femme vous entoure de soins, si vous êtes malade; surveille votre maison, et empêche vos gens de vous voler; si l'on a des enfans, ils grandissent à vos côtés, cela vous occupe. Le mariage, enfin, est un avenir tout tracé, large, droit, régulier comme une allée de jardin, bien nette, bien sablée, que l'on embrasse d'un coup d'œil d'un bout à l'autre; perspective qui n'est pas sans charme-quand on est fatigué, harassé d'avoir longtemps couru par monts et par vaux, ignorant chaque soir le gîte du lendemain.

LE DOCTEUR.

Voilà le langage d'un homme raisonnable et de bon sens.

MOI.

Entre nous, cher docteur, la raison m'est facile; le passé ne me laisse guère de regrets; les maîtresses m'ennuient, le spectacle m'ennuie, le monde m'ennuie, le jeu m'ennuie; les soupers m'irritent l'estomac... et, si j'avais le courage de *faire mon salut*, suivant vos conseils jusqu'au bout, j'irais m'établir dans le Berri. Ma pauvre grand'mère m'a laissé dans cette province une belle propriété où la digne femme ne mettait presque jamais les pieds; j'ai fait comme elle, sauf pendant la saison de la chasse, qui est superbe. Le château n'a besoin que d'être meublé à neuf; je vivrais là en gentilhomme campagnard; l'amour de la chasse m'est resté, il me semble que j'aurais beaucoup de goût pour l'agriculture.

LE DOCTEUR.

Rien de plus sain que ce goût là; l'odeur des étables est très salutaire pour une poitrine comme la vôtre.

MOI.

Alors j'aurais des vaches, je ferais valoir une partie de mes terres; oui, et quittant pour jamais Paris, les bottes vernies, les gants jaunes et le fer à papillottes, je me vois d'ici revenu à la santé, vêtu d'une blouse, chaussé de gros souliers, arpentant mes champs du matin au soir, mon fusil sous le bras, mes chiens sur mes talons, et trouvant en rentrant chez moi ma femme coquettement habillée et m'attendant pour nous mettre à table; en été, sous une salle de verdure; en hiver, au coin d'un bon feu; et là, dîner comme un ogre (une fois ma santé rétablie), digérer en sommeillant ou en entendant ma femme me lire les journaux, et me coucher par là-dessus pour recommencer le lendemain. Ah! docteur, docteur, si j'étais raisonnable, ce serait là ma vie!

LE DOCTEUR.

Eh! qui vous retient? N'êtes-vous pas libre comme l'air? Encore une fois, suivez mes conseils, sinon je ne réponds plus de vous.

Mon valet de chambre étant entré à ce moment, me demanda si je pouvais recevoir mon notaire, monsieur Barentin : il venait m'apporter un acte à signer; mon médecin connaissait beaucoup le *garde-notes*, celui-ci fut introduit.

Notre entretien continua ainsi, après que monsieur Barentin eut échangé quelques paroles cordiales avec mon médecin.

LE NOTAIRE.

Comment, mon cher client, je vous trouve couché? (Au médecin.) Il n'y a rien de grave, n'est-ce pas, dans la maladie de ce cher monsieur Duplessis? (Riant.) Sans cela... je serais arrivé fort à propos pour recevoir un testament. (Il rit.) Eh! eh! eh!

LE DOCTEUR.

Notre client est tout bonnement malade... de la vie de garçon; aussi, pour le guérir, je l'engageais à se marier.

LE NOTAIRE.

Excellente idée!... Me voilà fort à propos; j'aime bien mieux rédiger un contrat... qu'un testament... Eh! eh! eh!...

MOI.

Tenez, mon cher monsieur Barentin, c'est peut-être la Providence qui vous envoie... Voyons, mariez-moi.

LE NOTAIRE.

Parlez-vous sérieusement?

MOI.

Ma foi! oui; tôt ou tard il faut faire une fin; tâchez donc de me marier le plus tôt possible.

LE NOTAIRE.

Vrai... vous vous décideriez à vous marier?

MOI.

Positivement, si je trouvais un mariage à ma convenance.

LE NOTAIRE.

Qu'appelez-vous un mariage à votre convenance?

MOI.

Une jeune fille qui ait une fortune à peu près égale à la mienne, bien née, bien élevée, ayant des qualités essentielles, un bon caractère et une jolie figure.

LE DOCTEUR, au notaire.

Les prétentions de notre cher client ne sont pas exagérées, hein ?

LE NOTAIRE, réfléchissant.

Mais non... mais non.

LE DOCTEUR.

Vous devez trouver cela dans vos cliens, mon cher Barentin. Vous êtes, vous autres, de vrais courtiers de mariage.

LE NOTAIRE.

Attendez donc, attendez donc; il se pourrait bien... parbleu! que j'aie votre affaire...

MOI.

Ah! bah! et qui cela ?

LE NOTAIRE.

Cent mille écus de dot comptant... et, après la mort des parens, vingt mille livres de rentes, au moins, en excellens placemens hypothécaires. Voyons... ça vous va-t-il ?

MOI.

Mais oui... jusqu'à présent...

LE NOTAIRE.

Fille unique, famille honorable ; le père, ancien munitionnaire général de l'armée, aujourd'hui vit de ses rentes, le meilleur homme du monde ; la mère, excellente femme, adore sa fille ; c'est enfin le modèle d'un de ces ménages du bon vieux temps.

MOI.

Et la fille? comment est-elle ?

LE NOTAIRE.

Dix-huit ans, fraîche comme une rose, la jeunesse, la santé en personne, d'une ravissante figure, élevée dans l'un des meilleurs pensionnats de Paris, un caractère angélique, toutes les vertus désirables... J'oubliais de vous dire qu'il y aurait à ajouter aux espérances une très belle maison de campagne sise à Saint-Brice, à quatre lieues de Paris ; elle a été bel et bien payée 167,000 fr, il y a trois ans

MOI.

Est-ce que cette famille habite ordinairement la campagne ?

LE NOTAIRE.

Huit mois de l'année. Mœurs patriarcales , mon cher client. Il y a environ huit ou dix mois, la mère m'a dit : « Mon bon monsieur Barentin, tâchez donc de nous marier » Albine. La voilà sortie de pension, vous savez la dot que » nous lui donnons, sans compter les espérances... Tâblez » là-dessus pour trouver l'équivalent de ces avantages; il » est entendu que nous voulons surtout un brave et honnête homme, veuf ou garçon. Quant à l'âge, nous irons, » à la rigueur, jusqu'à trente-huit à quarante ans, mais » pas plus ; quant à la figure, nous avons seulement la » prétention qu'il ne soit ni borgne, ni bossu, ni bancroche. »

LE DOCTEUR, s'adressant à moi.

Parbleu ! voilà votre affaire ?

MOI.

Jusqu'ici toutes les convenances me paraissent réunies; seulement, sans tenir essentiellement à l'argent,... vous savez, mon cher Barentin, que ma fortune...

LE NOTAIRE.

S'élève à quarante-sept mille livres de rentes, sans compter votre propriété du Berry, estimée trois cent vingt mille francs.

MOI.

On ne pourrait pas avoir, le cas échéant, 400,000 francs de dot comptant?

LE NOTAIRE.

Pas un centime au-delà de cent mille écus ; je connais les intentions de la famille... Il a été déjà question de deux mariages, l'un avec un de mes confrères dont l'étude rapporte 80,000 francs par an, l'autre avec un banquier dans une très bonne position ; ils ont voulu avoir comme vous les 400,000 fr, chiffre rond ; l'affaire a été manquée.

MOI.

Cent mille écus... C'est tout au plus quatorze ou quinze mille livres de rentes...

LE NOTAIRE.

J'aurais un bon placement ; je me ferais fort de vous trouver seize mille francs nets.

MOI.

C'est à peine si cela couvrirait les dépenses que m'occasionnerait une femme. S'il vient avec cela deux ou trois enfans...., vous concevez? Je ne tiens certes pas à l'argent, mais enfin, vous savez... les affaires...

LE NOTAIRE.

Les affaires sont les affaires ; et il n'en est point de plus sérieuse que le mariage ; il est donc tout simple, il est même indispensable qu'avant de vous engager, vous songiez à équilibrer la recette et la dépense. Quant à moi, je suis, vous le savez, de ces notaires de la vieille roche qui ne disent jamais que le vrai des choses ; si l'affaire vous va, avec les cent mille écus, elle est faite, j'en réponds ; je connais les parens et la jeune fille ; ils lui diront: « Il faut te marier à monsieur *un tel,* » elle se mariera à monsieur *un tel ;* voilà son caractère... D'ailleurs, je vous connais depuis votre enfance, puisque j'étais le notaire de votre chère grand'mère ; j'ai toujours géré votre fortune ; je sais que vous êtes un excellent garçon, malgré quelques folies de jeunesse, et je serais parbleu ! bien fâché que vous ne les eussiez pas faites, ces folies ! au moins votre gourme est jetée, l'heure de la raison est venue... Voulez-vous que je parle, oui, ou non, à mon client? cela ne vous engage à rien.

MOI.

Au fait, voyez-le toujours.

LE NOTAIRE.

J'ai justement rendez-vous aujourd'hui avec monsieur Chevrier, c'est son nom...

MOI.

Et si, par hasard, les préliminaires s'arrangeaient, où pourrait-on voir la jeune personne ?

LE NOTAIRE.

A une soirée chez moi, à l'un de mes dimanches... où vous venez si rarement, mauvais sujet ! Ah çà, vous le savez, je suis rond et prompt en affaires : j'irai aujourd'hui chez monsieur Chevrier. Quand vous reverrai-je?

MOI.

Quand vous voudrez ; demain, à cette heure-ci, par exemple.

LE NOTAIRE.

C'est dit : votre fortune est aussi liquide que celle des Chevrier, je ne vois donc aucun obstacle, quant aux convenances matérielles ; maintenant, quant à la question de personnes, je la regarde comme résolue. Il faudrait, sans compliment, que mademoiselle Chevrier fût bien difficile pour ne pas vous agréer à belles *baise-mains,* comme on dit ; d'ailleurs, je vous l'ai dit, elle n'aura pas de volonté là-dessus. C'est un ange ; ce que sa famille choisira,

Albine le choisira ; reste à savoir si la jeune fille vous plaira. Or, ce serait bien le diable si, avec ses dix-huit ans, sa fraîcheur et sa délicieuse figure, Albine ne vous paraissait pas suffisante. Car enfin, il ne s'agit pas ici d'une maîtresse.

MOI.

Dieu merci... non !

LE NOTAIRE, riant.

J'aime beaucoup ce : *Dieu merci non !* c'est le cri d'un sage revenu des erreurs de ce monde... A demain donc, mon cher Duplessis ; je vous dirai le résultat de mon ambassade. (Au médecin) Au revoir, cher docteur.

Le notaire sorti, mon médecin me dit :

— Bravo ! vous êtes ce qui s'appelle un homme de prompte résolution ; vous y gagnerez peut-être dix ou quinze années d'existence de plus ; toujours, par exemple, à la condition expresse du gilet et du caleçon de flanelle, et surtout de notre petit *exutoire,* à l'application duquel nous procéderons le plus tôt possible... hein ?

MOI.

Oui, mais lorsque tout sera convenu, arrêté, pour mon mariage ; le lendemain de la signature du contrat, je vous le promets...

LE DOCTEUR.

Ah çà ! je n'ai pas besoin de vous dire qu'il serait aussi très contraire, très funeste à votre santé... entendez-vous bien, très funeste... de vouloir faire le jeune homme... le *héros* avec votre femme... vous comprenez. L'on a vu des maris très amoureux, et il ne faut pas du tout que vous soyez de ces maris-là... du moins d'ici à très longtemps.

MOI.

Ah ! mon cher docteur, soyez tranquille... c'est justement pour renoncer aux femmes que je me marie...

. . . .

Mon journal est très sincère ; voilà comment et pourquoi j'ai songé à mon premier mariage.

A l'heure où j'écris ces lignes (bien des années après ce mariage), en relisant ce journal, j'ai doublement conscience de ce qu'il y a de brutal, d'odieux, dans ces préliminaires ordinaires à presque tous les mariages de convenances, préliminaires dans lesquels l'avenir d'une pauvre jeune fille, que l'on n'a jamais vue, qui ne vous connaît point, qui ne se doute pas le moins du monde des intentions que l'on a sur elle, se trouve ainsi très souvent irrévocablement engagé.

XXV.

Dans la journée, monsieur et madame Chevrier avaient reçu la visite de monsieur Barentin, mon notaire. D'après son récit, très véridique, je le sais, voici cet entretien, qui eut lieu dans la chambre à coucher de madame Chevrier, les portes bien closes, et tout le monde écarté sur la demande du notaire :

MADAME CHEVRIER.

Allez-vous enfin nous dire, monsieur Barentin, pourquoi vous nous enfermez ainsi? Pourquoi toutes ces précautions?

MONSIEUR CHEVRIER.

Oui, cher ami, pourquoi toutes ces précautions?

LE NOTAIRE.

Parce qu'il s'agit d'une affaire, madame Chevrier, d'une grave affaire.

MADAME CHEVRIER.

Et laquelle donc ?

MONSIEUR CHEVRIER.

Oui, laquelle?

LE NOTAIRE.

Je crois, mes amis, cette fois-ci, avoir eu la main très

heureuse : je viens tout bonnement vous proposer un *phénix* pour votre chère Albine.

MADAME CHEVRIER.

Un mariage...

LE NOTAIRE.

Quarante-sept mille livres de rentes en bons placemens; une propriété en Berry estimée, lors de l'inventaire de la succession, il y a cinq ans, plus de trois cent mille francs.

MADAME CHEVRIER.

Ah! mon Dieu! quelle trouvaille! Mais c'est superbe... superbe!

MONSIEUR CHEVRIER.

C'est magnifique!

MADAME CHEVRIER.

Et l'on sait que nous donnons?...

LE NOTAIRE.

Cent mille écus de dot, pas un liard de plus... et l'on s'en contente...

MADAME CHEVRIER.

Ah! mon cher monsieur Barentin... c'est affaire à vous. C'est à n'y pas croire... Quarante-sept mille livres de rentes et une terre! Et l'on se contente de nos cent mille écus... C'est à en devenir folle de joie... Mais, dites-moi, et la personne en question, quelle est-elle?

MONSIEUR CHEVRIER.

Ah! oui, cher ami, à propos, la personne?

LE NOTAIRE.

Monsieur Fernand Duplessis (c'est mon jeune homme) a vingt-huit ans. J'étais l'ami de sa grand'mère qui l'a élevé. Il a d'abord été page et garde du corps. A la mort de sa grand'mère, il a quitté l'état militaire pour vivre de ses rentes. Il s'est donc trouvé, à sa majorité, maître de sa personne et de sa fortune. Vous sentez bien, mes amis, qu'avec de telles facilités pour s'amuser, je ne viens pas vous conter que monsieur Duplessis s'est toujours conduit comme un Caton.

MADAME CHEVRIER.

Nous ne le croirions pas, monsieur Barentin.

MONSIEUR CHEVRIER.

Cela nous serait impossible à croire, cher ami.

LE NOTAIRE.

Monsieur Fernand Duplessis a donc, comme on dit, largement mené la vie de garçon; mais, tout en donnant beaucoup à ses plaisirs, il n'a pas, comme tant d'autres étourneaux, mangé ou écorné son bien ; loin de là : tout en vivant très honorablement, il mettait, bon an mal an, une dizaine de mille francs de côté; c'est moi qui ai toujours géré sa fortune, qui ai été son banquier, vous pouvez donc m'en croire.

MADAME CHEVRIER.

Tout ceci s'annonce jusqu'ici de mieux en mieux. Un jeune homme, maître de lui à vingt-et-un ans, et qui conserve ainsi sa fortune, doit être un garçon de bon sens. Ainsi, il n'a pas de profession ?

LE NOTAIRE.

Non.

MADAME CHEVRIER.

Le fait est qu'avec sa fortune l'on n'a guère besoin d'un état.

MONSIEUR CHEVRIER.

L'on peut même, à la rigueur, s'en passer.

MADAME CHEVRIER.

D'un autre côté, pourtant, une profession a cela de bon... qu'elle occupe...

MONSIEUR CHEVRIER.

Ce qui vous donne nécessairement quelque chose à faire.

LE NOTAIRE.

Sans doute, mes amis, l'oisiveté est dangereuse, lorsqu'elle vous conduit à faire des sottises ; mais monsieur Fernand Duplessis n'en est pas là... Vous voyez, d'après ce que je vous ai dit, qu'il n'a jamais mésusé de ses biens... et, pour nous autres gens d'affaires, c'est un significatif et heureux précédent.

MADAME CHEVRIER.

Maintenant, mon cher monsieur Barentin, et le caractère de cette personne?

MONSIEUR CHEVRIER.

Ah! oui, il serait bon de connaître son caractère.

LE NOTAIRE.

Fernand Duplessis est ce qu'on appelle un excellent garçon, le cœur sur la main, généreux sans prodigalité, aimant à bien vivre, et rendant service quand il peut ; je ne vous parle pas ici en notaire, mais en ami ; d'ailleurs, je vous faciliterai tous les renseignemens désirables sur la moralité de monsieur Duplessis ; il est entendu que je laisse de côté les fredaines de jeunesse, les amourettes, car, entre nous, un homme n'arrive pas à vingt-huit ans sans avoir eu par-ci par-là quelques maîtresses.

MADAME CHEVRIER.

Il faudrait avoir perdu la raison pour vouloir l'impossible.

MONSIEUR CHEVRIER.

Ce serait tomber dans l'exagération.

MADAME CHEVRIER.

Mais savez-vous, cher monsieur Barentin, que si le portrait de votre monsieur Duplessis n'est pas flatté, vous avez le droit de nous le proposer comme un *phénix* ! Et sa taille? sa figure? Cela est fort secondaire, mais enfin, on peut s'en informer.

MONSIEUR CHEVRIER.

A seule fin d'être renseigné à ce sujet.

LE NOTAIRE.

Monsieur Fernand Duplessis est ce qu'on appelle un très-joli garçon, grand, élancé, d'une tournure distinguée... Enfin... ma chère madame Chevrier (riant) il a fait des malheureuses... Eh ! eh ! eh !... beaucoup de malheureuses... le scélérat ! C'est tout vous dire... Eh ! eh ! !...

MADAME CHEVRIER, riant aussi.

Ah ! ah ! ah ! voyez-vous cela ! il a fait des malheureuses, ce beau monsieur ! Ma foi ! tant mieux : les anciens mauvais sujets sont souvent les meilleurs maris.

MONSIEUR CHEVRIER, riant aussi.

Eh ! eh ! eh ! ils font d'excellens maris.

MADAME CHEVRIER.

Ce parti nous plairait tant, sous mille rapports, mon cher monsieur Barentin, que je n'ai qu'une crainte, c'est qu'Albine ne convienne pas à votre monsieur Duplessis.

MONSIEUR CHEVRIER.

Il n'y aurait que cela? Si, par exemple, Albine ne lui convenait pas !

LE NOTAIRE.

Albine est fort jolie ; je réponds d'avance qu'elle doit convenir à mon jeune homme. D'ailleurs, quand on se marie à vingt-huit ans, afin de goûter la paix, la douceur de la vie de famille, on s'attache beaucoup plus au cœur et au caractère qu'à la figure. Soyez donc tranquille de ce côté. Je voudrais seulement être certain que mademoiselle Albine acceptera monsieur Duplessis.

MADAME CHEVRIER.

Pouvez-vous en douter? est-ce que ma fille a des volontés? Est-ce qu'elle ne fera pas tout ce que nous voudrons? Est-ce que, lorsque nous lui dirons: « Ma bichette, nous » avons un superbe mariage pour toi, il nous convient de » tout point, donc il doit te convenir; » elle ne répondra pas: » Alors maman, il me convient...? » Allons donc ! le consentement d'Albine? Il n'y a pas même à s'occuper de cela... Qu'elle plaise seulement à monsieur Duplessis, et tout est dit, vous avez ma parole...

LE NOTAIRE.

A merveille! voilà comme j'aime à traiter les affaires... Ah çà! maintenant, si les renseignemens que vous prendrez sur monsieur Duplesssis sont satisfaisans, verriez-vous quelque inconvénient à venir passer la soirée de dimanche chez moi? avec votre chère fille et monsieur Chevrier: de cette manière les jeunes gens se verraient.

MADAME CHEVRIER.

Parfaitement; d'ici là nous prendrons nos renseignemens sur monsieur Duplessis, d'après vos indications; pure formalité, d'ailleurs, car nous avons toute confiance en vous, mon cher monsieur Barentin.

MONSIEUR CHEVRIER.

Une confiance sans bornes.

LE NOTAIRE.

Il n'y a pas de confiance qui tienne; j'exige que vous preniez des renseignemens.

MADAME CHEVRIER.

Soit, ainsi donc à dimanche.

LE NOTAIRE.

C'est donc entendu, je préviendrai demain monsieur Fernand Duplessis de vos bonnes intentions à son égard.

MADAME CHEVRIER.

Et surtout, *chauffez-le* bien, comme on dit, car l'on ne rencontre pas tous les jours un parti pareil. Quarante-sept mille livres de rentes et une terre! c'est magnifique!

MONSIEUR CHEVRIER.

Une terre et quarante-sept mille livres de rentes! c'est superbe!

LE NOTAIRE.

Je vous enverrai tantôt la liste des personnes auprès desquelles vous pourrez vous renseigner sur mon client.

. . . .

Tel fut l'entretien de mon notaire avec le père et la mère de mademoiselle Albine Chevrier.

XXVI.

Septembre 1826.

Je me suis rendu hier à la soirée de monsieur Barentin, mon notaire. J'ai vu mademoiselle Albine Chevrier; sa figure est douce et fort agréable; elle a de la fraîcheur, de beaux yeux, de belles dents; une taille élégante, une belle peau, de beaux cheveux, le pied et la main jolis, l'air modeste et assez distingué; mais elle est blonde et je n'aime pas les blondes, ou plutôt je n'ai de ma vie aimé qu'une blonde, madame Raymond; et je ne permets pas à d'autres femmes d'être blondes.

Etrange persistance du souvenir de madame Raymond. Je l'ai vue une fois... pendant une heure... j'avais seize ans. Et depuis, il ne s'est peut-être pas passé un jour dans ma vie sans que la pensée de cette adorable femme ne me soit revenue à la mémoire.

Est-ce parce que la première elle a fait battre mon cœur adolescent?

Est-ce persistance du remords pour le mal que ma légèreté lui a causé?

Je ne sais; mais elle est certainement la femme à qui j'ai le plus songé dans ma vie!

Revenons à mademoiselle Albine Chevrier. Elle est blonde, et je trouve si impertinent que l'on se permette d'être blonde, après madame Raymond, que je n'ai jamais voulu avoir que des maîtresses brunes ou châtaines.

Raison de plus pour prendre une femme blonde; cela augmentera cette réserve, je dirai presque cette froideur, qu'à part même d'impérieuses raisons de santé tout mari sage et expérimenté doit apporter dans la vie conjugale.

Traiter sa femme comme une maîtresse, c'est éveiller, c'est développer en elle tout un ordre de sensations et d'idées qui deviennent de dangereux précédens lorsque, selon le cours fatal des choses, le temps a glacé l'ardeur des premiers mois du mariage.

Et puis, enfin, il est absurde de chercher un profond repos dans le mariage, si l'on est assez fou pour y apporter soi-même ces fermens passionnés qui rendent si agités, si fébriles, si insupportables à la longue, les liaisons amoureuses.

Mademoiselle Chevrier réunit donc physiquement tout ce qu'il faut pour ne m'inspirer ni désirs, ni répugnance, et pour n'humilier ni ne flatter mon amour-propre de mari. Ou je me trompe fort, ou ce *mezzo-termine* m'offrira des garanties presque certaines de repos et de bonheur.

Monsieur Chevrier, le père de mademoiselle Albine, me semble un bon homme, tranchons le mot, un sot, créé et mis au monde pour répéter, comme un respectueux et timide écho, tout ce que dit madame Chevrier; celle-ci a dû être ce qu'on appelle *une belle femme;* du reste son esprit est vulgaire, et elle est essentiellement *bourgeoise;* je suis loin de m'en plaindre en ce qui me touche. Albine, élevée par une telle mère, n'aura pas pris d'elle l'exemple de ces grandes manières, de ces façons prétentieuses qui rendent tant de jeunes filles insupportables. Le peu de mots que j'ai entendu dire à ma *future* me donnent à penser qu'elle est d'un esprit simple et peut-être borné. Plaise à Dieu que cela soit! mes vœux seraient comblés; ce qu'on appelle une femme d'esprit me mettrait en continuelle défiance; rien au contraire et à bon droit n'inspire plus de sécurité qu'une intelligence négative, *rembourrée* d'excellens principes, de vertus solides et d'une fervente piété, car je tiens fermement à ce que ma femme soit dévote. Somme toute, la famille Chevrier me paraît insignifiante; j'en ai peu de souci, car si je me marie je pars pour le Berri le lendemain de mes noces.

Après mûres réflexions, et en admettant que ma première impression ne m'ait pas trompé, à savoir que mademoiselle Albine est une simple et bonne fille, son père un sot, sa mère une maîtresse femme, je me décide à ce mariage.

Mon médecin a raison, encore quelques années de la vie de garçon et j'étais perdu. Ma santé a besoin de ménagemens, de grands soins; la vie rustique me sera salubre, et elle est tout à fait dans mes goûts, si j'en juge par l'ennui, la satiété que m'inspire de plus en plus la vie de Paris, qui m'épuise et *m'écœure* aussi; définitivement, si l'on veut de moi, j'épouse.

. . . .

N. B. Comme complément de ce journal, j'ajoute ici plusieurs lettres de mademoiselle Albine Chevrier, au sujet de son mariage avec moi. Je n'ai pas besoin de dire que je n'ai eu connaissance de cette correspondance que longtemps après notre union, j'expliquerai plus tard par suite de quels événemens ces lettres sont venues en ma possession.

Albine à Hermance.

Voici, chère Hermance, mot pour mot, et sans réflexions ni préambule, l'entretien que j'ai eu hier soir avec maman, au retour d'une soirée chez le notaire de ma famille.

— Bichette, — m'a dit ma mère, — tu te rappelles que ce soir nous avons assez longtemps causé de choses et d'autres avec monsieur Barentin?

— Oui, maman.

— Tu sais qu'au milieu de notre conversation, un jeune homme est venu et a causé avec nous.

— Oui, maman.

— Ce jeune homme, Bichette, comment le trouves-tu?

— Je le trouve comme tout le monde.

— Ce n'est pas là répondre. Je te demande si tu trouves ce jeune homme bien ou mal?

— Pourquoi me demandes-tu cela?

— Réponds toujours. Comment le trouves-tu?

— Que veux-tu que je te dise?... Je ne le trouve ni bien ni mal.

— Enfin serait-il de ton goût?

— De mon goût?

— Mon Dieu! Albine, que tu m'impatientes avec tes étonnemens et ton air de l'autre monde! Voyons, suppose que ce jeune homme soit un prétendu qu'on nous aurait présenté pour toi, te conviendrait-il?

— Comment, maman, ce jeune homme ce serait un prétendu?

— Oui... Est-ce clair?

— Et tu me dis cela maintenant! Si au moins j'avais été prévenue, je l'aurais regardé autrement.

— Qu'est-ce que tu me contes là avec ton autrement?

— Enfin, j'aurais regardé ce monsieur comme on regarde un prétendu, en un mot; une personne qui peut être votre mari.

— Allons, voilà maintenant qu'il y a deux manières de regarder les gens.

— Tu m'interroges, je te réponds.

— Tu me réponds une chose qui n'a pas de sens, car, enfin, de quelle manière aurais-tu examiné ce jeune homme si tu avais su qu'on nous le proposait comme un parti pour toi?

— Je n'en sais rien, maman, mais il me semble que je l'aurais regardé d'une autre manière.

— Laisse-moi donc tranquille, ce sont là des enfantillages, et de quelque manière que tu aies envisagé ce jeune homme, tu as dû voir qu'il est brun, grand et élancé.

— Oui, maman.

— Qu'il a une charmante tournure; enfin qu'il est ce qu'on appelle un fort joli homme.

— C'est possible.

— Ainsi, Bichette, tu trouves ce monsieur à ton goût?

— Je ne peux pas te dire précisément cela.

— En un mot, si pour plusieurs raisons ce parti nous convenait, tu n'aurais aucune répugnance à te marier avec ce jeune homme, car avant tout, mon enfant, nous voulons te laisser absolument libre dans ton choix, ne te contraindre en rien.

— Si je connaissais mieux ce monsieur, si je l'avais mieux regardé, je pourais te répondre, et te dire s'il me convient ou non; mais, maman, comment veux-tu que, pour l'avoir vu pendant un quart-d'heure... à peine... et encore... si cela peut s'appeler voir quelqu'un, je te dise si j'ai envie ou non de me marier avec lui?

— Albine, explique-toi, franchement qu'entends-tu par connaître mieux... ce monsieur?

— C'est tout simple, savoir quel est son caractère.

— Tu parles bien là comme un enfant que tu es? Savoir son caractère! Est-ce que tu crois que l'on connaît comme ça tout de suite le caractère des gens?

— Tout de suite, non.

— Eh bien! alors... comment?...

— Mais, maman, en voyant souvent ce monsieur, en causant avec lui, jusqu'à ce que je puisse me dire à moi-même: Voilà un caractère qui me plaît, ou qui ne me plaît pas...

— D'abord, qu'est-ce que tu entends par le caractère de quelqu'un? Veux-tu dire par là que tu tiens à savoir si ce jeune homme a des mœurs? s'il est rangé? poli? bien élevé? Mais tu sens bien, Bichette, si nous te présentons monsieur Fernand Duplessis (c'est le nom du jeune homme), c'est que nos informations sont précises; c'est que nous sommes sûrs que ce prétendu a toutes les qualités possibles pour te rendre heureuse.

— Mais, maman...

— Ecoute-moi donc; tu vois déjà que tu n'as pas à t'occuper du caractère de monsieur Fernand, c'est notre af-faire; nous l'avons faite et bien faite; aussi, nous te répondons de lui. Maintenant, suis bien ce raisonnement: de deux choses l'une, ou monsieur Fernand a l'excellent caractère que nous lui supposons, ou il ne l'a pas.

— Et... s'il ne l'a pas.

— S'il ne l'a pas? c'est qu'il aura été assez fourbe, assez dissimulé pour tromper dix ou douze personnes des plus honorables, qui le connaissent depuis des années, et qui ont donné sur lui les meilleurs renseignemens.

— Eh bien!... maman, jugez donc quel malheur pour moi d'épouser un homme assez fourbe pour avoir trompé toutes ces personnes?

— S'il a été assez fourbe pour cela... je te demande un peu s'il ne te tromperait pas cent fois plus aisément encore, toi, avec tes dix-huit ans, lorsqu'il en aurait trompé tant d'autres... Pauvre enfant que tu es!

— Peut-être, maman, ne me tromperait-il pas? Intéressée plus que personne à savoir la vérité, je serais sans doute clairvoyante.

— Mon Dieu! Albine, que tu es déraisonnable et entêtée, quand tu t'y mets! Réfléchis donc à ce que tu dis. Connaître le caractère de quelqu'un... Eh! ma chère enfant, souvent la vie entière n'y suffit pas... Et puis, ce sont là des mots; une fois mariée avec monsieur Fernand, tu l'étudieras tout à ton aise... son caractère.

— Il sera bien temps, alors!

— En vérité, Albine, je ne comprends pas qu'à ton âge tu fasses des raisonnemens aussi pitoyables. A quoi sert donc l'éducation qu'on t'a donnée? Quelquefois je penche à croire que ceux qui soutiennent que tu n'as pas l'esprit plus développé qu'un enfant de cinq ans ont raison.

— Je n'ai jamais tenu à passer pour spirituelle.

— Je ne te demande pas d'être spirituelle. Ce n'est pas à une mère de flatter sa fille, et je sais que les femmes d'esprit sont très-rares; mais, à défaut d'esprit, tu as souvent du bon sens, et aujourd'hui tu en manques absolument.

— A la bonne heure!

— Il n'y a pas d'à la bonne heure! tu déraisonnes. Comment? Tu voudrais, par exemple que monsieur Fernand Duplessis vienne passer ici les journées, du matin au soir, en tête à tête avec toi, pour te donner le loisir d'*étudier* son caractère! Cela durerait un, deux, trois mois, qui sait? et tu t'imagines, toi, que des hommes s'exposeraient ainsi à l'humiliation de venir faire, pour ainsi dire, essayer leur caractère! sans compter l'inconvenance de ces journées entières passées auprès d'une jeune personne! En vérité, on dirait que tu as été élevée chez les sauvages...

— Les Américains, les Anglais, les Allemands sont donc des sauvages?

— Qu'est-ce que tu me contes là?

— J'ai été en pension avec Ellen Davy, une Américaine dont les parens ont habité longtemps l'Angleterre.

— Bon, après?

— Il y avait aussi à la pension Helmin Blüm, une allemande.

— Mais où veux-tu en venir avec tes Allemandes et tes Anglaises.

— Eh bien! maman, dans les pays dont je te parle, les jeunes personnes à marier peuvent voir et recevoir, autant qu'il leur plaît, les jeunes gens qu'on leur présente, sortir même avec eux, et l'on ne se marie jamais qu'après avoir ainsi vécu familièrement pendant six mois, un an, plus même; l'on a, de la sorte, tout le temps de se connaître, de juger si l'on se convient, et dans ces pays-là presque tous les mariages sont heureux.

— As-tu fini?

— Oui, maman.

— Comme tu n'es, grâce à Dieu! ni Allemande, ni Américaine, ni Anglaise, tu me feras le plaisir de te conformer aux habitudes de ton pays; tu veux connaître celui que tu dois épouser, n'est-ce pas? Rien de plus simple. Dis-moi dès aujourd'hui: « Maman, monsieur Fernand me convient. » Demain, mon enfant, nous te présenterons monsieur Fernand ; il viendra tous les jours nous faire sa petite visite, et, en ma présence, vous causerez tant que vous voudrez... Mais tu comprends bien que, pour que nous accordions à un jeune homme une entrée si familière dans notre maison, il faut qu'il soit d'avance et irrévocablement accepté par toi comme devant être ton mari.

— Ainsi je dois m'engager avant de savoir avec qui je m'engage ?

— Mais, encore une fois, nous le savons, nous, qui sommes responsables de ton bonheur. Est-ce que cela ne suffit pas ? monsieur Fernand a quarante-sept mille livres de rentes parfaitement placées, une superbe propriété dans le Berri. Tu crois, toi, que l'on trouve toujours des partis pareils ? Car, enfin, je ne sais à quoi tu penses. Il ne faut pas te croire sortie, comme on dit, *de la cuisse de Jupiter* ; tu n'as que cent mille écus de dot. Deux mariages qui ne valaient pas, certes, celui dont il est maintenant question, ont déjà manqué, parce qu'on voulait quatre cent mille francs de dot... au lieu de trois cents... certainement... Mais qu'est-ce qui te fait hausser les épaules ?

— Ces personnes-là voulaient m'épouser ?

— Sans doute, un notaire... d'abord, et un banquier ensuite... Nous t'en avons parlé dans le temps.

— Et, avant de m'avoir seulement vue, ils débattaient le montant de ma dot ?

— Ainsi que ça se fait toujours ! Mais d'où sors-tu donc ? Te voilà encore à raisonner comme un enfant de deux jours ! Est-ce que l'on ne convient pas d'abord des affaires d'intérêt, et puis après on parle des personnes ?

— De sorte que la dot est le principal dans le mariage ? Et ces deux hommes qui prétendaient m'épouser n'ont pas seulement voulu me voir, me connaître, afin de juger si je ne valais pas les cent mille francs qu'ils exigeaient en plus de ma dot ?

— Tout ce que tu diras là-dessus ou rien ce sera la même chose ; cela se fait ainsi et se fera toujours ainsi... D'ailleurs, monsieur Fernand Duplessis n'a pas marchandé, lui ; il est tombé presque tout de suite d'accord avec monsieur Barentin sur toutes les questions d'argent ; les renseignements sur ce jeune homme sont excellents. Il a vingt-huit ans, toi dix-huit, c'est une excellente proportion d'âge ; il est fort bien, il nous convient parfaitement sous tous les rapports. Aussi, je l'avoue, si tu étais assez folle pour refuser une occasion, peut-être unique... ton père et moi nous serions au désespoir, et, ma foi ! tu t'arrangerais comme tu voudrais pour te marier, nous ne nous en mêlerions plus. Je t'en avertis... Songes-y bien, c'est très sérieux ce que je te dis-là : *nous ne nous mê—le-rions plus de te ma-ri-er...*

— Vrai ? bien vrai, chère maman ? quel bonheur ! tu me laisseras me marier à mon idée, quand je voudrai, comme je voudrai ?

— En voilà bien d'une autre, mademoiselle ! Comment, voilà l'effet que produit ma menace... N'avez-vous pas honte de dire de pareilles choses ?

— Tu m'offres de me laisser me marier selon mon goût, dame ! moi... j'accepte...

— Tenez, à la fin, Albine, vous m'impatientez ; vous faites tout ce que vous pouvez pour me tourmenter ; moi qui ne songe qu'à votre bonheur, c'est indigne !

— Mon Dieu ! maman, ne te fâche pas ; je ne refuse pas absolument ce monsieur... Mais que veux-tu que je te dise ? je ne ressens rien ni pour ni contre lui.

— C'est juste ce qu'il faut pour se marier, et bien se marier.

— Il me semble à moi, chère maman... que...

— Tais-toi, tu n'as pas le sens commun, mais tu es au fond une excellente fille. Allons, embrasse-moi, c'est entendu, nous préviendrons monsieur Fernand qu'il est accepté ; monsieur Barentin nous l'amènera demain soir.

— Mais, maman...

— Il n'y a pas de Mais, maman ; c'est convenu, je vais tout de suite écrire à notre cher notaire : un tel mariage

ne se rencontre pas toujours ; il faut battre le fer pendant qu'il est chaud.

— Mon Dieu ! maman, je t'en supplie...

— Je suis désolée de te faire pleurer, chère enfant, mais il faut avoir de la raison pour toi, et un jour tu me remercieras...

. . . .

Et maman est sortie ; elle m'a laissé tout en larmes. Voilà où j'en suis, chère Hermance. Ah ! quel dommage que tu ne sois pas ici pour me conseiller. Il y a bien longtemps que je te l'ai dit, et, tu le sais, ma mère ne me comprend jamais les choses comme moi. Ainsi que tant d'autres, elle me croit tout à fait stupide, ordinairement cela m'importe peu. Je me contrains devant elle, et je m'épanche avec toi... Mais aujourd'hui, il s'agit, tu le vois, d'une chose fort sérieuse ; je sens que j'ai raison, maman se trompe, et comme je serais la première et seule victime de l'erreur, je ne veux pas céder sans lutte.

Je te tiendrai au courant.

Adieu, je t'embrasse tristement.   **ALBINE C.**

XXVII.

Albine Chevrier à Hermance.

Ainsi que je te l'ai écrit dans ma dernière lettre, j'ai eu beau supplier maman de ne pas recevoir monsieur Fernand comme mon prétendu, avant qu'il m'eût été possible de le connaître mieux, on n'a pas tenu compte de mes prières ; depuis huit jours monsieur Fernand est venu cinq fois déjà, de quatre à six heures du soir. Maman ou mon père sont toujours en tiers dans notre conversation, où nous parlons de la pluie et du beau temps ; ce n'est pas gai, je t'assure.

Lorsque monsieur Barentin a amené chez nous monsieur Fernand, j'ai tâché de l'observer à la dérobée ; j'avais eu raison de dire à maman que la première fois je l'avais vu sans le regarder. Il a en effet une tournure distinguée, une très jolie figure, quoique pâle et fatiguée comme s'il sortait de maladie, ce qui ne m'étonnerait pas, car il a encore une petite toux sèche ; il est extrêmement poli, un peu froid ; il rit rarement ; néanmoins il paraît bienveillant. Je ne sais si je me trompe, mais souvent je lui trouve l'air d'un homme qui s'ennuie ; peut-être est-ce de ne pouvoir causer plus intimement avec moi. Somme toute, jusqu'ici il ne m'a dit ni plus ni moins de banalités que toutes les autres personnes qui viennent à la maison.

Deux ou trois fois, maman m'a envoyée au piano comme pour faire parade de mon talent (si j'avais un talent) ; cela me mettait au supplice, mais je n'osais pas refuser, je jouais tout de travers. Monsieur Fernand n'est pas musicien, il ne s'apercevait ni des fausses notes, ni des contretemps, et m'adressait nécessairement de beaux compliments ; ce qui m'impatiente encore beaucoup, c'est d'entendre continuellement mon père et ma mère avoir devant monsieur Fernand des entretiens comme celui-ci :

« — Mon ami, — dit par exemple ma mère à mon père, » — te souviens-tu de ce que nous disait toujours la maî- » tresse de pension d'Albine ? — Oh ! mademoiselle Che- » vrier aura beaucoup du brillant, elle a des qualités solides ; » ce sera un jour une femme *essentielle* pour diriger une » maison : c'est l'ordre et l'économie en personne.

» — L'ordre et l'économie en personne, » — répond mon pauvre et bon père, selon son habitude.

Et maman d'ajouter, en s'adressant à monsieur Duplessis :

« — » C'est vrai, ce que mon mari dit là, monsieur Fer- » nand ; notre Albine a tenu ce qu'elle promettait ; ici, elle » me supplée, veille à tout ; rien ne lui échappe ; elle » compte avec la cuisinière, et il n'y a pas de risque, allez ! » qu'une erreur d'addition échappe à notre petite ména- » gère ; enfin, vous la verrez à l'œuvre, monsieur Fernand, » vous la verrez.

— » Non, non, nous n'avons pas voulu faire d'elle une

» de ces femmes frivoles, désœuvrées, qui ne pensent qu'à
» la toilette, au plaisir, et à faire les coquettes, ou les belles
» parleuses qui veulent singer les femmes d'esprit. Grâce
» à Dieu! notre Albine sera ce qui s'appelle une brave et
» bonne mère de famille, ne songeant qu'à son mari, à
» son ménage, à ses enfans, à mettre l'ordre et l'économie
» dans sa maison. Enfin, vous la verrez, monsieur Fer-
» nand, vous la verrez. »

Et toujours: *Vous la verrez!*

Et toujours: *Ce sera votre femme!*

Et moi, j'ai la faiblesse, la sottise, la timidité de laisser
dire cela devant moi, de ne pas dire *non;* et ainsi, peu à
peu, malgré moi, je m'engage par mon silence.

Je t'avoue aussi que d'abord j'avais trouvé assez désobligeant que ma mère mît mon manque d'esprit au nombre
de mes qualités de *femme essentielle...* Il résulte que, ma
timidité naturelle aidant, monsieur Fernand doit, ainsi
que tant d'autres, me croire et me trouver stupide; ce qui
m'a ensuite consolé des *louanges* de ma mère, c'est qu'à
la première vue monsieur Fernand m'a, je ne sais pourquoi,
fait éprouver ce *froid* qui m'ôte toute confiance et
me paralyse; toi et la bonne mère, au contraire, vous
avez toujours été de ces personnes qui me *délient la langue,*
me donnent envie de causer, m'animent et m'inspirent tant
de sécurité, que je dis tout ce qui me vient à l'esprit; madame d'Amberville, l'amie intime de cette *fameuse madame
Raymond,* est encore de ce nombre, et je me résigne souvent à la triste opinion que l'on a de moi dans ma famille,
en me rappelant que madame Raymond, ce prodige vivant,
a quelquefois dit à madame d'Amberville qui parlait de
moi: — « Mais vous me donnez un vif désir de connaître
» mademoiselle Chevrier, d'après tout ce que vous me
» racontez d'elle. »

Ah! chère Hermance, que ne suis-je *une madame Raymond!* Je ne parle pas de sa beauté, si incroyablement
conservée, dit-on, malgré ses quarante-cinq ou quarante-
six ans, que bien des jeunes femmes envieraient sa taille
et son charmant visage. Je parle de sa raison supérieure,
de son noble et grand caractère, digne des temps héroïques, ce caractère pour lequel l'amie de ta mère nous a
fanatisées. Hélas, si j'étais ainsi douée, j'aurais une foi entière dans mes impressions, dans mes jugemens; je n'aurais pas de ces défaillances, de ces indécisions de volonté
qui, aujourd'hui, me désolent; je ne laisserais pas, comme
je te le disais tout à l'heure, engager mon avenir malgré
moi; je refuserais ce mariage, je dirais fermement *Non.*

Et après cela, pourquoi dirais-je *non?* Je te l'avoue,
monsieur Fernand ne me plaît ni ne me déplaît.

Dans ces momens de sagesse, c'est-à-dire quand je me
sens disposée à écouter les bons conseils de ma mère, je
me dis: mari pour mari, autant épouser monsieur Fernand
qu'un autre, en un mot *cela m'est égal...*

Mais aussi, Hermance, fait-on bien? A-t-on, pour ainsi
dire, le droit de se marier *quand cela vous est égal?*

Si j'en juge par l'exemple des mariages que j'ai eus sous
les yeux.

Ça a dû *être égal* à mon père et à ma mère de se marier
ensemble;

Ça a dû *être égal* à mon oncle et à ma tante de Bordeaux de se marier ensemble.

Il en est encore ainsi de deux ou trois jeunes ménages
que je vois à la maison; et cependant, je l'avoue, ils ne
semblent pas malheureux,.. Seulement... (Hermance ne se
moque pas de moi) seulement, toutes les personnes dont
je parle, maris ou femmes, n'ont pas, à mes yeux du moins,
n'ont pas l'air d'être mariés.

Je ne sais comment t'expliquer ma pensée, cela vient
sans doute des singulières idées que quelquefois je me fais
du mariage... Je m'imagine que cela doit changer complètement notre vie, que ce doit être en un mot une espèce
de *sortie de pension;* oui, et qu'à l'existence monotone et
pensionnaire d'une jeune fille, doit succéder lors qu'elle est
mariée une existence tout autre, pleine de plaisirs et de
devoirs aussi doux que des plaisirs, partagés avec un mari

jeune comme elle, joyeux, animé comme elle, et comme elle
heureux au possible de toutes sortes de choses charmantes, jusqu'alors aussi inconnues de lui; car dans le mariage
il me semble qu'il devrait voir aussi *une sortie de pension.*

Je ne sais pas, mon Dieu! si tu me comprends; que te
dirais-je?... il me semble que, pour deux époux unis selon
mon idée, le mariage devrait être la fête et la joie de leur
jeunesse... tant que dure leur jeunesse!

Mais que dans un mois j'épouse monsieur Fernand, où
sera la joie! où sera la fête de ma jeunesse? Il a l'air froid
et ennuyé, tandis que je me sens pleine de vie et de désir
de m'amuser! Il a beaucoup vu le monde, et moi non! Il
sait autant que j'ignore, et, je le sens, j'aurai toujours l'air
d'une sotte auprès de lui; je n'oserai m'étonner de rien...
je serai gênée, humiliée comme avec un *supérieur* ou avec
ma mère, au lieu d'être à mon aise comme avec toi, comme
avec une égale, une camarade sortant *de pension* ainsi que
moi!

Je reviens à cette comparaison, par ce qu'elle te rend à peu
près ma pensée; si tu ne te riais pas des *phrases,* je te dirais
encore que, lorsque je pense au mariage selon mes idées,
mon cœur bat et se trouble... Je sens en moi toutes sortes
d'aspirations, de pressentimens vagues, mais d'une douceur infinie, qui ne demandent qu'à s'envoler comme une
nichée d'oiseaux, vers je ne sais quel pays enchanteur...
et... ♦

Allons, as-tu fini de rire, méchante? je n'achèverai pas
ma belle comparaison... Que veux-tu? je ne suis pas *une
madame Raymond,* une femme aussi grande par le caractère que par l'esprit et la pensée. Je te dirai simplement
et tristement que, loin de se laisser aller à des visions
folles parfois, mon cœur s'arrête et mon sang se fige, lorsque je songe à épouser monsieur Fernand... Et pourtant,
ce mariage, je n'ose le refuser...; c'est tout à la fois faiblesse, fausse honte, crainte de chagriner mon père et ma
mère. Et puis enfin, il faut être franche, mon éloignement
ne se base sur aucune raison sérieuse, car, maintenant
que je t'ai peint monsieur Fernand, tu me diras sans doute
que, dans ce mariage, tout est convenable, et que je suis
folle... de ne pas l'accepter résolument.

Oui, peut-être suis-je folle... et pourtant...

J'hésitais à continuer, mais à toi je dis tout; j'achèverai
donc ma lettre par un dernier aveu... après quoi je n'ajouterai plus rien... car je rougirais, je crois, devant mon
papier.

Cet aveu, le voici:

Monsieur Fernand est bien... très bien... et cependant...
JE N'AI PAS ENVIE DE L'EMBRASSER.

Je me sauve...

ALBINE C.

Albine C. à Hermance.

Hier, pour la première fois depuis trois semaines qu'il
vient presque chaque jour à la maison, monsieur Fernand
est resté seul avec moi; maman a prétexté d'une lettre à
écrire et nous a laissés seuls tous deux.

Voici notre entretien. Monsieur Duplessis a commencé
de la sorte:

— Je suis presque heureux de l'absence de madame
votre mère, mademoiselle Albine; je puis au moins vous
dire tout le bien que je pense d'elle... C'est à la fois l'expression de la vérité et de la reconnaissance; car madame
votre mère a daigné confirmer mes espérances, en m'assurant que la signature de notre contrat de mariage était
fixée à après demain.

— Monsieur... si ma mère vous a dit cela... cela doit
être.

— Élevée comme vous l'avez été, mademoiselle Albine,
douée des qualités essentielles que vous réunissez, il n'en
saurait être autrement; cette déférence aux désirs de votre
famille est pour moi du plus heureux augure... car le mariage est une chose bien grave, bien sérieuse, mademoi-

selle Albine; mais, croyez-moi, je sens toute l'importance des austères devoirs qu'il impose, et je les accomplirai en honnête homme, de même que vous les accomplirez en femme pénétrée de sa sainte mission d'épouse, n'est-ce pas, mademoiselle?

— Oui, monsieur.

— Nous n'aurons qu'une volonté; tout me dit que ce sera la vôtre, car elle sera, je n'en doute pas, toujours sage et sensée; monsieur votre père et madame votre mère me l'ont dit souvent; et depuis que j'ai l'honneur de vous voir, chaque jour, j'ai pu reconnaître combien vos chers parens disaient vrai. Vous n'êtes pas, mademoiselle Albine, de ces jeunes personnes frivoles qui ne voient dans le mariage qu'une occasion de vains plaisirs, de folles dissipations, auxquels succèdent toujours l'ennui et le dégoût, lorsqu'ils n'ont pas de conséquences plus funestes. Dieu merci vous comprendrez mieux vos devoirs d'épouse; vous serez à la hauteur de cette vie grave, occupée, toujours partagée entre les soins de la maison, et plus tard l'éducation des enfans; cette vie d'abnégation qui n'est qu'un échange de dévoûmens réciproques, souvent même de sacrifices, entre le mari et la femme.

— Monsieur... vous me flattez...; je ne sais si j'ai... si j'aurai toutes les qualités... que... vous... me suppose.

— Cette modestie m'en donnerait l'assurance, mademoiselle Albine... si je ne vous connaissais pas telle que je vous connais ; j'ai quelque peu l'expérience du cœur humain, et tout me dit que vous remplirez toujours dignement la mission presque divine de la mère de famille... divine par ses saints devoirs, par ses joies saintes et par ses peines saintes. Je vous dis cela, non pour assombrir le tableau de l'avenir, mais parce que l'on se fortifie d'avance contre les épreuves de la vie en les prévoyant, ainsi que nous l'enseigne la religion ; à propos de religion, je sais, mademoiselle Albine, que vous êtes très pieuse, et j'encouragerai, je faciliterai de tout mon pouvoir l'accomplissement de vos devoirs religieux ; moi-même je reviendrai à ces pratiques, que j'ai malheureusement longtemps négligées, sans pour cela perdre la foi; nous puiserons tous deux dans la religion de nouveaux encouragemens à nos devoirs. Quant à notre vie matérielle, nous pourrons, grâce à notre position de fortune et à une sage économie, vivre sinon dans l'opulence, du moins dans une très grande aisance ; nous aurons une excellente maison, tous vos désirs seront satisfaits ; vous aimez beaucoup la campagne, nous habiterons de préférence ma propriété du Berri, que je vais faire complétement remeubler ; en un mot, mademoiselle Albine, j'en prends devant vous le solennel engagement, je m'efforcerai de rendre votre existence aussi heureuse que possible; la plus douce récompense de mes soins, de mon dévoûment, sera de vous voir vous féliciter un jour, je l'espère, du choix que vous aurez fait en me confiant le soin de votre destinée. Un dernier mot, mademoiselle Albine : je suis convenu avec madame votre mère, et vous ne m'en blâmerez pas, je pense, de lui laisser le soin de composer votre corbeille ; elle connaît vos goûts, vos préférences, et mon plus vif désir est de vous satisfaire.

A ce moment, ma mère est rentrée et s'est entretenue à voix basse avec monsieur Fernand ; puis six heures ayant sonné, comme il est l'exactitude même, il nous a laissées seules.

A peine monsieur Duplessis a-t-il été sorti que je me suis jetée, en sanglotant, dans les bras de maman, en lui disant :

— Je t'en supplie, ne me fais pas épouser monsieur Fernand !

— Ah çà ! es-tu folle ? il vient de me dire que tout était convenu entre vous, et que je me chargerais de la corbeille... Il met pour cela soixante mille francs à notre disposition... C'est superbe... et te voilà tout en larmes !

— Je ne veux ni de monsieur Fernand, ni de sa corbeille ; je ne veux pas me marier.

— Mais, Albine, c'est de la démence. Comment ! Lors-

que tout est conclu, lorsqu'il n'y a qu'un instant monsieur Fernand me disait qu'il était enchanté de toi.... de tes réponses...

— Je n'ai rien dit... il a parlé tout seul... Ah !... j'avais le cœur trop gros pour lui répondre?

— Le cœur gros... et pourquoi ?

— Parce que, à mesure qu'il me parlait de ses projets, de sa manière d'envisager notre mariage, il me semblait qu'un froid mortel s'emparait de moi... On m'aurait parlé de ma mort et de ma tombe, que ça n'aurait pas été plus triste, plus glacial ; je te le répète, j'aime mieux rester fille toute ma vie que d'épouser monsieur Fernand... On me tuerait plutôt que de m'y forcer.

Et, laissant ma mère aussi stupéfaite que courroucée, je suis rentrée dans ma chambre dont j'ai fermé la porte, refusant de dîner, afin de pouvoir pleurer à mon aise et t'écrire tout ce qui s'est passé.

Ma mère me traite de folle ; tu feras peut-être comme ma mère, surtout après avoir lu ce que m'a dit monsieur Fernand, dont je t'ai rapporté les paroles presque mot pour mot.

Tu me diras sans doute qu'il est impossible de parler avec plus de sagesse, de se montrer plus honnête homme qu'il ne l'a fait. Cela est possible, cela est vrai, si tu veux, et cependant, comme je l'ai dit à ma mère, son langage a figé mon sang dans mes veines; la perspective d'une cellule de couvent à perpétuité ne m'aurait pas paru plus morne et plus sombre.

Et moi qui regardais le mariage comme devant être la fête de ma jeunesse !

Non, non, je le répète, on me tuera plutôt que de me forcer à épouser monsieur Fernand.

Je ne sais quand je pourrai faire parvenir cette lettre.

Ton amie désespérée jusqu'à la mort.

A. C.

Cette lettre était écrite depuis deux jours, chère Hermance ; je la rouvre pour te dire que l'on ne me tuera pas, et que j'épouse monsieur Fernand ; nos bans sont publiés, notre contrat a été signé hier.

Tu vas hausser les épaules de pitié ; tu vas me dire que je ne sais pas ce que je veux, que je suis sans caractère, versatile et capricieuse : que veux-tu? je me résigne ; je ne suis pas une madame Raymond, tu le sais.

Je n'ai pourtant pas, je le jure, cédé sans peine, sans combat, sans verser bien des larmes. Mais tu savais ce que c'était pour moi que de voir, tantôt mon père et ma mère se désoler, me supplier au nom de mon bonheur et du leur, de ne pas manquer un si bon mariage; tantôt de les voir courroucés contre moi, me reprocher mon manque de cœur, ma sottise, mon ingratitude, ma mauvaise tête; être enfin tourmentée, obsédée du matin au soir, me sentir, hélas ! il faut bien l'avouer, incapable de répondre à ces questions sans cesse réitérées :

« Mais qu'as-tu à reprocher à monsieur Fernand? Donne-» moi un grief, une bonne raison quelconque, et nous » sommes les premiers à rompre ce mariage. »

Alors j'étais bien obligée de reconnaître que monsieur Fernand réunissait toutes les conditions désirables pour faire ce qu'on appelle un bon et honnête mari, jeune, riche, agréable, plein de sagesse et de douceur ; je n'avais contre lui que la contrainte qu'il m'inspirait, l'appréhension d'un ennui glacial, et mon peu d'envie de l'embrasser.

Donner ces trois raisons à ma mère, c'était me faire passer à ses yeux pour une folle ; aussi, à force de m'entendre répéter que manquer ce mariage c'était faire une faute, une sottise impardonnable, j'ai fini par le croire, par avoir presque honte de moi-même, et j'ai donné ma parole à mon père et à ma mère, avec la ferme intention de tenir ma promesse.

Depuis lors je me sens non pas plus gaie, non pas plus heureuse, mais parfaitement calme; cette décision m'épargne du moins les inquiétudes, les tiraillemens, les angoisses de ces derniers jours.

Tout est terminé ; je sais maintenant à quoi m'en tenir. L'avenir dira si mes pressentimens étaient justes ou insensés, si j'étais raisonnable ou folle.

Du reste, je ne suis pas assez ennemie de moi-même pour chercher maintenant à m'exagérer en laid la position que j'ai librement acceptée.

Après tout, l'on ne m'aurait pas mariée de force, je n'ai pas eu le courage d'avoir une volonté, d'écouter plutôt mes pressentimens, mes répugnances, que ce qu'on est convenu d'appeler *la raison :* tant mieux ou tant pis pour moi, mais je serais désormais mal venue à me plaindre ; je suis donc bien résolue à tirer le meilleur parti possible de ma condition. Cela me sera peut-être plus facile que je ne le crois, je sais même gré à monsieur Fernand de s'être tout d'abord franchement montré raisonnable et froid, au lieu d'avoir feint une humeur et un caractère autres que les siens. Il se peut qu'à la longue il devienne moins sérieux, moi, plus grave, et en faisant ainsi chacun de notre côté quelques pas pour diminuer la différence de caractère qui nous sépare, et que je m'exagère peut-être, nous nous rencontrerons dans un bonheur commun.

Heureusement monsieur Fernand ne s'est pas un instant douté de mon indécision, car pendant les deux jours qu'elle a duré, maman avait prudemment fait dire que j'étais indisposée ; je n'ai donc revu monsieur Fernand que lorsque ma résolution était prise.

Il m'impose toujours beaucoup ; je ne sais quand je serai en confiance avec lui. Cela viendra peut-être ; mais, en attendant, il doit continuer d'avoir une pauvre opinion de mon esprit. N'osant prendre cette réclamation sur moi, j'avais prié maman de lui dire qu'elle trouverait trop pénible d'être séparée de moi pendant la plus grande partie de l'année, ce qui devait arriver si monsieur Duplessis voulait, selon ses premiers projets, nous faire toujours habiter le Berri. Cette perspective me présageait un ennui mortel. Heureusement monsieur Duplessis a été très aimable : il a promis à ma mère que nous ne resterions à la campagne que le temps qui me conviendrait. Si je veux passer neuf ou dix mois à Paris, dans l'année, nous les y passerons ; seulement, comme nous sommes encore dans la belle saison, monsieur Fernand m'a demandé de partir pour le Berri aussitôt après notre mariage ; nous y resterons jusqu'à la fin de décembre, et nous reviendrons passer l'hiver à Paris.

Il paraît qu'il y a à *La Riballière* (c'est le nom de la propriété) un château gothique, avec des tourelles ; des tourelles... ma chère ! des tourelles ! Tu me vois d'ici châtelaine. Monsieur Fernand ne veut rien faire remeubler sans avoir mon goût. Cette raison motivera mon prompt départ pour le Berri ; monsieur Fernand me fera disposer un oratoire avec des vitraux de couleur et des tableaux. Il a aussi l'idée de faire construire une chapelle attenant au château. Monsieur Fernand me paraît très religieux ; il désire que j'aie un confesseur et que je communie tous les huit jours... tous les huit jours ! cela me semble du luxe ; faire ses Pâques comme à la pension, est je le crois, très suffisant.

Cela m'amusera beaucoup d'arranger ce castel, de choisir les tentures, les ameublemens. J'oubliais de te dire que nous aurons un *phaéton* pour nos promenades dans les environs... monsieur Fernand a fait venir hier devant nos croisées *ma voiture*, comme il dit ; c'est un très joli coupé bleu, attelé de deux charmans chevaux gris de fer ; les livrées sont bleu et argent ; tu conçois mon éblouissement, habituée que je suis, dans ma famille, aux voitures de *remise* dans les grandes occasions ; nous aurons aussi, non pas une cuisinière, fi donc ! ma chère, mais un cuisinier ; *mon cuisinier,* dit encore monsieur Fernand ; je suis peu gourmande ; mais enfin, pouvoir dire *mon cuisinier,* tu m'avoueras que c'est flatteur, quand on a toute sa vie été habituée à la modeste cuisine bourgeoise de notre vieille Marianne.

J'oubliais de dire que la corbeille est magnifique ; monsieur Fernand a fait des folies : il y a une parure de turquoises et de brillans, et une belle rivière de diamans avec de superbes boucles d'oreilles et des épis pour la coiffure ; je ne sais non plus ce qu'il faut admirer davantage d'un châle de cachemire vert, ou d'un autre qui est d'un bleu si tendre, et d'un si ravissant dessin, que je m'extasie sur tous les deux ; il y a aussi des dentelles, des guipures, et du point d'Alençon du plus beau choix, des robes en pièces de toutes sortes, dont quatre en velours de différentes nuances ; enfin, monsieur Fernand, c'est une justice à lui rendre, a fait les choses en prince...

Tu vas me trouver bien changeante : l'avoir écrit dans cette même lettre que l'on me *tuerait plutôt que de me faire épouser monsieur Fernand,* et la terminer presque gaîment ; que veux-tu, je t'écris comme je pense et selon que j'agis ; je ne suis pas une femme à grand caractère, *une madame Raymond;* je suis une pauvre fille qui va où on la mène. J'ai bien encore par-ci par-là quelques petits *frissons* en songeant à l'avenir, bien que je m'amuse beaucoup des joujoux de ma corbeille ; mais, je te l'ai dit, ma décision est prise, je veux tâcher d'en tirer le meilleur parti possible...

Et puis enfin, je vois mon père et ma mère si heureux, si ravis de ce mariage, si reconnaissans de ma soumission à leurs désirs, que leur contentement me gagne, et, à défaut du bonheur comme je l'aurais entendu, je jouis du leur... Adieu, chère Hermance, à bientôt. Ton amie qui ne désespère plus, et qui, au contraire, commence à espérer un peu.

A. C.

P. S. Il est entendu que tu arriveras au plus tard ici dans quelques jours, afin d'être ma première demoiselle de noce.

XXVIII.

Tels avaient été les sentimens, les pensées, les irrésolutions d'Albine Chevrier, à l'époque de notre mariage ; sorte de confession dont je n'ai eu connaissance, je l'ai dit, que longtemps après notre union.

Je reprends mon journal où je l'ai laissé.

Le contrat a été signé ce soir ; Albine a accepté la corbeille, tout est terminé.

Plus j'y songe, plus j'observe, plus je suis satisfait de mon choix et de la tournure que j'ai su donner aux choses.

Dans les rares entretiens que, tête-à-tête, nous avons eu Albine, et j'étais loin de les provoquer, je ne lui ai pas dit une seule parole d'amour ou même de tendresse. Fidèle à mon système, conséquent d'ailleurs avec mes impressions, je suis resté froidement affectueux, montrant toujours à Albine le mariage au point de vue sérieux, presque austère. J'ai agi, je crois, à la fois en homme honnête et prudent ; je ne veux pas éveiller en elle des velléités amoureuses, auxquelles je ne ne puis ni ne veux correspondre. Elle connaît donc l'avenir qui l'attend, une vie tout entière vouée à l'accomplissement des devoirs de la femme, c'est-à-dire aux soins qu'elle doit à son mari, à ses enfans et à sa maison, vie rendue aussi heureuse que possible grâce à tout le comfortable, à tout le bien être matériel désirable.

J'ai beaucoup insisté, j'insisterai toujours beaucoup auprès d'Albine sur l'importance des devoirs et des pratiques religieuses ; une fois qu'une femme y *mord,* cela devient une distraction, une occupation de tous les momens, et aide extrêmement à la mortification et au mépris *de la chair.* Or, avec la solitude, un mari de glace, la dévotion, et un enfant *conçu dans la douleur,* comme dit l'Écriture, il est impossible qu'une femme ne prenne pas la sensualité en horreur.

Je n'ai jamais de ma vie été religieux, c'est vrai ; mais désormais, pour prêcher l'exemple à ma femme, je prendrai toutes les apparences nécessaires, car la religion est surtout nécessaire pour les femmes et pour le peuple.

Un moment j'avais craint que la florissante et fraîche jeunesse d'Albine, sa figure vraiment jolie, sa taille charmante, ne m'inspirassent quelques désirs à défaut d'amour ; il n'en est rien : je me connais, il n'en sera jamais rien ; mes sens sont épuisés, mon cœur usé jusqu'à la dernière fibre, et si parfois il bat, si cela se peut dire, *rétrospectivement*, c'est au souvenir inaltérable de madame Raymond. Cette femme enchanteresse a été, restera mon idéal, parce que cet idéal n'a jamais été, ne sera jamais profané par la possession.

Je suis donc certain de me maintenir toujours avec ma femme dans une salutaire réserve ; triples sots sont les maris qui, à défaut d'un éloignement naturel, n'ont pas assez de raison pour toujours réfrigérer le sang de leurs femmes, sauf à prendre quelque maîtresse obscure s'ils sont trop tentés par le diable.

Tout est donc pour le mieux. Albine, jeune et jolie, sera pour moi très agréable à voir aller et venir autour de moi, dans mon manoir, m'apportant mon lait d'ânesse, s'occupant du régime que je dois suivre, me soignant en cas de maladie ; étant enfin une vraie *sœur de charité* pour moi, ou peu s'en faut.

Le seul reproche que j'ai à me faire est d'avoir, par une concession apparente, caché à Albine que nous ne quitterions pas ma propriété du Berri pendant quelques années ; il était inutile d'engager d'avance une stérile discussion sur un sujet absolument subordonné à mon autorité maritale ; je n'aurai pas d'ailleurs, j'en suis convaincu, à user de cette autorité ; j'ai trop d'expérience des femmes pour n'avoir pas, du premier coup d'œil, pénétré au fond ce cœur ingénu de dix-huit ans.

Albine est une bonne et excellente fille, d'un esprit très peu développé, pour ne pas dire borné, d'un caractère timide, facile et malléable comme cire ; sa nature indolente et un peu *lymphatique*, comme dit mon médecin, annonce toujours, selon lui, une grande placidité morale et un sang paisible. Élevée dans la tradition des vertus bourgeoises, elle ne s'est jamais fait du mariage une de ces idées romanesques qui montent à la tête de tant de jeunes filles ; d'ailleurs (il n'y a aucune fatuité à m'avouer cela ; c'est un trait d'observation très important pour moi, dont je dois faire mon profit), d'ailleurs, j'ai eu vite reconnu qu'il m'eût été facile de rendre Albine amoureuse : son trouble, son embarras, son silence parfois obstiné durant nos rares tête-à-tête, m'en disaient trop... Aussi j'ai dû redoubler de froideur, et la pauvre enfant en a, je crois, été attristée ; heureusement, cette impression pénible a été bientôt oubliée à la vue d'une jolie voiture, des magnificences de la corbeille, et à la pensée d'un beau château gothique, et d'une existence de grand seigneur, si on la compare à l'existence bourgeoise de la famille Chevrier.

Pour me résumer, les résolutions les plus sages, les combinaisons les plus mûrement réfléchies, ne sont que pure folie et vanités où Albine est et sera la femme qu'il me fallait pour entrer dans une voie où je dois trouver bonheur, santé, repos, et clore ainsi à jamais cette vie qui m'épuise et m'ennuie.

Allons, il faut à cette vie dire adieu... et pour toujours adieu.

Un dernier devoir me reste à accomplir.

Les anciens faisaient pieusement brûler les restes des personnes longtemps aimées ; qu'il en soit ainsi des souvenirs matériels de mes maîtresses d'autrefois.

J'ai là une cassette remplie de lettres, de cheveux, de portraits, de bouquets fanés, etc. Que ces reliques d'un passé, hélas à jamais évanoui ! deviennent... cendres.

Cendres comme ce cœur, brûlé par tant de passions diverses, et qui, à cette heure, n'est plus qu'une lave à jamais refroidie.

J'allumai un grand feu et j'apportai sur ma table une cassette que j'ouvris, je l'avoue avec une impression de

tristesse profonde, à ce moment de jeter un mélancolique et dernier regard sur ces années si remplies d'espérances, de plaisirs, de jeunesse, de force et d'amour...

Puis, à ce pénible ressentiment, succéda cette réflexion : Pourquoi ces regrets ?

N'ai-je pas usé jusqu'à la dernière toutes les émotions qu'il est donné à l'homme d'éprouver ?

Mon cœur et mes sens ne sont-ils pas morts ?

Ai-je la volonté ou le pouvoir de continuer cette vie d'autrefois, à laquelle je renonce autant par impuissance que par satiété ?

Non, non, que ce dernier regard jeté sur le passé me console !

Au contraire, disons-nous que j'ai connu, épuisé toutes ces jouissances désormais impossibles.

Et à mesure que je détruisais ces fragiles souvenirs de ces sentiments, hélas ! souvent non moins fragiles, j'évoquais par la pensée ces figures autrefois aimées, leur donnant un dernier souvenir.

Adieu donc à toi, ANNETTE, ma première maîtresse, qui apaisa le feu que la vue de madame Raymond et des lectures incendiaires avaient allumé dans mon sang.

Pauvre Annette, pauvre fille de chambre de ma grand'mère ! tu ne savais ni lire ni écrire, tu étais vulgaire, mais j'avais seize ans et toi dix-huit. Tu ne me fis pas acheter ta défaite par de longues prières ; tu te donnas humblement, naïvement ; tu étais innocente, douce, jolie, et, chose rare, désintéressée ; j'ai conservé de toi, comme un adolescent conserve le gage d'un premier *triomphe*, une petite bague d'argent, apportée par toi de ton pays. Qui te l'avait donnée, cette petite bague ? Je ne sais. Mais tu ne possédais que cela, tu me l'as offerte... Je viens de la briser...

Que seras-tu devenue, pauvre créature abandonnée ?

Adieu à toi, AMANDA ; ta naissance était aussi obscure que celle d'Annette ; non moins jolie qu'elle, tu avais, quand je t'ai connue, quitté depuis longtemps ta petite ville natale et ton magasin de modes de Paris pour une vie oisive, aujourd'hui brillante, demain misérable, et presque toujours brillante et misérable à la fois ; tu avais de belles et fraîches toilettes, payées je ne sais par qui, ou par quoi ; souvent tu ne mangeais pas à ta faim, ou bien c'étaient des bombances dans lesquelles la *bonne* s'enivrait et te battait ; le carreau froid et sordide de la chambre contrastait avec la soie et l'acajou de tes meubles : tout cela devait sentir la vice et la misère à soulever le cœur ; mais j'avais dix-sept ans, Amanda était amoureuse, et toutes les fois que je sortais de l'hôtel des Pages pour aller chez ma grand'mère, j'entrais chez Amanda, où *j'étais aimé pour moi-même*, ainsi qu'elle me le disait dans des lettres d'une orthographe étrange, dont je viens de sourire tout à l'heure, en les brûlant.

Pauvre fille ! elle devait quelquefois se passer de manger pour payer le messager de ses épîtres.

Adieu, à toi JULIE, *petite cousine*, comme nous nous appelions autrefois, dans notre famille, au temps où ma grand'mère me recommandait de *faire le chevalier français*; adieu à toi... Sans le souvenir toujours vivant de madame Raymond, tu aurais été mon premier amour, car Annette et Amanda ne peuvent compter comme amour, chère Julie... Tout enfant, m'as-tu dit, tu m'aimais déjà ; moi, je te craignais comme une petite fille savante ; lorsque plus tard je t'ai revue, tu avais seize ans ; l'effervescence de la jeunesse m'avait entraîné à des plaisirs grossiers... Je sortais des pages pour entrer aux gardes : tu étais venue passer l'été chez ma grand'mère, dans son château du Berri ; je m'y trouvais, profitant d'un congé de quelques mois ; dès l'enfance nous nous tutoyions, notre familiarité a continué ; nos parents nous regardaient comme frère et sœur, aucune surveillance ne nous gênait ; aussi, que de longues promenades sous les vieux marronniers, durant la chaleur du jour ! Et nos lectures sous le rocher du grand bois, auprès de la petite rivière ! toi, assise sur le banc rustique, travaillant à ta broderie; moi, couché sur la mousse, à tes pieds, te lisant *Paul et Virginie!*

O nos longues soirées dans le petit salon bleu, lorsque, par de belles nuits d'été, ma grand'mère, afin de mieux jouir de la vue du parc éclairé par la lune, faisait emporter les lumières; nous restions ainsi dans l'ombre, au fond du salon, moi près de toi, ta main dans la mienne, tous deux silencieux, pensifs, et parfois frémissans d'ivresse, lorsqu'à la dérobée, profitant de l'inattention de ta mère, nos lèvres se pressaient dans l'obscurité... O nos rendez-vous du matin, dans le chalet des accacias, lorsque tu arrivais furtive, vêtue d'un peignoir blanc, tes petits pieds trempés de la rosée du gazon, et ton front moite de la précipitation de ta course; et nos entrevues dans la chambre aux tapisseries, où l'on arrivait par un couloir secret, construit sans doute pour la facilité des amours d'un des anciens maîtres du château.

Et nos sermens éternels, sincères comme notre cœur, et écrits de notre *sang*, car tu voulais aussi piquer d'une aiguille un de tes jolis doigts, afin d'écrire sur ce feuillet que je viens de brûler : *Julie est à Fernand pour la vie!* et nos boucles de cheveux échangées! et ces nœuds de rubans fanés, et ces petites fleurs desséchées, trésors chéris des jeunes années si longtemps conservés; maintenant, il ne reste de vous qu'un peu de cendres...

Adieu, Julie, adieu aux souvenirs de ces quatre mois si pleins de cet amour enchanteur... doux et serein comme un beau jour du printemps de la vie... Adieu, Julie... je t'ai revue depuis, épouse honorée, mère tendrement aimée; une amitié sérieuse a remplacé notre amour.

Adieu à toi, HENRIETTE, toi qui la première m'as fait connaître les tourmens de la jalousie que peut inspirer un mari, sans compter les tribulations des liaisons adultères.

Ton mari était jeune et beau; tu tremblais que notre secret découvert; aussi, que de longues heures passées par moi dans l'attente et l'anxiété, lorsque caché derrière les persiennes grises du petit appartement ignoré où nous nous donnions nos rendez-vous, j'épiais au loin ton arrivée; quel battement de cœur lorsque je voyais venir un fiacre à stores baissés; quelle angoisse si quelqu'un des rares passans semblait examiner ce fiacre. Plus de doute, tu étais épiée, suivie, perdue! Immobile à la fenêtre, mon cœur palpitait d'effroi. Mais non, frayeur vaine! le passant s'est éloigné indifférent; le fiacre s'arrête à la petite porte; je te vois descendre de voiture, ton voile baissé; tu entres, je cours à ta rencontre, je te reçois dans mes bras.

— J'ai à peine une heure à te donner! — dis-tu d'une voix précipitée.

Mais quelle âcre et violente volupté dans ce mélange de terreur et d'amour passionné; on vit des jours, des années, durant une seule de ces heures...

Et cette soirée solennelle, effrayante, du 17 avril...

Ton mari entre dans ton salon, et m'y trouva seul avec toi; il me montra une de mes lettres, et me dit :

— Connaissez-vous cette écriture?

— Oui, monsieur.

— Votre heure demain, monsieur.

— La vôtre.

— A neuf heures, à Vincennes.

Tu tombas sans connaissance : je courus à toi.

— Sortez, monsieur, me dit-il; c'est à moi de secourir ma femme.

Le lendemain, j'avais la cuisse traversée d'une balle, et tu partais pour l'Italie avec ton père et ta mère.

Je viens de voir lentement brûler la lettre que tu m'écrivais pendant cette nuit sinistre qui précédait mon duel du lendemain avec ton mari.

Quelle douleur déchirante !... que de terreurs, que de larmes, que de remords!... Tout cela palpitait saignant dans ces lignes incohérentes.

Et pourtant l'on survit à une nuit pareille... L'on oublie ces tortures, qui semblaient devoir vous briser...

Il y a deux ans, je t'ai revue, encore embellie, et souriant à un autre amant.

Adieu à toi, Rosa, ton mari n'était ni beau, ni jeune, ni jaloux, ni farouche; la liberté était entière, trop entière, car certaines difficultés servent d'aiguillon, tandis que trop de liberté amène parfois, sinon la satiété, du moins des contrastes étranges... comme si parfois l'âme humaine se trouvait écrasée par la plénitude, par la grandeur de sa félicité.

Je me rappelle ce fait singulier auquel cette dernière lettre de toi, que je viens de voir s'évanouir en fumée, faisait une pénible allusion.

C'était dans la première ardeur de mon amour pour Rosa. Depuis quelque temps, nous rêvions notre idéal : passer une journée et une nuit dans la maison de campagne du père de Rosa, ravissante habitation située dans la vallée de Montmorency, où Rosa avait été élevée; il fallait profiter d'une absence du père de ma maîtresse, et trouver un prétexte suffisant pour me permettre de passer la nuit à Saint-Preuil, après y être venu simplement en visite. Ces difficultés furent surmontées; une lettre de Rosa, tout à l'heure brûlée, m'avertit de l'absence de son père.

Le lendemain, j'arrivai à Saint-Preuil par une délicieuse matinée de juin; l'air était tiède, le soleil voilé; j'étais à cheval, suivi d'un domestique; je ne connaissais pas cette habitation, véritable nid de fleurs enfoui au milieu d'une végétation magnifique et dominant une vallée comparable aux sites les plus pittoresques de la Suisse.

Rosa, encore embellie par le plaisir de voir notre rêve réalisé, vint au-devant de moi sur le perron, puis me conduisit dans une salle à manger d'été, rotonde rustique couverte en chaume, et dont le treillage disparaissait sous une masse embaumée de chèvrefeuilles de l'Inde en pleine floraison.

Après un déjeuner composé d'œufs frais, de laitage et de fruits, Rosa me fit voir en détail cette élégante et somptueuse demeure où s'étaient passées ses jeunes années. Elle me conduisit dans sa chambre de jeune fille, où vivaient encore ses souvenirs de quinze ans qui se retrouvaient aussi à chacun des pas que nous fîmes ensuite dans un parc magnifique; une large rivière anglaise le traversait. Je montai avec Rosa dans un bateau, et nous nous laissâmes aller au courant de l'eau, sous les épais ombrages des saules pleureurs, de tamarins et cyprès chauves, qui couvraient cette rivière d'une voûte de verdure impénétrable; ensuite nous rentrâmes pour faire une promenade dans la forêt de Saint-Leu; Rosa était charmante en habit d'amazone, et montait merveilleusement bien à cheval; nous partîmes seuls. Elle montait sa jument favorite, *Ophélia.* Les nombreuses et immenses allées de la forêt, tapissées d'un gazon fin et doux, nous offraient des perspectives interminables. Quelquefois nous mettions nos chevaux à un galop très lent, et, la main gauche de Rosa serrée dans ma main droite, nous chevauchions ainsi doucement sur cette pelouse assombrie par le feuillage des chênes séculaires; tantôt mettant nos chevaux au pas dans quelque petite allée touffue et solitaire, j'enlaçais d'un de mes bras la taille souple de Rosa, qui se renversait en arrière sur sa monture, et nous échangions un baiser.

Oh! pendant ces heures fortunées, que d'amoureux enfantillages, que d'élans de cœur, que de tendres paroles! J'avais vingt-quatre ans, elle en avait à peine vingt.

A notre retour, un dîner recherché nous attendait; pendant que je m'habillais, Rosa fit une toilette de campagne ravissante de fraîcheur et d'élégance; jamais, je crois, je ne l'ai vue si jolie; l'animation piquante habituelle de sa physionomie s'était, je ne sais pourquoi, voilée d'une sorte de mélancolie douce; je me sentais sous la même impression, sans me l'expliquer davantage, car vers la fin de notre promenade, nous, ordinairement si jaseurs et si gais, nous étions sans raison devenus silencieux et pensifs. Nous dînâmes tête à tête; tout ce que le goût le plus délicat et le plus friand, l'élégance la plus rare, pourraient imaginer ou rêver, se trouvait réuni dans cette salle à manger, aux panneaux encadrés d'or, représentant des oiseaux, des fruits et des fleurs, d'un coloris non moins frais que la montagne de roses, de géraniums et d'azaléas que nous voyions à travers les fenêtres ouvertes, dominant une vasque de porphyre d'où retombait une eau argentée dans un vaste bassin de marbre blanc.

Vers la fin du dîner, un des gens de Rosa vint, tout effaré, m'apprendre que mon groom venait de recevoir un horrible coup de pied de cheval. (C'était le prétexte convenu, et mon jeune drôle joua, du reste, parfaitement cette comédie.) Ledit groom avait été charitablement transporté dans une chambre des communs ; je devais retourner à Paris à cheval. Rosa me dit devant ses gens que je ne pouvais songer à emmener ce pauvre garçon dans un si pitoyable état, qu'il fallait me résigner à passer la nuit à *Saint-Preuil*, où elle m'offrait l'hospitalité, et que je partirais le lendemain. Le prétexte était suffisant, j'acceptai et allai philantropiquement visiter mon groom. Le drôle poussait des cris atroces, jurant qu'il avait au moins trois ou quatre côtes d'enfoncées, mal d'autant plus dangereux qu'il était moins apparent ; je laissai ce garçon entre les mains de ses confrères de l'écurie, et j'allai rejoindre Rosa.

Le café, les glaces étaient servis hors et assez loin de la maison, dans un petit pavillon chinois où l'on découvrait toute la profondeur de la vallée.

C'était une vue magnifique ; le soleil couché depuis quelque temps avait fait place à la lune alors dans tout son éclat ; le ciel, nuageux durant la journée, s'était éclairci ; des milliers d'étoiles diamantées ajoutaient à la clarté de cette nuit splendide. A nos pieds, nous apercevions le vallon argenté par la lumière sidérale ; à l'horizon, les collines bleuâtres couvertes de grands bois d'un vert sombre ; c'était partout un silence profond, seulement interrompu çà et là par les sonores modulations des chants des rossignols ; la senteur des fleurs du jardin embaumait l'air, une demi obscurité régnait dans le pavillon, au fond duquel j'étais assis avec Rosa ; nous étions seuls, jeunes, amoureux et libres. Cette journée, cette nuit, si longtemps, si impatiemment désirée, nous l'avions à nous, tout à nous ; les merveilles de la nature, les beautés de la saison, tout ce que le luxe et l'élégance peuvent ajouter à l'enivrement des sens, nous entourait... et pourtant, contradiction étrange, fatale peut-être ! au bout d'un long silence, Rosa et moi, sans avoir échangé une seule parole, nous nous mîmes tous deux à pleurer, en proie à une indéfinissable et accablante tristesse.

— Qu'as-tu Rosa ?... — lui demandai-je.

— Rien... mais j'ai, sans savoir pourquoi, besoin de pleurer... Et toi ?

— Moi aussi, Rosa... Mais qu'avons-nous à être ainsi tristes ?

— Je ne sais, Fernand... peut-être notre bonheur est-il trop grand... il nous accable.

Rosa disait vrai.

Il est des félicités si grandes que l'âme humaine est parfois écrasée par leur grandeur même.

L'entretien qui suivit ce double aveu fut profondément mélancolique. Rosa me parla longtemps de sa mère, morte depuis quelques années. Ces souvenirs attendrissans firent de nouveau couler nos larmes.

A dix heures, le thé nous trouva non moins tristes, et cette nuit, si passionnément attendue, fut plus mélancolique encore que la soirée.

Adieu donc à toi, Rosa... Heureusement nos mélancolies étaient rares, et ce trop-plein de félicité ne débordait pas toujours en larmes, témoin cette clef d'une des portes du parc de Saint-Preuil, que je viens de retrouver parmi mes reliques ; témoin cette petite maison cachée dans les grands arbres, rustique et délabrée au dehors, mais à l'intérieur véritable petit *Eden*, dont la porte s'ouvrait à toi lorsque, sortant de ton parc en prenant le petit sentier des aliziers, tu venais passer de si longues heures dans notre réduit champêtre... où j'ai habité solitaire pendant deux étés, inconnu de mes voisins.

Je viens de brûler, avec ces lettres, une collection de journaux de tous pays, qui, dans toutes les langues d'Europe, chantaient ta gloire et ta beauté, ô Fanny, la célèbre danseuse! Adieu à toi, dont les populations enivrées traînaient la voiture triomphale, après t'avoir applaudie avec frénésie sur les théâtres des deux mondes! Tu marchais sur l'or et sur les fleurs dont on semait ta route. Ton nom, à l'égal des noms les plus illustres, était dans toutes les bouches. Tu as eu, à tes pieds charmans, je ne sais combien d'espèces de rois : rois des peuples, rois de l'argent, rois de l'intelligence, rois des arts, et, pendant six mois, j'ai été, disais-tu, *ton maître*!...

Adieu à toi, Fanny, bonne et amoureuse fille! Durant *mon règne* éphémère, tu m'as fait hommage de tous les succès; je n'ai qu'un reproche à adresser à ta mémoire, hélas! J'ai reconnu, qu'à moins d'avoir au front une de ces couronnes diverses que tu foulais aux pieds, être l'amant d'une danseuse ou d'une chanteuse en vogue, c'est s'abdiquer soi-même et perdre jusqu'à son nom; on n'est plus soi, on n'est que l'amant de la célèbre ***; ses succès sont les vôtres, mais ses revers sont aussi les vôtres, témoin ce soir, Fanny, où tu avais moins admirablement dansé que de coutume dans le ballet nouveau : aussi m'a-t-il été dit au foyer, très sérieusement, par des habitués de l'Opéra :

— « Mon cher, vous avez été faible le pas de guir» lande, on s'attendait à mieux. Il vous faut au plus tôt, » mon cher, réparer *votre* échec... Pour une immense re» nommée comme la *vôtre*, ne pas progresser, c'est re» culer. Songez à cela, mon cher! »

Adieu à toi, Berthe, dont les aïeux étaient déjà *nommés* du temps de saint Louis; ton nom de fille et ton nom de femme comptaient parmi les plus illustres noms de notre histoire. Tu m'as aimé par caprice, moi par vanité. N'était-elle pas triomphante, cette vanité, lorsque la descendante des anciens preux, la noble épouse d'un des plus grands seigneurs de France, me disait :

— Je t'aime... Parle... ordonne... je suis à toi... comme l'esclave est à son seigneur.

— Moi, votre seigneur ? Oh! madame la duchesse, y pensez-vous? Moi, qui ai pour aïeux des échevins et des prévôts des marchands, moi, votre seigneur! Et vous prononcez ces paroles devant je ne sais combien d'aïeux et d'aïeules à la mine orgueilleuse, farouche ou austère, dont les portraits ornent votre salon ! Ici, des hauts barons, des sénéchaux, des connétables, des cardinaux, des maréchaux; là, des abbesses, des amirales, des connétables et des maréchales... Aussi, en te serrant dans mes bras, ô Berthe! il me semblait que, du haut de leurs cadres blasonnés, dix siècles de notre histoire nous contemplaient!

Adieu! lettres satinées, timbrées d'une couronne ducale! adieu, ce *las* d'amour fait de tes cheveux noirs, ô Berthe, et dont les attaches d'or, par une remémorance d'antique chevalerie, avaient été, selon ton vœu, rivées en *emprise* à l'entour de mon poignet pour l'éternité; et elle a duré ce que dure l'éternité des amours. Adieu donc, Berthe, adieu à toi!

Adieu à toi, Césarine... la belle, la passionnée! Mais à ce souvenir mon cœur se serre, s'attriste. Deux années se sont passées depuis la mort d'Hyacinthe; et je ne puis me rappeler cet amour sans une tristesse amère.

Pauvre Hyacinthe! cœur angélique, âme délicate et charmante, esprit enchanteur! comme nous disions avec Césarine.

Tout à l'heure, en brûlant tes lettres, j'ai retrouvé ce vélin, déjà un peu jauni par les années, où tu avais écrit pour moi dans notre adolescence, pauvre Hyacinthe ! ce tendre et naïf apologue du *Roitelet et du Faucon*.

Hélas! toi seul as tenu ton serment... *Le petit roitelet a aimé son ami jusqu'à la mort.*

. . . .

Qu'est devenue Césarine et mon enfant, je l'ignore; pendant un mois mes recherches ont été vaines... puis je suis parti pour l'Italie.

. . . .

Le souvenir de ma liaison avec Césarine m'a engagé à relire les pages du journal écrit par moi à cette époque.

De cette lecture, il résulte que je m'applaudis de plus en plus, et pour moi et pour Césarine, de n'avoir pas accompli la promesse faite à Hyacinthe mourant...

Avec mes doutes, le caractère et la nature de Césarine, quel enfer eût été notre mariage! Je lui aurais fait sans doute des infidélités nombreuses... et aujourd'hui, j'éprouverais la même satiété... le même épuisement du cœur et des sens...

Et alors, par quels entraînemens, par quels désordres cette femme emportée n'aurait-elle pas répondu à mon inconduite?

Aujourd'hui que ma jeunesse est usée, aujourd'hui que mon seul désir est de passer mon âge mûr et ma vieillesse avec une femme près de qui je trouve repos, bonheur et sécurité, je serais donc à jamais enchaîné à Césarine... ou bien séparé d'elle, mais inapte à me marier, et forcé de chercher dans une union bâtarde le calme et les soins dont j'ai tant besoin?

En relisant le journal d'autrefois, où je me reproche amèrement mon indigne abus de confiance envers Hyacinthe, trahison que j'avais tenté de masquer sous des paradoxes, je retrouve ce passage: « *Qui sait, enfin! peut-* » *être, moi aussi, je me marierai un jour? De quel terrible* » *à propos ces pages de ma vie de garçon deviendraient* » *alors!* »

Je me demande en vain le sens que ma pensée attachait alors à ces mots prophétiques.

Voulais-je dire qu'ayant trompé Hyacinthe, je n'aurais pas le droit de me plaindre si j'étais trompé à mon tour?

Ceci est spécieux, mais très faux; le mal que l'on a fait ne légitime pas le mal que l'on vous fait; la vie n'est pas, heureusement, un échange de représailles; la justice, l'équité, la morale ont des droits éternels.

J'ai abusé de la confiance d'Hyacinthe, c'est un tort, je le confesse; je l'ai expié par d'amers regrets; mais quelle qu'ait été ma conduite passée, quel que soit le nombre des maris que j'ai trompés, je serais dans mon droit de me montrer sensible, plus sensible que personne à un outrage conjugal; j'en voudrais tirer une éclatante vengeance.

Et d'ailleurs, je me marie avec la ferme assurance de rester fidèle à ma femme; que ce soit par devoir ou par satiété, peu importe: j'ai le droit d'exiger une fidélité égale à la mienne, je dirai même supérieure à la mienne, car, évidemment, les mœurs, les habitudes, les lois inexorables de l'humanité, ont creusé un abîme entre la condition de l'homme et celle de la femme.

Cela est si vrai que l'adultère de la femme a pour justicier et exécuteur souverain, sans appel... le mari qui peut punir de mort la coupable... tandis que l'adultère du mari, hors du domicile conjugal, est regardé comme absolument sans conséquence.

Cette légitime différence existe partout: ainsi une jeune fille qui aurait, je suppose, vécu seulement pendant un mois la vie que j'ai menée pendant dix ans, serait à jamais déshonorée, perdue, et, si elle prétendait à un mariage convenable, on n'aurait pas assez de huées pour le ridicule audace de sa prétention. Tandis que tous les gens honnêtes et sensés trouveront, au contraire, parfaitement légitime et sage qu'un homme avec mes antécédens se marie comme je fais.

Bien plus, la famille d'Albine elle-même, grâce aux renseignemens pris par elle auprès des gens les plus recommandables, n'ignore pas mon passé, car, sans être instruite du nombre et du nom de mes maîtresses, elle sait du moins *que j'ai beaucoup aimé*, trop aimé peut-être, et ceci rassure cette famille; elle voit là, avec raison, un gage de sécurité pour l'avenir de sa fille.

Je ne me trompe donc pas en disant que la condition morale des femmes est complétement différente de la nôtre; ce qui est flatteur pour notre réputation d'homme du monde serait mortel à leur réputation d'honnête femme.

Je n'ai donc aucun reproche à me faire, aucun scrupule à ressentir, en épousant une jeune fille dont le cœur est pur et vierge de tout amour, moi dont le cœur est usé par toutes les ivresses de l'âme et des sens.

Je défie le plus rigoriste des hommes de blâmer ma conduite, je le sais, point conforme aux usages, aux mœurs, à la loi et à la religion, car je ne sache pas que l'officier civil ou le prêtre se refusent jamais à consacrer une union parce que le fiancé aura eu plus ou moins de maîtresses.

Et il doit en être ainsi; nous tomberions sans cela dans une épouvantable dissolution de mœurs, dans l'état sauvage; supposez, en effet, que les faiblesses amoureuses de la femme, avant son mariage, soient regardées comme aussi indifférentes que les bonnes fortunes du célibataire? Où irions-nous? droit à *Otahiti*.

Non, non, Dieu merci! il n'y a aucune parité entre la morale qui régit la conduite de la femme et notre morale à nous autres. . . . .

Après ces réflexions, qui non-seulement ont corroboré mes convictions, mais m'ont encore donné la mesure de mes droits, j'ai clos le passé en écrivant les lettres suivantes à mes deux dernières maîtresses, afin d'entrer loyalement dans la vie conjugale et de briser tout autre lien.

« Ma chère Eulalie, vous vous étonniez de mon long » silence. En voici la cause: « JE ME MARIE. »

» Je préfère vous dire la vérité sans détours, sans précautions et aussi sans excuses.

» Je connais la fermeté de votre caractère, la justesse » de votre esprit, je suis donc certain que ma conduite ne » m'attirera aucune récrimination de votre part.

» De toute façon, depuis bientôt dix-huit mois qu'elle » dure, notre liaison devait bientôt toucher à sa fin; vous » m'eussiez quitté pour prendre un autre amant ou pour » vous consacrer tout entière à votre mari et à votre fille; » j'aurais accepté votre décision sans me plaindre... je ne » dis pas sans regrets et sans chagrin.

» Et puis, enfin, je suis arrivé à un âge où il faut que » l'avenir se fixe et se dessine d'une façon honorable et » durable.

» Depuis longtemps, je sentais le besoin d'une vie calme » et régulière; le refroidissement dont vous plaigniez » souvent dans ces derniers temps n'avait pas d'autre » cause.

» Je me félicite de ce que les exigences de la santé de » votre fille vous ont conduite à Vichy; il me sera moins » pénible de vous écrire ma résolution que de vous la faire » connaître de vive voix.

» Votre absence aura ainsi servi de transition naturelle » à notre rupture...

» Adieu, et pour toujours adieu, ma chère Eulalie; j'ai » ce soir tout brûlé, soyez sans inquiétude; l'on peut, » vous le savez, se fier à ma parole; j'ai la prétention fon- » dée, je crois, d'être un galant homme. Cette dernière » vous parviendra comme toujours, sous le couvert de vo- » tre femme de chambre; ne me répondez pas, je vous » prie, car, lorsque vous lirez ceci, je serai marié... et loin » de Paris que je quitte. Vous comprendrez d'ailleurs » qu'une lettre de vous, pouvant s'égarer, risquerait de » jeter le trouble ou la méfiance dans une union qui » doit assurer le repos et le bonheur de ma vie.

» Toujours à vous *quand même*.
» F. D. »

En outre de cette maîtresse *en titre*, comme on dit, j'avais depuis quelque temps enlevé à sa boutique de parfumerie une charmante petite fille, dont la mine friponne, le corsage agaçant, et surtout les magnifiques cheveux roux, avaient été le dernier caprice de ma jeunesse expirante.

J'écrivis cette seconde lettre à mademoiselle Mariette Hubert :

« Chère enfant, tu trouveras ci-joint six. billets de mille
» francs ; je te laisse un joli mobilier, de l'argenterie, des
» bijoux ; joins à cela de la conduite, et tu pourras tran-
» quille attendre des temps meilleurs.

» Des raisons inutiles à t'expliquer m'obligent à te quit-
» ter et à te rendre à la liberté de faire le plus d'heureux
» possible... Si tu es raisonnable... si tu ne cherches pas
» à me voir, tu peux compter sur un nouveau souvenir
» de moi (six autres billets de mille francs) d'ici à peu de
» temps... Si, au contraire, tu tentais de me revoir, je te
» retire le mobilier (le bail étant à mon nom), et jamais tu
» n'entendras parler de moi.

» Prends donc le meilleur parti, celui d'être ce que tu
» as toujours été, *une bonne petite fille*, et tout ira pour le
» mieux.

» Adieu, chère enfant.
» F. D. »

. . . .

Huit jours après cette soirée des *Cendres*, j'étais marié à Albine Chevrier.

XXIX

Septembre 1828.

Depuis hier... je suis marié.

Je trouve très utile, pour le présent et pour l'avenir, de continuer ce journal commencé pendant ma vie de garçon.

Il ne faut pas se le dissimuler, telle soit la confiance méritée que l'on ait dans sa femme, il est toujours essentiel de savoir, autant que possible, tous ses actes, toutes ses pensées, afin de pénétrer à fond, et de régler notre conduite sur la sienne.

Cette connaissance approfondie de la vie d'une femme ne peut s'acquérir que par une constante et minutieuse observation. Or, si l'observateur, tel attentif qu'il soit, se fie seulement à sa mémoire, ses remarques d'aujourd'hui, ou ses impressions d'hier, seront demain oubliées ou confondues dans son esprit, tandis que notant, au contraire, immédiatement les choses dont nous sommes frappés, ces souvenirs, placés comme autant de points de repère, vous servent, à un moment donné, de fil conducteur pour découvrir la vérité lorsqu'il est de notre intérêt de la connaître. Presque toujours du présent s'expliquent par la connaissance du passé; aussi, remontant des effets aux causes, grâce à mon *memorandum*, je ferai comme ces marins qui, au moyen de leur livre de *loch*, où sont consignées toutes les observations recueillies durant le voyage, se rendent toujours un compte rigoureusement exact de leur situation présente.

Ainsi, ce mémorandum, commencé il y a deux ans, dans un but de comparaison et de curiosité frivole, doit être le *vade mecum* ou, comme disent les marins, le livre de *loch* de ma vie conjugale; c'est donc pour moi un impérieux devoir de le continuer.

. . . .

Hier soir, après un long et insupportable dîner, avant-dernier acte d'une journée de mariage, Albine, accompagnée de sa mère, est venue passer sa première nuit chez moi. Ce matin, à midi, nous partons pour ma terre du Berri.

Madame Chevrier, ma belle-mère, après avoir une dernière fois embrassé sa fille, l'a conduite et laissée dans la chambre nuptiale où je devais aller bientôt la rejoindre.

J'ai entendu de soi-disant *philosophes* se révolter de ceci :
» A savoir que l'une des monstrueuses conséquences des
» mariages de *convenance* (formant, après tout, la majorité
» des unions conjugales) était de jeter brusquement dans

» les bras d'un homme une jeune fille qui, la veille, qui
» une heure avant cet abandon forcé de tout elle-même,
» osait à peine, selon les principes de son éducation, arrê-
» ter ses regards sur ce même homme.

Les susdits philosophes voient dans cette soudaine conclusion du mariage une barbarie et une impudicité révoltante; ils peignent la chasteté d'une jeune fille émue, tremblante, remplie d'angoisse, souvent de frayeur, à cette pensée que ce voile de pudeur, dont elle s'enveloppait même aux yeux d'une sœur ou d'une compagne, va être grossièrement déchiré au nom de son droit d'époux par un homme à peu près inconnu,

De ces *monstruosités* signalées par eux, les susdits philosophes concluent et affirment qu'à partir de leur nuit de noces, beaucoup de femmes éprouvent pour leur mari un éloignement, un dégoût, même une aversion insurmontable; et que telle est souvent la cause des adultères qui déshonorent tant de ménages.

A mon avis, ces philosophes raisonnent comme des... philosophes qu'ils sont...

Le mariage n'est pas du tout un lien ou un prétexte de plaisirs amoureux.

Le mariage est une vie de devoirs austères et de sacrifices, surtout de la part de la femme: témoin la maternité, qui ne s'accomplit qu'au milieu de douleurs atroces, et qui exige une abnégation continuelle.

Je ne m'étonne donc pas, je m'applaudis presque de la morne indignation qu'Albine m'a témoignée ce matin par un sombre et dédaigneux silence, lorsque je l'ai quittée. A voir sa douloureuse confusion, son muet désespoir, on eût dit qu'elle avait à me reprocher un outrage infâme; mais ce ressentiment passager oublié, elle ne verra plus en moi que l'ami, que le frère, que le compagnon sérieux de sa vie sérieuse. Mon but aura été atteint; et ses occupations de maîtresse de maison, les soins qu'elle me donnera, ses pratiques fréquentes de dévotion, feront d'elle la plus raisonnable, la plus honnête femme du monde.

. . . .

La prudence et mon expérience des femmes m'ont conseillé une mesure futile en apparence, et cependant fort importante.

J'ai donné à Albine une femme de chambre choisie et éprouvée par moi: elle se nomme madame Claude. Elle a toujours servi dans d'excellentes maisons, entre autres chez madame la duchesse de***, une ancienne maîtresse à moi, où je l'ai connue et appréciée; elle a quarante-cinq ans; elle est très laide, très intéressée, mais aussi souple qu'insinuante et adroite. Il y a huit jours, elle a su se faire agréer et accepter par Albine et par sa mère. J'étais, bien entendu, censé absolument étranger à cette démarche, convenue d'avance entre moi et madame Claude; aussi, pour mieux cacher mon jeu, j'ai paru peu enthousiasmé du choix d'Albine, me récriant sur l'âge et sur la disgracieuse figure de sa nouvelle femme de chambre; à quoi madame Chevrier m'a sagement répondu, à la grande satisfaction de sa fille, — « Que l'on devait être plus en
» confiance et en sécurité avec une femme de chambre
» d'un âge mûr et d'un extérieur peu attrayant qu'avec
» une jolie fille souvent étourdie et disposée à se laisser
» conter fleurette; » j'ai paru céder à ses raisons, tout en continuant de me montrer d'une grande froideur envers madame Claude, ma créature dévouée.

J'ai vu tant de femmes de chambre posséder les amoureux secrets de leurs maîtresses ; cette complicité (bien qu'elle ait ses dangers) aplanit tant de difficultés, permet tant de secrets, et concourt enfin tellement au stupide aveuglement du mari, que j'ai fait acte de haute prudence en attachant madame Claude au service de ma femme.

Certes, je suis loin de croire Albine capable de jamais me tromper; je ne l'aurais pas épousée sans cette foi en elle. Nous devons vivre à la campagne, dans une solitude à peu près complète. Je suis très observateur, et je ne crois pas avoir été jamais trahi par une femme, si rusée, si fourbe qu'elle ait été, sans avoir pressenti ou deviné la trahison; mais enfin, il vaut toujours mieux, pour mille raisons, mettre dans l'intimité domestique de ma femme quelqu'un à ma dévotion.

Puis, avec son éducation bourgeoise (dont je suis enchanté) Albine devra être assez familière avec sa camériste; l'isolement où nous vivrons augmentera forcément cette familiarité. Or, madame Claude est si insinuante que je ne lui donne pas un mois pour avoir gagné la confiance absolue de sa maîtresse.

J'aurai pour maître-d'hôtel et homme de confiance mon valet de chambre Dupin, homme intelligent, sûr, discret, et qui est à mon service depuis dix ans, pendant lesquels il m'a donné les preuves du plus entier dévoûment; lui et madame Claude surveilleront les autres domestiques qui ne sont pas de notre service intime.

Je ne doute pas de l'avenir, je suis certain de trouver le bonheur dans cette union, grâce à la manière dont je comprends le mariage; cependant, s'il en devait être autrement, j'aurai du moins la conscience, en relisant ces lignes et celles que j'écrirai de nouveau, d'avoir pris toutes les sages précautions, toutes les prudentes mesures que l'expérience de la vie et que la connaissance des femmes peuvent suggérer à un homme.

. . . .

Orléans. — Septembre 1828.

Ce matin, nous sommes partis en poste, Albine et moi, dans mon coupé de voyage; Dupin et madame Claude dans le cabriolet de derrière. Je viens de conduire ma femme dans l'une des deux chambres que j'ai demandées à l'auberge. Me voici chez moi.

Rappelons-nous bien les souvenirs de cette journée; ils sont intéressans et significatifs.

Monsieur et madame Chevrier sont venus déjeuner ce matin chez moi, pour faire leurs adieux à leur fille; ils ont encore très cordialement insisté sur leur désir de venir nous rejoindre très prochainement à *La Riballière;* je me suis défendu non moins cordialement contre leur insistance, objectant et exagérant outre mesure le délabrement du château, affirmant que ma femme et moi nous aurions à peine deux chambres comfortables, en attendant que l'habitation fût remeublée.

Quoique plausible, l'excuse n'a été cependant acceptée qu'à grand'peine; mon sot beau-père faisant le rustique, le grognard, rappelait d'un air capable qu'il avait suivi l'armée lors de la campagne de Prusse, en 1812, comme munitionnaire général, et parlait de bivouaquer n'importe où; tandis que ma chère belle-mère, non moins héroïque (elle avait rejoint son mari à Breslau, pendant la guerre), devait se contenter de la moindre mansarde. Je me suis rabattu sur mon affectueux respect, qui à aucun prix ne me permettait de recevoir les parens de ma femme d'une manière indigne d'eux; aussi étais-je bien décidé à ne leur faire les honneurs de La Riballière que lorsqu'ils pourraient y être logés convenablement.

Pendant le déjeuner, Albine a été morne et silencieuse, ses yeux fuyaient les miens; deux ou trois fois je me suis aperçu qu'elle contenait ses larmes prêtes à couler.

A onze heures, le bruit des chevaux de poste entrant dans la cour a donné le signal des adieux. Les adieux ont été entre Albine, sa mère et son père, ce que sont toujours ces adieux, mêlés de larmes, d'embrassemens, de protestations de tendresse, de promesses de s'écrire et de se revoir le plus tôt possible. J'éprouvais, je l'avoue, beaucoup moins d'attendrissement que d'impatience de voir le terme de cette scène, et de me sentir en libre possession de ma femme.

Dieu merci, au bout de dix minutes, la portière de la voiture s'est refermée sur nous, et Dupin, montant sur son siége, a dit aux postillons : « Route d'Orléans, cinquante sous de guide... et bon train!» Les quatre chevaux sont partis rapidement. Albine s'est encore penchée une fois à la portière, afin d'adresser du geste un dernier adieu à son père et à sa mère; puis elle s'est rejetée dans le fond de la voiture, en fondant en larmes et en cachant sa figure dans son mouchoir.

C'est ainsi que je t'ai quitté, ô Paris! Toi si longtemps le centre de mes plaisirs, la ville dorée de ma jeunesse, je t'abandonne pour toujours et sans regret, de même que le comédien, sentant le déclin de son talent, abandonne sagement le théâtre où il a longtemps brillé.

. . . .

Albine pleurait toujours, je la laissai à son silence et à ses larmes jusqu'après notre second relai.

Je m'attendais au chagrin d'Albine, je voulus le laisser s'épancher et s'user.

Cette séparation devait être pénible sans doute pour ma femme, quoique son père et sa mère ne fussent pas de ces pères et mères qui inspirent une idolâtrie légitime; il y avait entre leur fille et eux cet échange de tendresse banale résultant plutôt de l'éducation et de l'habitude que de ces affections profondes, motivées par une tendresse à la fois intelligente et passionnée, ou par ces dévoûmens sublimes qui parfois élèvent si haut le sentiment familial.

De plus, le chagrin d'Albine se compliquait de ses divers ressentimens contre moi, au sujet de notre nuit de noces. Avant notre départ, j'avais eu le temps de demander à madame Claude ce qu'elle avait observé dans la physionomie de sa maîtresse pendant le temps où son service l'avait retenue seule auprès de ma femme.

Voici la réponse de madame Claude :

« Quand je suis entrée chez madame, elle était en robe
» de chambre, assise dans un fauteuil, ses coudes appuyés
» sur ses genoux, son front dans ses mains, immobile
» comme une statue; elle n'a pas bougé lorsqu'elle m'a
» vue.
» — Madame veut-elle s'habiller? — lui ai-je dit. — Je
» me permets de rappeler à madame qu'elle doit partir à
» onze heures avec monsieur, et qu'il est déjà neuf heu-
» res.
» Madame n'a pas paru m'avoir entendue, car elle est
» restée assez longtemps sans me répondre; puis elle m'a
» dit, comme si elle se fût réveillée en sursaut :
» — Ma bonne madame Claude, est-ce que vous avez
» une fille?
» — Je croyais avoir déjà eu l'honneur de dire à madame
» que j'étais veuve et sans enfans...
» — Tant mieux pour vous, ma pauvre madame Claude,
» car, si vous aviez eu une fille... vous l'auriez mariée,
» sans doute?
» — Oui, madame; car, à en juger par madame... le
» mariage, c'est le bonheur...
» —Certainement, madame Claude,—m'a répondu madame
» avec un sourire d'une tristesse dont je ne peux donner
» idée à monsieur.— Certainement, c'est le bonheur...
» Et jusqu'au moment où la mère de madame est en-
» trée dans la chambre où toutes deux sont restées seu-
« les, madame ne m'a pas dit un mot pendant que je l'ha-
» billais; elle était comme affolée, elle ne semblait pas
» dans son état naturel; aussi, je n'ai pas osé adresser la
» parole à madame, de crainte de l'importuner et de la
» mettre en défiance de moi. »

Ce récit de madame Claude a confirmé mes prévisions et mes espérances; je me basai sur cette conviction pour avoir avec ma femme l'entretien suivant, lorsque, deux heures après notre départ de Paris, je rompis le silence que nous avions gardé jusqu'alors.

XXX

Tel a été notre entretien :

— Ma chère Albine, — dis-je à ma femme, — je comprends si bien le chagrin que doit vous causer votre séparation d'avec vos excellens parens... que je n'ai ni voulu, ni osé, depuis notre départ, interrompu vos tristes pensées.

ALBINE.

Je vous remercie... monsieur, de votre discrétion.

MOI.

Monsieur... Cela est bien cérémonieux, ma chère Albine...

ALBINE.

Je ne vous appelais pas autrement hier. Ce n'est pas ma faute, mais il m'est impossible de me familiariser plus vite.

MOI.

Je m'explique parfaitement votre réserve, ma chère amie; permettez-moi seulement de ne pas l'imiter, et de ne pas vous appeler madame.

ALBINE, avec un sourire amer, après un moment de silence.

Ma permission! C'est une plaisanterie, monsieur! D'ailleurs, appelez-moi comme vous voudrez.

MOI.

J'ai tant d'affection pour vous, chère Albine, que je devine le fond de votre pensée.

ALBINE.

Tant pis pour vous, monsieur.

MOI.

Avant-hier encore, sans être davantage familiarisée avec moi, vous m'appeliez monsieur Fernand; vous paraissiez satisfaite; nous parlions en toute confiance de nos projets, et, sauf le chagrin très naturel que devait vous inspirer la pensée de quitter vos chers parens, ce voyage que nous faisons à cette heure ne semblait pas devoir vous déplaire?

ALBINE.

Il est vrai, monsieur... mais avant-hier.

MOI.

Avant-hier, je n'étais que votre fiancé, et aujourd'hui *je suis votre mari*... Voilà mon crime, n'est-ce pas? Vous ne me répondez rien? J'ai deviné juste... Eh bien! je vous promets que ce soir, à l'auberge comme plus tard chez vous, nos appartemens, quoique voisins, seront désormais séparés...

Ma femme m'avait silencieusement écouté, la tête baissée sous son voile, brusquement abattu par elle, pour me cacher sans doute son embarras et sa pénible confusion; mais lorsque je lui eus promis qu'à l'avenir nos appartemens seraient séparés, elle tressaillit, releva la tête; la sombre et amère expression qui jusque là avait contracté ses traits s'effaça peu à peu, et elle me dit d'une voix légèrement altérée:

— Vous me promettez que toujours nos appartemens seront séparés?

MOI.

Je vous le jure,

ALBINE.

Que jamais vous n'entrerez chez moi, la nuit?

MOI.

Jamais.

ALBINE.

Réfléchissez à votre promesse; car, je vous le jure à mon tour, je me tuerais plutôt!

MOI.

Je vous en conjure, fiez-vous à ma parole.

ALBINE, après un long silence.

Alors je tâcherai d'oublier.

MOI.

Et vous oublierez, chère Albine; vos ressentimens contre moi ne seront que passagers. Je vous en conjure à

mon tour. Laissez moi espérer que l'ami le plus sincère, que le frère le plus dévoué, vous feront oublier le mari, l'*homme*, enfin...

ALBINE, d'une voix touchante.

Vous m'avez promis de m'épargner désormais le cruel embarras que me cause un pareil entretien... Tenez votre parole, et je tâcherai de vous prouver de mon mieux ma reconnaissance.

MOI.

Je vous jure de tenir ma parole.

ALBINE.

Je vous crois; j'ai besoin de vous croire, car je me sens triste à la mort (pleurant)... oh! oui... triste à mourir.

MOI.

De grâce, calmez-vous. Pourquoi ces larmes?

ALBINE.

Je vous ai promis d'être reconnaissante. Je vous le prouve déjà en ne cherchant pas à cacher mes larmes.

MOI.

En effet, rien ne me plaît tant que la sincérité. Mais, encore une fois, ma chère amie, d'où vient cette accablante tristesse? Je ne parle pas de votre regret de quitter vos parens; il est aussi légitime qu'honorable pour votre cœur.

ALBINE.

Aussi n'est-ce pas seulement cette séparation qui m'accable.

MOI.

Quoi donc alors? Ces derniers jours vous paraissiez satisfaite de notre voyage.

ALBINE.

C'est vrai... et maintenant...

MOI.

Maintenant?

ALBINE, les larmes aux yeux et se tournant vers moi les mains jointes.

Monsieur Fernand, je vous en supplie, soyez bon pour moi; je me sens si seule... si isolée... depuis que j'ai quitté mon père et ma mère.

MOI.

Ne suis-je pas là... près de vous?

ALBINE.

Oui, mais je vous connais si peu.

MOI.

Pendant plus d'un grand mois, cependant, je vous ai vue presque chaque jour chez vous.

ALBINE.

Mais toujours en présence de mes parens; puis enfin, et cela est tout naturel, vous ne disiez que ce que vous vouliez dire; peut-être aussi est-ce faute de pénétration de ma part ou concentration habituelle chez vous; mais enfin, me voici votre femme, ma vie est à jamais liée à la vôtre, vous pourrez faire de moi ce que vous voudrez, car je n'ai aucune défense, et je me sens auprès de vous comme auprès d'un étranger...

MOI.

Parlons en confiance; depuis quinze jours, n'avez-vous pas dû vous habituer à la pensée de ce voyage, de cet isolement, comme vous dites?

ALBINE.

Que voulez-vous?... Du moins j'étais encore dans ma famille; et alors, mon ignorance même des lieux où nous allons nous établir... pour deux mois, n'est-ce pas, monsieur Fernand?

MOI.

Sans doute... sans doute... Mais continuez.

ALBINE.

Eh bien! j'étais curieuse de voir le château où nous nous

rendons ; mais aujourd'hui je me sens profondément triste... Je suis comme quelqu'un qui va... sans savoir où il va.

MOI.

Je vais vous le dire, chère Albine, car je conçois parfaitement l'espèce d'inquiétude dont vous êtes agitée... En deux mots voici où vous allez ; en d'autres termes, voici quelle sera notre vie de chaque jour... et une fois que vous saurez cela, vous pourrez envisager notre commune existence d'un bout à l'autre, car elle sera jusqu'à la fin telle que je vais vous la peindre.

ALBINE.

Je vous écoute, monsieur Fernand.

MOI.

Quant à la description du château, elle est inutile ; vous le verrez : c'est un lieu très beau, très pittoresque et très salubre ; son intérieur vous paraîtra sans doute d'un aspect un peu sévère, car il est demeuré meublé à l'ancienne mode, comme il était du temps de ma grand'mère, mais, si vous le désirez, il sera complètement remeublé à la moderne. Quant à la vie que nous y mènerons, la voici : Je me lèverai à huit heures précises, car l'on m'a surtout ordonné une vie extrêmement régulière.

ALBINE.

On vous a ordonné cela ?

MOI.

Oui... les médecins.

ALBINE.

Vous êtes donc malade, monsieur Fernand ?

MOI.

Pas précisément, ma chère Albine ; mais j'ai hérité de ma pauvre mère d'une santé assez délicate ; j'ai besoin de grands soins, de grands ménagemens, et pour les soins... j'ai compté sur votre attachement, ma chère Albine.

ALBINE.

Je ferai mon devoir.

MOI.

Je me lèverai donc à huit heures précises... Je dois prendre chaque jour une tasse de lait d'ânesse, et il me semblerait plus salubre si je le recevais de votre chère main.

ALBINE.

Il en sera ainsi que vous le désirez.

MOI.

Que vous êtes bonne, merci ; après mon lait d'ânesse, je resterai une demi-heure couché ; puis, selon le temps, ou j'irai me promener jusqu'au déjeuner, ou je m'entretiendrai de mes affaires avec mon régisseur ; pendant la matinée, si vous m'en croyez, chère amie, vous irez entendre chaque jour une messe basse à l'église du village, après quoi vous donnerez un coup d'œil aux différens services de votre maison.

ALBINE.

Une messe basse tous les jours ?

MOI.

Rien de plus facile et de plus commode ; quand la chapelle sera construite, vous vous y rendrez de plain-pied par votre oratoire ; en attendant, on vous conduira en voiture à l'église, à moins que dans le beau temps vous ne préfériez y aller à pied.

ALBINE.

Je ne parle pas du plus ou du moins de facilité pour aller à l'église, monsieur Fernand, mais il me semble suffisant d'aller à la messe tous les dimanches, comme tout le monde.

MOI.

Ma chère Albine, croyez-moi, l'on ne saurait trop muliplier les pratiques pieuses ; en outre que l'on y puise chaque jour de nouvelles forces pour accomplir ses devoirs, c'est encore d'un excellent exemple pour une maison. pour le voisinage, et enfin, s'il faut vous parler de moi, j'attache, bien entendu dans votre intérêt, la plus grande importance à ce que votre vie soit exemplairement religieuse. A onze heures, nous déjeunerons. Après déjeuner, je m'occuperai encore de mes affaires d'agriculture, auxquelles je veux donner une très grande extension ; à quatre heures, nous ferons une longue promenade à pied ou en voiture, selon votre goût ; puis, nous rentrerons pour dîner à sept heures ; après dîner, vous serez assez bonne pour me lire quelques journaux, puis, tout en prenant le thé, nous ferons une petite partie de billard jusqu'à dix heures ; c'est un exercice doux et salutaire que l'on m'a aussi recommandé ; enfin, à dix heures sonnant, je vous conduis à votre appartement, et je rentre dans le mien... Voici, ma chère amie, sauf quelques modifications apportées à notre existence par les saisons, ou le temps de la chasse, que j'aime passionnément, mais à laquelle je ne dois me livrer qu'avec modération jusqu'à mon complet rétablissement ; voici, dis-je, quelle doit être invariablement notre existence... Ainsi, maintenant, n'est-ce pas, vous savez où vous allez ?

ALBINE.

Oui, monsieur Fernand... Mais cette vie de campagne ne durera cette année que jusqu'à la fin de décembre, au plus tard, n'est-ce pas ? et ensuite, nous en sommes convenus, nous passerons au moins tous les ans sept ou huit mois à Paris ?

MOI.

Vous aimez donc beaucoup Paris ?

ALBINE.

Oh ! beaucoup. C'est tout simple, j'y ai mon père, ma mère, quelques amies de pension ; et puis enfin, Paris, c'est autrement gai que la campagne.

MOI.

Vous pouvez être certaine, ma chère amie, que mes désirs seront toujours d'accord avec les vôtres. Mais je gagerais que, lorsque vous aurez goûté de notre bonne et paisible vie de La Riballière, vous ne voudrez plus entendre parler de Paris.

ALBINE.

Monsieur Fernand... je ne crois pas cela.

MOI.

Vous verrez...

ALBINE.

Je suis certaine de ce que je vous dis.

MOI.

Je pourrais vous répondre la même chose, mais, je vous le répète, attendez. Essayez, et vous verrez !

ALBINE.

Nous verrons ; mais si, comme je n'en doute pas... je préfère passer la plus grande partie du temps à Paris... il en sera ainsi, vous me l'avez promis.

MOI.

Certainement... à moins... ce qui n'est heureusement pas vraisemblable, à moins que ma santé ne me retienne à La Riballière, car les médecins m'ont surtout recommandé la vie et l'air de la campagne... or, vous ne voudriez pas risquer ma santé pour un voyage de Paris... Et puis, enfin, voyons : que trouvez-vous donc de si attrayant dans votre Paris ?

ALBINE.

Je vous l'ai dit, j'ai à Paris ma famille et des amies ; puis il y a beaucoup de plaisirs que je ne connais pas ; nous vivions assez retirés... sans grandes distractions, et, je vous l'avoue, monsieur Fernand, j'aimerais beaucoup, par exemple, à aller quelquefois au bal, à l'Opéra, aux Italiens, à voir de belles fêtes... que sais-je ! ! !

MOI.

Ah ! ma chère amie, vous avez bien raison de dire :

«Que sais-je ! » car vous n'envieriez pas tous ces plaisirs-là, si vous saviez combien ils sont vains et fastidieux.

ALBINE.

Pour en sentir la vanité, du moins faudrait-il les connaître...

MOI.

Mais je les connais, moi, ma pauvre amie ! je les connais trop, et je puis vous en parler aussi, croyez-moi ; les dédaigner, c'est s'épargner d'ennuyeuses déceptions.

ALBINE.

Le bal, les fêtes, l'Opéra, les soirées ! vous avez toujours trouvé cela ennuyeux, monsieur Fernand ? Voyons, la main sur la conscience, cela ne vous a jamais amusé ?

MOI.

La désillusion n'a pas été du moins longue à venir.

ALBINE.

Tout ce que je vous demande, c'est de me donner le temps de me désillusionner.

MOI.

A la bonne heure, je vous aurai prévenue, je n'aurai pas de reproches à me faire.

ALBINE.

Allons, votre promesse me donnera du courage pour le temps de notre séjour à La Riballière.

MOI.

Du courage pour mener cette vie si calme, si douce !

ALBINE.

Peut-être me paraîtra-t-elle ainsi, je le désire... je l'espère ; mais enfin jusqu'ici...

MOI.

Jusqu'ici ?

ALBINE.

Vous voulez que je sois franche, n'est-ce pas ?

MOI.

Assurément.

ALBINE.

Eh bien ! la vie que nous mènerons dans votre château ne me semble pas devoir être... énormément amusante.

MOI.

Qu'appelez-vous amusante ?

ALBINE.

Enfin... nous ne verrons jamais personne ; nous vivrons là comme des loups ?

MOI.

D'abord, ma chère Albine, je crois que nous sommes parfaitement capables de nous suffire l'un à l'autre ; mais nous aurons forcément quelques relations de voisinage.

ALBINE.

C'est déjà quelque chose. Vous ne m'aviez rien dit de cela.

MOI.

Par une raison fort simple, c'est que nous ne pourrons songer à ces visites que lorsque ma santé sera complètement rétablie ; si l'on vient chez nous, il faudrait aller chez les autres, et cela amènerait, pour moi, des écarts de régime que je dois surtout éviter.

ALBINE.

Alors nous remettrons nos visites du voisinage à l'an prochain, lorque nous reviendrons de Paris ?

MOI.

Sans doute... Eh bien ! maintenant, chère amie, êtes-vous un peu rassurée sur ce terrible voyage, ayant pour but cette terrible vie de château ?

ALBINE.

Oui, monsieur Fernand... je commence à m'y faire, et puis... la raison... Et puis, enfin, cela ne peut être autre-

ment ; je dois donc prendre bravement mon parti ; car enfin, qu'est-ce que je demande, moi ? A être heureuse sans nuire à votre bonheur, à vous... En y mettant chacun un peu du nôtre, nous pourrons arranger notre vie le mieux possible, n'est-ce pas ?

MOI.

Sans aucun doute.

ALBINE.

Je ferai tout ce qui dépendra de moi pour ne vous contrarier en rien, et si quelque fois je me trouve en désaccord avec vous, ne vous fâchez pas, rappelez-vous seulement que j'ai dix-huit ans, et ne m'en veuillez pas si j'ai les goûts, les idées de mon âge. Quand vous aurez à me reprendre, par'ez-moi raison, avec douceur, avec indulgence, vous ferez de moi tout ce que vous voudrez, monsieur Fernand... Vous voyez, je suis franche, je vous donne mon secret...

MOI.

Et je vais vous donner le mien pour ne pas être en reste avec vous, chère Albine. Ecoutez mes conseils, ils seront toujours ceux de votre meilleur, de votre plus sincère ami. Soyez surtout sincère envers moi, au risque même de me déplaire passagèrement, et, à votre tour, vous ferez de moi tout ce que vous voudrez. Est-ce entendu ?

ALBINE.

C'est entendu, monsieur Fernand.

Notre entretien dura sur ce ton amical jusqu'ici. Après souper, j'ai conduit ma femme à sa chambre, et je suis revenu ici dans la mienne, où j'écris ces lignes.

. . . .

Je viens de relire avec attention mon premier entretien sérieux avec Albine ; c'est bien cela, je n'ai rien oublié. Somme toute, je suis très content de ma femme ; c'est absolument ainsi que je l'avais jugée : beaucoup de douceur, de timidité, peu d'esprit, pas de volontés ; car je ne peux prendre pour des volontés cette velléité naturelle aux jeunes filles d'aller au bal, à l'Opéra, etc, enfin de *s'amuser*, comme elles disent, les ingénues !

Je conçois encore parfaitement que la vie dont j'ai esquissé le tableau à Albine lui semble, au premier aspect, ennuyeuse et monotone ; elle doit en effet paraître ainsi, envisagée au point de vue des fous, qui cherchent le bonheur dans les sots plaisirs du monde ; mais, en réalité, pour les gens sensés, il n'est pas d'existence meilleure, plus saine à l'âme et au corps que celle qui est réservée à ma femme. Que lui manque-t-il ? N'aura-t-elle pas un beau château ! un parc superbe, une bonne table, des chevaux et des voitures à ses ordres ; la libre disposition de vingt-cinq louis par mois pour ses fantaisies et ses aumônes, un mari paternel, et la considération de tous, si, comme j'en suis certain, elle la mérite ?

Quant à la demande d'Albine d'aller souvent et longtemps à Paris, c'est un caprice de jeune fille, auquel je ne suis aucunement obligé de soumettre mes raisons de santé, de goût, de préférence ; mais je n'aurai pas besoin d'user de mon *veto* pour couper court à ces fantaisies mondaines.

J'ai la conviction profonde qu'Albine peu à peu, et sans s'en apercevoir, subira l'influence engourdissante, atonique, de cette vie calme, réglée comme celle du cloître. Certes, pendant les premiers temps, et j'y compte, elle entendra encore, quoique affaibli déjà, l'écho des plaisirs et des fêtes que rêve sa jeunesse ; mais peu à peu elle tombera dans une douce et molle torpeur. Qu'elle devienne (j'y tâcherai et j'y réussirai) *gourmande et dévote*, avant trois mois elle ne comprendra pas d'autre vie que celle qui à cette heure lui paraît le comble de l'ennui.

Et alors mon but sera complètement atteint, j'aurai une compagne douce, soumise, empressée, heureuse de partager mes goûts ; je pourrai mettre toute confiance en ma femme, dont l'aimable et souriante figure répandra autour de moi un air de vie et de jeunesse. Enfin, elle me fera connaître, je l'espère, les douces joies *de la paternité vraie*, sécurité si rare de nos jours ; je jouirai donc de mon dernier triomphe d'amour-propre, et il couronnera dignement les succès de ma première jeunesse. Véritable triomphe, car après avoir trompé tant de maris, j'aurai épousé une jeune et jolie femme, et je ne serai jamais un mari trompé.

J'interromps ici la continuation de ce journal, pour classer à leur place, et par ordre de dates, plusieurs lettres de ma femme.

Je l'ai déjà dit, longtemps après mon mariage avec Albine, j'eus pour la première fois connaissance d'une assez nombreuse correspondance de sa main, racontant, pour ainsi dire parallèlement à mon journal, mais à son point de vue à elle, les diverses phases de notre union.

Ces lettres complètent trop cruellement l'enseignement que l'on trouvera peut-être dans le récit *expiatoire ;* elles éclairent trop bien certains faits pour que je ne me résigne pas, avec une sorte d'amère satisfaction, à les joindre à ces Mémoires.

Ces fragmens de journal que l'on vient de lire, et qu'après tant d'années je viens de transcrire moi-même avec un douloureux ressentiment, ces fragmens étaient la plus sincère expression de ma pensée d'alors ; je croyais fermement, consciencieusement offrir à Albine toutes les chances de félicité désirable et possible ; mon illusion à ce sujet ne fut égalée que par ma stupeur lorsque de terribles réalités me dévoilèrent mon erreur.

XXXI.

Voici les lettres d'Albine :

Albine à Hermance.

La Ribaillère, octobre 1848.

Enfin, j'ai trouvé le moyen de t'écrire. J'étouffe... Mon pauvre cœur va pouvoir s'épancher.

La dernière fois que j'ai serré ta main et baisé ta joue, ça été le soir où j'ai quitté ce mortel dîner de noces pour me rendre avec ma mère chez mon mari.

Hermance, il est des choses que je ne saurais dire, même à toi, sans mourir de honte... Oserai-je les écrire ?

Je vais essayer...

Non, je n'ai pu continuer... Tout à l'heure ma plume m'est tombée de la main ; vingt fois je l'ai reprise, mais en vain.

Et quand je pense que ma mère... me reprochait comme une immodestie de vouloir porter des manches courtes... et la surveille elle m'avait dit :

« — Albine, si par hasard, en causant avec toi, monsieur » Fernand te voulait prendre la main, ne souffre pas cela... » Ce sont de ces libertés qu'un mari seul peut se permet- » tre avec sa femme... »

Je ne compris pas ce que voulait dire ma mère. Seulement je pensai en moi-même que cette recommandation était inutile : je n'avais pas plus envie de me laisser prendre la main par monsieur Duplessis que je n'avais, comme je te l'ai écrit, *envie de l'embrasser...*

Maintenant, Hermance, tu vas me croire folle ou stupide, puisque, le lendemain de *cette nuit...* je suis partie avec mon mari pour ce château d'où je t'écris ?

Que faire ? N'est-il pas mon *seigneur et maître,* comme m'a dit ma mère ? Ne suis-je pas sa femme ? Ne dois-je pas subir toutes les conséquences du mariage que j'ai eu la malheureuse faiblesse d'accepter ?

Tu te rappelles ce que je t'écrivais : « De guerre lasse, » j'ai consenti à cette union, malgré mes pressentimens, » malgré mon ignorance du caractère de monsieur Fer- » nand ; il serait donc insensé à moi de ne pas tâcher de » tirer le meilleur parti d'un condition, après tout, libre- » ment acceptée par moi... »

Eh bien ! je suis toujours dans les mêmes dispositions ; mes premiers ressentimens calmés, apprenant par ma mère que mon mari avait usé d'un droit, je me dis, il n'y a pas à revenir sur le passé, il me faut donc tâcher de m'arranger le moins désagréablement possible dans ce mariage, ainsi qu'on fait dans une maison incommode, que l'on a eu la maladresse d'acheter.

Cette résignation est le seul parti qui me reste, je le prends ; malgré cette résignation, il est une chose que je ne vaincrai jamais, c'est l'impression de *froid,* de répulsion insurmontable que m'inspire le seul contact de la main de monsieur Duplessis, lorsque chaque soir, en me reconduisant à mon appartement, il me serre les doigts à la mode anglaise, en façon d'adieu et de bonsoir. Tu vois que mon peu d'envie d'embrasser mon mari s'est changée en une répugnance invincible...

Exagération, penseras-tu ?

Non, car je vais tâcher de t'expliquer un des pourquoi de ma répugnance. Tu comprendras, du reste.

Te souviens-tu de la sous-maîtresse des *petites,* à la pension, avec ses cueillettes de feuilles de lierre durant nos promenades au bois de Vincennes ? « Fi ! l'horreur... vas-tu » l'écrier. Est-ce que ton mari... lui aussi... aurait besoin » de feuilles de lierre ? Ah ! ce serait à soulever le cœur. »

— Que veux-tu, Hermance ; il appelle cela un *exutoire,* et prétend que c'est sa santé.

Tout est heur et malheur dans ce monde, ma pauvre amie ; tu te rappelles ce que je te disais de ces maris et de ces femmes qui, selon l'idée que je m'étais faite du mariage, *ne me semblaient pas mariés ?*

Eh bien ! je suis de celles-là.

Hélas ! pour moi comme pour tant d'autres, le mariage n'aura pas été *la fête de ma jeunesse,* fêtée avec un compagnon selon mon cœur, mon âge et mes goûts. Monsieur Duplessis est et sera sans doute toujours pour moi une sorte de tuteur, envers qui je ne serai jamais en confiance. Il me croit et doit me croire mille fois plus sotte que je ne suis ; peu m'importe. Du reste, il est assez bon homme au fond, et facile à vivre, tant que l'on fait ce qu'il veut ; je n'ai ni le courage ni l'envie de lutter ; je me soumets à ses volontés, lui demandant seulement de ne pas me reprendre durement si je m'écarte de la ligne qu'il m'a tracée. Il est convenu entre nous que nous retournerons à Paris à la fin de l'année, cela me fait prendre en patience l'ennui mortel de mon séjour ici ; je dois cependant t'avouer que maintenant c'est seulement de l'ennui que j'éprouve, et c'est un progrès, car d'abord ça été de la terreur... je n'exagère pas. Juges-en par le récit de mon arrivée ici.

Ce jour-là, il tombait une petite pluie fine, le temps était sombre ; nous avons suivi une interminable avenue de marronniers aux feuilles déjà jaunies ; enfin, j'ai aperçu un grand château de briques rouges, à toits d'ardoises, flanqué de grosses tourelles de pierre blanche ; notre voiture a passé sur un pont, car l'habitation est entourée d'eau : nous sommes entrés dans une cour dont les pavés disparaissaient à peu près sous l'herbe ; un vieillard à cheveux blancs (le régisseur) nous attendait au bas du perron ; après l'avoir monté, nous avons traversé un vestibule de pierre, puis trois ou quatre pièces immenses, meublées à l'ancienne mode ; il y faisait humide et froid comme dans une église ; nous sommes arrivés dans une église, puis dans une pièce plus petite et ronde, où il y avait un excellent feu et une table préparée pour le dîner, monsieur Duplessis ayant envoyé à l'avance son cuisinier et d'autres domestiques.

— En attendant que l'on serve, —m'a-t-il dit, — chauffez-vous les pieds, ma chère Albine, puis je vous ferai voir le coup d'œil du parc sur l'autre face du château ; quant à l'intérieur, vous devez déjà reconnaître que j'avais raison de vous dire qu'il fallait tout remeubler à neuf. Dès que je saurai votre goût, on se mettra à l'œuvre ; en deux mois la transformation sera complète. Venez maintenant, chère amie; vous allez du moins convenir que le parc est magnifique.

Le premier aspect de cette demeure me causait un si morne accablement, j'avais le cœur si serré, que je répondis à peine à mon mari par monosyllabes. Après avoir traversé une seconde enfilade d'appartemens, nous sommes sortis sur une large terrasse à balustres de pierre, entourée d'eau comme le château, et formant avant-corps. Un pont aboutissant à cette terrasse conduisait à une pelouse semée çà et là de bouquets d'arbres énormes. Elle s'étendait à perte de vue, et elle était traversée par les courbes d'une rivière dont les eaux venaient entourer la terrasse et baigner les murs du château. A l'extrême horizon, on apercevait des collines et des grands bois. Cette vue était sans doute grandiose, mais elle me parut horriblement triste. La nuit tombait, et tout m'apparaissait à travers un brouillard d'automne.

On vint nous annoncer le dîner. Je regardai monsieur Duplessis manger, puis je prétextai la fatigue de la route pour me retirer chez moi. Mon mari me conduisit dans l'appartement autrefois occupé, me dit-il, par sa grand'-mère. Son appartement, à lui, n'est séparé du mien que par une pièce d'entrée commune; un salon précède ma chambre à coucher. Celle-ci donne sur un cabinet de toilette communiquant à une pièce réservée à ma femme de chambre. Je me sentais accablée; j'avais presque peur; pourtant j'éprouvai le besoin d'être seule. J'envoyai ma femme de chambre dîner, je m'assis au coin du feu, et je fondis en larmes.

Lorsque j'eus bien pleuré, je regardai autour de moi avec une curiosité machinale; cette vaste chambre, faiblement éclairée par deux bougies, était tendue d'une ancienne indienne fond blanc avec des dessins cramoisi, représentant des Chinois occupés à la pêche ou se promenant en palanquin; le lit à baldaquin, les rideaux de deux grandes fenêtres à petits vitrages, étaient de pareille étoffe; un tapis de Turquie couvrait le parquet; et pour compléter cet ameublement de l'ancien temps, on voyait, au-dessus de la petite glace de la cheminée, une peinture verte, rose et bleue, figurant un berger jouant de la musette devant deux bergères et des agneaux frisés.

Aujourd'hui, je suis habituée à ma chambre; elle me plaît même en raison de son caractère antique; mais lorsque je l'habitai pour la première fois, je ne puis te rendre l'impression de tristesse glaciale dont je fus saisie; il me semblait être reléguée aussi loin des pensées, des besoins, des goûts du même âge, que ces vieux meubles étaient loin des modes et des usages d'aujourd'hui.

Je me sentais oppressée, j'avais la tête brûlante; j'ouvris une des fenêtres, elle donnait sur le parc; le vent s'était élevé, il chassait d'épais nuages pluvieux qui passaient devant le pâle croissant de la lune; je ne voyais du parc que les grands bouquets d'arbres se dessinant en noir sur le ciel gris, et le cours blanchâtre de la rivière traversant la prairie.

Te dire, Hermance, les idées navrantes qui me sont venues à l'esprit, pendant une heure que j'ai passée accoudée sur l'appui de ma croisée, le visage fouetté par la pluie, te dire cela me serait impossible.

Je me voyais à jamais isolée du monde et des miens, perdue dans cette solitude; enfin, mon effroi devint tel, que je me résolus de déclarer le lendemain à monsieur Duplessis que rien au monde ne me forcerait à habiter ce château, que j'y mourrais d'ennui et de peur, que je voulais retourner chez ma mère, et rompre mon mariage s'il le fallait.

Le retour de ma femme de chambre m'obligea de quitter la fenêtre; je me déshabillai en hâte, je fis pousser le verrou de ma porte, et, à la lueur du feu qui s'éteignit lentement dans la cheminée, je m'abandonnai aux plus sombres pensées, jusqu'au moment où je m'endormis, lasse de pleurer et de me désespérer.

Telle fut, ma pauvre amie, la **première nuit que j'ai passée dans ce château.**

Le lendemain, à mon réveil, les rayons du soleil traversaient les fentes de mes volets. J'entendis sonner dix heures; le repos, le sommeil avaient calmé mon agitation de la veille. J'envisageai ma position plus froidement, et, me rappelant mes pleurs et mes projets, je *me grondai* sévèrement d'avoir eu l'impraticable idée de quitter le château et de me séparer de mon mari, s'il refusait de me ramener à Paris. Enfin, je me répétai (c'est mon grand cheval de bataille) qu'il me fallait tirer le meilleur parti possible de ma position, et qu'après tout, dans deux ou trois mois, nous retournerions à Paris, où je retrouverais ma famille et mes amies; mes amies! c'est-à-dire toi!

Je me levai beaucoup plus raisonnable que la veille; je passai une robe de chambre, et j'allai ouvrir mes volets intérieurs, afin de jouir, à travers mes persiennes, de la vue du parc par cette belle matinée d'automne; car le temps était alors aussi beau que la veille il avait été sombre.

Ce que c'est pourtant, Hermance, qu'un peu de soleil dans le ciel et un peu d'espérance dans le cœur! Ce parc me parut complètement changé depuis la soirée précédente; la pelouse était d'un vert d'émeraude, les arbres avaient ces belles couleurs fauves et brunes de l'arrière-saison; la rivière, d'où s'élevait une légère vapeur, brillait au soleil comme de l'argent sous une gaze; le vent frais du matin m'apportait l'odeur si douce des chèvrefeuilles sauvages, poussés sans doute par hasard dans quelque coin; enfin, au loin et paissant dans la prairie, je vis un troupeau de superbes vaches blanches et orangées; je te l'ai dit, le temps était magnifique, j'entendais le petit bourdonnement d'une nichée d'abeilles qui venaient butiner le calice de quelques pariétaires poussées entre les dalles de la terrasse : l'aspect de cette fraîche et riante matinée me causa un calme inexprimable; j'en fus tirée par le bruit de la cloche du déjeuner; je me trouvais en retard : monsieur Duplessis, d'après l'avis des médecins, est d'une ponctualité rare pour l'heure de ses repas; mais je comptai m'excuser sur les fatigues de la veille, et je sonnai ma femme de chambre, madame Claude.

Deux mots seulement sur cette bonne créature : au milieu de mon isolement, il est heureux pour moi d'avoir à mon service une femme avec qui je puisse causer sans familiarité exagérée; madame Claude est une excellente personne, très douce, très empressée; elle est laide et approche de la cinquantaine; mais, pour une femme de sa classe, il est impossible d'être mieux élevée, d'avoir plus de tact et de mesure; aussi, j'ignore pourquoi monsieur Duplessis a une sorte d'antipathie pour elle; je crois, du reste, qu'avec le temps, madame Claude me sera très dévouée; j'avais même pensé promptement son dévouement à l'épreuve, en la chargeant de te faire parvenir secrètement mes lettres; une fausse honte m'a retenue. Rien, sans doute, de plus innocent que ma correspondance; cependant, j'ai hésité à me mettre un peu à la discrétion d'une femme qui est depuis peu de temps auprès de moi. Je ne regrette pas mon scrupule : j'ai trouvé le moyen de te faire parvenir mes lettres sans m'adresser à personne; tu verras tout à l'heure comment.

J'ai donc sonné; madame Claude, me croyant endormie, n'avait osé entrer dans ma chambre; monsieur Duplessis était déjà venu plusieurs fois s'informer de moi; je m'habillai le plus promptement possible, et je descendis pour déjeuner. Avant que d'arriver à la salle à manger, je m'égarai dans ces immenses appartemens. Vus au jour et en plein soleil, ils me semblèrent moins sombres que la veille; c'était partout de grandes boiseries de chêne naturel, ou peintes gris et blanc, encadrant des panneaux de tapisserie à personnages, ou de vieux lampas rouge et vert épais comme du carton; l'ameublement était sévère et massif, mais bien conservé, somme toute, ce caractère d'ancienneté me semblait préférable, pour un château, à l'élégance des ameublemens modernes. Je trouvai monsieur Duplessis dans la salle à manger; il s'informa très affectueusement de la nuit que j'avais passée; je lui fis part de mes réflexions sur l'ameublement du château; il fut de mon avis, désirant, toutefois, en conservant le caractère de l'habitation, la rendre aussi comfortable que possible.

Après déjeuner, mon mari me proposa une promenade en voiture, afin de visiter les métairies qu'il comptait mettre lui-même en valeur; nous devions revenir par le village, et faire une visite au curé, pour nous entendre avec lui sur l'heure de la messe basse à laquelle mon mari désirait que j'assistasse chaque jour; il paraissait tellement tenir à cette messe basse, que je ne fis aucune objection.

Les environs de La Riballière sont peu accidentés, mais très boisés; les cours d'eau sont nombreux, rapides; il y a un grand nombre de moulins, ce qui donne beaucoup d'animation au paysage. Nous avons parcouru plusieurs fermes en très mauvais état, les habitans faisaient peine à voir, tant ils paraissaient misérables : nous étions en phaéton, monsieur Duplessis conduisait, et sur le siége de derrière se tenait son régisseur; tous deux s'entretinrent presque constamment d'agriculture, pendant que j'examinais ce pays nouveau pour moi. Notre promenade dura trois ou quatre heures. Nous revînmes par le village, éloigné du château d'un demi-quart de lieue. Nous nous arrêtâmes au presbytère qui attenait à l'église; le curé était allé visiter un malade. Je te l'ai dit, chère Hermance, je ne m'étais pas trop révoltée contre cette idée de basse-messe quotidienne, si chère à mon mari. J'ai été récompensée de ma soumission; voici comment.

L'église et le presbytère se trouvant au milieu du village, nous le traversions pour regagner le château, lorsque j'aperçus à l'une des dernières maisons ce bienheureux écriteau : *Bureau de la poste aux lettres.* Cela fut pour moi un trait de lumière; en me résignant à la messe, je pouvais, s'il faisait beau, aller seule à pied à l'église, et, en passant devant la bienheureuse *boîte*, y glisser une lettre pour toi; je n'aurais donc pas besoin pour t'écrire de m'adresser à personne.

Juge de ma joie : aussi, pour me rendre tout de suite compte de la durée du trajet et me reposer en intrépide marcheuse, je demandai à retourner au château à pied. Monsieur Duplessis me donna son bras, et nous suivîmes une magnifique allée de platanes qui aboutit à cent pas du château.

— Mais, dis-je à mon mari, sauf la traversée du village, c'est une véritable promenade que d'aller à pied du château à l'église! Je la ferai souvent, si l'heure de cette messe basse n'est pas trop matinale.

— C'est en effet, par le beau temps, une charmante promenade, ma chère Albine, me répondit-il. Quand vous voudrez aller à la messe à pied, au lieu d'y aller en voiture, rien de plus facile; *un de nos gens* vous suivra pour porter votre livre d'*Heures*, et en vingt minutes vous serez à l'église.

Cet *un de nos gens*, dérangeait terriblement mes projets. D'abord, je fus atterrée. Un domestique qui verrait souvent mettre une lettre à la poste, pouvait s'étonner de ce que je prisse moi-même ce soin, et en jaser. Je réfléchis bientôt qu'en me bornant à t'écrire rarement, mais longuement, je pourrais, de temps à autre, partir sans attendre *un de mes gens*, et mettre ma lettre à la poste sans témoin indiscret. Toute joyeuse de ma découverte, je rentrai, vers les six heures, avec monsieur Duplessis; il alla, me dit-il, donner un coup d'œil à la vacherie, qui avait besoin de réparations; je montai chez moi, afin de m'habiller : il m'avait priée de faire, chaque soir, pour dîner, une fraîche et élégante toilette.

Avant notre mariage, j'avais toujours vu monsieur Duplessis mis avec recherche. Je savais que la vie de campagne comporte des vêtemens plus rustiques que la vie de Paris. Aussi avais-je trouvé tout naturel que, pendant la journée, mon mari portât une veste de chasse de velours et de gros souliers à guêtres de cuir; mais je fus surprise, presque blessée, lorsque je descendis au salon, de trouver monsieur Duplessis avec ses habits de la jour-

née, plongé dans un fauteuil, et ayant même conservé ses gros souliers à guêtres de cuir, qui me prouvèrent que mon mari avait consciencieusement visité sa vacherie.

— Ah! ma chère Albine, me dit-il, quand j'entrai, quel bon air on respire ici... comme il est vivifiant... Quel calme... quelle tranquillité... quelle liberté...N'être pas obligé de s'habiller chaque soir... Vous avez d'honneur un bonnet charmant... une robe délicieuse. Eh bien! chère amie, êtes-vous satisfaite de votre première entrevue avec ce pauvre pays du Berri? Croyez-moi, plus vous vivrez ici, plus vous serez convaincue que le vrai bonheur est dans cette existence régulière et tranquille. Quand à moi, il me semble déjà que je renais; ma tournée avec mon régisseur a été des plus intéressantes; c'est un homme précieux, je suis certain qu'avec les conseils de sa vieille expérience et une étude approfondie des meilleurs ouvrages agronomiques, au bout d'un an je commencerai à diriger moi-même mes cultures : je veux élever de nombreux bestiaux, introduire ici les plus belles et les plus pures races d'Angleterre; je ferai construire des étables modèles. J'ai écrit aujourd'hui à mon architecte de Paris, et, puisque, sauf quelques arrangemens intérieurs, le château vous plaît comme il est, nous reporterons sur mes vacheries les dépenses que je voulais faire ici; vous verrez, ce sera royal. Je veux par mon exemple révolutionner le Berri.

. . . .

Pendant le dîner, monsieur Duplessis continua sur ce ton, m'entretenant de projets qui, vu ma complète ignorence de ces matières, m'intéressaient peu. Pour me distraire, je mangeai; l'air vif de la campagne et la promenade m'avaient donné assez d'appétit, et, il faut l'avouer, notre cuisinier est vraiment excellent; aussi, pour la première fois de ma vie peut-être (combien tu vas me trouver *matérielle*), j'ai presque compris la gourmandise. Monsieur Duplessis paraissait enchanté, il me servait les morceaux les plus délicats, et me disait :

— Avouez, chère Albine, que voilà un de ces plaisirs réels, *comptant*, sans déception! Ah! que ma santé soit tout à fait revenue, vous verrez comme je prêcherai d'exemple!

Que te dirai-je? je fis la débauche complète; moi qui ai toujours eu le vin pur en horreur, je consentis, aux instances de mon mari, à boire deux doigts de vin de Champagne glacé, et, au dessert, une larme de vin de Malvoisie. Hélas!... je le trouvai délicieux!

Après le dîner, prolongé jusqu'à huit heures et demie, nous rentrâmes au salon bleu, un grand feu brûlait dans la cheminée; monsieur Duplessis se mit d'un côté, dans un large fauteuil; moi, de l'autre côté, dans une moelleuse bergère; et bientôt, malgré moi, je tombai dans une sorte d'assoupissement. Mon mari, fatigué sans doute de sa promenade, ferma les yeux et s'endormit; franchement, cela ne me choqua pas, car, sans avoir positivement envie de dormir, je sentais mes paupières alourdies, et il m'eût été désagréable d'avoir à parler dans l'état de douce somnolence où j'étais plongée. Je ne dormais pas, et pourtant je ne pensais pas, ou plutôt ma seule pensée était que je me trouvais à merveille ainsi.

Je ne sais combien cela dura; mais je commençais, je crois, à m'endormir sérieusement, lorsque je fus réveillée par le bruit que fit un domestique en ouvrant la porte. Monsieur Duplessis se frotta les yeux, se détira, et enfin se leva en me disant :

— Ma chère Albine, le thé est servi dans le billard; si vous le voulez, nous ferons une petite partie en prenant notre thé? Cet exercice, une heure après le dîner, est très salubre et m'est fort recommandé.

— Mais, lui dis-je, je ne sais pas jouer au billard.

— Le jeu n'est que le prétexte de cette espèce de promenade; pourvu que vous sachiez pousser une bille, c'est tout ce qu'il faut, je vous montrerai.

Nous entrâmes dans la salle de billard, fort grande,

parfaitement chauffée, bien éclairée et garnie d'un épais tapis.

Je fis ce que me demandait monsieur Duplessis. Mon coup d'essai à ce jeu ne fut pas trop maladroit; de temps à autre je m'approchais d'un guéridon pour y prendre une tasse de thé mélangé de crème exquise... hélas! et pour manger, il faut te l'avouer encore, de délicieux petits gâteaux sortant du four, hélas! A dix heures sonnant, monsieur Duplessis demanda nos bougeoirs et m'accompagna jusqu'à ma porte. Je me déshabillai vite, et ce fut avec un vrai plaisir que je m'enfonçai dans mon lit, où je m'endormis bientôt à la joyeuse clarté du brasier qui remplissait ma cheminée.

Quelle différence! me diras-tu, chère Hermance, entre la première journée de mon arrivée ici et la seconde?

C'est vrai; mais, tu le sais, je t'écris comme je pense, comme je ressens.

Je suspens cette lettre, je la reprendrai bientôt.

XXXII.

Albine à Hermance.

5 novembre 1828.

Mon amie, il se passe en moi quelque chose d'extraordinaire; je ne me reconnais plus : ce changement est-il heureux, est-il malheureux? Je l'ignore; voilà pourquoi de jour en jour je remettais à continuer cette lettre, commencée depuis plus d'un mois.

Je voulais dire exactement où j'en suis, ce que je regrette, ce que je désire; espérant être éclairée moi-même, et par moi-même, sur la bonne ou mauvaise influence de la transformation dont je parle; mais je ne suis pas éclairée de tout; peut-être en sera-t-il encore ainsi dans quinze jours, dans un mois; je préfère donc t'écrire aujourd'hui.

Tu le sais, je n'étais pas un *salpêtre*, comme nous le disions à la pension, mais je ne manquais pas d'activité, d'esprit; j'aimais beaucoup à lire, à faire de la musique, à m'occuper; mon imagination, toujours éveillée, allait de ci de là, un peu à l'aventure; enfin n'ayant jamais été gâtée, soit à la pension, soit chez ma mère, dont l'existence était fort modeste, je tenais fort peu à ce qu'on appelle les aisances de la vie; je m'arrangeais à merveille de ma petite chambre au carreau ciré et à la cheminée presque toujours veuve de feu pendant l'hiver. Tu le sais encore, loin d'être gourmande, notre grand régal se composait de pommes aussi vertes que possible, et de petits pains de seigle des plus étouffans. J'entre dans ces puérils détails, tu verras tout à l'heure pourquoi.

Le commencement de cette lettre t'a dit l'impression d'ennui, je dirai presque d'effroi, que m'a causé la vue de ce château et de l'avenir qui m'y attendait : impression, il est vrai, quelque peu modifiée dès le lendemain, grâces à de sages réflexions et aux distractions causées par la vue d'un pays nouveau pour moi; mais, je te l'ai dit, loin de nous regarder et d'accepter ma position comme heureuse et conforme à mes goûts, à mes espérances, je la subissais avec résignation, attendant impatiemment mon retour à Paris. Eh bien! Hermance, ainsi que je te le disais au commencement de cette lettre, je ne me reconnais plus, je ne sais plus ce que je veux, mon esprit s'éteint, ma volonté s'engourdit sous l'assoupissante influence du bien-être matériel, et d'une vie monotone comme celle d'un couvent.

Oui, tout s'endort en moi, tout jusqu'à mon affection pour ceux que j'aime : cette affection, leur souvenir même ne l'éveille plus; que te dirai-je, Hermance, je reste quelquefois une journée entière sans songer à toi ou aux miens. — A quoi penses-tu donc! me demanderas-tu?

Je ne pense à rien, ou ce qui est pis, à des niaiseries

égoïstes; je pense aux fleurs nouvelles dont monsieur Duplessis a fait remplir une serre nouvellement construite et attenant à mon salon; je pense encore au dîner que je mangerai, au temps qu'il fera pour ma promenade, ou s'il fait grand vent et qu'il tombe comme hier une neige précoce, je pense au comfortable dont je jouis mollement étendue sur un canapé, au coin d'un excellent feu, en regardant la fraîche verdure de mes camélias, tandis qu'au dehors tout est brisé, hiver et froidure... Il n'est pas enfin jusqu'au morne silence de ce grand château, qui d'abord m'effrayait presque, et qui maintenant me plaît, de même que le silence plaît à qui sommeille.

Oui, je vis comme si je sommeillais toujours.

Je me déshabitue de parler, comme je me déshabitue de penser: il me serait insupportable de recevoir des visites; aussi ai-je supplié monsieur Duplessis de reculer indéfiniment la démarche que nous devions faire comme les premiers arrivans. Que dirais-je à nos voisins?

Mon mari, durant nos promenades, s'entretient de ses affaires d'agriculture avec son régisseur, ou, si nous nous arrêtons dans quelque métairie, il cause avec ses fermiers. Lorsque rarement et par hasard il m'adresse la parole, je lui réponds par monosyllabes.

Le temps le plus long que nous passons ensemble, c'est celui du déjeuner, du dîner et de la soirée. Or, à déjeuner, à dîner et dans la soirée, notre conversation se borne à peu près à un échange de paroles telles que celles-ci :

— Ma chère Albine, mangez de cela, c'est excellent.

— Mon ami, je vous recommande ce mets, il est exquis...

— Albine, un demi-verre de ce vieux vin?

— Avec plaisir, mon ami.

— Ma chère Albine, sortirons-nous en voiture découverte ou fermée?

— En voiture découverte, si le temps le permet.

— Vous n'avez pas eu froid à l'église ce matin?

— Non.

— Vous avez vérifié les comptes de l'office et du cuisinier? Chère amie, sont-ils exacts?

— Très exacts.

— Demain, ma chère Albine, nous irons voir, si vous le voulez, un superbe taureau *durham* qui vient de m'arriver d'Angleterre.

— Oui, mon ami.

Je n'ai pas besoin de te dire, Hermance, que les variantes de ces entretiens sont peu nombreuses; le dîner fini, nous rentrons au salon, où nous nous plongeons chacun dans notre fauteuil; là, appesantis par la digestion, nous sommeillons jusqu'à l'heure de la partie de billard et du thé; sans ma gourmandise réveillée par l'attrait des petits gâteaux du soir, j'aurais souvent beaucoup de peine à attendre dix heures; je deviens énormément dormeuse, et c'est à grand peine que je me lève à neuf heures pour aller chaque jour à cette basse messe qui me semblait d'abord si superflue; maintenant, au contraire, j'y assiste très régulièrement; je ne prétendrai pas que ce soit avec une piété très fervente, mais c'est une habitude prise, et, en comptant le temps d'aller et de revenir, cela occupe toujours au moins deux bonnes heures de la journée; puis enfin, que veux-tu, il y a dans le murmure monotone de la voix du prêtre, dans le silence de la demi-obscurité de l'église, je ne sais quoi de parfaitement en harmonie avec ma torpeur habituelle; tant que je suis là, je n'ai pas d'ailleurs à me donner la peine de penser, je lis ma messe, cela me suffit.

Mais, au moins, vas-tu me demander, tu es heureuse?

Ce que je puis d'abord te donner pour certain, chère Hermance, c'est que j'ai tellement engraissé, depuis mon séjour ici, que je ne peux plus agraffer la ceinture de mes robes; quant à te dire si je suis heureuse, je n'en sais rien.

J'ignore si la marmotte, vivant tout l'hiver engourdie dans son trou, se sent heureuse.... Or, il me semble qu'en ce moment j'ai infiniment d'analogie avec la marmotte.

Et d'ailleurs, pour désirer vivre autrement que je ne vis, il faudrait faire des efforts d'imagination dont je ne me sens vraiment plus capable; ma paresseuse indifférence s'étend, d'ailleurs, à tout.

Ainsi, lors des premiers jours de mon séjour ici, bien des choses dans la conduite, dans les procédés de monsieur Duplessis, me choquaient, me blessaient même; maintenant je trouve qu'il est très fatigant de se gêner, et, de plus, parfaitement inutile de se choquer de quoi que ce soit.

Mon mari ne m'inspire ni affection ni éloignement: *il m'est égal*; son caractère est d'autant plus facile, que je dis toujours comme lui; je fais ce qu'il veut, sa santé s'améliore; chaque matin, avant mon départ pour la messe, je lui porte moi-même son lait d'ânesse; je veille à ce qu'il soit toujours pourvu de fine flanelle anglaise, je lui rappelle l'heure à laquelle il doit prendre ses potions, je compte chaque semaine avec notre maître d'hôtel et notre cuisinier, je visite souvent la lingerie, je fais honneur aux œufs, aux volailles et à la crème des fermes de monsieur Duplessis. Il tient fidèlement sa promesse de ne pas mettre, la nuit, les pieds dans ma chambre, car ma répugnance et mon aversion pour lui, au point de vue *de l'heure du berger*, est, et sera toujours insurmontable; il s'ingénie, je dois lui rendre cette justice, à chercher tout ce qui peut augmenter les jouissances matérielles de ma vie; enfin, chère amie, je vais te confondre en te citant quelques mots échangés avant-hier entre monsieur Duplessis et moi, pendant notre partie de billard : nous n'avions de longtemps fait un pareil effort de conversation.

— Eh bien! Albine, — m'a-t-il dit, — à quand notre retour à Paris?

— Quand vous voudrez, mon ami.

— Et si je ne le voulais pas?

— Comme il vous plaira.

— Ainsi, chère Albine, vous consentiriez à passer l'hiver ici?

— Cela me serait égal...

— Vraiment?

— Vraiment.

— Ma chère, vous souvenez-vous de ce que je vous disais il y a six semaines

— Quoi?

— Qu'un jour prochain viendrait où vous goûteriez tellement le charme de notre vie paisible, que vous n'en voudriez plus d'autre.

— Maintenant que le *pli* est pris, comme on dit, tout changement d'habitude, je l'avoue, me serait désagréable.

Et je parlais sincèrement.

Oui, Hermance... le pli est pris! A quoi bon changer maintenant? qu'y gagnerais-je?

— Mais, malheureuse Albine!—vas-tu t'écrier,—tu te laisses engourdir, appesantir, et, passe-moi la crudité du terme, tu te laisses *abrutir* par de grossières satisfactions. Ta comparaison est juste, tu vis comme la marmotte assoupie dans son trou... Mais pendant que tu engraisses, ton intelligence s'éteint, ton cœur cesse de battre, l'indifférence te glace; tu te lèves, tu te couches, tu vas, tu viens, tu pries, tu manges, tu digères, tu dors; ton corps vit, mais ton âme meurt, pauvre Albine!

Tu as raison, Hermance! Mais à quoi bon vivre par l'intelligence, par le cœur et par l'âme?

Je vivais par l'âme lorsque je faisais des rêves insensés sur le mariage selon mes vœux.

Je vivais par l'âme, lorsque, écoutant mes scrupules et mes pressentimens peut-être je refusais la main de monsieur Duplessis, parce que *cela m'était égal de l'épouser et que je n'avais pas envie de l'embrasser.*

Voyons maintenant, dis, que lui ai-je dû à cette vie de l'âme?

Des larmes, des angoisses, des désespoirs... sans compter les yeux rougis et les traits tirés...

Aujourd'hui, au contraire, que mon âme dort et que mon corps vit seul, je suis calme, reposée, fraîche, je souris toujours sans trop savoir pourquoi, et j'engraisse...

Et, pour Dieu! Hermance, ne vas pas croire que je raille tristement, qu'il y ait la moindre amertume dans ce que je t'écris; non, non, je parle sincèrement; et à cette heure où en t'écrivant, je suis forcée de penser (ce n'est pas sans peine, je te le jure), je suis tentée de prendre en singulière pitié mes hallucinations de jeune fille, de reconnaître la justesse de ce que me disaient mon père et ma mère, en combattant les appréhensions que me causait parfois ce mariage avec monsieur Duplessis, et il se pourrait très bien que celui-ci ait raison lorsqu'il me dit :

« — Albine, croyez-moi, rien de plus creux et de plus » vain que les plaisirs du monde. »

Et en fait! Hermance, j'aurais les plus élégantes toilettes de Paris.

— *Après?*

J'aurais ma loge à l'Opéra et aux Italiens.

— *Après?*

Je serais la reine de toutes les fêtes!

— *Après???*

De tout cela, que me resterait-il, lorsque, sortant du bal, je rentrerais chez moi au jour naissant, brisée de fatigue, affamée, mais n'osant manger de peur de perdre ma fine taille? J'aurais eu, diras-tu, le plaisir d'assister à une fête brillante, d'entendre de bonne musique, de voir le ballet à la mode, soit; mais ce plaisir, par combien de soins, de soucis, l'aurais-je acheté? Que de longues séances avec les couturières! Quelles angoisses lorsque le coiffeur ou une toilette impatiemment attendue n'arrivent pas? Et si la robe va mal! et si la coiffure est disgracieuse? et si d'autres femmes vous écrasent par leur élégance ou leur luxe, que de dépit, que d'humiliations, quelle amertume en rentrant chez soi!

Avoue-le, Hermance, l'existence que je mène ici est mille fois préférable à cet enfer!

Mais, diras-tu : — Il y a autre chose que ces extrémités, il y a un milieu entre une solitude abrutissante et une vie de dissipation folle et stérile.

Je te comprends, Hermance, il y aurait peut-être *cette fête de ma jeunesse*, ce rêve insensé que je poursuivais autrefois. Soit, supposons que ce soit une réalité, admettons que de telles unions puissent exister pour l'ineffable bonheur de ceux qui les connaissent. Est-ce qu'il m'est seulement permis de songer à cela?

Est-ce que je ne suis pas liée pour toujours à mon seigneur et maître?

Va, mon amie, je commence à le croire, dans certaines circonstances, le cœur et l'intelligence sont nos perditions; et si je ne sentais de jour en jour le sentiment s'engourdir en moi, je tâcherais de l'anéantir.

Et cependant, ma chère Hermance, je termine la seconde partie de cette lettre comme je l'ai commencée.

Cette transformation qui s'opère en moi est-elle un bien, est-elle un mal?

S'il ne s'agissait que du présent, cette question je ne te la ferais pas; car, je te le répète, du présent je suis aussi satisfaite que peut l'être la marmotte; *mais je n'ai que dix-huit ans*, qu'adviendra-t-il de tout cela?

. . . .

Adieu, mon amie, j'irai demain matin seule à la messe, à pied, pour mettre cette lettre à la poste...

C'est étrange, je croyais avoir à t'écrire des volumes; je me réjouissais de ma découverte de cette boîte aux lettres sur la route de l'église, et depuis plus de six semaines que nous nous sommes quittées voici tout ce que je trouve à t'écrire. C'est qu'aussi je deviens si paresseuse!!!

Ne me réponds pas jusqu'à ce que j'aie avisé au moyen de recevoir ta lettre; j'avais à cœur de te tenir au courant de tout, toi qui m'as toujours témoigné l'intérêt de la sœur la plus tendre.

Je t'embrasse. **A. D.**

XXXIII.

Je continuerai, selon la nécessité des faits, de joindre ici les différentes lettres d'Albine, et je poursuis la transcription do mon journal.

Novembre 1828.

Avant-hier j'ai demandé à Albine si elle voulait retourner à Paris; elle m'a répondu:

— Comme il vous plaira.

— Et s'il ne me plaisait pas d'y revenir, — ai-je repris, — vous passeriez donc l'hiver à La Riballière?

— Parfaitement, — m'a-t-elle répondu; — j'ai maintenant l'habitude de la vie que nous menons ici, un changement me serait désagréable.

Enfin, mon bonheur est désormais assuré, le but que je poursuivais est atteint.

Et ce succès, l'ai-je acheté au prix du bonheur de ma femme? Loin de là! elle se trouve au contraire très heureuse, elle ne demande rien davantage.

D'ailleurs, que pourrait-elle désirer? J'ai développé chez elle à son plus haut degré du goût du bien-être et du calme nonchalant que donne la solitude; j'ai encouragé en elle d'inoffensives sensualités, telles que l'amour des fleurs et la friandise, véritables péchés de nonnette, dont le correctif est une dévotion presque machinale; car, dans ses pratiques, Albine ne voit qu'une *manière de tuer le temps,* et c'est tout ce que je veux.

Un sentiment religieux plus spiritualisé eût peut-être jeté ma femme dans un de ces mysticismes ardens qui grandissent dans l'isolement. Or, le mysticisme engendre presque toujours d'émouvantes pensées d'amour, d'amour céleste, il est vrai; mais enfin le cœur qui les ressent s'agite, se trouble, s'enflamme souvent, comme s'il s'agissait d'une passion terrestre. Et, dans cet état de dangereuse exaltation, il peut prendre aisément le change sur une créature.

Mais je n'ai rien à redouter de pareil avec Albine; certes elle n'était pas douée d'une grande vivacité d'esprit, mais plus elle s'habitue à notre manière de vivre, plus son sang s'épaissit, plus sa volonté s'atrophie, plus sa nonchalante subordination à mes moindres désirs devient complète; c'est si facile, si commode de confier à un autre le soin de penser, de vouloir pour nous!

Je ne sais quel politique... a dit : — « Que le meilleur » moyen d'asservir les peuples, c'est de leur ôter la moindre » velléité de critique ou de révolte, était de les abrutir » par la superstition, et de les assoupir dans une certaine » satisfaction des appétits matériels. »

Au point de vue de la *royauté conjugale,* notre femme est notre sujet, *notre peuple,* à nous autres maris. Aussi je crois la susdite méthode excellente, et je la pratique.

Je défie qui que ce soit d'être plus heureux que moi, ma santé revient: l'agriculture, l'amélioration de mes terres est maintenant pour moi une véritable passion de jeune homme; mon intelligence progresse d'une façon surprenante dans toutes les branches de connaissances nouvelles qu'il me faut acquérir afin de joindre la théorie à l'application; ma femme est ce qu'il fallait qu'elle fût pour mon bonheur et ma sécurité; elle me soigne à ravir, parle peu, m'écoute sans m'interrompre, surveille ma maison, et offre toujours à ma vue un aimable et gracieux ensemble, suffisant à reposer agréablement nos yeux, mais pas assez désirable pour donner jamais la moindre velléité de me départir de la prudente et glaciale réserve que je me suis imposée.

Novembre 1828.

Je commence à douter de l'utilité de ce journal, tant la vie d'Albine est transparente.

Je n'ai pas encore trouvé à consigner ici une remarque,

un acte qui ait donné lieu, je ne dirai pas à un soupçon sur elle, mais qui ait provoqué chez moi la plus légère surprise et m'ait amené à dire:

— Pourquoi a-t-elle dit ceci ou a-t-elle fait cela?

Il en est de même de ma précaution d'avoir donné à Albine une femme de chambre de ma main.

Madame Claude, que j'ai souvent interrogée, confirme de tous points ma créance.

— » Je ne puis rien apprendre à monsieur qu'il ne » sache aussi bien que moi, — me disait-elle dernière- » ment; — en rentrant le soir, madame est à moitié en- » dormie, et me dit: — Vite, chère madame Claude, dés- » habillez-moi, je meurs de sommeil; — et à peine a-t-elle » sa tête sur l'oreiller... qu'elle s'endort comme une bien- » heureuse. Le matin, quand je viens éveiller madame, » ses premiers mots sont:—Comment! déjà neuf heures! » déjà quitter mon lit où je suis si bien? — Et le soir, » quand madame s'habille pour dîner:—Dépêchons-nous » madame Claude, la promenade m'a donné un appétit » dévorant. — Voilà à peu près à quoi se bornent les con- » fidences de madame, et je vous assure, monsieur, » qu'elle serait bien embarrassée d'en faire d'autres; trois » ou quatre fois la veilleuse de la chambre de madame » s'est éteinte pendant la nuit, je m'en suis aperçue en » ne voyant plus de lueur sous la porte, je me suis levée » pour aller rallumer la lampe, et je suis entrée dans la » chambre de madame sans qu'elle m'entendît. Ah ! mon- » sieur, quelle figure paisible, quel sommeil profond et » calme, on dirait le sommeil d'une enfant qui toute la » journée se serait harassée à courir et à jouer. Enfin, » si je dis à madame qu'elle doit se trouver bien heureuse » ici. — Heureuse comme quelqu'un qui dort de son » meilleur sommeil, ma chère madame Claude, — me » répond-elle. »

. . . .

Albine a raison, elle dort, et plus le sommeil se prolonge, plus il devient profond.

. . . .

Novembre 1828.

Je note ici pour mémoire un fait des plus insignifians; mais les faits sont si rares, que les moindres me frappent.

Je note, dis-je, qu'hier Albine, à ce que m'a dit madame Claude, au lieu d'aller à la messe en voiture, quoique le temps fût incertain, y est allée à pied, et elle n'a pas attendu le valet de pied qui ordinairement l'accompagne.

Ce soir, à dîner, j'ai dit à ma femme, sans paraître attacher la moindre importance à cette question:

— Etes-vous allée hier à la messe à pied ou en voiture, chère amie?

— A pied.

— Et qui vous a suivie? Ce paresseux de Joseph?

— Personne... ne m'a suivie, mon ami.

— Par quel hasard?

— Quand je suis descendue, il ne se trouvait aucun domestique sous le vestibule... je n'ai pas voulu prendre la peine de remonter chez moi et de faire demander quelqu'un, je suis partie seule.

— Voyez-vous la paresseuse, — ai-je dit en souriant.

— Mais une autre fois, chère amie, ne sortez pas ainsi seule, c'est imprudent; le chemin est isolé d'ici au village vous pourriez rencontrer un homme ivre, un chien méchant, que sais-je, et vous auriez une peur horrible.

— Vous avez raison, mon ami; il est plus prudent de sortir accompagnée.

La réponse d'Albine, son maintien, son accent, tout a été empreint d'une telle sincérité, que je n'aurais pas noté ce fait puéril sans la véritable *disette* où je suis d'observations plus importantes.

Après tout, il est bon de ne rien omettre; souvent il vient un jour où les remarques, en apparence insignifian- tes, acquièrent de la gravité.

. . . .

8 *Décembre* 1828.

L'incident de la sortie d'Albine n'a eu, comme je m'y attendais, aucun résultat; chaque fois qu'elle est allée à la messe à pied, elle s'est fait accompagner comme de coutume.

. . . .

Janvier 1829.

Rien, calme plat. Bonheur parfait.

J'aurais pu depuis un mois écrire ces mots chaque jour.

Albine engraisse à vue d'œil; cela commence à nuire à l'élégance de sa taille; il ne manquait plus que cela à ma femme pour la *parfaire* (au point de vue dont je considère le mariage), car j'ai toujours eu horreur des grosses femmes.

Du reste, Albine est toujours à merveille pour moi; je commence à sentir combien elle me manquerait, moins sans doute à cause de ce qu'elle est qu'à cause de ses vertus négatives.

Que je suis heureux, mon Dieu! que je suis heureux!... si heureux que je voudrais pouvoir reporter sur quelqu'un ma reconnaissance de tant de félicité; mais, bien que ma modestie en souffre, je suis obligé de me rendre grâces à moi-même d'avoir si intelligemment préparé et assuré mon avenir.

. . . .

25 *Février.*

Calme plat, bonheur continu, mais grand événement pour le pays de Lilliput!

J'ai reçu hier la visite de notre préfet, actuellement en tournée électorale.

Je ne mentionnerais pas ici quelque chose d'aussi insignifiant que la visite d'un préfet, si je n'avais pas éprouvé une assez grande surprise, et, il faut l'avouer, une remémorance pénible, en reconnaissant dans ce préfet monsieur de Sainte-Marie, qui, autrefois secrétaire du ministre de l'intérieur, s'était montré si empressé, si obligeant au sujet de la nomination de ce pauvre Hyacinthe comme sous-chef de bureau.

Je l'avoue, lorsque malgré moi mon souvenir se reporte vers cette angélique créature à qui j'ai porté un coup si fatal et si précoce, j'éprouve un douloureux serrement de cœur. seul ressentiment pénible que je connaisse peut-être au milieu de la félicité dont je jouis.

Monsieur de Sainte-Marie, ayant appris que j'habitais depuis quelque temps La Riballière, a un peu dévié de sa route, pour venir, m'a-t-il dit se rappeler à la mémoire d'une ancienne connaissance, et se mettre à mes ordres s'il pouvait m'être bon à quelque chose, et autres urbanités.

Albine, à l'annonce de la visite du préfet, s'était enfuie chez elle, me suppliant de lui épargner la *corvée* de recevoir ce fonctionnaire; elle a de plus en plus l'horreur du monde, à ce point qu'elle m'a demandé instamment de remettre indéfiniment mes visites d'arrivée à quelques voisins. Au risque de passer pour impoli, j'ai accédé de grand cœur au désir de ma femme: pour recevoir et pour aller chez les autres il me faudrait changer quelque peu mes habitudes, et porter atteinte à ce divin *sans gêne* qui n'est possible qu'entre soi et sa femme.

J'ai donc excusé madame Duplessis auprès de notre préfet, la disant un peu indisposée, etc.

J'ai trouvé monsieur de Sainte-Marie toujours des plus courtois; sa tournée électorale nous a conduit nécessairement à parler politique; il est d'une violence d'opinions naturelle... à tout fonctionnaire dévoué à son gouvernement. Ne doutant pas que je fusse de son bord, en mon ex-qualité de page et de garde du corps du roi, notre préfet s'est livré à moi à cœur ouvert. Sans partager en tout

l'exaltation des *ultras*, je suis convaincu qu'il n'y a rien de préférable à la monarchie légitime dont nous jouissons, et j'ai partagé l'indignation de monsieur de Sainte-Marie, lorsqu'il m'a appris que les libéraux s'agitaient, que les sociétés secrètes, et entre autres celles de *Carbonari* et des *Droits de l'Homme*, composées de républicains, prenaient un dangereux accroissement, qu'elles avaient partout des ramifications, et que l'on craignait même quelques nouveaux mouvements à Paris, à Lyon, et dans quelques autres grandes villes. Mais heureusement, m'a dit monsieur de Sainte-Marie, le gouvernement veille, et sa fermeté égalera sa vigilance dans l'intérêt de tous; car enfin, ainsi que le disait justement notre préfet: Tout se tient. La monarchie légitime, c'est surtout l'influence de la religion, et la religion n'est-ce pas le respect des mœurs? la sauvegarde de la propriété, de tous les liens de famille? de la sainteté du mariage?

Monsieur de Sainte-Marie m'a quitté en me disant qu'il comptait sur moi lors des élections prochaines, comme sur l'un des propriétaires importans du département, qui pouvaient et qui devaient, dans leur intérêt propre, user de toute leur influence pour soutenir et faire triompher le candidat ministériel; les recommandations de monsieur de Sainte-Marie étaient tellement d'accord avec mon opinion, qu'il est parti charmé de mes promesses.

— Croyez-moi, mon cher monsieur Duplessis, —m'a-t-il dit en me quittant. — Le moment est grave, les mauvaises passions s'agitent... et de quelque masque qu'ils se couvrent, nos ennemis sont et seront toujours des *jacobins*, les *révolutionnaires.*

Resté seul, ces derniers mots, *jacobins, révolutionnaires*, m'ont, par un singulier revirement de ma pensée, rappelé Jean Raymond et sa mère.

Où sont-ils?

Cette charmante femme, à la fois si énergique et si douce... qu'est-elle devenue? Ah! je le sens... non, mon cœur n'est pas mort à tout jamais, car, au seul souvenir de madame Raymond, il bat pour elle comme autrefois... comme il y a près de onze ans, lorsque, adolescent, je l'ai vue pour la première fois.

Onze ans... quel changement ces années ont dû apporter dans ses traits, jadis enchanteurs... Quel bonheur pour moi de l'avoir vue dans toute l'éclatante maturité de sa beauté, et d'être resté sous cette impression qui durera toujours.

. . . .

15 *avril* 1829.

Depuis près de deux mois je n'avais pas ajouté une page, un seul mot à ce journal; à quoi bon écrire chaque jour: Sécurité, bonheur, santé renaissante.

Mais, décidément, je suis un peu trop heureux. Albine dépasse mes espérances... Elle finit par exagérer ces qualités négatives, dont je m'étais d'abord si vivement félicité...

J'avais désiré et d'abord trouvé en elle une femme douce, calme, sans volonté, parlant peu, pensant moins encore... Je ne demandais ni plus ni moins... Malheureusement, j'ai moins... Oui, je commence à m'apercevoir que ma femme devient un automate, une véritable machine, qui se meut pour aller à la messe, pour regarder ses fleurs, pour déjeuner, se promener, dîner, faire sa partie de billard le soir, et se coucher ponctuellement à dix heures, pour dormir comme une souche jusqu'au lendemain, et recommencer cette belle vie automatique.

Il me devient de plus en plus difficile d'arracher une parole à Albine; j'aurais eu horreur d'une femme bavarde, mais, d'honneur! je ne sais vraiment pas, maintenant, si une femme muette et sotte n'est pas plus insupportable encore!

Au moins, dans les premiers temps, Albine ne se bornait pas à m'écouter, impassible comme une statue: çà et là une question ou une remarque me prouvait qu'elle suivait l'entretien avec un certain intérêt ; à présent, rien : un silence morne, je dirais presque stupide ; elle joint à cela une apathie toujours croissante ; elle devient insouciante de tout et de tous : elle a reçu déjà deux lettres de sa mère, et depuis deux mois, malgré mes instances, elle remet de jour en jour sa réponse, sous ce beau prétexte « Que c'est ennuyeux d'écrire. »

L'engourdissement de son intelligence finira, si je n'y mets ordre, par aboutir à l'idiotisme ; du reste, elle continue d'engraisser, et paraît on ne peut plus heureuse et satisfaite de l'apathie où elle se plonge de jour en jour davantage ; exemple : avant-hier, je lui fais une question, elle ne me répond rien ; j'insiste, rien encore.

— Albine, — lui dis-je en lui touchant le bras, — vous ne m'écoutez donc pas ? A quoi pensez-vous donc ?

— A rien.

— Comment ! vous restez ainsi là sans penser à rien ?

— Mais oui, — me répondit-elle d'un air satisfait, et souriant de ce sourire niais qui maintenant semble stéréotypé sur ses lèvres ; — mais oui , cela m'arrive très souvent de ne penser à rien du tout.

— Et de cette apathie vous n'avez pas de honte ?

— Cela m'est égal.

— Quoi ? qui est-ce qui vous est égal ?

— Dame !... tout.

Cette réponse, accompagnée de son éternel sourire, m'impatiente tellement, que je ne puis m'empêcher de reprendre avec vivacité :

— Certes, tout vous est égal, pourvu que vous ayez vos fleurs à regarder, un excellent dîner à manger, et une bonne voiture pour vous promener.

— Dame !... oui, —reprit-elle en étouffant un bâillement.

— Je suppose cependant, — m'écriai-je, — que malgré votre belle indifférence, si je tombais malade, gravement malade, cela ne vous serait pas égal ? Eh bien ! vous restez muette, comment dois-je interpréter votre silence ?...

Je n'eus pas besoin de répéter cette question, Albine renversa mollement sa tête en arrière ; elle s'était endormie dans son fauteuil.

Évidemment, son sang s'alourdit par trop ; elle a bientôt dix-neuf ans, une forte santé, elle mange beaucoup, ne pense à rien, n'ouvre pas un livre, ne fait aucun exercice, car maintenant il est impossible de la décider à marcher à pied, même pour aller à l'église ; et que je sois damné si ces messes-là profitent à son salut, car, sous prétexte de fermer les yeux pour se recueillir, elle sommeille le plus souvent à l'église. Dimanche encore, je me suis aperçu, à la fin de l'office, qu'elle avait tenu jusque-là son livre à l'envers.

Non, non, cet engourdissement n'est pas naturel, cela tourne à la maladie. Il faudra que j'écrive à mon médecin pour le consulter à ce sujet. Du reste, si c'est une maladie, elle n'affecte guère la fraîcheur et la santé d'Albine. Son embonpoint va toujours croissant, sans déformer encore sa taille ; elle a un teint si éblouissant, les lèvres si vermeilles, les joues si roses, que...

Eh bien ! oui, pourquoi ne pas me l'avouer à moi-même, malgré mon horreur des blondes et des grosses femmes, je sens quelquefois, à mesure que ma santé revient, le désir d'entrer un soir dans la chambre à coucher de ma femme. Est-ce la solitude, le défaut de comparaison qui me donne ces dangereuses velléités de renoncer à ma réserve, cependant si sage et si prudente !

Non, non, pas d'irréparable folie ; si le diable me tente jamais trop, ce que je suis loin d'espérer, il y a de jolies filles au bourg de Chambly, et mon valet de chambre est un homme adroit et discret.

_. _ . . . . _ . _

XXXIV.

Suite du journal. — Avril 1829.

Me serais-je donc trompé dans ma manière d'envisager le mariage, surtout au point de vue d'une vie retirée comme celle que je mène, et dont je suis de plus en plus satisfait ?

Au lieu de chercher à engourdir l'esprit et le corps de ma femme dans les pratiques de la dévotion, au lieu de me montrer envers elle d'une froideur glaciale, n'aurais-je pas dû plutôt la traiter comme une maîtresse ? stimuler son imagination, son esprit...

Oui, oui ; et alors, à l'heure où j'écris ceci, au lieu d'éprouver pour ma femme des velléités de désir qui me surprennent, et auxquelles je saurai résister, j'éprouverais certainement de la satiété. Or, une fois le cœur et les sens éveillés chez une femme... de quoi n'est-elle pas capable lorsqu'elle s'aperçoit qu'on en est las d'elle... Non, non, mieux vaut encore qu'Albine soit telle qu'elle est.

Les meilleures choses ont leurs inconvéniens, il n'est pas de bonheur égal et parfait ; que sont, après tout, les petits dépits, les légères impatiences que me cause la torpeur d'Albine, auprès de ces terribles scènes de ménage dont j'ai été si souvent témoin ou acteur durant ma vie de garçon ; Albine est une excellente créature, et, en fin de compte, le tort de la pauvre femme est de m'avoir trop obéi, d'avoir trop cédé aux influences dont je l'entourais.

Allons, rien n'est désespéré, c'est à moi de la sortir un peu de son engourdissement, de réveiller légèrement son esprit, de la ramener enfin au point où elle était avant d'avoir, ainsi que je l'ai dit tout à l'heure, exagéré ses qualités négatives ; et puis enfin je l'obligerai à marcher beaucoup, et lui ferai observer un régime plus sobre.

Combien il est utile d'écrire ses pensées ! de les voir, pour ainsi dire, matériellement se dérouler sous la plume, il semble alors qu'elles s'éclairent, se précisent davantage et qu'on distingue plus lucidement le vrai du faux. Ainsi, en commençant cette page, j'étais irrité, presque découragé ; tandis que je la termine avec un profond sentiment d'espérance.

. , ... , ... , .

20 *avril* 1829.

Malgré mes résolutions de froideur, cédant ce soir à je ne sais quel fatal entraînement causé sans doute par ce maudit vin de Bourgogne, j'ai reconduit d'abord Albine chez elle, et me suis un instant éloigné ; puis, revenant à sa porte, j'ai frappé, elle m'a ouvert en toute confiance ; après quelques instans d'entretien, j'ai voulu l'embrasser ; alors, sortant de son insouciance habituelle, elle s'est vivement éloignée de moi ; j'ai voulu me rapprocher d'elle, mais elle s'est réfugiée d'un air indigné, en saisissant le cordon de la sonnette :

— Ne m'approchez pas... ou je sonne madame Claude...

Puis elle a ajouté avec un accent d'amer reproche et toute frémissante de colère :

— Sont-ce là vos promesses ? Sortez, monsieur, sortez de chez moi... Et prenez garde, ne me rappelez jamais des souvenirs qui me feraient vous prendre en aversion...

L'accent d'Albine était si sincère, sa physionomie, ordinairement d'une timidité si apathique, témoignait d'une telle résolution, que, craignant un scandale ridicule, car elle n'abandonnait par le cordon de la sonnette, je quittai l'appartement.

Cette leçon me sera profitable. La répugnance d'Albine me sauvera malgré moi, si j'étais assez insensé pour céder encore une fois à une pareille effervescence.

Et pourtant qu'Albine m'a paru belle ce soir... lorsqu'elle s'est redressée fière, courroucée, l'œil étincelant, la narine ouverte, la joue empourprée... le sein palpitant !

C'est ma femme pourtant!... j'ai mes droits, je me sens redevenu jeune, à mesure que la régularité de ma vie raffermit ma santé... Je suis bien sot, après tout, de m'arrêter devant la résistance d'Albine...

Oui ; mais, en admettant que je parvienne à surmonter la répugnance de ma femme, qui me dit que bientôt, à mon caprice satisfait, ne succédera pas la satiété ?

Qui me dit qu'après avoir jusqu'ici réussi, au-delà de mes espérances, à glacer le sang d'Albine, elle ne sortira pas tout autre de cette léthargie dont je l'aurai si imprudemment tirée ?

Qui me dit qu'elle ne prendra pas alors en horreur cette vie calme et solitaire qui me plaît tant, et que je suis parvenu à lui faire si bien accepter ?

Sans doute, usant de mon pouvoir conjugal, je retiendrai ma femme auprès de moi ; mais aussi que de discussions, que de tracas, que de luttes ; enfin, quel enfer, comparé au repos, à la sécurité dont j'ai joui jusqu'ici ?

Non, non, l'instinct de ma femme m'a supérieurement servi ; de grands malheurs seraient un jour survenus peut-être, si elle eût partagé mon entraînement.

Encore une fois, si le diable me tente trop, j'ai une petite métairie vacante sur les confins de Chambly, qui me pourra servir à merveille de *petite maison.*

Que ce qui est arrivé hier me serve de leçon, et je n'aurai pas à raffermir ma raison en me montrant le péril.

Je suis cependant assez inquiet de savoir quel sera demain l'accueil d'Albine.

21 *avril* 1829.

J'ai appris ce matin, par madame Claude, qu'Albine n'était pas allée à la messe, et qu'elle avait paru agitée pendant la nuit ; elle s'est cependant levée à la même heure qu'à l'ordinaire ; mais, au lieu de prendre le chemin de l'église, elle s'est dirigée vers un bois, où elle s'est long-temps promenée. A son retour, est est entrée au salon, où je l'attendais avant le déjeuner ; sa physionomie avait une animation inaccoutumée ; à ma vue, Albine a tressailli, une expression pénible a contracté ses traits ; je suis allé à elle en lui tendant cordialement la main.

— Je vous donne ma parole d'honnête homme que vous n'aurez plus jamais à vous plaindre de moi...

— Cette parole, vous me l'aviez pourtant déjà donnée...

— Il est vrai, ma chère Albine ; mais je vous jure...

— « Écoutez-moi, — me dit-elle en m'interrompant,
» je vous y engage encore, plus dans votre intérêt que
» dans le mien ; ne renouvelez jamais la scène d'hier soir,
» voici pourquoi : Je me suis résignée à vivre ici, à faire
» toutes vos volontés, à exécuter, pour ainsi dire, sans pen-
» ser, sans réfléchir. Cette existence presque animale est
» stupide ; mais je suis tombée, grâce à vous peut-être,
» dans un tel état de torpeur, que je n'ai plus même la
» force de vouloir autre chose que ce qui est. Mes pa-
» roles vous étonnent, et moi aussi ; car, sans la vio-
» lente et douloureuse commotion d'hier soir, je n'aurais
» certes pas songé à vous parler ainsi. Un mot encore.
» *Il vous convient, n'est-ce pas, que je dorme toujours ?*
» *Eh bien ! prenez garde de me réveiller !* Car, songez-y,
» monsieur, avec le réveil nous revient la réflexion ;
» la comparaison, la conscience de notre dignité, le sen-
» timent de nos droits. A l'anéantissement succède enfin la
» vie. Vous entendez, monsieur, la vie... la vie, avec toutes
» ses passions, ses volontés, ses révoltes contre ce qui est
» injuste, cruel, ou simplement très ennuyeux... Ceci dit
» par moi et compris par vous, je consens à oublier le
» passé, mais je vous engage, vous, à ne pas l'oublier. »

Je suis resté confondu des paroles d'Albine.

Ce peu de mots, dits d'une voix nette et ferme, ont été pour moi comme une révélation ; jamais je n'aurais cru ma femme capable de s'exprimer avec cette précision, cette autorité ; il était surtout à mille lieues de penser qu'elle eût conscience de la torpeur où elle vivait, et qu'elle acceptait cependant. Je dois donc doublement regretter mon

stupide caprice d'hier soir. Il a peut-être *réveillé Albine,* comme elle le dit si justement.

Pourvu maintenant qu'elle se rendorme.

Pourvu surtout, ce qui serait bien dangereux, pourvu qu'elle ne *feigne* pas de se rendormir.

Ah ! maudite, maudite soit ma sottise ! J'étais si heureux, si calme, si plein de sécurité...

30 *avril* 1829.

Et l'orage en grondant a passé sur ma tête,

A dit le poëte... Je dis comme le poëte : Albine s'est *ren-dormie* complétement, sincèrement rendormie.

Oh ! ma pénétration n'a pas été en défaut, car, pendant deux ou trois jours encore, j'ai observé en elle une vague agitation, quelques impatiences, parfois même des brus-queries de langage, dernier écho de ses ressentimens ; puis peu à peu cette agitation s'est apaisée ; ses yeux, naguère irrités, étincelans, se sont voilés sous leurs pau-pières appesanties ; ce sourire amer et contracté a fait place à un sourire d'indolente béatitude ; ce sein, naguère bondissant d'émotion, paraît à cette heure aussi immobile que le marbre dont il a la dureté ; en un mot cet impla-cable tyran, *l'habitude,* a repris son empire sur Albine ; elle est redevenue ce qu'elle était il y a quinze jours... et je suis redevenu, moi, l'homme heureux et tranquille d'il y a quinze jours.

Doublement heureux, car un instant je me suis cru me-nacé dans mon bonheur et dans mon repos.

Mai 1829.

Pauvre Albine ! si elle était tombée entre les mains d'un dissipateur, combien il lui eût été facile de la ruiner !

Elle est vraiment d'une ignorance, d'une innocence en affaires d'intérêt qui passe toutes les bornes.

Hier, j'ai eu besoin de sa signature pour vendre une partie des valeurs de sa dot ; elle a signé, sans seule-ment me demander ce dont il s'agissait. Heureusement pour elle je ne suis ni un prodigue ni un fou. La mise en valeur de ma terre, la construction de mes bergeries, de mes étables-modèles, mes achats de bestiaux, mes défri-chemens immenses, enfin mes améliorations de toute na-ture, me coûtent énormément d'argent. J'avoue même que ces dépenses dépassent mes prévisions, et que je me trouve momentanément obéré ; mais c'est un excellent placement, et, pour en être tardifs, les bénéfices n'en se-ront ni moins grands ni moins certains. Du reste, mon régisseur vient de me parler d'une féculerie qui vient de s'établir dans le voisinage ; il me conseille d'y placer qua-tre-vingts ou cent mille francs. Cela rapporterait vingt-cinq ou trente pour cent, et je couvrirais ainsi d'un côté, avec les *gains,* les dépenses de production que je fais pour améliorer ma terre. J'examine l'affaire, et si elle est telle qu'on me le dit, je la conclurai.

. . . .

Mon journal fut, pendant quelque temps, interrompu, par suite d'événemens importans auxquels Albine fut d'a-bord absolument étrangère.

Ces événemens ne me laissèrent pas assez de liberté d'esprit pour continuer sans interruption la tâche que je m'étais imposée. Je suppléerai donc à cette lacune par le récit des faits dont j'ai parlé.

Un matin, vers les premiers jours de mai, au retour d'une tournée faite dans mes métairies, je reçus un billet conçu en ces termes :

« Monsieur,

» Il se trouve, à peu de distance de votre demeure, et à
» un quart de lieue du bourg de Chambly, une maison en
» ruines et abandonnée.

» Soyez assez bon pour vous y rendre *seul* tantôt, de
» trois à quatre heures, on a quelque chose d'important à

» vous communiquer, de la part d'*un ancien ami*, et peut-
» être un grand service à vous demander.

» On compte assez sur votre cœur pour être sûr que
» vous viendrez. »

L'écriture de ce billet m'était inconnue; je demandai d'où venait cette lettre, on me répondit : — Qu'un petit paysan l'avait apportée, et s'en était allé, sa commission lui ayant été payée d'avance.

L'espèce de mystère dont on environnait le rendez-vous auquel on m'invitait, m'étonna et piqua ma curiosité. Je m'efforçai vainement de deviner que pouvait être l'auteur de cette lettre et l'objet d'une pareille entrevue.

Un moment, il me vint à la pensée que Césarine, dont je n'avais pas entendu parler depuis plus de deux ans, n'était peut-être pas étrangère à cette démarche; somme toute, j'attendis avec assez d'impatience l'après-dînée. A l'heure dite, je m'acheminai vers une ancienne métairie en démolition, qui se trouvait, en effet, à peu près à moitié route entre le bourg de Chambly et La Riballière.

XXXV.

En arrivant à quelques pas du rendez-vous que l'on m'avait indiqué, j'aperçus, sous un bouquet de saules planté près des ruines, un homme assis sur une pierre, son chapeau à ses pieds; il tenait son front appuyé sur une de ses mains, comme s'il eût été absorbé dans ses pensées. Au bruit de mes pas, il se leva et vint au-devant de moi. C'était un homme de grande taille, âgé de cinquante à cinquante-cinq ans; ses cheveux étaient blancs, les sourcils noirs, sa figure ouverte et résolue, sa mise modeste.

— C'est à monsieur Fernand Duplessis que j'ai l'honneur de parler, me dit-il.

— Oui, monsieur; et vous êtes sans doute la personne qui m'a écrit ce billet.

Et je le lui montrai.

— C'est moi, monsieur; je vais vous apprendre pourquoi je ne me suis pas présenté chez vous et quel est l'ami dont je vous ai parlé. Cet ami... est Jean Raymond...

— Ah! tant mieux! — m'écriai-je avec une douce surprise, et heureux d'avoir enfin des nouvelles de Jean; — vous pouvez, monsieur, venir à moi sous de meilleurs auspices...

— Vous ne me reconnaissez pas, monsieur Fernand? — me dit l'inconnu après un moment de silence, en me regardant fixement.

Un vague souvenir me traversa l'esprit, en observant plus attentivement mon interlocuteur, mais ce souvenir était si confus qu'il fut inutile.

— Non, monsieur, lui dis-je, je ne crois pas vous connaître... et cependant...

— Et cependant, nous nous sommes rencontrés une fois, monsieur Fernand, il y a de cela près de onze ans... au faubourg Saint-Antoine... chez la mère de Jean Raymond.

— Vous vous nommez Charpentier! — m'écriai-je. — C'est vous qui, à force d'audace, de sang-froid, et à l'aide de vos amis, avez arraché à l'échafaud l'oncle de Jean... Ah! je suis heureux de pouvoir serrer la main à un homme tel que vous!

Et, me rappelant le dévoûment de Charpentier, si admirable dans son héroïque simplicité, je lui pressai cordialement la main; puis mon cœur se serra en songeant que j'avais été la cause involontaire de l'arrestation de l'oncle de Jean et de sa mère.

Charpentier, me voyant attristé, devina sans doute ma pensée, car il me dit de sa voix rude :

— Allons, monsieur Fernand, ne pensez plus à ce temps là! le mal est réparé... Vous aviez jasé par étourderie de jeunesse, sans penser à mal; depuis longtemps Jean **vous a pardonné.**

— Un de nos amis d'enfance, à Jean et à moi, Hyacinthe Durand, m'avait dit aussi que Raymond ne conservait aucun ressentiment à mon égard... Malheureusement, Hyacinthe est mort, — dis-je avec un nouveau serrement de cœur, — et lui seul aurait pu me remettre en rapport avec Jean; mais après la mort de notre ami, j'ai voyagé; puis je me suis marié, et je n'ai eu aucune nouvelle de Jean. Merci donc doublement à vous, monsieur Charpentier, car vous allez me parler du meilleur ami de mon enfance, et si mon espoir n'est pas déçu, vous allez me dire quel service je puis lui rendre.

— Vous pouvez le sauver... lui... et sa mère, monsieur Fernand.

— Sa mère? Que dites-vous?... Grand Dieu!... que leur est-il donc arrivé?

— Monsieur Fernand, — reprit Charpentier en me regardant fixement, — vous avez été page et garde du corps du roi... Vous êtes royaliste, ce qui prouve qu'il peut y avoir d'honnêtes gens dans tous les partis...

— Oui, monsieur Charpentier, je suis royaliste.... mais sans pousser mes opinions politiques jusqu'à l'exagération...

— Soit, monsieur Fernand. Mais enfin vous êtes royaliste... Eh bien! donnerez-vous asile à Jean... le républicain? Il court un danger de mort, et à cette heure il est, ainsi que sa mère et moi, traqué par la police de Charles X.

La révélation de Charpentier me causait une douloureuse inquiétude sur le sort de Jean et de sa mère; cependant, j'éprouvais en même temps une sorte de généreuse satisfaction à la pensée de pouvoir faire oublier le mal que j'avais fait autrefois; aussi m'écriai-je avec entraînement :

— Monsieur Charpentier, mon ancienne amitié pour Jean me ferait déjà un devoir de chercher tous les moyens de le sauver; vous savez quels malheurs j'ai autrefois causés par mon indiscrétion, quelles conséquences terribles ont failli en résulter...

— Bien, bien, monsieur Fernand, — me dit Charpentier en me tendant la main, tandis qu'une larme brillait dans ses yeux; — Jean ne s'était pas trompé.

— Mais où est-il? que lui est-il arrivé? pourquoi sa mère et lui sont-ils poursuivis?

— Jean est chef de l'une de nos sociétés secrètes. Un grand mouvement républicain devait éclater à la fois à Paris, à Lyon, à Grenoble, à Lille et à Metz. Le complot a été éventé ou livré à la police, nos dépôts d'armes et de poudre saisis, quelques chefs de sections arrêtés, la correspondance interceptée, le tout sans éclat, pour étouffer l'importance de l'affaire; heureusement... (car ça est devenu un bonheur), heureusement Jean, huit jours auparavant la découverte du complot, avait été grièvement blessé d'un coup d'épée...

— Pauvre Jean! Et comment cela?

— Un duel pour une querelle politique, avec un officier de la garde suisse...

— Et aujourd'hui, comment va Jean?

— Très mal. Que voulez-vous, monsieur Fernand : être obligé de fuir, de se cacher, avec une blessure en pleine poitrine, et dans un état de santé qui demanderait les plus grands ménagemens.

— Et madame Raymond! Par quelle fatalité se trouve-t-elle aussi compromise?

— Croyez-vous donc qu'elle aurait laissé son fils jouer sa tête sans jouer la sienne?

— Que dites-vous? madame Raymond connaissait la conspiration?

— Elle en était l'âme! oui, elle, avec sa voix douce et sa figure angélique! On se concertait chez elle; elle donnait tout ce qu'elle pouvait pour acheter de la poudre et des armes, elle exaltait les tièdes, modérait les emportés, apaisait les divisions; nous ralliant toujours à la sainteté de notre cause, disant qu'ils ne sont pas dignes de combattre pour la liberté ceux-là qui ne se montrent pas grands par le cœur, l'abnégation, le dévoûment.

— Ah! je l'avais bien jugée! c'est une femme de l'ancienne Rome! — m'écriai-je, — et par quel hasard a-t-elle échappé aux poursuites ?

— Lorsque Jean a reçu son coup d'épée, le médecin a dit que les suites de la blessure pouvaient devenir très dangereuses si le malade ne restait pas dans un repos de corps et d'esprit absolu ; alors madame Raymond a emmené son fils à Sceaux pour le soigner, ne disant à personne, sauf à moi, où elle et Jean se retiraient; sans cela, nos amis seraient venus le voir, on aurait parlé de la prochaine prise d'armes, cela eût trop agité Jean. Aussi, vous le dirai-je, cette blessure a été un bonheur, car lorsque la police a fait sa descente au faubourg Antoine, chez madame Raymond, on n'a trouvé personne, mais l'on a saisi des papiers, des armes, des munitions... Instruit de cela par un de nos hommes, je loue un cheval, je pars bride abattue, en une demi-heure j'arrive à Sceaux, j'apprends tout à Jean et à sa mère; la diligence d'Orléans passait à sept heures du soir à Bourg-la-Reine. Je décide madame Raymond à partir avec Jean, quoique faible encore; par bonheur, nous trouvons des places dans la diligence; le lendemain matin, nous arrivons au dernier relais avant Orléans; là, nous descendons, et laissons, par calcul, repartir la diligence; car nous n'avions pas de passeport et arrivés dans une ville on nous les eût demandés.

— Et alors qu'avez-vous fait ?

— Jean souffrait horriblement par suite des fatigues de la route. Nous entrons dans une auberge, disant que nous venons de manquer la diligence. Nous prenons une chambre; madame Raymond panse la blessure de son fils, puis nous nous consultons. Retourner à Paris, c'était tout risquer. Nos amis, chez qui nous aurions pu chercher un asile, étaient ou arrêtés ou compromis. Cependant, Jean parla de se livrer, afin d'aller partager le sort de ses frères.

— C'eût été un héroïsme inutile, — dis-je à Charpentier; — sa mère a dû combattre cette pensée.

— « Si tu n'étais pas blessé, — a-t-elle dit à Jean, — je » serais de ton avis; mais t'abandonner maintenant que » ta blessure met ta vie en danger, me séparer de toi!... » car nous n'aurions pas la même prison, cela est au-» dessus de mes forces. »

— Pauvre femme!... et alors qu'avez-vous décidé?

— Dans la chambre où nous étions se trouvait, par hasard, une carte de France accrochée à la boiserie. Jean, qui était étendu sur le lit et tâchait de sourire pour nous rassurer, me pria de détacher cette carte, et nous voilà cherchant quel itinéraire nous pourrions suivre. Au bout de quelques instants, Jean nous dit en nous indiquant cette ville sur la carte : « Châteauroux... mais c'est près de là » que se trouve le château de Fernand, au fond du Berri, » un endroit isolé... où il vit en philosophe depuis son » mariage. »

— Jean me savait donc marié?

— Oui, monsieur Fernand, une amie de sa mère connaît une amie de la famille de votre femme; c'est ainsi qu'il a appris, il y a quelque temps, que vous viviez ici très retiré. En entendant son fils parler de votre demeure isolée, au fond du Berri, madame Raymond s'écria :

— « Mais, j'y songe, pourquoi ne pas nous adresser à » ton ami? il a été autrefois imprudent et indiscret comme » un enfant, mais ses regrets ont prouvé que son cœur » était bon... Il est homme d'honneur, pourquoi ne pas » lui demander asile seulement jusqu'à ta complète gué-» rison? Qu'en pensez-vous, Charpentier ? »

— Dans la position où est Jean, — dis-je à sa mère, — il lui sera impossible de supporter longtemps des fatigues et des inquiétudes pareilles à celles de cette nuit, et si monsieur Duplessis consentait à lui donner asile, ce serait le meilleur parti à prendre.

— Et Jean, qu'a-t-il dit à cette proposition?—demandai-je à Charpentier avec anxiété. — Il n'a pas un instant douté de moi, j'espère.

— Non... car il a repris :

— « Je ne puis juger Fernand que par moi, et, quoi-» qu'il soit royaliste, il viendrait demain me demander » asile, que je lui accorderais au péril de ma vie. »

— Bien, Jean! — m'écriai-je avec émotion, je te remercie d'avoir jugé de mon cœur par le tien; non, non, tu ne t'es pas trompé!

— Notre plan arrêté, — reprit Charpentier, — il fallait gagner Châteauroux, autant que possible par les chemins de traverse. Madame Raymond fit venir l'aubergiste et lui dit : — Que son fils était malade de la poitrine, que le mouvement et la rapidité des voitures publiques lui étaient funestes, qu'elle voudrait trouver moyen de se rendre à petites journées du côté de Châteauroux, et qu'elle paierait bien. Quant à la voiture, peu lui importait, elle se contenterait d'une charrette, pourvu qu'elle fût couverte, et que son fils pût y être étendu à son aise. Deux heures après, l'aubergiste nous avait trouvé une espèce de tapissière fermée, avec une banquette devant et un matelas dans le fond, attelée d'un bon cheval qui pouvait faire dix ou douze lieues par jour. Il nous conduirait d'abord tout d'une traite à quatre ou cinq lieues au-delà d'Orléans.

Le conducteur était un ancien soldat. Au bout de deux heures de conversation, je vis que nous avions affaire à un brave homme ; il paraissait touché des soins que madame Raymond donnait à son fils. Sans mettre notre conducteur dans le secret, je lui dis que nous avions intérêt à gagner Châteauroux, autant que possible par la route la moins fréquentée. Il comprit à demi-mot, et me répondit : — « Soyez tranquille, je connais le pays : j'ai été long-» temps messager d'Orléans à Vierzon. En coupant au » court par la traverse, nous éviterons presque toutes les » villes, et nous coucherons dans de petits villages. » — C'est ainsi que nous sommes arrivés hier soir à deux lieues de Châteauroux. Notre conducteur, par prudence, est allé seul dans cette ville, s'est informé où était votre château, et nous a ramené une voiture de louage qui, ce matin, nous a conduits à Chambly, sans passer par Châteauroux, où nous avions à craindre la demande de nos passeports.

— Et Jean... avec sa blessure, comment a-t-il supporté cette longue route?

— Tenez, monsieur Fernand, je n'ose pas le dire à madame Raymond... mais l'état de Jean m'alarme. Deux ou trois fois j'ai vu ses lèvres teintées de sang... et il est parvenu à cacher ces mauvais symptômes à sa mère...

— Pauvre garçon!... la fatigue sans doute; heureusement il est au terme de son voyage. Mais pourquoi n'êtes-vous pas venu directement chez moi, au lieu de me donner rendez-vous ici, monsieur Charpentier?

— A Chambly, j'ai demandé l'adresse de votre château. C'est en y allant que j'ai remarqué cette masure. Au moment d'entrer chez vous, j'ai réfléchi que si, plus tard, dans l'intérêt de Jean et de sa mère, j'étais obligé de me présenter à votre demeure, il serait peut-être plus prudent que l'on ne m'y eût pas encore vu ; alors j'ai pris le parti de vous écrire et de vous donner rendez-vous dans cette masure que vous devez connaître.

— Ainsi donc, Jean et sa mère sont à Chambly,—dis-je à Charpentier, —après avoir assez longuement réfléchi au meilleur parti à prendre pour sauver ces proscrits. Les cacher à La Ribaillère est impossible; il me faudrait absolument mettre des domestiques dans la confidence, et je ne suis pas assez certain de leur discrétion pour commettre une pareille imprudence : ce serait tout risquer.

— Je comprends cela, monsieur Fernand ; mais alors, comment faire?

— Je recevrai ouvertement Jean et sa mère comme des amis qui viennent passer chez moi quelque temps à la campagne. Seulement, ils prendront un faux nom.

— Au premier abord, monsieur Fernand, cette mesure paraît imprudente; mais, au fond, je la crois sage; vous devez être connu comme royaliste dans le pays; on ne viendra pas chercher chez vous des conspirateurs républicains.

— Et, bien mieux, — dis-je en interrompant Charpentier, — si madame Raymond ne répugnait pas à cette idée, et afin de détourner complétement les soupçons, elle prendrait non-seulement un nom supposé, mais un titre... comtesse ou marquise... et même... j'irais plus loin, — ajoutai-je en réfléchissant, — car enfin, si l'on croit que Jean a fui avec sa mère, les avis de surveillance seront donnés en conséquence...

— Sans doute, monsieur Fernand, car l'on sait que la mère et le fils ne vont guère l'un sans l'autre.

— De plus, je dois vous le dire, malgré l'isolement de ma demeure, on sait toujours, à Chambly, et par Chambly à Châteauroux, ce qui se passe chez moi, soit par les domestiques qui vont au bourg, soit par les fournisseurs, enfin, par les allans et venans. Or, si le bruit se répandait dans les environs que monsieur le marquis et madame la marquise de Berteuil, accompagnés de leur fils (je dis ce nom de Berteuil comme un autre), étaient en ce moment chez monsieur Duplessis, où ils doivent passer quelque temps, quel rapport cela aurait-il avec madame Jean Raymond et son fils, fuyant les rigueurs de la justice? Cela ne dérouterait-il pas tous les soupçons?

— L'idée est excellente, monsieur Fernand. Seulement, je ne vois pas bien qui serait le *marquis* en question?

— Vous, monsieur Charpentier... si madame Raymond y consentait; n'êtes-vous pas dévoué à elle et aux siens, corps et âme?

— Et assez dévoué pour passer pour marquis si j'en avais l'air... Mais, tenez, monsieur Fernand, quoique tout ceci ne soit pas gai, je ne peux pas m'empêcher de penser que je ferais une drôle de figure... en m'entendant appeler marquis.

— Eh! mon Dieu! je le sais, tout ceci est très bizarre; mais cela peut sauver Jean, sa mère et vous d'un mauvais pas, et donner à ce pauvre et brave ami le temps de se guérir. Alors nous aviserions à autre chose s'il le fallait; quant à présent, l'important est d'arracher Jean aux dangers et aux fatigues de la vie d'un proscrit; c'est déjà un miracle pour lui d'avoir pu arriver sans encombre jusqu'ici. Profitons donc, et par tous les moyens possibles, de cette bonne fortune. Du reste, consultez madame Raymond : son excellent esprit et son amour pour Jean dicteront sa conduite; mais il faut se hâter, et, à mon sens, voici la marche à suivre : il est quatre heures; en vingt minutes, vous êtes à Chambly.

— Très bien!

— Vous êtes sans doute descendus à l'auberge de la Croix-Blanche.

— Oui, monsieur Fernand.

— Vous y retournez, vous faites part de mon projet à madame Raymond et à Jean... S'ils y voyaient quelque inconvénient ou quelque modification, vous revenez ici où je vous attends pendant une heure et demie, et alors nous aviserons; si, au contraire, je ne vous vois pas revenir, c'est que Jean et sa mère acceptent, et, de six à sept heures, je vais ostensiblement à Chambly chercher dans ma voiture monsieur le marquis et madame la marquise de Berteuil et leur fils, et je les amène chez moi. Je me charge de motiver, aux yeux de ma femme et de mes domestiques, ce que cette arrivée inattendue pourrait avoir de singulier. Nous conviendrons d'ailleurs de nos faits avec Jean et sa mère, pendant le trajet de Chambly chez moi.

— Vous êtes un brave et bon cœur, monsieur Fernand.... me dit Charpentier en me serrant les mains avec émotion. Je retourne à Chambly... C'est bien convenu! si dans une heure, une heure un quart au plus, vous ne me voyez pas revenir, c'est que madame Raymond accepte ce que vous proposez.

— Et alors, entre six et sept heures, comptez sur moi.

Et Charpentier s'éloigna rapidement.

XXXVI

En attendant le retour ou le non retour de l'émissaire de Jean, j'éprouvai d'abord ce fier contentement de soi que nous donne la conscience d'un devoir accompli; je remerciais le hasard de me mettre à même de réparer en partie le mal que j'avais autrefois causé; je me rappelais avec une émotion mélancolique ma seule et première entrevue avec madame Raymond, cette charmante femme qui m'avait causé une si vive impression, que le temps, loin de l'effacer, l'avait profondément gravée dans mon cœur; quelle joie pour moi de lui rendre, après tant d'années, un service signalé, de lui donner une preuve de cet amour qu'elle avait toujours ignoré et qu'elle devait ignorer toujours.

Ces réflexions étaient conséquentes avec la générosité de mon premier mouvement. Pris pour ainsi dire à l'improviste par la révélation de Charpentier, j'avais promis et offert mon aide, oubliant toute considération secondaire; mais lorsqu'après le départ de Charpentier, la première exaltation que m'avait inspirée le souvenir de madame Raymond s'apaisa, je réfléchis aux suites de mes engagemens, c'est-à-dire au séjour de Jean et de sa mère chez moi. Je fus soudain saisi de mille appréhensions en envisageant ma position personnelle.

Nécessairement, Albine allait vivre en intimité avec madame Raymond et son fils; or, bien que je fusse aveuglé par mon candide égoïsme sur la manière de vivre que j'imposais à ma femme, bien que je la crusse vraiment la plus heureuse des créatures, je ne sais quel involontaire instinct de justice et de vérité me faisait redouter qu'une femme de l'esprit et du caractère de madame Raymond pût juger de la position d'Albine; puis enfin, appréhension plus inquiétante à mes yeux, Jean Raymond était jeune et beau; sa blessure, sa proscription le rendaient intéressant; je connaissais son esprit, l'élévation de son caractère, la noblesse de son cœur; ses rares qualités avaient dû augmenter avec les années. Or, quels allaient être pour mon repos, pour mon amour-propre, pour mon honneur peut-être (j'allai jusque-là), les résultats de la comparaison que ma femme ferait nécessairement entre Jean et moi?

Contraste étrange! je n'aimais pas Albine, je la croyais niaise, et aussi froide et insensible qu'une statue de marbre; je devais donc être parfaitement tranquille et n'éprouver aucune jalousie... Et cependant, en songeant à l'intimité qui allait s'établir entre Jean et ma femme, je ressentais, non pas de la jalousie de cœur, mais des appréhensions d'amour-propre, la crainte du ridicule, dans le cas où mon ami ferait la cour à Albine. Soupçons odieux sans doute; je calomniais Jean; j'oubliais que la présence de sa mère, si vénérée par lui, était la plus sacrée des sauvegardes pour mon honneur; j'oubliais surtout que Jean, généreusement accueilli par moi, comme proscrit, devait être incapable d'abuser lâchement de l'hospitalité...

Mais, hélas! je me souvenais que moi aussi j'avais lâchement abusé de l'intimité de Hyacinthe!

En proie à ces angoisses, j'attendis le retour de Charpentier avec une anxiété inexprimable. J'en vins bientôt à me reprocher ma générosité, mes offres à Charpentier, qui, acceptées, devaient établir entre ma femme, Jean et sa mère, cette intimité dont la pensée m'effrayait. Ce n'était pas tout : le calme, la régularité de ma vie allaient être altérés. Si parfaites que fussent la réserve et la discrétion de mes hôtes, je n'aurais plus mes aises; il me faudrait changer mes habitudes de sommeil après dîner, il me faudrait enfin renoncer à ce *sans gêne* presque grossier auquel je m'étais cependant si doucement accoutumé.

A mesure que ces réflexions se pressaient dans mon esprit, je croyais rêver; je me demandais si c'était bien moi, moi Fernand Duplessis, si amoureux de mon repos et de ma sécurité, qui avais été assez fou pour me jeter de gaîté de cœur dans un pareil guêpier? Mon aberration d'esprit, à cet endroit, me semblait inconcevable.

Un seul espoir me restait, c'était que Jean et sa mère trouveraient mon projet absurde ou périlleux; aussi, les yeux fixés sur l'aiguille de ma montre, je suivais les progrès de l'heure avec inquiétude, prêtant l'oreille au moindre bruit, espérant toujours voir revenir Charpentier.

Il n'en fut rien : ma montre marqua cinq heures... cinq heures et demie; Charpentier ne reparut pas.

Plus de doute, Jean et sa mère acceptaient; il fallait me résigner aux suites de ma générosité.

Je revins à La Riballière, afin de préparer ma femme à cette visite inattendue, et donner les ordres nécessaires à la réception de mes hôtes.

Il y avait dans l'aile gauche du château un appartement auquel j'ai fait allusion déjà, et qui, dans ma première jeunesse, m'avait servi de lieu de rendez-vous avec une de mes cousines; cet appartement avait une issue secrète, grâce à un couloir pratiqué dans l'épaisseur du mur, et que masquait un panneau mobile. En cas de surprise ou de recherches chez moi, cette disposition pouvait être utile à Jean et à sa mère, et favoriser leur évasion. Je désignai donc ce logement pour eux; il se composait de deux chambres à coucher, séparées par un salon et une antichambre. L'une de ces chambres devait être habitée par Charpentier, l'autre par madame Raymond. Je destinais à Jean une pièce attenante à celle de sa mère; je chargeai madame Claude de veiller à ces préparatifs, et de trouver dans le village une jeune fille pour le service de madame la marquise de Berteuil, « Qui, choquée de l'impertinence de sa femme de chambre,—dis-je à madame » Claude,—lui avait donné son congé en route. » Un de mes domestiques devait servir le marquis et son fils. Je fis ensuite atteler mes chevaux. Pendant que l'on s'occupait de ce soin, je me rendis auprès d'Albine; madame Claude devait venir m'y joindre pour recevoir mes derniers ordres; je voulais qu'elle entendît ainsi ce que je dirais à ma femme, pour rendre vraisemblable cette visite inattendue. Sans ces précautions, elle eût paru singulière à mes gens, et ils auraient pu en jaser.

Je trouvai Albine étendue sur son canapé, regardant ses fleurs.

— Ma chère amie, — lui dis-je, — j'ai à vous apprendre une grande nouvelle... car l'arrivée de trois personnes de ma connaissance est une grande nouvelle pour des sauvages comme nous.

— Que voulez-vous dire?

— Monsieur le marquis et madame la marquise de Berteuil, anciens amis de ma grand'mère, viennent passer quelques jours ici... Leur fils les accompagne; c'est l'un de mes meilleurs amis.

Albine me regarda avec un étonnement profond, puis me dit d'un air contrarié :

— Comment! ce que vous m'annoncez là est vrai, ce n'est pas une plaisanterie.

— Je plaisante peu, vous le savez. Je viens donc, ma chère amie, vous prévenir très sérieusement que, dans deux heures, nos hôtes seront ici. Je vais les aller chercher à Chambly, où ils sont venus en voiture de louage depuis Châteauroux, où la diligence, de force, les a laissés.

— Une pareille visite... vous tomber ainsi des nues... c'est insupportable et très extraordinaire.

— Cela n'est pas du tout extraordinaire, — dis-je en insistant sur ces mots, à cause de la présence de madame Claude qui nous écoutait. — Rien de plus simple, au contraire : monsieur de Berteuil m'avait écrit, il y a quinze jours, pour m'annoncer sa prochaine visite, convenue depuis longtemps; sans doute sa lettre n'aura pas été mise à la poste ou aura été égarée, car je ne l'ai pas reçue, et le marquis, me croyant prévenu de son arrivée, m'a, ce matin, écrit de nouveau de Chambly, où il attend que je l'envoie chercher; je vais, par politesse, y aller moi-même; j'ai dit à madame Claude de venir ici afin que vous **lui donniez vos ordres, je l'ai toutefois prévenue que nos**

hôtes logeraient dans l'aile gauche, au second, dans ce qu'on appelle les chambres de tapisserie.

— Je n'ai pas d'autres ordres à donner à madame Claude que lui recommander de tout préparer pour le mieux, — répondit Albine; puis elle ajouta en s'adressant à sa femme de chambre: — Laissez-nous.

A peine celle-ci fut sortie qu'Albine me dit d'une voix dolente et avec un accent de reproche et de contrariété croissante:

— Mais c'est quelque chose d'horriblement ennuyeux que cette visite... des personnes que je ne connais pas? Etre obligée de faire avec elles la maîtresse de maison... de m'occuper d'elles... de changer mes habitudes... je vous assure que cela est au-dessus de mes forces.

— Pourtant, ma chère Albine...

— Vous vous arrangerez comme il vous plaira... Vous avez invité vos amis, recevez-les...

— Que dites-vous?

— Je vous avertis que je ne sortirai pas de ma chambre.

— Mais c'est impossible...

— Je serai censée malade... Si cette excuse ne suffit pas, trouvez-en une autre... cela m'est égal, pourvu que j'échappe à une pareille corvée...

— Mais enfin...

— Comment! les visites de nos voisins qui n'auraient duré qu'une heure, de temps à autre, vous ont paru, ainsi qu'à moi, si ennuyeuses, si gênantes, que vous avez tout fait pour les éviter... et vous engagez d'autres personnes à venir habiter ici!

— L'invitation est faite, il n'y a pas à revenir là-dessus. Quant à vous prétendre malade, c'est impossible, ma chère amie, il serait fou de songer à vous séquestrer; tout ce que je crois possible, c'est de vous épargner pour ce soir le soin de procéder vis-à-vis de nos hôtes; ils seront fatigués du voyage, leur fils est fort souffrant, car il vient ici à peine convalescent d'une longue maladie; ils seront donc eux-mêmes très contents de se retirer tout de suite dans leur appartement et de se reposer... Mais, demain, vous ne pourrez vous empêcher de leur faire les honneurs de chez vous.

Madame Claude vint me prévenir que ma voiture m'attendait; laissant ma femme à sa vive contrariété, je me fis conduire au bourg de Chambly.

A mesure que j'approchais du moment où j'allais revoir madame Raymond, j'éprouvais une émotion singulière; bientôt elle domina même les appréhensions de ma vague jalousie à l'égard de Jean; je pensais avec tristesse que les années, les chagrins, devaient avoir ravi à madame Raymond la beauté qui m'avait autrefois si vivement frappé; je m'attendais à la retrouver le visage ridé, le regard éteint, les cheveux grisonnans. Rien ne me paraissait plus pénible que de me dire: « Ainsi, voilà la femme dont j'ai été si profondément épris! la seule femme que j'aie véritablement aimée, peut-être! la seule enfin dont le souvenir se soit conservé jusqu'ici dans mon cœur comme un type idéal de grâce sérieuse, de fermeté douce et de sagesse attrayante, dons précieux, qu'aujourd'hui ma précoce maturité, mon expérience du monde, me permettent d'apprécier à leur inestimable valeur! »

Enfin, l'avouerai-je? Chose bizarre, inexplicable, n'allai-je pas jusqu'à me dire: « Il est heureux pour moi que madame Raymond soit maintenant une vieille femme, car bien qu'il n'y ait plus rien de sensuel dans ce que j'éprouve pour elle, j'aurais sans doute été mis à une rude épreuve si je l'avais retrouvée belle comme autrefois. »

Ces rêveries me préoccupèrent tellement que j'éprouvai une sorte d'angoisse en apercevant la maison où j'étais attendu par madame Raymond.

Charpentier, placé à l'une des fenêtres de l'hôtel de la *Croix-Blanche*, guettait mon arrivée. Dès qu'il m'aperçut, il descendit, et me dit tout bas:

— C'est convenu... la marquise de Berteuil et son fils... sont là-haut.

A ce moment, le maître de l'hôtel vint me demander **si**

je voulais faire dételer mes chevaux. Avant de lui répondre, je m'adressai à Charpentier :

— Qu'en pensez-vous, mon *cher marquis?* — lui dis-je, — ne vaudrait-il pas mieux nous mettre tout de suite en route pour La Riballière? Du reste, nous allons consulter à ce sujet madame la marquise.

Puis, me retournant vers l'hôtelier :

— Veuillez dire à mes gens de ne pas dételer?...

Et je suivis Charpentier dans la chambre occupée par madame Raymond et par son fils. Celui-ci, lorsque j'entrai, était à demi couché sur son lit, sa mère, assise à son chevet, lui parlait et me tournait le dos, de sorte que je ne pus tout d'abord l'apercevoir. Je fus presque effrayé de la pâleur et de l'altération des traits de Jean. Je ne l'avais pas revu depuis ma sortie de Sainte-Barbe; sa taille s'était grandie, développée; son visage avait peu changé; seulement, sa figure brune et mâle était encadrée d'épais favoris noirs, qui donnaient à ses traits un caractère encore plus viril et plus résolu qu'autrefois.

Au bruit que fit la porte en se fermant, madame Raymond se retourna.

Il est des rapprochemens singuliers : la première et unique fois que je l'avais vue, elle était occupée à ranger quelques papiers dans un secrétaire et, lorsqu'elle vint à moi, j'étais resté frappé de surprise et d'admiration, car je m'attendais à trouver en elle une femme à l'aspect dur et austère.

En revoyant madame Raymond onze ans après, je devais éprouver plus d'admiration, plus de stupeur encore... L'on a souvent parlé de Ninon de Lenclos et d'autres femmes célèbres qui inspiraient, à soixante ans et plus, des passions désordonnées; j'avais toujours quelque peu douté de ces miracles, mais madame Raymond me rendit croyant; elle devait avoir alors quarante-cinq ou quarante-six ans au moins, et elle m'apparaissait telle que je l'avais vue onze ans auparavant; c'était toujours ce visage enchanteur, aux cheveux blonds cendrés, dont pas un n'avait blanchi; ces grands yeux bleus à la fois si doux et si pénétrans, ce sourire bienveillant et fin qui parfois découvrait des dents de perle, cette physionomie sérieuse comme la sagesse, sereine comme la vertu, attrayante comme la grâce; enfin, c'était toujours cette taille svelte et accomplie, à laquelle les années avaient seulement donné un léger embonpoint.

Malgré mes vingt-neuf ans, je rougis, je me sentis troublé comme autrefois; j'aurais peut-être trahi malgré moi mon émotion, si Jean, dès qu'il m'eut aperçu, ne s'était à demi soulevé de son lit en me tendant les bras, et se fût écrié les larmes aux yeux :

— Onze ans!... onze ans!... que je ne t'ai pas vu!

Ces mots, partis du cœur de Jean, me rappelèrent à moi-même, et me touchèrent vivement; il songeait moins au refuge que je lui offrais qu'à la joie de me revoir; je partageai l'émotion de mon ami, et mes yeux devinrent humides. Cet entraînement passé, je dis à madame Raymond, pour m'excuser auprès d'elle :

— Pardon, madame, mais il m'a été impossible de ne pas courir d'abord à Jean.

Madame Raymond me tendit sa main charmante, que je ne touchai pas sans tressaillir, et me dit d'une voix pénétrée :

— Je rends grâce à mon fils de m'avoir réservé le bonheur de vous dire, monsieur Fernand, que vous êtes un vaillant cœur.

— Madame!

— Ne craignez rien, je n'abuserai pas de la reconnaissance. Il est des services dont on remercie une fois... et dont on se souvient toujours... Maintenant, venons au fait : monsieur Charpentier nous a communiqué votre projet; nous sommes de votre avis, il est prudent et habile de changer de noms et de nous affubler de faux titres, cela déroutera les soupçons... Monsieur Charpentier s'est vingt fois dévoué pour mon fils, pour mon frère et pour moi; c'est l'un des hommes que j'estime le plus au monde. Je l'accepte donc parfaitement pour... *mon marquis*, — ajouta

madame Raymond avec un demi sourire. — Maintenant, monsieur Fernand... nous partirons quand vous voudrez...

— Je suis à vos ordres, madame, — lui dis-je; et, m'adressant à Jean : — Au moins, mon ami, tu trouveras chez moi le calme, et, je l'espère, la santé. Mais j'y songe, madame, — ajoutai-je, — ne faudrait-il pas faire prévenir un médecin de Châteauroux?... La blessure de Jean... a peut-être besoin des soins d'un docteur?

— Non, monsieur Fernand, notre chirurgien m'avait appris à panser mon fils, la blessure en elle-même n'avait pas une extrême gravité; mais ce qu'on avait surtout recommandé à Jean, c'était le repos, le silence... l'absence... de toute émotion vive... et depuis trois jours... vous jugez... monsieur Fernand, comme ces prescriptions ont été suivies! — ajouta madame Raymond en jetant sur son fils un regard inquiet et attendri.

— Je t'assure, ma mère, — reprit Jean, — que, sauf un peu de faiblesse et de chaleur à la poitrine, je ne me trouve pas plus mal que je n'étais à Sceaux...

— Allons, Jean, — reprit Charpentier, — ne dites pas cela... Ce serait, demain ou après, un prétexte à imprudence... Il faut bien le dire, ce matin encore vous avez vomi du sang.

— Et vous me l'avez caché, — dit tristement madame Raymond à Charpentier.

— Oui, — reprit-il, — mais maintenant que Jean peut se soigner, je ne crains pas de tout vous dire.

— Alors, madame, — repris-je, — il faut nous hâter d'arriver chez moi; veuillez accepter mon bras; monsieur Charpentier aidera Jean à descendre.

Bientôt nous sortîmes de l'auberge, je fis autant que possible sonner aux oreilles des gens de la Croix-Blanche les titres de *marquis* et de *marquise*, pendant que l'on chargeait le modeste bagage de mes hôtes sur le siége de derrière de ma berline; et nous partîmes pour La Riballière.

XXXVII.

— Mon cher Fernand, — me dit Jean, lorsque nous fûmes en route, — je devrais peut-être confier à ta loyauté les détails de l'événement que Charpentier t'a sommairement raconté, te dire le but de la conspiration à laquelle nous avons pris part, et...

— Mon enfant, — dit madame Raymond en interrompant son fils, — tu sais qu'il faut pendant quelque temps encore parler le moins possible, cela t'irrite la poitrine. Je vous dirai donc, monsieur Fernand, que notre première pensée avait été de ne vous rien cacher, pour deux raisons. D'abord afin de vous prouver que le but de ce complot était de ceux que l'on peut, que l'on doit fièrement avouer; puis, parce que nous regardions les confidences comme un devoir imposé par l'amitié; mais nous avons songé que vous vous connaissiez assez pour être certain que, quoique proscrits, nous n'avions pas démérité l'estime des gens de bien.

— Pouviez-vous, madame, lui dis-je, avoir le moindre doute à ce sujet?

— Non, mais nous avons aussi pensé que la révélation du but de cette conspiration blesserait les justes susceptibilités de vos opinions; vous êtes royaliste, monsieur Fernand; entre vos convictions et celles de Jean, il y a un abîme. Vous êtes ce qu'il rêvait, et ce qu'il rêve encore, ce qu'il poursuivra jusqu'à son dernier jour comme l'idéal du bonheur de son pays, ce serait attaquer à chaque mot vos croyances, respectables parce qu'elles sont sincères; or, à quoi bon vous choquer ainsi? Nous sommes donc convenus, monsieur Charpentier, mon fils et moi, de garder le silence au sujet de ce complot, assurés d'avance que vous comprendriez nos motifs.

— Je les comprends et je les respecte, madame, tout en vous assurant néanmoins que je n'aurais pas été blessé le moins du monde de vous entendre exprimer une opinion opposée à la mienne.

— C'est donc convenu, monsieur Fernand, — reprit madame Raymond, — pas un mot de politique... Cette résolution aura en outre l'avantage d'être fort agréable à madame Duplessis, car, à moins de situations particulières, les femmes... et avec raison, aiment peu la politique et les conspirations.

— De toutes façons, madame, ce sujet de conversation eût été interdit en présence de ma femme.

— Pourquoi donc cela?

— Parce que je n'ai pas cru devoir mettre madame Duplessis dans notre confidence, madame; et, pour elle aussi, vous serez la marquise de Berteuil.

Madame Raymond me regarda d'un air très surpris; il me sembla même lire sur ses traits une imperceptible nuance de reproche, et l'impression que me causait son étonnement ne lui échappa pas, car elle reprit avec une franchise et une affabilité charmante :

— Tenez, monsieur Fernand, quoique vous ne soyez plus l'écolier d'il y a onze ans, je suis toujours, moi, la femme sincère que vous savez. Je vous dirai donc aussi franchement ma façon de penser aujourd'hui... qu'autrefois.

— Je vous en supplie, madame...

— Eh bien! votre réserve envers votre femme me surprend beaucoup, c'est une personne de cœur et d'infiniment d'esprit, je le sais.

— Vous savez cela, madame... et comment je vous prie?—dis-je abasourdi d'entendre parler de l'esprit d'Albine, qui, pour moi, avait toujours été lettre-close.

— Rien de plus simple, monsieur Fernand; une de mes amies est fort liée avec une des parentes de votre femme, C'est ainsi que nous avons appris, il y a quelque temps, votre mariage, votre séjour ici. Or, d'après mon amie, et j'ai la plus grande confiance dans la solidité de son jugement, madame Duplessis est non-seulement une personne remplie de cœur, mais d'une raison et d'un esprit remarquables; je vous avouerai même que si je ne vous avais pas su marié à une femme telle que la vôtre, j'aurais hésité à engager mon fils à venir à vous. J'aurais craint de vous mettre dans une position fausse envers une femme qui n'eût pas joui de votre confiance absolue; aussi, je me demande avec un extrême surprise comment madame Duplessis n'est pas de moitié dans vos secrets?

— Elle est encore si jeune, madame, si peu expérimentée, — dis-je à madame Raymond, de plus en plus confondu de ce que j'entendais sur la prétendue supériorité d'intelligence d'Albine, — je ne craindrais pas l'indiscrétion de ma femme, mais, au contraire, son zèle à détourner les soupçons, zèle qui les éveillerait peut-être. Et puis, enfin, vous savez, madame, que les marins ne sont pas forcés d'être galans envers leurs femmes.

— Non, monsieur Fernand, mais sincères... surtout sincères quand ils les aiment.

— Certes, madame, j'aime ma femme; et je l'aime assez pour vous dire qu'elle est la meilleure créature du monde... mais que la personne qui a parlé à votre amie le remarquable esprit et la haute raison de madame Duplessis a peut-être été un peu aveuglée par une partialité de famille très naturelle d'ailleurs. Encore une fois, ma femme a d'excellentes qualités; mais c'est une enfant... très sauvage, très timide et très silencieuse, parce qu'elle est un peu indolente.

— En vérité, monsieur Fernand, ce que vous me dites m'étonne au dernier point...

— Que voulez-vous, madame, j'ai dit adieu aux vanités du monde pour mener, selon mes goûts, une vie calme et retirée; aussi ai-je cherché et trouvé dans ma femme, non les brillantes qualités de l'esprit, mais cette douceur, cette facilité de caractère qui nous rendent l'existence douce et paisible.

— Vous vous méprenez, monsieur Fernand, sur la cause de ma surprise...; ce qui me surprend si fort, et n'allez

pas rire de moi, c'est que vous connaissiez si peu votre femme.

— Comment, madame, — dis-je en souriant, — je ne connais pas ma femme?

— Jean vous dira comme moi, et je ne lui permets qu'un signe de tête affirmatif, que l'amie dont je vous parle nous a bien des fois entretenu de mademoiselle Albine Chevrier comme d'une personne éminemment distinguée.

Jean fit un signe de tête approbatif, et Charpentier ajouta :

— Je puis vous assurer, monsieur Fernand, que je me suis trouvé plusieurs fois chez madame Raymond quand on parlait de votre mariage, et que Jean disait : « Quel bonheur pour Fernand d'épouser une femme si remarquablement douée! d'après ce que l'on nous rapporte de cette jeune personne. »

Jean fit de nouveau un signe de tête affirmatif. Madame Raymond reprit :

— Maintenant, monsieur Fernand, je vais vous citer mes autorités; votre chère femme a pour cousine et amie de pension mademoiselle Hermance de Villiers, n'est-ce pas?

— En effet, madame... elle était demoiselle de noce de ma femme.

— La mère de mademoiselle Hermance est très liée avec celle de mes amies dont je vous parle, et cette amie a maintes fois vu mademoiselle Albine Chevrier, sa cousine, avant son mariage, l'a entendue causer, et, je vous le répète, mon amie a été si frappée de la conversation de cette jeune personne, alors votre fiancée, que très souvent nous nous sommes entretenues d'elle, et que, sans la connaître, je ressentais pour elle un vif intérêt... Allons, monsieur Fernand,—ajouta madame Raymond en souriant,— pas de fausse modestie de mari; avouez tout le bien que vous pensez de l'esprit de madame Duplessis, imitez-moi, lorsqu'on me fait de mon fils des éloges mérités... je les accepte très résolument.

— Voyons, — me dit Jean en souriant et faisant ainsi allusion à un souvenir d'enfance, — voyons, mon pauvre Fernand, accouche donc, pas de réticence...

—Eh bien! madame,—repris-je en souriant à mon tour, afin de cacher ma surprise et mon inquiétude croissantes, — oui... j'avais, comme vous le disiez, une modestie de mari outrée..., et connaissant la timidité, la sauvagerie de ma femme...

— Vous craigniez que madame Duplessis nous parût au-dessous de ce que l'on doit attendre d'elle.

— Oui, madame, et voilà pourquoi j'hésitais à convenir d'une vérité qui pouvait, qui pourra peut-être vous sembler douteuse...

— J'ai la prétention, monsieur Fernand, d'apprivoiser assez la sauvagerie de madame Duplessis pour pouvoir jouir de ce charmant caractère dont on m'a tant parlé et que j'aime à l'avance. Quant à mettre votre femme dans notre confidence, je crois que vous le pourriez en toute sécurité. Croyez-moi... on nous juge mal, nous autres, en nous refusant presque toujours l'intelligence des situations difficiles ou dangereuses... Une femme de cœur, qui aime vraiment son enfant, ou son mari, ou son père ou son frère, sera toujours à la hauteur des plus graves événemens, dès qu'ils intéresseront les objets de son affection.

— Ah! si madame Raymond n'était pas là, — dit Charpentier, — comme je vous prouverais par de beaux et bons faits combien elle a raison, madame Fernand.

— Oui, mais je suis là, monsieur Charpentier, —répondit madame Raymond, — et monsieur Fernand voudra bien me croire... Du reste, — ajouta-t-elle en s'adressant à moi, — vous serez meilleur juge que personne, du moment où vous pourrez mettre madame Duplessis dans notre secret; seulement, je vous l'avoue, il me sera presque pénible de la tromper... Ne me faites donc pas jouer trop longtemps à ses yeux mon rôle de marquise. Encore une fois, fiez-vous aveuglément à votre femme...; car, savez-vous, monsieur Fernand, pourquoi souvent nous n'avons pas toute notre valeur?... c'est parce qu'on ne nous demande pas assez...

— Mon cher Fernand, — reprit Jean, — quoique ma mère me défende de parler... je te dirai avec quelle éloquence de cœur notre pauvre Hyacinthe soutenait la thèse que soutient ma mère... Tu as connu la femme de notre ami, tu as su par lui qu'elle avait été déplorablement élevée, son esprit était à peine développé, son ignorance incroyable. Eh bien! Hyacinthe, en lui demandant beaucoup avec une tendresse patiente, était parvenu à rendre sa femme véritablement très aimable : tu as dû en juger?

— Sans doute, — dis-je, ne pouvant dissimuler un léger embarras, — j'ai, tu le sais, vécu dans l'intimité de ce pauvre Hyacinthe jusqu'à sa mort...

— Oui...; et dans ses lettres il me parlait avec bonheur de votre liaison, de ton affection pour lui...

— Et nous en étions très touchés, mon fils et moi, — reprit madame Raymond. — Ce retour à une ancienne amitié prouvait la bonté de votre cœur.

— C'était tout simple, pourtant, madame.

— Non, monsieur Fernand, préférer l'intimité d'un modeste employé au monde brillant où vous aviez jusqu'alors vécu, cela prouvait beaucoup en votre faveur; aussi Jean avait-il hâte de revenir à Paris pour compléter le *trio*, comme disait ce pauvre monsieur Hyacinthe. Malheureusement, lorsque mon fils est arrivé à Paris, votre ami commun était mort, sa femme absente, et vous en voyage, monsieur Fernand.

— Il est vrai, madame; le chagrin que m'avait causé la mort d'Hyacinthe, le soin de ma santé, m'engagèrent alors à quitter Paris.

— A propos, — me dit Jean, — tu sais que madame Hyacinthe Durand s'est remariée?

— Elle!...

— Comment! elle ne t'a pas fait part de son mariage comme à moi?... C'est singulier...

— Sans doute sa lettre se sera égarée, mais voici la première fois que j'entends parler de ce mariage.

— Et si une fortune immense peut assurer le bonheur, — reprit madame Raymond, — la veuve de votre ami doit être la plus heureuse des femmes.

— Elle s'est mariée richement?

— D'après ce qu'elle a écrit à mon fils, elle a épousé un Américain colossalement riche.— Elle habite Paris depuis quelques mois, son mari a acheté un superbe hôtel où, cet hiver, elle a donné, dit-on, des fêtes splendides.

— Je me souviens, — dis-je à madame Raymond, — que dans quelques lettres que l'on m'écrivait de Paris cet hiver, on me parlait des somptuosités d'un Américain nommé Jefferson, et de la rare beauté de sa femme...

— C'est elle-même, — me dit madame Raymond, — puisse-t-elle trouver le bonheur dans sa richesse...

— Et ne pas regretter notre pauvre Hyacinthe, — dit Jean, — ni son humble fortune de ce temps-là.

. . . .

Nous arrivâmes chez moi à la nuit tombante.

Après avoir conduit mes hôtes dans leurs appartemens, je rentrai chez moi sans voir ma femme, qui s'était couchée de fort bonne heure, me dit madame Claude.

XXXVIII.

Le soir même de l'arrivée de Jean et de sa mère, je continuai mon journal.

Au point de vue où je l'envisageais, son utilité ne m'avait jamais paru plus grande et plus opportune. Voici ce que je lis.

Mai 1829.

Me voici seul.

Je cherche à me rappeler toutes mes impressions pen-

dant cette singulière journée; le mélange de bonnes et de mauvaises pensées dont j'ai subi l'influence.

Je démêle d'abord, à travers l'espèce de chaos où est plongé mon esprit, trois points saillans:

Un vif instinct de jalousie contre Jean Raymond, quoique jusqu'à présent rien ne l'ait motivée.

Une profonde inquiétude mêlée de défiance causée par la singulière révélation de madame Raymond au sujet de la supériorité d'intelligence de ma femme.

Enfin (et j'ose à peine m'avouer ce ridicule écart d'imagination), je me sens sur le point de redevenir amoureux de madame Raymond.

Pour la première fois, je crains sérieusement (pourquoi cette idée me vient-elle quand je viens de penser à madame Raymond?) je crains sérieusement d'avoir faussement envisagé le mariage... d'avoir oublié que s'il existe des disproportions d'âge, de fortune, de position, il existe aussi des disproportions morales extérieures.

Ainsi, quoique mon mariage avec ma femme ait été, en apparence, basé sur toutes les convenances possibles et désirables, je ne puis m'aveugler plus longtemps; il y a entre elle et moi un abîme.

Le rapport de nos âges semble proportionné, mais moralement, physiquement, j'ai cinquante ans, et Albine en a dix-huit.

Au lieu d'avoir voulu pour femme une sorte de dame de compagnie, réservée, soumise, silencieuse, absolument subordonnée à moi, n'agissant, ne désirant que par ma volonté, que n'ai-je choisi une femme d'un âge mûr, lassée comme moi des bruyans et faux plaisirs du monde, douée d'un esprit à la fois charmant et élevé; puis surtout douée de cette solidité de principes et de caractère que l'on acquiert par les années.

Une pareille femme m'eût offert dans ma solitude autant de ressources d'intelligence que de sécurité...

J'aurais trouvé dans ma compagne une amie, au lieu d'une *subordonnée*, que je domine mais dont je me défie... et qui, sans doute, me craint plus qu'elle ne m'aime...

. . . .

Et toujours, à travers ces pensées, le souvenir de madame Raymond me revient à l'esprit, comme point de comparaison.

Eh bien! oui, depuis que je l'ai revue, je me dis qu'une telle femme eût été pour moi une adorable compagne.

Allons, je suis fou, archi-fou; rien de plus insensé que ce revirement subit, que cette première tendance vers une désillusion dont les conséquences sont épouvantables.

Non, rien de plus insensé! Albine est ma femme, et madame Raymond ne peut ni m'aimer, ni être ma maîtresse; madame Raymond a quarante-cinq ans; elle est la mère de Jean, contre qui je ressens une jalousie d'instinct; chose étrange, je n'aime ni n'ai jamais aimé ma femme, et cependant mon sang s'allume, il me monte au cœur des bouffées de haine, de rage, à la seule pensée d'être un mari trompé comme tant d'autres!

Ah! maudite soit ma sotte générosité, pourquoi ai-je introduit Jean chez moi?

Oui, mais j'ai aussi le bonheur d'offrir un asile à sa mère, de mériter sa reconnaissance; et d'ailleurs il faut compter sur l'imprévu, tel ou tel événement peut amener le départ de Jean, sans que sa sûreté soit compromise... Mais, alors, sa mère part avec lui... et je me retrouve seul à seul avec Albine.

Alors, nouvelle complication, nouvelle anxiété. Je ne veux pas m'abuser; il faut sonder toute la profondeur de l'abîme où il tombe.

De deux choses l'une: ou Albine est ce que je l'ai toujours crue, une bonne créature, simple, inoffensive, d'un esprit borné, d'un caractère facile, d'une nature indolente et soumise, se contentant du bien-être matériel que je lui procure;

Ou bien Albine est réellement une femme d'une intelligence supérieure; et, depuis notre mariage, elle a eu l'a-

2 — 11

dresse, la fourberie de jouer à mes yeux l'ingénue, je dirais presque la sotte.

En ce cas, quel est son but? Pourquoi cette dissimulation? Qu'attend-elle pour se révéler? Et si son imagination est réellement vive, son esprit distingué, quoi de plus dangereux que cette concentration, que ce repliement sur elle-même, au milieu de notre vie solitaire. Tôt ou tard cela ne finira-t-il pas par un éclat désastreux?

Et ce n'est pas tout... car, en vérité, plus je creuse ma situation, plus elle m'effraie...

Cette répugnance, cette aversion que j'ai inspirée à Albine la première nuit de ses noces, je m'en félicitais, parce que croyais ma femme candide et niaise; mais quelles dangereuses conséquences cette aversion ne peut-elle pas avoir pour l'avenir, si ma femme n'est pas ce que je croyais? Aurais-je dû oublier avec quelle netteté d'expression, lorsque j'ai cédé à un moment de fol entraînement, Albine m'a dit:

— Prenez garde! Ne me réveillez pas...

J'étais donc stupide! A cette heure que j'y réfléchis, ce mot profond devait me frapper comme une soudaine révélation, et je n'y ai vu qu'un heureux hasard d'expression! Et cette jeune femme, pour ainsi dire vierge encore, belle, pleine de vie, de santé, spirituelle et profondément dissimulée, puisqu'elle a su jusqu'ici m'abuser, cette jeune femme à qui j'inspire tant de répugnance va se trouver demain dans une intimité de tous les jours, de tous les instans, avec Jean Raymond, doué comme il est!...

Mais c'est ma perte! mais c'est pour moi le déshonneur, le ridicule! mais, à moins d'être insensé, je ne peux pas m'exposer à un danger pareil, à un danger certain! Bien niais je serais de croire Jean capable de respecter les lois de l'hospitalité. Les devoirs de l'amitié... sornettes que tout cela! Est-ce que la passion raisonne? Les devoirs de l'amitié... eh! qui me dit, les outrageant comme moi, il n'a pas été aussi l'amant de la femme d'Hyacinthe, ainsi que je l'ai souvent soupçonné? En ce cas, pourquoi Jean serait-il plus scrupuleux envers moi? Les devoirs de l'hospitalité, mots creux et sonores! Est-ce que, malgré ce qu'il y a de fou, de honteux dans la renaissance de mon amour pour madame Raymond, je ne le sens pas déjà près de me dominer?

Oh! être toujours ramené dans ce cercle infranchissable de désolantes alternatives:

Ou le séjour de Jean et de sa mère chez moi sera de peu de durée, et alors, avec mon fol amour au cœur pour une femme de quarante-cinq ans, je resterai dans ma solitude tête à tête avec Albine, qui ne m'inspire plus qu'éloignement et défiance;

Ou le séjour de Jean se prolongera, au contraire, et il est à craindre que mon amour pour madame Raymond s'augmente de jour en jour avec une violence égale à ma jalousie contre Jean.

. . . .

Mai 1829.

Étrange, étrange journée que celle-ci!
Mettons un peu d'ordre dans mes souvenirs.

Le sommeil avait un peu calmé mon agitation d'hier soir; à mon réveil j'ai envisagé ma position plus froidement; après m'être reproché d'avoir, dans mon exagération, considéré le péril, peut-être le probable, comme une certitude; reprenant confiance dans l'honorabilité de Jean et dans la vertu de ma femme, je me suis efforcé de chasser de ma pensée le souvenir de madame Raymond. Je me promis enfin, dans le cas où ma jalousie aurait quelque droit de s'éveiller à l'endroit de Jean, de lutter au moins avec lui, et de me montrer, dès le jour même, envers ma femme, aussi empressé, je dirais presque aussi galant, que j'avais été jusqu'alors froid et peu soigneux.

J'ai donc ce matin renoncé aux gros souliers à guêtres de cuir, aux épais habits de velours, et à mon vieux chapeau gris bossué, pour une élégante toilette du matin,

telle que je la faisais, lorsque dans mon *beau temps* je menais la vie de château chez quelqu'une de mes maîtresses. Au grand étonnement de monsieur Dupin, mon valet de chambre, je lui ai dit d'apporter son fer à friser et de me *coiffer*, chose tout à fait inusitée depuis mon séjour à La Riballière. Tout ceci est puéril, mais significatif, en cela que, malgré mes sages résolutions de ce matin, je crains de m'avouer ce soir que cette résolution d'élégance avait un double but, lutter d'avantages extérieurs avec Jean, et paraître le mieux possible aux yeux de madame Raymond.

Lorsque je fus habillé, j'envoyai mon valet de chambre savoir des nouvelles de mes hôtes et dire à madame Claude de prier ma femme de m'attendre chez elle avant de se rendre à l'église.

J'appris que *monsieur le marquis et madame la marquise* avaient bien passé la nuit, mais que monsieur leur fils était souffrant, et qu'il resterait couché toute la journée.

Au bout d'une demi-heure je me rendis chez ma femme; je fus plus frappé que je ne l'avais été jusqu'alors peut-être de la transparence de son teint si pur et si rose, de cette fraîcheur matinale si charmante chez les très jeunes femmes. Etait-ce illusion? Je ne l'avais jamais trouvée si jolie; j'en fus contrarié en pensant à Jean; puis me rappelant la révélation de madame Raymond au sujet d'Albine, je tâchai de surprendre, soit sur sa physionomie, soit dans son langage, quelqu'indice qui pût m'éclairer.

Je remarquai d'abord un léger mouvement de surprise que ma femme ne put réprimer à ma vue.

— Ma chère amie, — lui dis-je, — je voudrais vous demander pardon de vous déranger sitôt : cependant, en vous voyant à peine éveillée, si fraîche et si belle, je n'ai pas le courage de regretter mon indiscrétion...

Albine continuait de me regarder avec une expression d'étonnement si marqué que je ne pus m'empêcher de lui dire :

— Mais qu'avez-vous donc, ma chère amie?

— Vous venez chez moi pour me faire des complimens sur ma beauté... vous avez quitté vos habits campagnards... cela m'étonne, rien de plus...

A ces premiers mots d'Albine, je craignis, mais trop tard, d'avoir agi maladroitement en changeant de costume et de langage, et, cachant mon embarras par un sourire affectueux, je repris :

— Si ce vous adresse rarement des complimens sur votre fraîcheur matinale, ma chère Albine, c'est que je n'ai pas toujours le droit d'entrer chez vous de si bonne heure; mais il ne s'agit pas seulement de rendre hommage à votre beauté, je viens aussi vous rappeler que nos hôtes sont arrivés d'hier soir, et qu'il est indispensable que je vous les présente ce matin.

— Allons! — me répond Albine d'un air nonchalant et contrarié, — résignons-nous; puisqu'il n'y a pas moyen d'échapper à cette corvée. Et elle durera longtemps peut-être...

— Elle durera le moins longtemps qu'il se pourra, si elle vous est désagréable... Je le comprends, d'ailleurs ; lorsqu'on a joui, comme nous, ma chère amie, de la douce liberté d'une vie intime et retirée, on regrette le moindre dérangement à ses habitudes.

— Mon Dieu! que c'est donc ennuyeux, je ne vais savoir que leur dire, à vos amis?

— Rassurez-vous, vous n'aurez pas à faire de grands frais, le marquis et sa femme sont des personnes très simples, sans prétentions et sans façons.

— Alors, mon ami, pourquoi avez-vous fait ces frais de toilette et d'élégance?

— S'il faut vous le dire... pour vous, ma chère Albine...

— Pour moi?

— Vous êtes ordinairement pour moi fort indulgente, et vous me tenez assez compte de mes occupations agricoles pour excuser chez moi une certaine négligence de costume et d'habitudes... Je vous en sais un gré infini, mais je ne voudrais pas que des étrangers me crussent capable de manquer d'égards envers vous. Ceci, je l'espère, vous expliquera ce que vous appelez mes frais d'élégance. Pour revenir à nos hôtes, monsieur de Berteuil est un homme simple et bon, madame de Berteuil... une femme très distinguée, remplie de déférence pour son mari et de tendresse pour son fils. Quant à celui-ci... comme il est très souffrant d'une maladie de poitrine, et que la route l'a beaucoup fatigué, vous ne le verrez pas aujourd'hui, ni même peut-être de quelques jours... Tout ce que je puis vous dire de lui, c'est qu'il est l'un de mes meilleurs et de mes plus anciens amis.

— Alors... je le recevrai de mon mieux...

— Certaine nt, et je vous remercie de votre bon vouloir. Seulement...

— Seulement?

— J'ai un instant hésité, ma chère amie, parce qu'il s'agit de toucher un point très délicat, mais votre extrême jeunesse, votre inexpérience du monde, votre candeur même, me font un devoir d'être envers vous d'une entière franchise...

— Quel air solennel! de quoi s'agit-il donc?

— Le voici. Jean de Berteuil est à peu près de mon âge, et lorsqu'il sera rétabli, vous aurez à vivre avec lui dans une espèce d'intimité... puisque sa mère, son père et moi nous composerons notre société... Je vous recommande donc, en ami... en véritable ami, de vous tenir en garde... contre l'excès de cette familiarité qu'autorise la vie de campagne. Rien sans doute ne serait de votre part plus innocent. Cependant je vous prie d'être à ce sujet extrêment réservée... Me comprenez-vous?...

— Non... pas très bien.

— Voyons, pourquoi?

— Vous me recommandez d'être très réservée avec quelqu'un que je n'ai jamais vu de ma vie...

— Cela vous étonne?

— Oui, car je ne songe nullement à manquer de réserve envers un étranger.

— Vous êtes une jeune et charmante femme, Jean de Berteuil est jeune aussi. Or, vous sentez que pour vous, pour moi, pour les convenances... il est indispensable que vous mettiez dans vos rapports avec mon ami la plus excessive circonspection.

— Ce qu'il y a de plus clair pour moi dans votre recommandation, mon ami, c'est que je dois très froidement accueillir votre ami... au lieu de tâcher de l'accueillir de mon mieux... malgré l'ennui que sa présence ici me cause; il n'importe, je ferai à ce sujet ce que vous voudrez.

— Il y a, ma chère Albine, un milieu entre ces deux extrêmes, et certainement vous le trouverez; vous éviterez, autant que possible, les tête à tête que vous pourriez avoir avec Jean de Berteuil.

— Pourquoi aurais-je des tête à-tête avec lui?

— Il est évident que vous ne les rechercherez pas, ma chère Albine, mais enfin il est de meilleur goût pour une très jeune femme de se soustraire poliment à ces entretiens particuliers.

— Ah çal que voulez-vous donc que votre ami me dise en tête à tête?

— Rien que de très convenable, assurément; cependant, je vous répète qu'il vaut mieux suivre mes conseils.

Madame Claude vint interrompre mon entretien avec ma femme et m'avertir que monsieur le marquis et madame la marquise étaient descendus au salon, espérant y trouver madame.

J'accompagnai donc Albine pour la présenter à mes hôtes.

. . . .

J'interromps la reproduction de ce journal par une réflexion que me suggère la lecture de ces pages écrites autrefois.

L'homme est en vérité une singulière créature.

Les recommandations que je faisais alors à ma femme au sujet de Jean, par mesure de prudence, devaient non-

seulement aller juste à l'encontre de mon désir; c'était éveiller l'attention ou la curiosité d'Albine sur les suites que pouvait avoir sa familiarité avec mon ami, et j'oubliais que dans ma vie de *jeune homme*, j'avais dû, pour ainsi dire, l'un de mes succès aux mêmes sottes précautions que je prenais moi-même; j'oubliais que c'était à peu près ainsi, qu'à l'époque dont je parle, *un mari* avait attiré sur moi l'attention de sa femme, à force de lui répéter:

« Prenez garde, ne parlez pas trop souvent à monsieur
» Duplessis; soyez très réservée avec lui; c'est ce qu'on
» appelle *un homme à la mode*, toutes les femmes courent
» après lui; je sais parfaitement que je n'ai pas à m'a-
» larmer, je connais l'excellence de vos principes; mais
» enfin le monde est médisant, et pour lui les apparences
» sont tout; aussi la réputation d'une honnête femme se
» trouve-t-elle quelquefois entachée par une innocente
» légèreté. »

Je savais cela par expérience; je m'étais mille fois moqué de la sottise de ces maris qui, croyant éteindre le feu en soufflant dessus, ne font que l'attiser.

Et je retombais dans la grossière maladresse dont je m'étais tant moqué, et qui m'avait tant servi!

Lorsque nous entrâmes dans le salon, ma femme et moi, madame Raymond et Charpentier s'y trouvaient déjà.

Le repos de la nuit, le bonheur de voir enfin son fils en sûreté, donnaient à la physionomie de madame Raymond une adorable sérénité; je l'avais vue à la tombée de la nuit; mais au grand jour, chose à peine croyable, elle pouvait pour l'éclat, pour la pureté de son teint, supporter la comparaison avec Albine.

Madame Raymond était, selon sa coutume, vêtue de noir, et un bonnet de dentelle très simple laissait voir ses deux épais bandeaux de cheveux d'un blond un peu plus cendré que ceux de ma femme. J'avais beaucoup vu de vraies marquises, et pas une n'avait une tournure plus distinguée, des manières plus gracieuses polies que la fausse madame de Berteuil; j'étais assez inquiet de la façon dont Charpentier, ancien maître sellier en chambre, remplirait son rôle aristocratique; cette fois encore, je pus me convaincre que rien ne se rapproche plus de la dignité... que la simplicité.

Charpentier, avec sa loyale et mâle figure couronnée de cheveux presque blancs, son maintien calme, son air sévère et un peu triste, ses vêtements modestes d'une propreté extrême, représentait beaucoup mieux le type du vieux gentilhomme campagnard que beaucoup de grands seigneurs de ma connaissance, prétentieux, édentés, ridés, fardés comme de vieilles coquettes, et qui cachaient leur âge, dont ils semblaient rougir, sous un déguisement et des manières ridiculement juvéniles.

Je remarquai que ma femme, à l'aspect de madame Raymond, ne put cacher son ébahissement naïf de voir sans doute encore si jeune et si jolie la mère d'un homme de vingt-huit ou vingt-neuf ans.

Je me hâtai de dire à madame Raymond:

— Permettez-moi, madame la marquise, de vous présenter madame Duplessis; malheureusement elle s'est trouvée hier soir assez indisposée pour être privée de l'honneur de vous recevoir.

Madame Raymond s'inclina gracieusement. M'adressant alors à ma femme:

— Ma chère amie, je vous présente monsieur le marquis de Berteuil, le père de mon meilleur ami...

Charpentier salua respectueusement, et madame Raymond dit à ma femme:

— J'espère, madame, que votre indisposition d'hier n'a pas de suites?

— Non, madame, je vous remercie, — reprit Albine en balbutiant d'un air timide, et laissant ainsi tout d'abord tomber la conversation.

— Il y a bien longtemps, madame, que je désirais avoir le plaisir de vous connaître, — dit madame Raymond; — aussi sommes-nous venus, un peu indiscrètement peut-

peut-être, rappeler à monsieur Duplessis l'aimable invitation qu'il avait bien voulu nous faire à Paris, l'an passé...

Ma femme, de plus en plus embarrassée, ne put que répondre :

— Madame... certainement... je suis très heureuse de vous voir ici.

— Nous regrettons seulement, madame, — ajoutai-je en venant au secours d'Albine, — que la santé de votre cher fils vous ait donné quelques inquiétudes pendant le voyage.

— Oui, madame, — reprit Albine que je tâchai d'encourager d'un regard, — nous regrettons beaucoup que monsieur votre fils soit malade.

— Grâce à Dieu, madame, — reprit Charpentier, — notre fils a bien reposé cette nuit, il a moins souffert...

— Mais il n'est pas encore en état de venir vous remercier, madame, de l'hospitalité que vous voulez bien lui accorder, — ajouta madame Raymond. — Le croyant en pleine convalescence, nous sommes partis de Paris; malheureusement les fatigues de la route ont causé une rechute, et nous sommes réellement désolés de vous avoir amené ici un pauvre malade.

Ma femme n'osant ou ne sachant encore que dire, je repris en m'adressant à madame Raymond, qui paraissait de plus en plus surprise de la pauvreté des réponses d'Albine :

— Nous n'osons, madame, vous parler des soins empressés que nous aurions donnés à Jean... car il a le bonheur de vous avoir auprès de lui... Nous ne pouvons que faire des vœux bien sincères pour son prompt rétablissement.

J'achevais à peine ces mots, que j'entendis au dehors les pas de plusieurs chevaux. La fenêtre du salon où nous nous trouvions donnait sur la cour d'honneur. Ma femme, placée auprès de cette croisée alors ouverte, jeta les yeux au dehors, et dit vivement en se penchant à la fenêtre :

— Ah! mon Dieu!... des gendarmes!...

XXXIX.

Albine, en prononçant ces mots qui me firent tressaillir d'épouvante : — Ah! mon Dieu! des gendarmes! s'était penchée à la croisée tournant le dos à madame Raymond, à Charpentier et à moi.

La mère de Jean pâlit et jeta machinalement les yeux vers la partie du château où logeait son fils. Charpentier regarda madame Raymond avec angoisse, mais on voyait que ce n'était pas pour lui qu'il tremblait. Je leur exprimai à tous deux mes craintes par un signe expressif, mais madame Raymond me supplia d'un geste de ne pas trahir mon effroi.

Tout ceci s'était passé en une seconde à peine, et pendant que ma femme s'était accoudée à la fenêtre.

Alors madame Raymond, avec un calme et une aisance qui me confondaient, se rapprocha de la fenêtre, s'y appuya auprès d'Albine, et lui dit gaîment :

— Des gendarmes, madame?... Mais c'est presque une curiosité dans votre solitude; je demande à jouir aussi de cette cavalcade inattendue. D'autant plus, madame, — ajouta la mère de Jean, — que ces cavaliers ne sont que l'accessoire d'une fort belle voiture qui vient de s'arrêter... Ah! voici qu'il en descend un monsieur de fort bonne tournure... Je ne dis pas cela au moins parce qu'il vient de nous saluer très gracieusement, madame. Et quel est donc, je vous prie, ce visiteur qui vient vous voir accompagné d'une si formidable escorte?

— C'est le préfet du département, — dis-je à madame Raymond avec angoisse, en me penchant par-dessus son épaule.

Je venais de reconnaître monsieur de Sainte-Marie. Sa présence chez moi, le lendemain de l'arrivée des proscrits, l'escorte inaccoutumée dont il était accompagné, me donnaient les plus vives inquiétudes ; aussi ajoutai-je avec anxiété, en faisant un signe d'intelligence à madame Raymond.

— Si vous m'en croyez, madame, vous vous épargnerez un horrible ennui; notre préfet est un pesant et insupportable bavard, ma femme va vous accompagner chez vous, et je recevrai seul monsieur de Sainte-Marie.

— Mais pas du tout, monsieur Duplessis, — me dit en riant madame Raymond, — nous connaissons trop les devoirs de l'hospitalité envers nos chers hôtes pour les abandonner au moment du péril... Votre préfet est, dites-vous, un insupportable bavard! Hé bien! nous subirons bravement le bavardage de ce fâcheux. Nous partageons vos plaisirs... ne devons-nous pas partager vos ennuis... N'est-ce pas aussi votre avis, marquis?

— Certainement, — reprit Charpentier; et me faisant un signe, il continua : — Monsieur le préfet a vu la marquise à la fenêtre, à côté de madame Duplessis, puisqu'il a salué ces deux dames; il croirait qu'on le fuit... qu'on a peur de lui, et ce serait désobligeant pour ce cher monsieur.

— Réfléchissez bien, madame, — dis-je à madame Raymond, en m'efforçant de sourire afin de cacher mon angoisse, — le danger approche... il menace... dans quelques instans... il sera trop tard pour fuir... et vous aurez à subir la plus insipide des conversations...

— Avouez, madame, — dit gaîment madame Raymond à Albine, — avouez que monsieur Duplessis a bien mauvaise opinion de mon courage?

— Non, madame!... — m'écriai-je en entendant les pas du domestique qui précédait le préfet pour l'annoncer, — non, madame, je ne doute pas de votre courage... mais je vous assure qu'en ce moment il est aveugle...

— Au contraire, mon cher hôte, — reprit madame Raymond en me jetant un regard expressif, — mon courage est très clairvoyant, je crois.

A peine avait-elle dit ces mots, que la porte du salon s'ouvrit, et l'on annonça :

— Monsieur le préfet.

J'allai vivement au-devant de monsieur de Sainte-Marie, tâchant de lire sur sa physionomie si le but de sa venue était celui que je redoutais.

Le préfet me parut contraint, ses premiers regards se portèrent sur mes hôtes, sans qu'il me fût possible de douter si c'était par défiance ou par curiosité.

— Ma chère amie, — me hâtai-je de dire à Albine en lui présentant ce visiteur importun, — monsieur de Sainte-Marie... notre préfet... Il a vivement regretté de ne pas vous avoir vue la dernière fois qu'il est venu ici.

Monsieur de Sainte-Marie s'inclina.

Albine rougit; je tremblai que sa gaucherie ne fût interprétée par le préfet comme une preuve du trouble que nous causait sa visite, trouble qui pouvait éveiller ses soupçons s'il n'en avait pas, ou les confirmer s'il en avait; aussi, voulant tenter un coup de fortune, je dis à monsieur de Sainte-Marie :

— Permettez-moi, mon cher préfet, de vous présenter à madame la marquise de Berteuil; elle a bien voulu, ainsi que monsieur le marquis (et je désignais Charpentier du regard), me faire l'honneur de venir passer quelque temps à La Riballière.

Monsieur de Sainte-Marie, tout en s'inclinant, me parut jeter un regard attentif et défiant sur madame Raymond, et s'apprêtait sans doute à parler, lorsque la prétendue marquise lui dit à brûle-pourpoint, d'un ton presque protecteur :

— Eh bien! monsieur le préfet, nous ferez-vous cette année de bonnes élections dans votre département.

— Et nous en avons besoin! — ajouta brusquement Charpentier de sa voix rude; — grand besoin nous avons de bonnes élections... monsieur le préfet; il nous en faut... il nous en faut absolument!

— Mais, madame, — reprit monsieur de Sainte-Marie,

très interloqué de la vive entrée en matière de madame Raymond, — je me permettrai de vous faire observer... que ce n'est pas nous, préfets... mais les électeurs qui font les élections...

— Certainement, — reprit madame Raymond avec une aisance un peu hautaine; — certainement, monsieur le préfet, les électeurs font les élections... de même que les moutons choisissent eux-mêmes leur chemin... le berger aidant.

— Malheureusement, madame, — reprit le préfet, — parfois les moutons, au lieu de suivre aveuglément le berger, se mettent à la queue de quelques méchans béliers têtus et indisciplinés.

— Alors, à l'assommoir! — reprit Charpentier avec un flegme imperturbable et d'une voix dure et brève; — oui, monsieur le préfet, à l'assommoir ces mauvais béliers qui débauchent le reste du troupeau!

— Monsieur... est pour les moyens expéditifs? — reprit monsieur de Sainte-Marie en regardant Charpentier d'un air de doute et comme s'il eût hésité à le croire de bonne foi; — monsieur le marquis est pour les remèdes héroïques?

— Monsieur, quand je faisais la guerre de Vendée, en 92, tous les bleus qui me tombaient entre les mains étaient fusillés. Je me rappelle qu'à cinq lieues de Vitré, dans un petit village nommé Lonang... Avez-vous été en Vendée, monsieur le préfet?

— Jamais, monsieur.

— C'est dommage. Cette localité sauvage vous eût frappé... Je vous disais donc qu'à Lonang j'avais un jour fait fusiller trente-trois bleus.

— Mais, monsieur le marquis, — dis-je à Charpentier, — ces exécutions devaient provoquer de terribles représailles?

— Naturellement, — reprit Charpentier, — car je me souviens qu'à l'occasion de la fusillade dont je viens de parler, les bleus nous répondirent, quinze jours après, par le massacre d'une de nos bandes, commandée par un tisserand de Mayenne surnommé la Fileuse. Et c'était, par ma foi! une terrible filandière que ce gars-là. Malheureusement, l'ancienne énergie de notre parti va chaque jour défaillant, et jamais nous n'aurions plus besoin d'appeler à notre aide une terreur salutaire.

— Comment cela, monsieur?

— Mais vous ignorez donc, monsieur le préfet, ce qui se passe à Paris? — s'écria Charpentier d'un air presque courroucé, en regardant monsieur de Sainte-Marie entre les deux yeux. — Vous ne savez donc pas la nouvelle et abominable tentative des Jacobins?

Et, se tournant vers madame Raymond, Charpentier ajouta :

— En vérité, marquise, c'est inconcevable! Nous sommes gouvernés en dépit du bon sens!

— Comment, monsieur le préfet, — ajouta madame Raymond avec une hardiesse qui me donna le frisson, — le gouvernement ne vous a pas prévenu de l'effrayante conspiration qui vient d'être découverte; mais c'est inouï...

— Madame la marquise, — reprit le préfet abasourdi, — il est certaines instructions confidentielles que...

— Mais, mon cher monsieur, il est impossible que vous ne soyez pas instruit de cette nouvelle-là, — dit madame Raymond, en interrompant monsieur de Sainte-Marie. — Avant notre départ de Paris, d'où nous venons, nous avons su, de science certaine, et nous sommes, croyez-moi, en position d'être parfaitement renseignés en haut lieu, nous avons su qu'un mouvement révolutionnaire avait été sur le point d'éclater à Paris et dans plusieurs grandes villes; des dépôts d'armes ont été découverts, des correspondances saisies.

A ces mots, monsieur de Sainte-Marie changea subitement de ton, et ne s'adressa plus à madame Raymond et à Charpentier qu'avec l'accent d'une profonde déférence que lui inspiraient sans doute des personnes si parfaitement renseignées en haut lieu, et reprit :

— Alors, madame la marquise, puisque vous êtes instruite de faits fort graves, qui ne sont encore à la connaissance que d'un certain monde politique, je puis vous rassurer et vous certifier que le gouvernement ne mérite pas vos reproches; il veille, il est décidé à agir avec une inflexible énergie.

— Paroles que tout cela, monsieur le préfet! Le gouvernement est d'une déplorable faiblesse, — reprit brusquement Charpentier; — il ne sait pas sévir! qu'il rétablisse les cours prévôtales, morbleu! et que tout jacobin soit fusillé sans autre forme de procès! Voilà le plus pressé! Ensuite, on avisera.

— Soyez certain, monsieur le marquis, que le pouvoir sera à la hauteur de sa mission, — répondit le préfet, — je vous avouerai même que la tournée que je fais en ce moment a pour but d'atteindre un des chefs les plus dangereux du complot dont vous parlez, membre influent des sociétés secrètes qui avaient préparé ce mouvement... Ce misérable est en fuite... On a des versions diverses sur sa route; d'un côté on croit qu'il cherche à gagner l'Angleterre, de l'autre qu'il se rapproche du Midi par Bourges et Châteauroux. Je me suis fait accompagner de quelques gendarmes, afin de pouvoir au besoin me saisir de lui, ou dépêcher des ordonnances en cas de renseignemens sur sa route; en un mot, l'affaire me paraît, ainsi qu'à vous, si grave, monsieur le marquis, que j'ai voulu aller recommander moi-même aux autorités communales la plus extrême surveillance ; et, en passant à Chambly, j'ai un peu dévié de ma route pour...

Ici le préfet s'interrompit une seconde, comme par réticence, et reprit aussitôt :

— Je désirais voir monsieur Duplessis et lui laisser, en tous cas, le signalement de l'homme que l'on cherche, car il est du devoir de tous les bons royalistes de prêter assistance à l'autorité dans de si graves circonstances.

En disant ces mots, monsieur de Sainte-Marie me remit un signalement imprimé qu'il plaça sur une table auprès de moi; et je dis au préfet :

— Vous pouvez être certain, mon cher monsieur de Sainte-Marie, que dans cette circonstance j'agirai, comme toujours, en bon royaliste.

— Eh bien! monsieur le préfet, — reprit Charpentier, — en présence de ce qui se passe, vous étonnez-vous encore de ce que je demande l'emploi de moyens héroïques?

— Le fait est, monsieur le marquis, — reprit monsieur de Sainte-Marie, — que la violence toujours renaissante des révolutionnaires légitime la répression la plus impitoyable.

— Et cette violence des révolutionnaires, — reprit Charpentier, — pourquoi renaît-elle sans cesse? Parce que l'autorité, je vous le répète, ne sait pas en finir. Aussi qu'arrive-t-il? Ce qui arrive encore aujourd'hui. Tout est remis en question, le trône et l'autel peuvent être ébranlés par quelques brutes d'électeurs. Et tenez, pardonnez à la rudesse d'un vieux chouan, monsieur le préfet ; mais morbleu! au lieu de voter, j'aimerais mieux reprendre ma carabine; car de deux choses l'une, — ajouta flegmatiquement Charpentier, — ou nous exterminerions l'ennemi, ou nous serions exterminés! je ne sors pas de là! pour moi, tout ou rien, être ou ne pas être, revoir l'ancien régime absolu... ou recevoir une balle en pleine poitrine, derrière une de nos haies du Bocage, en défendant mon roi et mon drapeau! voilà mon opinion!

— Elle au moins franche et hardie, monsieur le marquis, — dit monsieur de Sainte-Marie. — Si tous les royalistes étaient capables de penser, et surtout d'agir avec cette vigueur, nous reverrions avant peu l'ancien régime dans toute sa majesté.

— Ah! monsieur le préfet, — reprit madame Raymond avec un soupir, — l'ancien régime... la féodalité, surtout; hélas! qui nous rendra ce beau temps des chevaliers et des damoiselles... des trouvères et des jouvencelles! jours héroïques où tout se décidait par la lance et par l'épée..., depuis la rivalité d'amour jusqu'aux procès d'affaires! Voyons, franchement, messieurs, ne valait-il pas mieux voir deux plaideurs casque en tête et dague au poing, s'escrimer bravement en champ-clos, que d'entendre deux hargneux avocats échanger de plates injures? d'autant plus, qu'entre nous, la justice n'y gagne rien... Si le bon droit succombait parfois sous l'épée, ne succombe-t-il pas souvent aujourd'hui sous l'adresse du verbiage?

— Certes, madame la marquise, si la féodalité avait de nombreux apôtres comme vous, — dit galamment monsieur de Sainte-Marie, — on lui verrait de nombreux partisans... Malheureusement les préjugés populaires sont si vivaces...

— Eh! mon Dieu! mon cher monsieur, je le sais; on fait stupidement sonner bien haut ces terribles mots de vassal... de serf... de vilain... Le vassal appartenait au seigneur, soit, mais à quelle condition?... A celle d'être patroné par le château ou par l'abbaye, puisque le vassal était, après tout, la chose du seigneur ou de l'abbé... était enfin ce que sont les nègres aux colons...

— Or, monsieur le préfet, — reprit gravement Charpentier, — je vous le demande, n'a-t-on pas autant d'intérêt à soigner un nègre qui vous coûte deux ou trois mille francs qu'à soigner un cheval de prix?

— L'intérêt est absolument le même, monsieur le marquis, — reprit le préfet, — absolument.

— Je sais bien qu'à ce propos-là, — dit madame Raymond, — ces insupportables bourgeois ont un autre grand mot à faire sonner aux oreilles des sots: la liberté...

— Ou bien encore: la dignité humaine, — ajouta Charpentier en haussant les épaules, — ça fait pitié!

— La dignité... la liberté!... Tenez, messieurs, — reprit en souriant madame Raymond, — nous parlions tout à l'heure de ce beau temps de chevalerie du moyen-âge... Il n'y avait pas seulement des champs-clos; il y avait encore des cours d'amours, où l'on faisait assaut de courtoisie, d'esprit et de belle galanterie, en présence d'une reine de Beauté... et à cette époque, madame Duplessis aurait eu certainement cette souveraineté-là, — ajouta madame Raymond, en souriant avec grâce à Albine, puis elle continua: — Eh bien! quels étaient ceux qui soumettaient le plus humblement leur dignité, leur liberté, aux lois imposées par ces cours d'amour? Les chevaliers! Ces hommes vaillans, fiers et libres par excellence, loin de s'humilier de leur doux servage, le subissaient avec ivresse, trop heureux d'enchaîner leur liberté aux pieds de quelque belle châtelaine... Eh bien! il en était de même des serfs et des vassaux: ces prétendus martyrs, échangeant ce qu'on appelle leur dignité, leur liberté, dont ils ne savaient que faire... contre l'utile patronage des bons seigneurs et des dignes abbés du moyen-âge.

— Ah! madame la marquise, — dit monsieur de Sainte-Marie avec un entraînement croissant, — que l'on est heureux d'entendre si admirablement le culte du passé... Mais faire entrer ces idées si saines, si élevées dans le crâne épais de ce parti bourgeois, qui se croit triomphant depuis la révolution, est chose difficile... Ce serait un de ces miracles que des apôtres tels que vous, madame la marquise, pourraient seuls opérer. Mais, — ajouta-t-il en se levant et s'adressant à ma femme, qui avait écouté cet entretien dans un mutisme complet, jetant çà et là des regards effrayés sur Charpentier, — je n'ose, madame, abuser plus longtemps de vos momens, heureux du moins, cette fois, d'avoir eu l'honneur de vous rencontrer; je vais me remettre en route, et activer les poursuites contre nos éternels ennemis... monsieur le marquis...

— Allons, monsieur le préfet, — reprit madame Raymond d'un ton légèrement protecteur, — ce zèle vous honore... il est d'un bon augure... Croyez que je m'estimerais très heureuse de pouvoir, au besoin, témoigner en haut lieu de son dévouement à la bonne cause. J'aurai justement occasion d'écrire demain au pavillon Marsan.

— Vous pourriez d'autant mieux témoigner de mon zèle, madame la marquise, — reprit le préfet, évidemment flatté

de la promesse de madame Raymond, — que de mon zèle vous avez failli être victime.

— Comment donc cela, monsieur le préfet, — dit madame Raymond.

— Oh! madame la marquise, — ajouta monsieur de Sainte-Marie en riant, — je vais fort vous étonner, ainsi que monsieur le marquis et monsieur Duplessis.

— Vraiment, — reprit madame Raymond d'un air protecteur. — Eh bien!... voyons, étonnez-nous, monsieur le préfet... étonnez-nous...

— Je n'ai pas besoin de vous déclarer, mon cher monsieur Duplessis, — me dit le préfet, — que vous êtes, par votre position, par vos antécédens, par votre royalisme notoire, au-dessus de tout soupçon.

— Je le crois, mon cher monsieur de Sainte-Marie.

— Eh bien! pourtant, dans l'excès de ce zèle... que madame la marquise a daigné remarquer, et dont, j'ose à peine l'espérer, elle aura peut-être occasion de parler au pavillon Marsan, lorsque j'ai appris, à Chambly, que vous étiez allé le soir... chercher des étrangers...

— Ah! ah! ah! — s'écria madame Raymond avec un éclat de rire si franc, si naturel, que j'en restai confondu; — ah! ah! marquis, entendez-vous monsieur le préfet... il nous prenait pour des conspirateurs...

— Et il a eu raison, — reprit Charpentier de sa voix rude; — je l'approuve fort, moi, monsieur le préfet!

— Comment, marquis? — dit madame Raymond en paraissant difficilement surmonter son envie de rire, — monsieur le préfet avait raison de... nous prendre pour les conspirateurs qu'il cherche?

— Non, marquise, — répondit Charpentier, — mais monsieur avait parfaitement raison de vouloir vérifier ses soupçons... Si le pouvoir avait partout des agens aussi actifs, aussi énergiques que monsieur, nous ne verrions pas l'hydre révolutionnaire relever sans cesse la tête. — Et Charpentier, secouant rudement la main du préfet, ajouta: — Très bien! monsieur, très bien! Si la marquise vous oubliait dans sa lettre au pavillon Marsan, je me charge, moi, de rafraîchir la mémoire de ma femme à votre endroit.

— Monsieur le marquis, — reprit le préfet, rêvant déjà sans doute à la pairie ou le conseil d'État, — si le dévouement le plus entier au gouvernement du roi, si un dévouement qui irait jusqu'au sacrifice de la vie... mérite quelque encouragement, j'ose dire que je me montrerai digne des faveurs de Sa Majesté; quoi qu'il arrive, elle peut compter sur moi, corps et âme. Mais, pour en revenir à la pensée qui m'a amené ici, ce n'était pas positivement des soupçons, monsieur le marquis, — ajouta le préfet, — monsieur Duplessis est trop connu pour inspirer... des soupçons à propos des personnes qu'il reçoit; mais enfin que vous dirai-je? il y a souvent des instincts dont on ne se rend pas compte, et, sans raisonner le motif qui me faisait agir, je me suis dit: en allant à La Riballière porter le signalement de l'homme dangereux que l'on poursuit, je...

— Allons, monsieur le préfet, — dit en riant madame Raymond en interrompant le fonctionnaire, — nous voici à votre merci. Où sont vos gendarmes... où sont vos chaînes?...

— C'est vous, madame la marquise, qui devez enchaîner à vos pieds toutes les personnes qui ont l'honneur de vous approcher, — reprit galamment le préfet; — il ne me reste qu'à prier madame Duplessis de vouloir bien excuser ma visite importune...

Ma femme s'inclina, et je répondis en tendant la main au préfet:

— Il faut, mon cher monsieur de Sainte-Marie, que vous me promettiez de venir dîner ici prochainement, entre royalistes, comme vous voyez; je tiens d'ailleurs à vous présenter le fils de monsieur le marquis, le jeune comte de Berteuil, un de mes anciens camarades aux gardes du corps; il relève d'une longue maladie, la route l'a un peu fatigué, et il est resté couché; mais je tiens à vous faire faire connaissance avec lui... et vous verrez qu'en royalisme il justifie le proverbe... Tel père, tel fils.

— J'accepte de grand cœur votre invitation, mon cher monsieur Duplessis, — me dit le préfet en s'inclinant devant madame Raymond. — Je serai heureux, madame, de cette occasion de vous offrir de nouveau mes respectueux hommages...

Et, après avoir de nouveau salué mes hôtes, monsieur de Sainte-Marie sortit; je l'accompagnai, et il me dit d'un air émerveillé et presque émerillonné:

— Quelle délicieuse femme que cette marquise de Berteuil! comme elle est grande dame! Elle cause à ravir, et est jolie comme un ange. Mais ce grand fils dont vous parliez est sans doute son beau-fils; elle doit avoir au plus trente ans?...

— En effet, — répondis-je à tout hasard, pour dérouter tout soupçon, — le comte de Berteuil est le beau-fils... de la marquise... Il me reste, mon cher préfet, à vous prier d'excuser la timidité de ma femme... elle est très sauvage; mais j'espère qu'à notre prochaine entrevue, elle sera plus en confiance avec vous... Ah çà! fixons le jour?

— Je ne vais pas pouvoir disposer de moi... d'ici à quelques jours...

— Voulez-vous d'aujourd'hui en quinze?

— A merveille... Mais, dites-moi donc, savez-vous que c'est un fier homme que le marquis! Il n'est pas pour les moyens termes, celui-là! Quelle énergie, malgré ses cheveux blancs! Hein! comme c'est bien là le type du vieux gentilhomme vendéen!...

— N'est-ce pas! et sa femme... le type de la marquise, de la grande dame!

— Il paraît qu'elle est fort bien en cour?...

— Elle jouit d'un énorme crédit au pavillon Marsan, mon cher préfet, et je crois que tôt ou tard vous en saurez quelque chose; quand la marquise se met à protéger quelqu'un, elle protége... à outrance!

— Voyez un peu, mon cher monsieur Duplessis, quelle bonne fortune m'a conduit chez vous! Le crédit de madame de Berteuil ne m'étonne pas; une grande naissance, infiniment d'esprit, et si séduisante... Elle doit tourner toutes les têtes...

— Oui, mais malheur aux têtes tournées... la marquise est la vertu même.

— Quelle femme accomplie!

— Eh bien! mon cher préfet, vous pourrez d'aujourd'hui en quinze lui faire votre cour, ce me sera un motif de plus de compter sur votre exactitude.

— Je n'ai pas besoin de ce motif-là, mon cher monsieur Duplessis; mais enfin abondance de biens ne nuit pas... Adieu donc; et lisez attentivement le signalement en question. Je compte sur votre zèle pour la bonne cause; faites, s'il le faut, copier ce signalement et le distribuer dans vos métairies... Prévenez vos fermiers; qu'ils vous donnent avis de tous les vagabonds qui se présenteraient chez eux. J'ai, d'ailleurs, donné des ordres aux brigadiers de gendarmerie qui parcourent les campagnes, et j'ai pris sur moi de promettre 1,000 francs à qui livrerait notre homme. L'intérêt est un excellent stimulant, et quoique cette mise à prix soit un peu extra-légale... je prends tout sur moi.

— Et vous avez raison, cher préfet. Ah ça? vous croyez donc positivement que cet homme dangereux s'est dirigé de ce côté?

— Il y a différentes versions; l'une dit qu'il a fui avec des complices; l'autre version, et c'est la plus probable, car l'on ne m'a envoyé que le signalement de ce scélérat, dit qu'il a fui seul.

— Ah! il aurait des complices?

— Entre autres, dit-on, sa mère.

— Une femme! dans un pareil complot? Allons, cher préfet, c'est impossible.

— Ce n'est pas, si vous voulez, une femme; car la vieille mégère dont il s'agit doit être une de ces abominables tricoteuses de 93. Mais nos filets sont bien tendus; tous mes collègues ont dû recevoir les mêmes instructions que moi; les recherches les plus actives ont été ordonnées, elles sont en voie d'exécution, et il est impossible qu'elles n'aboutissent pas à cette importante capture... Au revoir donc, mon cher monsieur Duplessis.

XL.

Je reconduisis le préfet jusqu'à sa voiture; lorsque je le vis s'éloigner avec son escorte, je retournai promptement dans le salon; lorsque j'y entrai, madame Raymond replaçait sur la table le signalement de son fils, qu'elle venait de lire avec Charpentier.

Dès qu'elle m'aperçut, madame Raymond, dont les yeux devinrent légèrement humides, me dit à demi-voix:

— Ah! maintenant, j'ai besoin d'aller embrasser mon fils.

— Puis, s'adressant à Albine:

— A bientôt, madame... j'ai à cœur de vous prouver que monsieur de Berteuil n'est pas si terrible homme qu'il en a l'air... Et au besoin monsieur Duplessis me viendra en aide pour cette réhabilitation.

Et madame Raymond sortit avec Charpentier.

Resté seul avec Albine, qui paraissait profondément attristée, je lui dis:

— Qu'avez-vous, ma chère amie?

— Vous me le demandez? — reprit-elle. — Croyez-vous qu'il me soit agréable de me trouver journellement avec votre féroce marquis... Cet homme qui ne parle que de fusiller, que d'exterminer les gens! Il me fait horreur. En l'entendant, j'étais si saisie que je ne pouvais prononcer un mot... Et cette madame de Berteuil, qui ose dire, d'un ton mielleux, qu'au fond son mari est un excellent homme!

— Elle dit vrai, ma chère amie, car il faut faire la part des passions politiques; mais que pensez-vous de la marquise?

— Je ne sais... du reste, elle parle beaucoup et très bien... mais elle a quelque chose de fier, de protecteur qui m'est désagréable; une si grande dame doit bien mépriser une pauvre bourgeoise comme moi. Aussi vous me rendrez service en m'obligeant le moins possible à tenir compagnie à vos amis.

— Nous reviendrons sur ce sujet, ma chère amie. Ne vous hâtez pas de juger les gens sur l'apparence... Mais j'ai quelques affaires à régler avec mon régisseur; permettez que je vous laisse.

Et je quittai ma femme.

J'avais besoin d'être seul pour penser à madame Raymond en toute liberté, pour me rappeler tous les incidents de cette scène où elle avait montré tant de courage, de présence d'esprit, de grâce et de finesse. Lorsque je pense que ces apparences de légèreté presqu'enjouées cachaient les terribles anxiétés d'une mère tremblante pour la vie de son fils; quand je me rappelle ces mots simples et touchants dits par elle les larmes aux yeux, après avoir si merveilleusement conjuré le péril: « Ah! maintenant, j'ai besoin d'embrasser mon fils! » je ne sais qu'admirer le plus, ou du cœur ou de l'esprit de cette adorable femme.

Et quand je la compare à Albine, qui jamais ne s'est montrée plus nulle, plus gauche, j'éprouve des ressentimens d'une amertume inexprimable.

. . . .

Oh! quel abîme!... que faire... que devenir... que résoudre?

Continuons le récit de cette journée.

Deux ou trois heures après le départ de monsieur de Sainte-Marie, j'ai su par madame Raymond que Jean se trouvait mieux, et qu'il désirait me voir.

— Ne le faites pas trop parler, — me dit sa mère — ménagez-le; car en apprenant ce matin, par moi, la visite du préfet, son émotion a été profonde, non à cause du danger dont il a été menacé, vous connaissez Jean, mais il a craint pour moi et pour monsieur Charpentier.

Je me rendis auprès de Raymond, je le retrouvai couché. Dès qu'il m'aperçut, il me tendit sa main amaigrie et blanche.

— Assieds-toi là, bon Fernand, — me dit-il en me montrant un siége auprès de son lit. — J'ai tant choses à te dire!

— Jean, ta mère... m'a recommandé de te ménager.

— Sois tranquille; je te dirai beaucoup en peu de mots.

— Puis il ajouta : — Je ne croyais pas que notre présence chez toi dût te causer si tôt des alarmes. Ce matin... ton préfet est venu?

— Grâce à Dieu... le courage, l'admirable présence d'esprit de ta mère et de monsieur Charpentier, ont éloigné le péril! ça aura été, je l'espère, un mal pour un bien. Maintenant tu peux rester ici en toute sécurité.

— Dis, Fernand... quelle femme que ma mère! je te parlais autrefois de sa résolution, de son sang-froid; tu l'as vu à l'œuvre.

— Pour l'admirer... et moi aussi, comme autrefois, je te dirai : Tu es bien heureux d'avoir une mère telle que la tienne.

— Oh! ma mère! — s'écria Jean avec exaltation, — ma mère! c'est ma vie, c'est ma force! c'est ma conscience! c'est ma religion! enfin, c'est tout pour moi! Mais parlons de toi. Charpentier t'a dit tout ce qui peut t'intéresser dans cette malheureuse affaire. Nous sommes vaincus, non découragés... De meilleurs jours, prochains peut-être, viendront pour nous.

— Un mot encore sur le passé, mon cher Jean; lorsque j'ai revu notre pauvre Hyacinthe, je me suis informé de ce que tu avais fait depuis notre sortie du collége; il m'a paru se tenir sur la réserve... je n'ai pas insisté... mais aujourd'hui.

Jean m'interrompit et me dit tristement:

— A propos d'Hyacinthe... tu l'as vu s'éteindre... toi?

— Hélas! oui...

— Pauvre ami!... il était d'une santé si frêle... il ne vivait que par le cœur, et c'est une maladie de cœur qui a dû l'emporter! A quoi a-t-on attribué sa mort?... Tu conçois que lorsque j'ai appris ce malheur par une lettre de sa femme, je n'ai pas osé, en lui répondant, demander aucun détail.

— Les médecins ont attribué sa mort aux suites d'une assez longue maladie, dont il était convalescent depuis un mois. Mais tiens, Jean, ce souvenir m'affecte comme toi; éloignons-le, de grâce. Je te disais que notre ami s'était tenu sur la réserve lorsque je lui ai demandé ce que tu faisais depuis ta sortie du collége.

— Comme au collége... je conspirais, Fernand; c'est ce qu'Hyacinthe a cru devoir te cacher.

— Mais ta vocation industrielle?

— Je l'ai toujours suivie; j'étais dernièrement encore directeur d'une grande usine... ayant deux succursales en province; ma position me mettait journellement en rapport avec des ouvriers; ils m'aimaient parce que je les aimais, parce que je comprenais leurs besoins, leurs droits, leurs espérances... aussi... ils sont les plus intrépides soldats de la liberté...

— Jean, tes yeux brillent, tes joues s'animent! Ta mère m'a recommandé de t'épargner toute émotion vive... Assez sur ce sujet... Tu m'as dit beaucoup en peu de mots... Je comprends maintenant, et ta vocation, et ta vie passée...

— Et ta vie, à toi, Fernand? combien elle doit être heureuse! Revenu des vanités du monde, tu habites une délicieuse retraite avec une femme accomplie... et que l'on dit charmante...

— Charmante... C'est peut-être exagéré, mais elle est agréable. Tu la verras, d'ailleurs.

— Je l'espère, et d'après tout le bien que ma mère et moi nous savons d'elle, ma sympathie lui est d'avance acquise, je te le jure.

— Ah çà! et toi; tu n'as jamais songé à te marier?

— Ne suis-je pas marié!

— Comment?

— Et ma mère?

— Toujours beaucoup de choses en peu de mots, mon cher Jean; je conçois... le plus heureux des ménages ne t'offrirait pas le bonheur intime que tu trouves auprès de ta mère.

— Cela t'étonne?

— Non pas... mais ton idolâtrie pour ta mère... a dû faire tort à tes maîtresses... hein! Jean?

— Ma foi! non.

— Vraiment?

— Entre nous, Fernand, je n'ai jamais recherché de liaisons de cœur.

— Tu t'es contenté de plaisirs faciles?

— Oh! tout ce qu'il y a de plus facile, mon cher Fernand; un amour sérieux engage, et il n'est dans ma nature de tromper personne... J'offre ce que je peux, l'on me donne ce qu'on veut.

— C'est singulier... avec le côté exalté, presque héroïque de ton caractère... tu n'as jamais senti le besoin d'un amour sérieux?

— Jamais... car, je te l'ai dit, mon amour pour ma mère remplit mon cœur. Et puis, vois-tu, quand on a la passion de la liberté comme je l'ai... quand on s'est voué, tête et bras, âme et corps, au triomphe d'une idée... on n'a ni le désir ni le temps de s'occuper d'amourettes.

— Ah! mon pauvre Jean, tu n'auras peut-être, selon le proverbe, reculé... que pour mieux... sauter. Dis donc, si un beau matin... tu allais te réveiller bel et bien amoureux fou...

— Allons donc!

— Hum, hum! tu t'engages trop.

— Après cela, mon pauvre Fernand... si tu tiens... absolument à ce qu'un jour je devienne amoureux...

— Moi! je n'y tiens pas du tout... au contraire.

— Comment!... au contraire...

— Oui, au contraire... car Dieu me préserve, mon pauvre Jean, de te voir tomber dans un pareil guêpier... Ah! si tu savais les ennuis, les embarras, les chagrins de ce qu'on appelle une liaison de cœur... un amour sérieux. Souvent! trop souvent j'ai passé par là... Aussi, crois-moi, persévère dans ta résolution... Garde toujours ton admirable mère pour ton cœur... et de faciles amours pour le plaisir.

— Ainsi ai-je toujours fait... et ferai-je toujours, j'en suis certain, quoique, après tout, personne ne puisse, comme tu le dis avec raison, répondre de l'avenir.

— Oh! toi, avec ton caractère de fer, ton exaltation politique, et ta juste idolâtrie pour ta mère... tu peux, mieux que personne, répondre de l'avenir... Eh bien! quoi? qu'est-ce qui te fait sourire?...

— Tout à l'heure je me défendais comme un diable de devoir jamais être amoureux; tu insistais en me disant qu'il ne faut jurer de rien; et voilà qu'à cette heure, tu jures pour moi que je n'aimerai jamais... Tiens, Fernand, tu me rajeunis de dix ans... avec tes contradictions...

— C'est vrai, pourtant, mon pauvre Jean; j'ai comme cela, parfois, des retours de première jeunesse.

— Du reste, je crois ton dernier jugement plus sûr que le premier.

— A savoir que tu ne seras jamais amoureux?

— Oui... car j'ai été éprouvé à ce sujet.

— Toi, Jean?

— Ce que tu appelles l'amour sérieux, n'est-ce pas, autant qu'un sauvage comme moi peut parler de ces choses, l'amour sérieux inspiré à la fois par le caractère et par la beauté?

— Généralement.

— Or, j'ai vécu pendant longtemps dans l'intimité d'une des plus jolies femmes que l'on puisse voir; elle joignait à sa beauté un caractère original qui me plaisait beaucoup; cependant, je ne suis pas devenu le moins du monde amoureux, et cependant il y avait de quoi le devenir, tu l'avoueras... car tu la connais cette personne.

— Qui est-ce donc?

— La femme de ce pauvre Hyacinthe.

— Elle!

— Oui...

— Tu n'en es jamais devenu amoureux?

— Jamais! Cela t'étonne?

— Non, car il y avait une excellente raison pour que tu n'en devinsses pas amoureux.

— Quelle raison, Fernand?

— Comment?... mais c'était la femme d'Hyacinthe.

— Eh bien?

— Tu dis Eh bien?

— D'où vient ta surprise?

— Tu me le demandes? Admis dans l'intimité d'Hyacinthe... dans son foyer... songes-y donc, Jean! dans son foyer domestique... enfin, dans le sanctuaire de sa famille.

— Après?

— Tu aurais osé devenir amoureux de sa femme.

— Pourquoi pas?

— Jean... je ne te reconnais plus.

— Et moi, mon bon Fernand, je ne te comprends pas avec ton air ébahi.

— N'ai-je pas droit de l'être en t'entendant parler ainsi? toi, Jean; toi, l'honneur même; toi, la loyauté en personne; toi, élevé par une mère comme la tienne... une femme des temps antiques.

— Où diable veux-tu en venir?

— Non, je ne croirai jamais que tu aies été capable de trahir indignement l'amitié, la confiance d'Hyacinthe.

— Le trahir... en devenant amoureux de sa femme.

— Quoi! n'aurait-ce pas été le trahir, le trahir de la manière la plus indigne?

— Ah ça! mon bon Fernand, entendons-nous. Tu me disais tout-à-l'heure: Il ne faut jurer de rien, l'amour vient malgré nous, sans qu'on y pense. M'as-tu dit cela?

— Oui, mais...

— Il n'y a pas de mais; m'as-tu dit cela?

— Sans doute.

— Alors, en quoi aurais-je trahi l'amitié d'Hyacinthe en devenant, malgré moi, amoureux de sa femme? Est-ce que j'ai besoin de te dire que, si cet amour fût devenu ce que l'on appelle dans les romans *une passion irrésistible*, je me serais brûlé la cervelle plutôt que de dire un mot d'amour à la femme de notre ami?

— Ah! Jean, à la bonne heure! je te reconnais là! C'est que je suis certain que tu le ferais comme tu le dis! Brave et digne ami, tu aurais dû naître au temps de Sparte!

— Merci de ton vœu, mon bon Fernand, —me dit Raymond en riant, —je préfère être né de ce temps-ci et t'avoir connu à Sainte-Barbe; mais rassure-toi, jamais je ne deviendrai amoureux malgré moi, et je n'aurai pas à me brûler la cervelle.

. — Évidemment, car dire que l'on devient amoureux malgré soi, c'est une manière de parler, c'est une exagération! Ne dirait-on pas que l'amour vous frappe comme un boulet de canon.

— Je n'en sais, ma foi! rien du tout, mon bon Fernand; je ne m'y connais pas; mais tu as dit, et j'avais entendu déjà dire que l'amour était parfois soudain, irrésistible.

— Eh! oui, dans les romans! Mais, erreurs, chimères que tout cela!... C'est à l'aide de pareils prétextes que l'on colore les plus indignes débordemens. Après tout, l'on peut ce qu'on veut: ainsi, par exemple, toi, mon brave Jean... toi qui as une volonté de fer, une force de caractère incroyable, tu aurais pu, j'en suis certain, t'empêcher de devenir amoureux de la femme d'Hyacinthe, si tu avais senti ce sentiment te gagner...

— Très probablement, mon bon Fernand, quoique je ne puisse te rien affirmer là-dessus, n'ayant, je te l'ai dit, jamais été amoureux de la femme de notre ami. Que veux-tu? il est des sentimens auxquels je suis absolument étranger, j'en parle comme un aveugle des couleurs. Ainsi

est-il de l'amour sérieux et de ses conséquences obligées, fidélité, jalousie, etc, etc.

— Tu ne serais pas jaloux?

— Je ne l'ai jamais été...

— Au fait, c'est tout simple, avec tes amours faciles... Mais avec une maîtresse à qui tu aurais tenu?

— Il me semble que je me serais dit, de deux choses l'une : ou ma maîtresse m'aime encore, et je suis fou d'être jaloux ; ou elle ne m'aime plus... alors à quoi bon être jaloux?

— A quoi bon! à quoi bon? est-ce qu'on est maître de cela?

— C'est donc comme l'amour?

— C'est cent fois pis, car l'amour-propre est en jeu.

— L'amour-propre de quoi, Fernand?

— Parbleu! la rage de se voir délaissé pour un rival.

— Mais en quoi votre jalousie empêche-t-elle que vous soyez délaissé?

— Cela n'empêche rien ; mais la jalousie ne raisonne pas, c'est un sentiment aveugle, furieux, féroce.

— Diable!... je suis très content de ne devoir jamais éprouver ce sentiment-là.

— Tu l'éprouverais tout comme un autre dans de certaines conditions... Jean! Si tu étais marié, par exemple...

— Encore une question sur laquelle nous n'allons pas être d'accord, mon bon Fernand, je le crains.

— Pourquoi?

— Il est entendu qu'aussi peu connaisseur en mariage qu'en amour sérieux, je parle à l'aventure ; mais il me semble que si j'étais marié et que ma femme...

— Et que ta femme t'ait trompé... voyons, tranchons le mot.

— Eh bien! ou j'aurais motivé par ma conduite l'infidélité de ma femme... et alors je n'aurais rien à dire?

— Rien à dire! Comment rien à dire?

— Laisse-moi donc continuer, Fernand ; au contraire, je n'avais pas légitimé cette trahison, alors ma femme se serait conduite comme une misérable, et je n'aurais pour elle que du mépris.

— Mais son complice, son infâme complice? celui qui t'aurait couvert de ridicule, de honte, d'ignominie... ! tu ne voudrais pas à tout prix venger ton honneur dans son sang?...

— Allons, mon pauvre Fernand, te voilà encore à exagérer...

— Je n'exagère rien... Oh! non!

— Voyons, pour une raison ou pour une autre, je rends ma femme malheureuse ; elle prend un amant, elle a tort, soit ; mais son tort n'excusant pas le mien, ce que j'ai de mieux à faire, ce me semble, c'est d'éviter le scandale qui retomberait autant sur moi que sur ma femme.

— Mais son complice... encore une fois... son infâme complice?

— Son complice?... Je ne lui en voudrais pas le moins du monde à ce pauvre garçon parce qu'il aurait fait comme tant d'autres, comme tu as fait toi-même, charmant scélérat! en mainte occasion sans doute, lorsque tu as eu à consoler des épouses malheureuses et persécutées, car je suppose que c'est là ce que tu appelles des amours sérieux?

— Mon cher Jean, nous parlons en général ; il ne s'agit pas de moi... Seulement, je prétends que si tu te voyais indignement trompé par une femme que tu chérirais, à laquelle tu n'aurais donné que des preuves de tendresse... tu serais furieux, oui, tu te batterais jusqu'à la mort avec le séducteur de ta femme, l'infâme qui aurait détruit ton bonheur, qui t'aurait déshonoré!

— Déshonoré! Pardieu non; je me crois aussi chatouilleux que personne sur le vrai point d'honneur, mais je ne croirai jamais mon honneur engagé ou seulement effleuré parce qu'une femme que j'aurai crue digne de mon attachement se sera conduite envers moi comme une misérable.

— Tiens, Jean... tu me fais bondir avec ton sang-froid, et...

Je ne pus continuer. Madame Raymond entra et me dit en souriant :

— Monsieur Duplessis, je crains qu'un plus long entretien ne fatigue mon fils ; je viens tout simplement pour vous renvoyer...

— Allons,—reprit Jean,—j'y consens, ma mère, à condition que tu me laisseras me lever un peu ce soir... Il faut du moins que Fernand me présente à sa femme.

— Si tu étais sage... très sage d'ici à ce soir, — reprit madame Raymond en souriant,—peut-être pourrions-nous consentir à ta demande... Qu'en pensez-vous, monsieur Duplessis ?

— Je n'ose pas, madame, avoir d'avis à ce sujet... Il est facile de voir que Jean a encore la fièvre, et peut-être ne serait-il pas prudent à lui de se lever si tôt ?

— Bon... voilà que tu te mets du côté de ma mère... ingrat ami...

— Prenons un terme moyen, — dit madame Raymond à son fils ; — si d'ici à ce soir ta fièvre se calme, je te permettrai de te lever une demi-heure après dîner, pour que monsieur Duplessis puisse te présenter à sa femme...

— Allons, soit,—dit Jean;—je n'ai pas de volonté, vous êtes deux contre moi. Seulement, si je suis condamné à rester au lit, je demande que Fernand vienne me tenir un peu compagnie : c'est une compensation qu'il me doit.

Je promis à Jean de faire ce qu'il me demandait, et je le laissai seul avec sa mère.

XLI.

Je suis sorti de chez Jean Raymond, la mort dans le cœur, presque effrayé de la légèreté avec laquelle il parle de la jalousie des maris trompés. Aussi l'entrevue qui a eu lieu ce soir, et où ma femme a rencontré Jean pour la première fois, m'inquiétait cruellement. Voulant autant que possible conjurer le danger que je redoutais, je me suis rendu chez ma femme dans l'après-midi.

— Eh bien! ma chère Albine, — lui dis-je en souriant, êtes-vous un peu revenue de la peur que vous inspire notre terrible hôte, le marquis de Berteuil ?

— Sa cruauté me paraît affreuse... et je ne pourrai jamais le voir ou l'entendre sans frissonner.

— Hélas! chère Albine, la politique, la guerre civile, ont souvent de tristes nécessités; tel homme, intraitable en certaines circonstances, se montre très bienveillant, très bon homme même dans le commerce habituel de la vie... Le marquis est de ces gens-là... Il y a souvent ainsi en nous deux natures... qui semblent se contredire... Et tenez, sans aller plus loin, le fils du marquis... Jean de Berteuil.

— Bon Dieu ! est-ce que lui aussi a fait comme son père, fusiller des gens?

— Non, certainement, chère Albine... Mon pauvre ami est incapable d'actions pareilles; je voulais seulement vous dire que, par une de ces contradictions bizarres dont je parlais tout à l'heure, Jean, tout en étant le meilleur des hommes... cependant... il y a un côté de sa vie... qui...

— Pourquoi n'achevez-vous pas?

— Eh bien! il y a un côté de sa vie tellement déplorable..., que je me demande sans cesse comment un homme d'ailleurs si distingué, peut se dégrader à ce point...

— Se dégrader... et comment?

— En allant choisir ses affections parmi d'indignes créatures.

Albine me regarda très surprise, et me dit naïvement :

— De quelles affections? de quelles créatures voulez-vous parler?

— Je suis heureux, ma chère amie, que vous ne m'ayez pas compris; je vous dirai seulement qu'en se dégradant

de la sorte, Jean prouve qu'il a la plus détestable opinion des femmes, et qu'il les méprise profondément.

— Vous m'aviez dit qu'il idolâtrait sa mère?

— Et je vous ai dit vrai... sa mère est à tous égards digne de cette idolâtrie.

— Alors, quelles sont les femmes qu'il méprise? Pourquoi les méprise-t-il?

— A Dieu ne plaise que j'éclaire votre ignorance sur ce point.

— Comme vous voudrez.... je n'y tiens pas; mais, d'après vos paroles, si vagues qu'elles soient, j'éprouve une sorte de mésestime pour votre ami.

— J'en serais aux regrets, car, je vous répète, Jean de Berteuil est un homme d'honneur... seulement, au lieu d'une mésestime que rien ne justifie.... il serait bon... que vous fussiez avec lui, quoique fort polie..... d'une extrême réserve, ainsi que je vous y ai déjà engagée, en vous signalant ce qu'il pouvait y avoir de fâcheux dans une trop grande familiarité...

— Ne vous ai-je pas répondu hier que je n'avais aucune envie de me familiariser avec un étranger?

— Chère Albine, pardonnez-moi d'insister ainsi sur les conseils que je vous donne. Votre intérêt seul me guide. Si vous saviez avec quelle tendre sollicitude je veille sur vous, sur votre bonheur, vous ne vous étonneriez pas de mes recommandations.

— Elles m'étonneraient que je ne les en suivrais pas moins...

—Oui, mais en me disant sincèrement, très sincèrement, n'est-ce pas?... vos impressions. Je tiens tant à votre confiance !

— Quelles impressions?...

— Enfin... ce qui vous frappe.... ce qui vous fait réfléchir... vous donne à penser.

— Que voulez-vous qui me frappe?

— Voyons, chère petite sauvage, nous vivons ici comme des solitaires, n'est-ce pas, comme d'heureux solitaires?

— Ensuite.

— Nécessairement, la pensée de vivre désormais en intimité avec des étrangers a dû vous faire réfléchir; quel a été, chère Albine, le résultat de ces réflexions?

— Mais, je vous l'ai dit, cela me paraissait fort ennuyeux.

— Ennuyeux? passe encore pour le marquis et pour la marquise.... quoique celle-ci soit une femme des plus distinguées; mais, — ajoutai-je en souriant d'un air très détaché, — mais ils ont un fils, fort beau garçon, par parenthèse, à qui sa convalescence donne un petit air des plus intéressans, des plus romanesques ; je vous en préviens, afin que vous ne restiez pas stupéfaite à la vue du bel étranger?

— Il est donc d'une beauté remarquable?

— Pas du tout, chère amie, je plaisante; la figure de Jean n'a rien de remarquable; quelques personnes même lui trouvent l'air dur et un peu commun. Mais parlons sérieusement et franchement, allons, gentille petite amie, avouez qu'il ne vous déplaît pas d'avoir un jeune et aimable garçon pour compagnon de notre solitude? hein!

— Je ne sais en vérité pourquoi vous vous obstinez ainsi à me parler de votre ami... Je ne le connais pas, il m'est très indifférent.

— Chère amie, nous causons de nos hôtes; rien de plus naturel. Ah! j'oubliais de vous prévenir que ce soir Jean de Berteuil passera probablement quelques momens auprès de nous.

— Comme vous voudrez.

— Cela ne vous contrarie pas?

— Cela m'est égal.

— Soyez franche! avouez que cette distraction vous sera agréable... que vous êtes assez curieuse de connaître Jean de Berteuil?

— Je vous assure, je vous répète que cela me sera fort indifférent; vous avez ici des amis, il faut bien que je les voie, puisque vous le voulez.

—Assurément. Mais, j'y pense, je n'ai pas besoin de vous

dire, chère Albine, qu'il est inutile de faire pour ce soir une toilette exagérée...

— Pourquoi ferai-je une toilette exagérée?

— Mon Dieu! tout simplement par déférence pour les personnes que nous recevons; je vous saurais gré de l'intention; mais vous concevez, madame de Berteuil, vous avez dû le remarquer, est toujours fort modestement vêtue : il serait donc de votre bon goût ordinaire de faire une toilette très simple.

— Mais, mon Dieu! je m'habillerai comme je m'habille toujours pour dîner...

— C'est ce que je voulais vous dire, ma chère amie... Et tenez, vous avez entre autres une certaine robe carmélite... et si vous m'en croyez...

— Ah! oui, une robe affreuse, qui m'habille comme un sac. N'ayez pas peur, je ne la mettrai pas; je l'ai donnée à madame Claude.

— Vous l'avez donnée, cette jolie robe carmélite? Ah! tant pis!

— Jolie, cette robe? Vous m'avez dit vous-même quelle m'allait horriblement mal.

— Alors..., je me trompe, je confonds; mais quelle que soit votre robe, vous n'en serez pas moins toujours charmante, chère Albine... Si je ne vous le dis pas plus souvent, c'est pour ne pas blesser votre modestie, une de vos plus aimables qualités...

. . . .

Mon régisseur est venu m'entretenir de quelques affaires urgentes, une somme assez considérable à payer, ce qui me gênait beaucoup, par parenthèse; et j'ai quitté ma femme.

. . . .

J'ai attendu la soirée avec anxiété. A dîner, madame Raymond m'a dit en souriant qu'elle ne répondrait pas de Jean, si nous ne lui accordions pas une demi-heure lorsque nous serions sortis de table; ce moment arrivé, nous sommes rentrés au salon.

Telle a donc été la première entrevue de ma femme et de Jean; je ne veux omettre aucun détail; j'y trouverai peut-être d'utiles points de repère pour l'avenir.

Le salon dans lequel nous nous sommes réunis s'ouvre sur la cour d'honneur; il est éclairé par deux croisées que la beauté de la soirée a permis de laisser ouvertes; entre ces deux fenêtres se trouve une causeuse où Albine s'est assise; hasard ou préméditation, elle était mise à ravir, quoique fort simplement. Elle portait une robe de barège vert tendre, garnie de nœuds rose et faite à la vierge, qui découvrait ainsi à demi le haut de sa poitrine de marbre et la naissance de ses belles épaules. Ses magnifiques cheveux blond cendré, séparés au milieu du front, encadraient de leurs longues anglaises son frais visage; de larges manches de gaze, très transparentes, laissaient voir ses jolis bras, plus blancs que la gaze qui les voilaient sans les cacher; sa physionomie était sérieuse, presque mélancolique. Je m'assis bien en face d'elle, derrière une table ronde, au milieu de laquelle s'élevait un grand vase de fleurs. Je pouvais ainsi tout observer sans être remarqué.

Soit que la timidité naturelle d'Albine fût augmentée par l'attente du nouveau visage, soit qu'elle ressentît une émotion secrète, je remarquai que son sein se soulevait plus rapidement que de coutume. Charpentier, debout près de la causeuse, adressait quelques paroles à ma femme; elle lui répondait d'un air contraint, sans oser lever les yeux sur lui. Soudain la porte du salon s'est ouverte, et madame Raymond est rentrée avec Jean qu'elle était allée chercher.

Malgré moi j'ai été frappé du touchant tableau qu'offraient ainsi réunis la mère et le fils...

Madame Raymond, vêtue de noir, selon sa coutume, donnait le bras à son fils qui s'y appuyait légèrement. Sa faiblesse étant grande encore, il marchait lentement et un peu courbé; à chaque pas sa mère, tout en le soutenant, jetait sur lui un regard de tendre sollicitude. Dès qu'ils entrèrent, Charpentier alla vivement prendre l'autre bras du fils de madame Raymond, afin de le soutenir aussi.

Jean était fort pâle, la langueur qui succède aux accès de fièvre voilait l'éclat ordinaire de ses grands yeux noirs; ses cheveux naturellement bouclés, encadraient son visage et son cou, aussi bien attaché que celui d'une statue grecque, et laissé presque nu par le nœud flottant d'une étroite cravate noire; une longue et ample robe de chambre de couleur foncée l'enveloppait entièrement et marquait sa taille par une cordelière de soie; ce vêtement, presque traînant, semblait grandir encore sa stature robuste et élevée; il lui séyait à merveille, on aurait dit un des nobles et pâles portraits de Van-Dick ou de Rembrandt descendu de son cadre.

En m'avançant à l'encontre de Jean, je ne perdais pas Albine de vue. Elle s'était, à l'approche de mon amie, levée en rougissant, la compassion peinte sur le visage, mais n'osant regarder mon amie en face. Lui, avec sa franchise ordinaire, me jeta un coup d'œil expressif pour me dire combien l'extérieur de ma femme lui plaisait.

Après un instant de silence, Albine s'adressa timidement à madame Raymond, en lui montrant du geste la causeuse qu'elle occupait un instant auparavant.

— Madame... si monsieur votre fils se mettait à cette place... il se trouverait peut-être plus à son aise.

— Combien vous êtes bonne, madame, — reprit madame Raymond.— J'accepte votre offre..., car on a surtout recommandé à mon fils de rester toujours à demi couché... Il a fallu son vif désir de vous remercier de votre aimable hospitalité, pour que je me sois permis de vous le présenter aujourd'hui... Mais vous aurez compassion, n'est-ce pas, d'un pauvre malade!...

— Certainement, madame, — répondit Albine en baissant les yeux.

— Mon seul titre à votre indulgence, madame, — dit Jean en s'appuyant toujours sur sa mère et sur Charpentier, ma seul excuse d'oser paraître ainsi devant vous, est l'amitié qui nous lie, Fernand et moi, depuis l'enfance; il est pour moi presque un frère. Permettez-moi de vous traiter un peu en sœur.

— Ma femme te le permet, et moi aussi, — dis-je à Raymond, voulant épargner à Albine l'embarras de répondre.

Puis montrant à Jean le canapé :

— Allons, mon ami, assieds-toi là; ne fais pas de façons; ne sommes-nous pas ici en famille? N'es-tu pas un frère pour ma femme, pour moi?

Jean, aidé de sa mère, qui prit ensuite place à côté de lui, se coucha à demi sur la causeuse. Charpentier approcha un fauteuil pour Albine, près du siége de madame Raymond, de sorte que de ma place, où je retournai m'asseoir, je voyais Jean bien en face et Albine de profil. Charpentier s'assit à côté de Raymond, de l'autre côté de la causeuse, et l'entretien suivant commença entre nous cinq.

XLII.

J'ai lu beaucoup de romans, et presque toujours le héros et l'héroïne sont mis en présence et en rapport par quelque péril auquel le jeune étranger soustrait, au risque de sa vie, la belle inconnue; en me rappelant la conversation de ce soir, je me dis qu'il est des événemens moraux, qu'il est de simples causeries capables d'impressionner peut-être aussi vivement l'imagination d'une femme que les incidens les plus romanesques.

Puissé-je ne pas m'être trompé.

Voici presque mot pour mot la conversation qui, ce soir, a eu lieu en présence de ma femme.

JEAN RAYMOND, à ma femme.

Je disais tantôt à Fernand, madame, combien il devait se trouver heureux ici. Sans parler du bonheur de partager cette solitude avec vous, il doit trouver tant d'attrait dans la vie des champs, grâce aux intéressantes occupations qu'il s'est créées.

ALBINE.

Monsieur Duplessis et moi nous aimons en effet beaucoup la campagne, monsieur.

MADAME RAYMOND.

Et cela fait votre éloge à tous deux. Les personnes qui ne peuvent vivre que de la vie factice des villes ont la campagne en horreur.

MOI.

Et puis, avouez, madame, que les populations rustiques valent cent fois mieux que les populations des villes... toujours envieuses, toujours haineuses.

CHARPENTIER.

Que voulez-vous, monsieur Fernand, c'est qu'aussi le luxe des villes offre aux gens qui manquent souvent de pain un si cruel contraste avec leur misère.

JEAN.

Il est si excusable d'envier le superflu... lorsqu'on n'a pas le nécessaire.

MOI.

Mais, mon cher, c'est toujours une très mauvaise passion que l'envie.

CHARPENTIER.

Avouez du moins, monsieur Fernand, qu'un pauvre homme sans asile doit éprouver une tristesse amère en passant, le soir, devant un hôtel tout brillant de fête et de lumière.

MOI.

Sans doute; mais que voulez-vous, c'est un malheur; on n'y peut rien.

MADAME RAYMOND.

Mais il y a tant d'autres contrastes poignans auxquels on pourrait quelque chose. Ainsi, tenez, monsieur Fernand, au risque de paraître dire une puérilité, je vous avoue que je me révolte toujours en songeant à ces monceaux d'or et d'argent étalés aux yeux des passans, chez les changeurs; n'est-ce pas pour le pauvre quelquefois une tentation terrible... et toujours une ironie cruelle, que la vue de ces richesses? Combien en est-il qui, après avoir longtemps contemplé ces trésors, s'en vont méditant quelque crime en maudissant leur destinée!

MOI.

Certes, madame, votre réflexion me frappe... ces exhibitions ont leur danger.

JEAN RAYMOND, à Albine.

Ah! madame, n'est-il pas vrai, que de Tantales à Paris! jusqu'à ces pauvres enfans déguenillés, hâves, affamés, dévorant des yeux ces trésors gastronomiques étalés chez les restaurateurs en renom.

ALBINE.

C'est vrai, monsieur... pauvres enfans...!

MOI.

Je dois te déclarer, mon pauvre Jean, qu'en parlant de gastronomie, tu marches sur un terrrain brûlant... oh! mais brûlant comme les fourneaux de Véry... ma femme est très gourmande...

JEAN à Albine, qui a rougi d'un air contrarié.

Vraiment, madame?

ALBINE, se trouvant de plus en plus embarrassée.

Monsieur... c'est une plaisanterie de monsieur Duplessis.

JEAN, souriant.

Oh! ne vous en défendez pas... vous avez parfaitement raison, madame. Après tout, le bon Dieu a créé les bonnes choses pour être mangées; et puis, est-ce qu'il aurait soigné, je dirai même caressé avec tant d'amour, ce délicat

appareil qui s'appelle le sens du goût, si l'homme était destiné à ne manger que des alimens insipides ou grossiers? Ce qui est le mal, n'est-ce pas, Fernand, c'est qu'il n'y ait qu'un très petit nombre de personnes qui puissent être gourmandes, tandis que tout le monde devrait pouvoir se donner ce plaisir.

MOI.

Oh!... tout le monde...

JEAN.

Certainement... Pourquoi pas?

MOI.

C'est un paradoxe tout comme un autre...

CHARPENTIER.

Ecoutez donc, monsieur Duplessis, Jean n'a pas tout à fait tort. Supposons que, comme aux Etats-Unis, par exemple, chacun puisse avoir à très peu de frais, grâce à l'immense développement de l'agriculture et aux abondantes productions de notre pays, une alimentation saine, abondante, de bonne viande, d'excellens poissons, de mer et de rivière, du gibier, des fruits... la gourmandise devient à la portée de tout le monde.

JEAN, riant.

Et la longévité humaine y gagnerait, et alors on atteindrait l'âge des patriarches.

MOI.

Allons donc! fou que tu es!

JEAN RAYMOND.

Je parle très sérieusement; de savans médecins ont prouvé que plus la nourriture est agréable, succulente et variée, plus nos jours se prolongent. (A Albine gaiment:) Vous voyez, madame, que vous pouvez être gourmande en toute sécurité de conscience...

MOI.

Mon cher Jean, nous différons complétement d'opinion... Il est, je crois, dangereux, de donner aux gens des besoins qu'ils n'ont pas, ou de leur faire connaître, c'est-à-dire regretter des jouissances qu'ils ignorent. Ainsi, nos laboureurs mangent très allègrement leur pain de blé noir et leur fromage dur, ils boivent de l'eau par-dessus; pour eux, le pain de gruau, les émincés de faisan aux truffes et le vin de Clos-Vougeot, c'est l'Alcoran; en sont-ils plus malheureux?

MADAME RAYMOND.

Comment, monsieur Duplessis, vous croyez... et ici je ne parlerai plus de la gourmandise, je généraliserai... vous croyez qu'il est sage, qu'il est juste... qu'il est humain, de laisser à jamais la plus grande partie de nos semblables dans la complète ignorance des jouissances qui sont le privilége du petit nombre, et surtout des jouissances intellectuelles, dont nous faisons nos délices, nous autres que l'éducation a perfectionnés?

MOI.

Certainement, madame... Car enfin ces jouissances intellectuelles... par exemple, nos paysans les ignorent... donc ils n'en sentent pas le besoin...

JEAN RAYMOND.

Mais, mon ami, ce besoin, notre devoir, à nous plus éclairés, n'est-il pas de le sentir pour eux?

MOI.

A quoi bon? Ils sont heureux sans cela.

JEAN RAYMOND.

Fernand, tu es sensible à la musique, n'est-ce pas? Un beau tableau plaît à ta vue, un beau livre plaît à ton esprit.

MOI.

Certes... Où veux-tu en venir?

JEAN RAYMOND.

Suppose-toi élevé dans une déplorable ignorance, comme

l'enfant d'un des pauvres paysans dont tu es entouré, jouirais-tu des charmes de la musique, de la peinture et de la poésie?

MOI.

Non... Mais comme musique, peinture et poésie seraient l'inconnu pour moi... je ne sentirais pas ce manque de jouissance; je n'aurais pas d'autres besoins que mes appétits matériels.

MADAME RAYMOND.

Et c'est là un grand malheur! monsieur Fernand, je devrais presque dire un crime, car l'on doit vivre autrement que par le corps et par les sens... on doit vivre aussi par l'âme et par l'intelligence...

(Ici, je m'aperçus que depuis quelques instans Albine prenait un intérêt croissant à cet entretien; deux ou trois fois je la vis tressaillir et rougir, comme si elle eût cherché et trouvé certaines allusions applicables à sa position personnelle.)

MOI.

Franchement, mon cher Jean, je ne te crois pas sérieux lorsque tu me dis, par exemple, que c'est un devoir pour moi de tâcher que *Gros-Pierre*, mon valet de charrue, soit sensible à la musique, à la peinture, à la poésie.

JEAN RAYMOND.

Pourquoi non?

MOI.

Parce que c'est tout bonnement impossible...

CHARPENTIER.

Impossible; non, monsieur Duplessis; j'ai fait les campagnes d'Allemagne... dans l'armée de Condé (ajouta Charpentier en rappelant son rôle de marquis en présence de ma femme,) et j'ai cent fois vu les laboureurs allemands dans leurs villages, le soir, après les travaux des champs, faire d'excellente musique, et chanter en chœur aussi bien qu'à l'Opéra.

MADAME RAYMOND.

Voyons, monsieur Fernand, ne trouvez-vous pas que, pour les gens des campagnes, c'est là une douce et salutaire distraction après les rudes travaux du jour?

CHARPENTIER.

Cela ne vaut-il pas mieux que d'aller bêtement au cabaret jouer aux quilles ou au bouchon?

MOI.

Passe pour cela... D'ailleurs, les Allemands ont le génie musical.

ALBINE, timidement.

Peut-être parce qu'il est cultivé, développé dès l'enfance...

MADAME RAYMOND.

Madame Duplessis a parfaitement raison... J'ai vu des écoles d'enfans auxquels on apprenait à chanter, ils acquéraient une justesse d'intonation et une finesse d'oreille incroyables.

MOI.

Oh! madame, quant à cela, je suis complètement de votre avis; mais vous serez du mien, je l'espère, lorsque je soutiendrai qu'il est insensé de vouloir que Gros-Pierre soit sensible à la poésie, à la peinture...

JEAN RAYMOND.

Mon cher Fernand, faisons venir Gros-Pierre, lisons-lui *Peau-d'Ane*, la *Barbe-Bleue* ou le *Petit-Poucet*... Je gage qu'il sera tout oreilles...

MOI.

Des *Contes de la Mère l'Oie*! La belle poésie que voilà! Ce sont, en effet, des classiques dignes de monsieur Gros-Pierre. Il faut y joindre la haute astronomie de *Mathieu Lœnsberg* et la sublime philosophie de *Nostradamus*.

JEAN RAYMOND.

Eh! qu'importe, méchant railleur! le germe de la jouis-

sance intellectuelle ne s'en trouve pas moins chez le pauvre Gros-Pierre, puisqu'il prend plaisir à ces contes naïfs, absurdes si tu veux! Mais développe cette intelligence par une éducation suffisante, et un jour Gros-Pierre, au retour de ses travaux, oubliera ses fatigues et améliorera son esprit en lisant, non plus *Mathieu Lœnsberg* ou le *Petit-Poucet*, mais quelque bon livre sur l'agriculture, ou le récit de quelque trait de patriotisme héroïque de nos pères? Allons jusqu'au bout. Me diras-tu que Gros-Pierre est insensible à la peinture!

MOI.

Voyons la peinture de monsieur Gros-Pierre; elle doit être à la hauteur de sa littérature.

JEAN RAYMOND

Gageons encore que Gros-Pierre a dans sa hutte quelque grossière enluminure.

MOI.

Parbleu! Le *Juif-Errant*, *Geneviève de Brabant*, ou Cambronne criant aux Anglais: *La Garde meurt et ne se rend pas!* tel est le musée de prédilection de monsieur Gros-Pierre! Voilà sa galerie... voilà son Louvre... voilà les Titiens, les Rubens, les Raphaels à la portée des yeux hébétés de monsieur Gros-Pierre!

MADAME RAYMOND.

Hélas! monsieur Duplessis, c'est que le pauvre Gros-Pierre n'a pas plus de choix entre Raphaël et la grossière enluminure de Geneviève de Brabant, qu'il n'a de choix entre son pain noir et une table recherchée.

JEAN RAYMOND.

De même qu'il a faim et qu'il satisfait sa faim avec du pain noir, de même Gros-Pierre a le goût, l'instinct de la peinture, et, faute de mieux, il la satisfait avec le *Juif-Errant* ou *Geneviève de Brabant*.

MOI.

De sorte que nous nous passerons la fantaisie d'un musée dans chacune des 44,000 communes de France, pour la plus grande édification et jubilation artistique de messieurs Gros-Pierre et compagnie... C'est très curieux et surtout peu dispendieux, comme vous voyez.

JEAN RAYMOND, souriant à Albine.

Comme ce méchant Fernand est railleur ce soir, madame? Cependant, je veux tâcher de le confondre, ce qui me sera facile, car au fond il a raison de mon avis, j'en suis certain... Mais il se dévoue en ce moment à l'un des plus utiles devoirs de l'hospitalité...; il contredit, parce que la contradiction alimente merveilleusement la causerie.

MOI.

Pas du tout. Je me moque très sérieusement (hospitalité à part) des quarante-quatre mille musées de monsieur Gros-Pierre.

JEAN RAYMOND.

Eh bien! oui, chaque commune serait musicienne, puisque le maître d'école enseignerait la musique; chaque commune lirait de bons et beaux livres, puisque chaque commune aurait sa bibliothèque...

MOI, riant.

Mais le musée... le musée!

JEAN RAYMOND.

Et son musée aussi.

MOI, riant plus fort.

Bravo! Jean, bravo! C'est délicieux... j'attends le mot de la charade.

JEAN RAYMOND.

Sais-tu ce que coûte un musée tel que je le comprends, c'est-à-dire très suffisant pour donner le goût et la connaissance du beau dans les arts? Il faut acheter une vingtaine de plâtres moulés sur les chefs-d'œuvre de la statuaire antique, et environ deux cents belles lithographies d'après les meilleurs tableaux de l'école ancienne et moderne; cela coûte de quatre à cinq cents francs au plus... J'ai vu un musée pareil dans l'usine que... (Mais Jean se reprit, en songeant aussi à son rôle de fils de marquis) dans l'usine considérable qu'un de mes amis dirigeait; véritable petite commune, car il y avait là mille ou douze cents ouvriers... Eh bien! un grand nombre de ces braves gens, bien que leur éducation artistique eût été fort tardive, avaient fini par trouver un noble et vrai plaisir, aux heures de leur repos, à contempler ces chefs-d'œuvre, dont on leur avait peu à peu donné l'intelligence.

MOI.

J'admets cela. Monsieur Gros-Pierre sera musicien, monsieur Gros-Pierre aimera lire les beaux livres, monsieur Gros-Pierre sera sensible aux choses de l'art! Sais-tu ce qui arrivera? Voici. Demain je dis à monsieur Gros-Pierre : «— La terre est humide, il faut aller au labour.—Pardon, — me répondra monsieur Gros-Pierre,—j'ai encore à lire un acte d'*Athalie*.
— Ou bien : «— Mon garçon, voici le temps de la fenaison, il faut se hâter, la pluie menace. — J'ai à apprendre ma partie dans le chœur de *Mosé*, que nous chantons ce soir, — me répondra monsieur Gros-Pierre.
Ou bien :«—Mon garçon, mes semailles pressent, vite au semoir. — Pardon, monsieur, — me répondra monsieur Gros-Pierre,— je désire aller encore ce matin à notre musée de La Riballière, pour jeter un nouveau coup-d'œil sur la *Vénus Callipige*, qui m'intéresse fort, et dont j'ai, je crois, assez l'intelligence.
— Allons, mon cher Jean, sornettes et chimères que tout cela; ma bonne grand'mère avait raison. Il y a dans ce monde deux classes de gens, les gens bien élevés et ceux qui ne le sont pas du tout; les gens heureux et les malheureux. Soyons charitables envers ceux-ci, la religion nous l'ordonne; mais vouloir les élever à notre niveau par l'intelligence, cela fût-il possible que rien ne serait plus dangereux : tout ordre, toute subordination disparaîtrait.

JEAN RAYMOND.

Erreur... Tu conviendras, n'est-ce pas, qu'à l'heure qu'il est, Gros-Pierre laboure ta terre, l'ensemence, et fane tes foins, puisqu'il faut avant tout travailler pour vivre?

MOI.

Ne vas-tu pas de cela glorifier monsieur Gros-Pierre?

JEAN RAYMOND.

Nullement. Gros-Pierre accomplit son devoir; tout homme doit travailler pour vivre; mais, selon toi, Gros-Pierre se croirait moins obligé de travailler pour vivre, et ainsi deviendrait moins bon travailleur, parce qu'en suivant sa charrue il chanterait d'une voix juste quelque beau chant poétique et populaire, au lieu de glapir d'une voix fausse une stupide complainte, ou un couplet obscène? Selon toi, Gros-Pierre deviendrait un fainéant, parce qu'au lieu de charmer ses yeux par d'informes enluminures, clouées dans sa hutte, il aurait habitué sa vue à l'admiration, à la jouissance des belles choses? Selon toi, enfin, Gros-Pierre deviendrait un mauvais sujet, un insolent, parce qu'au lieu d'aller s'abrutir au cabaret le dimanche, il s'en irait seul, ou avec quelques amis, sous quelque bel ombrage, pour lire de bons livres, et passer le soir il chanterait en chœur comme les laboureurs allemands? en un mot, selon toi, Gros-Pierre te sera redoutable parce qu'il aura éclairé son esprit, amélioré son cœur, parce qu'il vivra par l'âme, enfin! utilisant ainsi les aptitudes que Dieu a mises en toutes ses créatures?

MOI.

Certes, j'aurai peur et très grand peur de monsieur Gros-Pierre du moment où il rougira de sa condition, et trouvera fort étrange d'être valet de charrue, tandis que je suis maître du château de La Riballière.

JEAN RAYMOND.

Crois-tu d'abord que, tout ignorant, tout abruti qu'il

soit, Gros-Pierre ne compare pas ses haillons à tes habits? ses mains rudes... à tes mains blanches? son taudis à ton château?

MOI.

Soit; mais du moins Gros-Pierre se dit : « C'est comme » cela, il faut apparemment que ça soit comme cela! il » n'en saurait être autrement. Je suis fait pour vivre et » mourir dans ma hutte, de même que monsieur Duples- » sis est fait pour habiter un château... » Mais que demain Gros-Pierre devienne *monsieur* Gros-Pierre, de par le développement de son âme et de son esprit, il se dira : « Au fait, pourquoi donc ne serais-je pas, moi, châtelain » tout aussi bien que monsieur Duplessis? Est-ce qu'après » tout je ne le vaux pas? »

JEAN RAYMOND.

Mon pauvre Fernand, nous ne nous entendons plus; le raisonnement que tu prêtes à Gros-Pierre éclairé, c'est-à-dire moralisé, est un raisonnement de sauvage; par cela même que l'intelligence de Gros-Pierre se développera, il comprendra justement que, pendant longtemps encore, il y aura sans doute des inégalités de fortunes et de conditions... Mais, je l'avoue, Gros-Pierre se dira en même temps : — Que si un petit nombre peut jouir du *superflu* en toute sécurité, il est souverainement juste que le plus grand nombre soit à même de gagner, par son travail, le *nécessaire*, c'est-à-dire le pain du corps et celui de l'esprit pour soi et pour les siens. Ainsi, éclairer Gros-Pierre sur ses droits, c'est l'éclairer aussi sur ses devoirs; en un mot, mon cher Fernand, dire que le développement de l'intelligence du peuple est redoutable, c'est dire qu'il faut vouer le peuple à une éternelle et avilissante ignorance... (S'animant.) C'est prétendre qu'il faut tuer l'âme pour mieux asservir le corps! c'est prétendre qu'il est habile de laisser végéter de pauvres créatures dans l'ignorance d'elles-mêmes afin de n'avoir pas à compter un jour avec leurs droits? C'est enfin prétendre, comme je ne sais quels exécrables politiques, que pour dominer impunément une nation, il faut abrutir le peuple par l'ignorance, l'énerver par des privations, et endormir les classes plus éclairées dans les égoïstes jouissances du bien-être matériel... Non, non, Fernand, je connais ton bon et loyal cœur, et je te dis que tu penses comme moi. Oui, Dieu a doué notre âme d'instincts, de besoins, de désirs encore plus impérieux que ceux du corps; et méconnaître ou étouffer ces aspirations divines, c'est un crime. (Avec véhémence.) Oui, et surtout s'il est calculé, c'est un crime odieux... un crime infâme!

Jean s'était animé peu à peu, sa voix vibrait à la fois pénétrante et sonore, son regard brillant, ses joues pâles s'étaient vivement colorées. Albine, depuis quelques instans, ne le quittait pas des yeux, et semblait suspendue à ses lèvres.

Voulant couper court à une conversation qui, pour tant de raisons, me remplissait d'inquiétude, je m'approchai vivement de madame Raymond, au moment où Jean finissait de parler, et m'adressant à elle :
— Mon Dieu! madame, voyez donc comme Jean s'anime...; la rougeur fiévreuse de ses joues... Ah! nous avons été bien imprudens de lui permettre de descendre ce soir.

Je ne croyais pas être prophète. Soudain, Jean, qui, en parlant, s'était assis sur la causeuse, au lieu de se tenir couché, parut en proie à une violente oppression, se rejeta en arrière, pâlit beaucoup, étouffa un gémissement douloureux en portant un mouchoir à ses lèvres; presqu'au même instant ce mouchoir fut rougi de sang.
— Mon fils! — s'écria madame Raymond en s'élançant vers Jean qui fermait les yeux et perdait tout sentiment.

J'observai attentivement ma femme, pendant que madame Raymond et Charpentier s'empressaient autour de Raymond; Albine, en proie à une vive émotion, avait les yeux humides de larmes.

Je m'approchai d'elle et je lui dis presque durement:
— Votre place n'est pas là. Ce spectacle fait mal. De

grâce, retirez-vous. Je vais aider à transporter Jean chez lui.

Ce que je fis, et je laissai bientôt Jean moins souffrant et plus calme entre les mains de sa mère et de Charpentier.

XLIII.

Albine à Hermance.

Hermance, depuis mon mariage, c'est-à-dire depuis que je suis à La Riballière, j'avais dormi d'un pesant sommeil, seulement mêlé çà et là de quelques rêves pénibles.

Depuis quelque temps je me suis éveillée; je me suis retrouvée ce que j'étais autrefois; j'ai eu conscience du passé, du présent... je dirais presque de l'avenir... et je suis inquiète.

Écoutez-moi donc.

Dans ma dernière lettre, je t'ai dit l'espèce de torpeur où je m'étais résolue, ou plutôt résignée à vivre, matériellement heureuse, m'efforçant de ne pas penser, de ne pas réfléchir, glacée, paralysée d'ailleurs par la présence de mon mari, que j'ai toujours craint et qui ne m'inspire ni confiance ni sympathie. Aussi, avec ma timidité naturelle et mon habitude de me concentrer, de me replier sur moi-même, à la moindre répulsion, j'ai dû paraître stupide à monsieur Duplessis. Néanmoins, j'étais parvenue à un tel degré d'apathie que j'acceptais mon sort. De graves événemens sont survenus : tout a changé.

Je te l'ai dit, nous ne voyions habituellement personne, cet isolement ne me déplaisait pas: il y a quelque temps, monsieur Duplessis a reçu trois de ses amis, qu'il m'a dit être (remarque bien ceci : QU'IL M'A DIT ÊTRE) monsieur le marquis et madame la marquise de Berteuil et leur fils; ils devaient passer quelque temps ici, cela m'a d'abord semblé insupportable. Monsieur le marquis me paraissait un homme froidement cruel, madame la marquise une femme de beaucoup d'esprit, mais hautaine et moqueuse; quant à son fils, je t'en parlerai plus tard.

Tu comprends, chère Hermance, qu'habituellement stupide avec monsieur Duplessis, la venue de ces étrangers devait m'abêtir davantage encore. La marquise n'était cependant pas malveillante pour moi, loin de là; mais comme je la croyais fière et railleuse, je me tenais le plus possible à l'écart. Cependant, je remarquais que parfois elle me regardait avec une sorte de curiosité triste ou de désappointement pénible. Je t'expliquerai tout à l'heure ce mystère.

Il y a quelques jours, je me promenais rêveuse dans un coin écarté du parc, car... je rêve beaucoup depuis que je suis réveillée.

Au détour d'une allée, je vis la marquise, elle vint à moi et me dit :

— J'étais allée tout à l'heure dans votre appartement, ma chère madame Duplessis, afin de vous prier de m'accorder quelques momens d'entretien; je suis heureuse de vous rencontrer ici. Voulez-vous que nous causions en nous promenant?

— Oui, madame, — dis-je, assez surprise et curieuse de savoir à quel propos la marquise avait à causer avec moi.

— Je vous prie d'abord, ma chère madame Duplessis, — reprit-elle affectueusement, — de n'attribuer qu'au vif intérêt que vous m'inspirez ce qu'il y aura peut-être de singulier dans ce que je vais vous dire... Et puis,—ajouta-t-elle de sa voix douce et pénétrante, — je pourrais être votre mère...; permettez-moi donc de vous parler en toute confiance...

— Je vous écoute, madame, — lui dis-je, touchée de son accent de bonté, et me sentant déjà plus à l'aise avec elle, car, tu le sais, je suis tout abandon ou toute réserve.

— Et vous me répondrez en toute sincérité?

— J'ai l'habitude, madame, de me taire... ou de dire la vérité....

— Oui, je sais que vous êtes un noble cœur ; je vous connais mieux et plus que vous ne le pensez.

— Vous, madame?...

— Certainement, voilà pourquoi j'ai pour vous tant de sympathie...

— Je vous ai pourtant fort peu vue depuis votre séjour ici, madame la marquise...

— Aussi n'est-ce pas d'ici que date la connaissance que j'ai de vos mérites; voilà pourquoi je suis si surprise, je devrais dire si chagrine... de vous voir si peu semblable à vous-même.

— Je ne comprends pas... ce que vous voulez me dire, madame la marquise...

— Tenez, ma chère enfant... Eh bien! oui, j'ai dit ma chère enfant... qu'est-ce que cela vous fait? — ajouta-t-elle avec tant de charme que je me sentis tout attendrir. — Dites-moi? Vous êtes intimement liée avec mademoiselle Hermance de Villiers, n'est-ce pas?

— Oui, madame, c'est ma cousine, ma seule, ma meilleure amie.

— Vous avez souvent vu chez sa mère madame d'Amberville?

— Oui, madame... très souvent.

— Avez-vous quelquefois entendu madame d'Amberville parler d'une de ses amies... nommée madame Raymond?

— Oh! beaucoup, madame... madame d'Amberville disait, à Hermance et à moi, tant de bien de cette dame, elle nous la peignait comme une femme si supérieure aux autres femmes, et nous racontait d'elle des traits si beaux, qu'Hermance et moi, quand nous voulions désigner entre nous une femme de rare mérite, nous disions : *C'est une madame Raymond...* ou bien : *Que veux-tu!... tout le monde ne peut être une madame Raymond.*

— Voilà qui devient très embarrassant pour moi, — dit la marquise en souriant, — je ne sais plus maintenant comment me tirer de là...

— Que dites-vous, madame la marquise?

— D'abord, ma chère enfant, il ne faut plus m'appeler *madame la marquise*, il m'en coûte trop de vous tromper; je vous demande votre confiance, ne dois-je pas vous témoigner la mienne? En un mot, je ne suis ni marquise, ni madame de Berteuil.

— Mon Dieu, madame, de grâce, expliquez-vous.

— Vous avez tout à l'heure dit tant de bien... de madame Raymond, que j'hésite à vous avouer que madame Raymond...

— Achevez, madame.

— C'est moi.

Tu comprends, Hermance, mon saisissement à ces mots; j'aurais dû la reconnaître à la beauté qu'elle a conservée malgré son âge. Car il n'y a pas deux femmes au monde capables *d'être aussi jeunes* en ayant un fils du même âge que mon mari. Figure-toi ses cheveux sont admirables, ses dents aussi belles que les tiennes, son teint aussi frais, aussi uni que le tien; et quant à sa taille, quoiqu'elle ait les plus belles épaules du monde, je n'aurais pas mis ses robes quand j'étais mince. (Et, entre nous, je suis un peu en train de le redevenir... mince.)

Ma première stupeur passée, je repris :

— Vous, madame? vous, madame Raymond? Mais madame d'Amberville nous disait que vous étiez veuve?

— Le prétendu monsieur de Breteuil n'est pas mon mari ; il ne s'appelle pas de Breteuil. C'est un ami dévoué, le meilleur, le plus loyal des hommes, qui a sauvé la vie de mon frère, et a pris paternellement soin de mon fils pendant que j'étais en prison... Maintenant, chère enfant, voici en deux mots pourquoi j'ai pris un faux nom, un faux titre et... un faux mari... Mon fils, moi et monsieur Charpentier, notre ami, nous sommes forcés de fuir et de nous cacher... Ce conspirateur que l'on poursuit, et don votre préfet a apporté l'autre jour le signalement... c'est mon fils.

— Grand Dieu ! madame.

— C'est à la générosité de votre mari que nous devons cette hospitalité qui nous sauve... générosité d'autant plus grande, que monsieur Duplessis est, en politique, d'une opinion opposée à celle de mon fils : c'est vous dire quelle inaltérable reconnaissance nous avons vouée à monsieur Duplessis.

— Ah ! madame, je frissonne encore à ce souvenir... Votre fils... Mon Dieu ! quel courage il vous a fallu, ce matin, pour paraître si indifférente, si gaie même... Et maintenant je comprends tout : ces cruautés, ces exterminations dont parlait votre prétendu mari, c'était un moyen de détourner les soupçons du préfet.

— Oui, ma chère enfant, voilà notre secret.

Juge, Hermance, de ma surprise, de ma joie : voir enfin et avoir chez moi cette fameuse madame Raymond que nous admirions tant ! De ce moment, ma timidité disparut et fit place à une tendre déférence ; car jamais la véritable supériorité ne m'impose ni ne me trouble : je la sais indulgente ; aussi m'inspire-t-elle confiance.

— Je regrette beaucoup, madame, — dis-je à madame Raymond, — que monsieur Duplessis soit assez méfié de moi pour m'avoir caché qui vous étiez... Que d'heureux jours perdus pour moi depuis que vous êtes ici !

— Si aimable que soit à mon égard le reproche que vous adressez à votre mari, ma chère enfant, —ajouta madame Raymond en souriant avec bonté, — je vous déclare que je prendrai le parti de monsieur Duplessis contre vous...

— Vraiment, madame ?

— C'est justement au sujet de votre mari que je viens vous gronder.

— Me gronder ?

— Oh ! très fort, et presque justifier monsieur Duplessis de ne vous avoir pas mis dans notre confidence.

— Après tout, madame, vous avez raison ; je n'ai pas le droit de me plaindre : mon mari a une si triste opinion...

— Et à qui la faute, pauvre enfant ? n'est-ce pas à vous ? Madame d'Amberville, dont je vous ai parlé, qui vous a souvent rencontrée chez mademoiselle Hermance, est depuis longtemps mon amie. C'est une femme d'un grand sens, d'un jugement exquis. Aussi l'ai-je crue, et j'ai dû la croire, lorsqu'elle vous peignait à moi comme une jeune personne extrêmement distinguée, et dont l'esprit valait le cœur.

— Madame...

— Oh ! ne faites pas de modestie, ce sont justement vos qualités que je veux invoquer contre vous.

— Et pourquoi cela, madame ?

— Parce que, par une bizarrerie concevable qui m'a causé autant de surprise que de chagrin, vous semblez prendre à tâche de cacher à votre mari tout ce que vous valez ; ou vous restez ordinairement silencieuse, ou vous répondez à peine par monosyllabes ; vous paraissez engourdie, appesantie, indifférente à tout et à tous. Que vous dirai-je ? votre physionomie est à cette heure, en causant avec moi, mobile, animée, expressive, charmante, je dirais presque méconnaissable, si je la compare à l'air insouciant et morne que je vous ai vu jusqu'ici.

— Votre intérêt pour moi, madame, est si sincère, que je vous dois toute la vérité... Eh bien ! oui, mon mari me croit stupide, et je ne me sens pas le moins du monde envie de le désabuser. Du premier jour où je l'ai vu... il m'a imposé... presque glacée. En un mot, je me suis sentie sotte... en sa présence... sotte je suis restée... et sotte je resterai sans doute toujours à ses yeux... je ne trouve rien à lui dire, c'est plus fort que moi.

— Mais monsieur Duplessis est aimable, il cause à merveille, son cœur est bon, son extérieur agréable, il se montre rempli d'égards pour vous ?

— Je n'ai pas plus à me plaindre de monsieur Duplessis, madame, qu'il n'a, je crois, à se plaindre de moi ; il mène la vie qui lui plaît, je m'accommode de tout, je ne

le contredis jamais, je surveille de mon mieux sa maison, je soigne sa santé, je l'accompagne dans ses tournées d'agriculture, le soir je fais sa partie de billard ; il a consenti à ne jamais mettre les pieds dans ma chambre... depuis le lendemain de mon mariage ; il ne me refuse rien de ce qui peut augmenter mon bien-être ; il va, au contraire, en cela, au devant de mes désirs ; aussi, je vous l'avoue, madame, pourvu que j'aie toutes mes aises, un bon fauteuil, un dîner délicat, et que je me couche de bonne heure, car mon meilleur temps est encore celui où je dors, le temps se passe... Ce n'est pas, si vous voulez, le bonheur ; c'est une pieuve comme ce pauvre Gros-Pierre, dont vous preniez si généreusement le parti l'autre soir, madame ; mais que voulez-vous, à défaut de bonheur, je me contente de quelque chose de calme, de négatif comme le sommeil.

A mesure que je lui parlais, je voyais une impression pénible se peindre sur le visage de madame Raymond. Cela commença par l'expression d'un touchant intérêt, qui fit peu à peu place à une pitié si douloureuse, que je vis les yeux de madame Raymond se remplir de larmes.

Après un moment de silence, elle parut regretter et vouloir dominer son émotion, et me dit :

— Mon enfant, vous allez chaque jour à la messe ?

— Oui, madame.

— Pour qui priez-vous ? que demandez-vous à Dieu ?

— Je lis la messe comme elle est dans le livre... voilà tout.

— Et dans vos promenades... lorsque vous parcourez vos métairies... vous devez avoir souvent sous les yeux le tableau d'un grand nombre de misères, car le pays paraît pauvre !

— Oh ! oui, il y a souvent ici d'affreuses misères !

— Cela vous serre, vous brise le cœur, je n'en doute pas ?

— Le spectacle de la misère m'est pénible... mais moins qu'il ne l'était autrefois. Cela me blesse maintenant plus les yeux que le cœur... aussi je tâche de chasser ce triste tableau de ma pensée... Il me gêne comme un remords... car je sais ce que je devrais faire... Je vous l'ai dit, madame, je n'ai plus de courage à rien.

— Vous aimez beaucoup les fleurs, j'en vois partout dans votre appartement ?

— Oui... je les aime beaucoup.

— Mais seulement pour leur parfum, pour leur coloris ? Sans doute, madame ; peut-on les aimer pour autre chose ?

— Nous y reviendrons... Dites-moi, mon enfant, vous avez ici une belle bibliothèque, monsieur Duplessis me l'a montrée ?

— Je n'y mets jamais les pieds... la lecture fait penser... et je vous l'ai dit, madame, j'aime mieux ne pas penser...

— Monsieur Duplessis s'occupe beaucoup de culture ?

— C'est son goût favori.

— Vous ne le partagez pas ?

— Cela ne m'intéresse aucunement.

— Pauvre chère enfant,—me dit madame Raymond en secouant la tête avec un accent de douce passion, — si pauvre... au milieu de tant de trésors !

— Quels trésors, madame ?

— Quels trésors ! — s'écria madame Raymond d'un ton de doux reproche ; — adorer Dieu, non dans un livre ou dans une église, mais dans la nature ; aimer, secourir ceux qui souffrent ; étudier les mystères qui font naître et vivre les fleurs ; avoir sous la main tous les poëtes, tous les penseurs du monde, n'avoir qu'à leur dire : Venez, et dites-moi vos plus beaux vers, vos plus nobles pensées... puis se reposer de cet enivrement de l'esprit dans l'intelligente admiration de la fécondité de la terre nourricière, qui rend à l'homme en richesses ce qu'il lui donne en labours... les voilà, ces trésors délaissés par vous, pauvre enfant ! et c'est auprès d'eux que vous sommeillez, engourdie par le bien-être et glacée par l'ennui !

— Hélas ! madame, que demain je suive vos conseils,

et la vie qui m'est indifférente me deviendrait odieuse.
— Que dites-vous ?

— Eh bien ! soit, madame, je suis vos conseils. Au lieu de lire machinalement ma messe et de me courber sans savoir pourquoi devant un prêtre vêtu de noir, j'élève mon âme vers le créateur de la nature ; au lieu de détourner mes regards du triste spectacle de la misère, je me rapproche des infortunés, j'essuie leurs larmes, je les console, je les secoure, je les aime ; je ne végète plus dans l'indolence et dans l'oisiveté, j'étudie d'un œil ravi les merveilles de la floraison des fleurs, j'abandonne mon esprit aux ravissemens des chefs-d'œuvre de la pensée, je comprends et j'admire les prodiges de la création... Je retrouve enfin toute la plénitude de ma vie ; car je vis, si cela se peut dire, par tous les pores : je ressens des élans passionnés envers Dieu. Charité, science, poésie, contemplations infinies... mon cœur déborde, mon intelligence s'exalte ; je m'écrie : O grandeur de Dieu ! ineffables douceurs de la charité, trésors de la pensée, merveilles de la création, que vos joies sont saintes et pures ! Oui, oui, je pense cela ! je l'éprouve, le cœur palpitant, gonflé de tendresse, les yeux noyés de larmes d'enthousiasme. Mais, hélas ! ma voix se perd dans le silence... personne ne me répond. Je regarde autour de moi... seule, toujours seule... Ah ! madame, croyez-moi... et plaignez-moi. Je suis sans doute une créature bizarre, déraisonnable ; mais dès que ma pensée travaille, dès que je réfléchis et que je compare, je ressens trop douloureusement l'isolement auquel je suis à jamais condamnée... Non, non, mieux vaut se taire que de parler seule... mieux vaut dormir que de veiller pour désirer, regretter et souffrir.

— Regretter, désirer, souffrir ? — s'écria madame Raymond en me prenant la main qu'elle serra tendrement ; —que me parlez-vous de souffrir... Si vous faites le bien ! si votre concience est glorieuse ! si votre nom est béni, si votre intelligence s'agrandit chaque jour ! Que me parlez-vous d'isolement, pauvre enfant ? Quoi ! isolée au milieu de ces infortunés qui baiseront vos mains et dont vous serez la providence ! isolée au milieu de ces fleurs qui vous diront leurs secrets ! isolée au milieu de ces livres, voix immortelles de tous les génies du monde ! isolée au milieu des bois, des prés, des champs, merveilleux tableaux, toujours nouveaux, toujours animés ! isolée, lorsqu'à chaque instant du jour vous êtes en communion avec Dieu, en élevant vers lui votre âme, épurée, sanctifiée par le sentiment du bien, du juste et du beau !... Non, non, faiblesse, exagération que tout cela, mon enfant !

— C'est de la faiblesse, je l'avoue, madame, — dis-je à madame Raymond.

— Chère enfant, — reprit madame Raymond d'un air attendri, et regrettant sans doute la vivacité de ses paroles, — pardonnez-moi si je vous ai blessée. Dieu sait si telle était ma pensée...

— Oh ! je le crois, madame...

— Qu'est-ce que je veux, en vous parlant ainsi ? tâcher de vous rappeler à vous-même, à votre élévation naturelle, et vous rendre ainsi profitable mon séjour chez vous... car demain, peut-être... qui sait... nous serons peut-être forcés de quitter cet asile.

— De grâce, madame, n'ayez pas cette pensée...

— Je ne veux pas vous effrayer, chère enfant... je veux seulement vous faire comprendre mon insistance à vous tirer d'une voie mauvaise... fatale et sans issue...

— Oui, sans issue... et c'est cela qui m'accable...

— Et c'est cela qui devrait relever votre courage. Tenez, mon enfant, je le vois ; comme tant de jeunes filles, vous êtes mariée... parce que l'on vous a mariée... quoique votre mari semble assez bien doué pour inspirer mieux que de l'indifférence. Mais, enfin, j'admets que sa longue expérience du monde, que le sérieux de son esprit, que d'autres raisons sans doute, que j'ignore, vous aient jusqu'ici imposé, refroidie ; j'admets encore qu'entre ses penchans et les vôtres, entre votre caractère et le sien, il y ait sinon antipathie, du moins peu de rapports ; j'admets

enfin que vous préfériez un morne sommeil au chagrin ; mais où cette blâmable apathie vous conduira-t-elle ?

— Je ne sais.

— A la fin de chaque jour, quels souvenirs doux et bons au cœur pouvez-vous évoquer ?

— Aucun... J'ai hâte de m'endormir.

— Et vous appelez cela vivre ?

— Hélas ! non.

— Savez-vous où cela vous mènerait de continuer à végéter ainsi ? Ou à l'idiotisme ou au désespoir.

— Je le crois, madame.

— Ce que vous appelez votre sommeil aura, croyez-moi, tôt ou tard un réveil désastreux peut-être. Songez-y donc, vous n'avez pas dix-neuf ans. Non, non, le suicide moral est un crime. Il faut donc vivre ! oui, activement, énergiquement, vivre par le bien et pour le bien. Douée comme vous l'êtes, vous n'avez pas le droit d'enfouir vos qualités dans une inertie stérile ? Non, Dieu vous les a données pour le bonheur des autres et pour le vôtre. Allons, mon enfant, courage ; réveillez-vous, courage !... au devoir ! au devoir ! Dans son accomplissement, vous trouverez de nouvelles forces, de grandes, de pures jouissances... Courage ! que le contentement de soi vient toujours l'indulgence... Ce qui aujourd'hui, à tort ou à raison, vous choque chez votre mari... aura votre pardon. Mieux que cela... en vous transformant ainsi, vous inspirerez à votre mari une si haute estime, une si tendre admiration, que vous le verrez à vos pieds... tel que vous l'avez rêvé peut-être, et votre âme ne sera plus seule...

— Oh ! merci, madame, — m'écriai-je, ranimée, relevée par les chaleureuses paroles de madame Raymond.— Oui, je suivrai vos conseils... Oui, vous dites vrai... Vous me rendez à moi-même. Depuis longtemps j'étais inerte, glacée, comme si mon sang se fût arrêté dans mes veines... et, à votre voix, il me semble que la chaleur m'est revenue au cœur... Ah ! vous êtes mon ange sauveur.

Et je ne pus m'empêcher de m'écrier avec amertume :

— Pourquoi n'ai-je pas une mère telle que vous ? Bien des chagrins m'eussent été épargnés... Pourtant ma mère est bonne et tendre ; mais hélas ! elle ne comprend rien à mon cœur... c'est ma faute sans doute.

— Oui, ce doit être votre faute, chère enfant, votre mère se sera trompée peut-être dans sa manière de vous aimer. Il y a tant de manières d'aimer sa fille ; eh bien ! en son absence, je veux la remplacer auprès de vous.

— Oh ! combien vous êtes bonne.

— Vous m'obéirez ?

— Avec bonheur, avec reconnaissance !

— Eh bien ! demain matin, à l'heure où vous allez à la messe, venez me prendre chez moi ; nous commencerons ainsi la journée, et vous verrez que je ne suis pas mauvaise conseillère,—me dit madame Raymond en se levant et me tendant sa main, que je serrai avec une pieuse gratitude. — Dès que je verrai monsieur Duplessis, je lui dirai que je vous ai confié notre secret... que je vous ai fort grondée de votre apathie... qu'il aurait dû combattre... au lieu de la tolérer, si même il ne l'encourageait pas... ce dont je le blâmerais fort ; et il m'écoutera, car, croyez-moi, mon enfant, c'est un homme de cœur et de bon sens... Il a peut-être ses travers ; mais, je vous l'ai dit, transformez-vous, et vous le transformerez ; puis, enfin, vos deux existences sont à jamais liées l'une à l'autre ; aidez-vous, soutenez-vous dans cette voie du bien que je vous indique et que la richesse vous rend du moins facile, tandis que pour tant d'autres, déshérités, mon enfant, la misère, l'ignorance, l'abandon, sèment à chaque pas cette voie de dangereux écueils !

Telle a été ma conversation avec madame Raymond, ma chère Hermance. Je ne puis t'exprimer le bien qu'elle m'a fait ; j'ai senti mes forces renaître ; j'ai eu honte de l'abaissement, de l'abrutissement où je me plongeais comme à plaisir ; en un mot, ainsi que je te l'ai dit, je me suis réveillée ton Albine d'autrefois.

Je suis obligée d'interrompre cette lettre, qui sera très longue. A bientôt.

. . . .

XLIV.

Albine à Hermance (suite).

J'avais interrompu ma lettre, chère Hermance, je la continue.

Je t'ai dit en commençant que madame Raymond avait un fils qu'elle adore, et dont elle est adorée.

La première fois que j'ai vu monsieur Jean Raymond, il était encore très souffrant (j'ai su depuis par sa mère qu'il avait été grièvement blessé en duel). Quoique cette particularité me fut inconnue lors de notre première rencontre, sa physionomie, un peu souffrante, avait une expression à la fois si noble, si douce, que j'en ai été saisie ; je m'attendais à trouver une toute autre apparence à monsieur Jean, voici pourquoi :

Mon mari, en m'annonçant que je verrais le fils de la prétendue marquise de Berteuil le soir même, m'avait parlé de lui avec une insistance et des contradictions singulières, il s'y refusa en me louant de ma candide ignorance, et ajouta seulement que monsieur Jean Raymond traitait les femmes avec un profond mépris, et qu'il avait d'elles la plus mauvaise opinion.

Ces contradictions de mon mari, son air embarrassé en me parlant de son ami, d'un ton moitié aigre, moitié bienveillant, me donnèrent à penser qu'il me jalousait... A propos de quoi ? Je l'ignorais.

Je t'ai dit ma stupidité habituelle en présence de monsieur Duplessis, et combien peu je me sentais expansive avec lui ; aussi, loin d'oser lui témoigner la surprise que me causait sa manière de me parler de son ami, et l'espèce de curiosité qu'il m'inspirait, je me tus, me bornant à répondre par oui et par non, selon ma coutume.

J'oubliais de te dire que monsieur Duplessis m'avait, à plusieurs reprises, recommandé d'être très réservée avec monsieur Raymond ; de plus, le jour où je devais voir celui-ci pour la première fois, mon mari s'était imaginé de me donner, à propos de ma toilette, certains conseils d'où j'augurais qu'il désirait, ce jour-là, me voir, autant que possible, mise à mon désavantage.

A quoi bon ces petits manéges, ces petites faussetés! Je l'ignorais. Mais elles avaient eu pour conséquences de me donner une très grande envie de voir monsieur Jean Raymond.

Il vint donc ; sa vue me causa l'étonnement que je t'ai dit. Ce soir-là, on causa beaucoup. Grâce à la présence de mon mari, dont les yeux ne me quittaient presque pas, et à la timidité que m'inspirent toujours les étrangers, je fus encore plus sotte qu'à l'ordinaire. J'osais à peine prononcer quelques paroles, mais j'écoutais, j'observais, et surtout je réfléchis beaucoup.

Le hasard amena la conversation sur un sujet à la fois grave et touchant. Monsieur Jean, sa mère et monsieur Charpentier (il avait d'abord passé pour le marquis de Berteuil) soutenaient qu'il était inhumain, odieux, de laisser une foule de malheureux vivre presque aussi abrutis que des bêtes, au lieu de développer chez eux l'aptitude aux jouissances de l'art et de la pensée, dont Dieu a doué instinctivement toutes ses créatures.

Je te dis là, en quelques mots, le sujet de l'entretien ;

il me faudrait une éloquence que je n'ai pas pour t'exprimer avec quelle élévation, avec quel profond sentiment d'humanité monsieur Jean et sa mère soutenaient leur opinion ; je les écoutais tous deux avec ravissement, je dirais presque avec fierté ; il me semblait qu'ils me révélaient mes propres pensées, tant je sympathisais avec les leurs.

Monsieur Duplessis soutenait une opinion contraire à celle de son ami, l'attaquant souvent avec esprit et ironie, mais presque toujours avec une amertume mal dissimulée ; tandis que monsieur Jean ne cessa pas de se montrer d'une cordialité charmante ; l'on voyait d'ailleurs que ce n'était ni l'envie de discuter, ni le besoin d'imposer ses idées, ni la vanité de paraître éloquent, qui l'animaient dans cet entretien ; non, tout ce qu'il disait était à la fois si simple, si généreux, si naturellement exprimé, que l'on sentait, si cela se peut dire, son cœur battre dans chacune de ses nobles et touchantes paroles...

Et puis, il a une voix... je n'ai jamais entendu de voix pareille... quoique mâle et vibrante, elle a parfois des inflexions d'une douceur, d'une tendresse indéfinissable ; elle contraste d'autant plus avec sa physionomie énergique, et son geste parfois un peu brusque, surtout lorsque l'indignation l'emporte : ainsi il avait à peu près résumé son opinion par ces mots que j'ai retenus :

« — Oui, Dieu a doué notre âme d'instincts, de besoins, » de désirs encore plus impérieux que ceux du corps, et » méconnaître et étouffer ces inspirations divines... C'EST » UN CRIME ODIEUX, C'EST UN CRIME INFAME! »

Non, je ne saurais t'exprimer avec quel accent à la fois douloureux et révolté il a prononcé ces derniers mots, c'est un crime odieux, c'est un crime infâme. A demi couché jusqu'alors, il s'est redressé de toute sa hauteur, et, l'œil brillant, les joues colorées, la figure frémissante, il semblait flétrir d'un geste violent et accusateur la pensée qu'il poursuivait comme indigne...

Je le regardais, partageant malgré moi la violence de son émotion, lorsque soudain je le vois pâlir, se renverser en arrière, avec l'expression d'une vive douleur, et porter vivement à ses lèvres son mouchoir qui presque aussitôt devint rouge de sang ; puis monsieur Jean s'évanouit.

Cela me fit mal. Madame Raymond courut à son fils. On le reconduisit chez lui. J'ai su depuis que les suites de sa blessure avaient causé ce grave accident.

Restée seule pendant que l'on transportait monsieur Jean chez lui, je réfléchis sur tout ce que je venais d'entendre. Ce fut une révélation pour moi. La conduite de mon mari m'apparut dans son véritable jour ; il m'avait engourdie dans le bien-être, afin de me laisser dans l'ignorance de moi-même, et de n'avoir jamais à compter avec ces besoins de l'âme, qui, tu le sais bien, avant que je fusse mariée, se traduisaient pour moi, tant bien que mal, par cette pensée.

« — Voir dans le mariage la fête de ma jeunesse... avec » un compagnon de mon âge et de mes goûts... »

Monsieur Duplessis ne voulant ou ne pouvant répondre à ces instincts de mon cœur, a tâché de les glacer, de les éteindre.

Je te l'avoue, Hermance, quoique l'égoïsme et la sécheresse de cœur de mon mari soient évidens, je ne ressens aucune haine contre lui ; loin de là, je le plains en songeant aux continuelles anxiétés dont il doit être torturé! Ne se trouve-t-il pas dans la bizarre position d'un homme qui ferait dépendre le repos, le bonheur de sa vie, du sommeil d'une autre personne? et qui, les yeux fixés sur elle, épierait avec angoisse les moindres mouvements de ses traits dans la crainte de la voir s'éveiller?

Cette pitié fut si vraie, que, lorsque monsieur Duplessis revint me trouver en quittant son ami, et m'interrogea d'un air presqu'alarmé sur l'impression que m'avait laissée la conversation de la soirée, je le rassurai en le persuadant, par mes réponses, que je n'avais rien compris à des idées trop élevées pour moi ; alors aussi je me suis expliqué l'embarras, l'espèce de jalousie qui perçait à travers toutes les contradictions de mon mari, au sujet de monsieur Jean Raymond : il connaissait sans doute ses idées généreuses, et il voulait me mettre en défiance contre lui.

Quelques jours après la soirée dont je te parle, j'eus avec madame Raymond le long entretien que je t'ai rapporté au commencement de cette lettre.

Tu l'as vu, cette aimable et charmante femme m'avait maternellement grondée de mon apathie... et, quoique je comprisse alors dans quel but monsieur Duplessis m'avait amenée à ce complet oubli de moi-même, j'essayai de résister aux conseils de madame Raymond qui m'avaient d'abord enthousiasmée ! Loin de me donner du ressort, n'eût-ce été que celui de l'indignation, la découverte du secret mobile de la conduite de mon mari envers moi m'avait anéantie et fait sentir plus impérieusement encore la nécessité de fuir à tout prix la pensée, la réflexion, et de végéter encore plus négativement que par le passé.

« Songer au présent, envisager l'avenir dans la dou-
» loureuse réalité,—me disais-je,—n'était-ce pas devenir
» folle de chagrin, n'était-ce pas soulever dans mon cœur
» mille ressentimens haineux, impuissans contre l'homme
» à qui ma destinée est enchaînée ? » Grâce à Dieu, la persistance et l'irrésistible influence de madame Raymond m'ont ranimée, m'ont relevée à mes propres yeux, et, après quelques nouveaux entretiens avec elle, mon stupide et morne abattement a fait place à l'espérance, et m'a inspiré la ferme résolution de chercher l'oubli d'un malheur irréparable dans l'accomplissement de grands devoirs.

« Destinée à vivre toujours avec votre mari, — m'a dit
» madame Raymond, — vous devez tâcher de le transfor-
» mer en vous transformant vous-même... (vaine espé-
» rance peut-être!) ou au moins de rendre plus supporta-
» ble votre condition commune. »

Ç'avait été, tu le sais, ma pensée, après mon mariage. J'avais à peu près atteint ce but pour mon mari et pour moi, en vivant comme je vivais; je vais donc maintenant tâcher d'arriver par des moyens différens à un résultat aussi élevé que l'autre était misérable, puisqu'au lieu de chercher le bonheur dans un stérile et honteux anéantissement de moi-même, je le chercherai désormais dans des pensées, dans des actions généreuses...

Tu m'as déjà vu subir bien des métamorphoses, chère Hermance ; puisse celle-ci être la dernière, puisse-t-elle surtout être heureuse !

Je ne veux pas encore fermer cette lettre, car la présence de nos hôtes me rend plus difficile notre seul moyen de correspondance.

A. D.

XLV.

Suite du journal.

Ce matin, après déjeuner, madame Raymond m'a prié de lui donner le bras pour aller visiter, m'a-t-elle dit, la vacherie neuve ; c'était un prétexte pour avoir un long entretien, avec moi.

Cet entretien le voici :

— Mon cher monsieur Duplessis, — m'a dit madame Raymond lorsque nous fûmes à quelques pas du château, — j'ai cru devoir mettre votre femme dans notre confidence...

— Madame, c'est peut-être une imprudence.

— Ne craignez pas cela... J'ai eu, d'ailleurs, plusieurs raisons pour ne pas taire plus longtemps mon nom à madame Duplessis. D'abord, — ajouta madame Raymond en souriant, — il m'était désobligeant de voir mon pauvre ami Charpentier l'objet de l'horreur de votre femme... qui le prenait pour un monstre de férocité... puis, entre nous, je n'étais non plus charmée de passer pour une sotte marquise fanatique des beaux temps de la féodalité... Enfin, reprit madame Raymond d'un ton sérieux et pénétré,

— je voulais gagner la confiance de madame Duplessis, et, pour cela, lui donner une preuve de franchise, en mettant terme à un mensonge dont cette chère enfant était dupe.

— Je vous avais dit, madame, pourquoi j'avais cru prudent de ne rien confier à ma femme... L'avenir prouvera, je l'espère, que je m'étais trompé dans mes prévisions.

— Je viens de vous dire, mon cher monsieur Duplessis, que j'avais désiré obtenir la confiance de votre femme... Savez-vous dans quel but ?

— Non, madame.

— N'êtes-vous pas frappé de l'indolente inertie où Albine est plongée ?... Je dis Albine, c'est une familiarité que mon âge autorise.

— Entre nous, madame, et au point de vue de la vie retirée que je mène, je préfère une femme engourdie à une femme... trop éveillée.

— Pourquoi cela ?

— Je trouve là... des garanties de repos, de sécurité pour moi, et aussi de bonheur pour ma femme.

— Vous croyez ?

— J'en suis certain.

— Vous êtes sûr qu'Albine est heureuse ?

— Heureuse... relativement ; de même que je suis heureux... relativement aussi... Qui est-ce qui est jamais complétement heureux selon ses vœux ?

— Que vous manque-t-il? Vous avez une jeune femme charmante, pleine de cœur et d'esprit, oui d'esprit... de beaucoup d'esprit ; ne souriez pas d'un air incrédule, nous reviendrons tout à l'heure sur ce point...

— En attendant vos révélations à ce sujet, je vous avouerai, madame, que j'ai vécu jeune, vite et beaucoup ; or, moralement... j'ai le double de mon âge, et Albine n'a que dix-neuf ans...

— De sorte que trouvant votre femme trop jeune, et ne pouvant la vieillir...

— Je tâche à l'endormir, jusqu'à ce que l'âge ait donné à son esprit une maturité qui me rassure.

— Et vous croyez que c'est juste, que c'est bien, ce que vous faites là ?

— Mais... oui, madame...

— Vous ne vous dites jamais que cette jeune femme que vous refoulez sur elle-même, Dieu l'a prédisposée à tous les sentiments tendres, à toutes les jouissances du cœur ? Vous pensez avoir accompli vos devoirs d'honnête homme, parce que vous avez donné à votre femme tout le bien-être matériel qu'une femme peut désirer?... parce que vous avez pour elle les égards dus par vous à la femme qui porte votre nom ?

— Que puis-je lui donner de plus ?

— Elle ne se plaint pas, je me hâte de le déclarer; non, car dans le long entretien que j'ai eu ce matin avec elle, pas un mot de récrimination n'est sorti de ses lèvres.

— Vous voyez bien, madame?...

— Non-seulement elle ne s'est pas plaint, mais elle vous a justifié de la croire sotte.

— Ah! nous y voilà, madame, — dis-je en souriant. — Avouez, cependant, que je n'avais peut-être pas besoin de la justification de ma femme pour être absous... Depuis votre séjour ici, madame, vous avez dû la juger.

— Et c'est ce matin seulement que j'ai pu l'apprécier. Ah! que n'étiez-vous là, monsieur? Comme moi, vous auriez été charmé, attendri par cette parole à la fois si éloquente, si naïve et si sensée! vous auriez été comme moi frappé de la délicatesse, quelquefois même de l'élévation de sa pensée. Oui, que n'étiez-vous là, vous seriez tombé à ses genoux! comme vous y tomberez du jour où vous aurez su mériter qu'elle se révèle à vous ;

— Vous parlez si sérieusement, madame,—m'écriai-je, — qu'il m'est impossible de ne pas vous croire... Et si je vous crois, il me faut donc accuser ma femme d'une incroyable dissimulation ?

— De la dissimulation !—me dit vivement madame Raymond avec un accent de reproche. — Ils sont donc dissimulés ceux-là qui restent silencieux et mornes devant la froideur ou le dédain ? Ils sont donc dissimulés ceux-là dont les lèvres restent muettes plutôt que de mentir à leur cœur ? Accuser votre femme de dissimulation ! et de quel droit, monsieur ? Qu'avez-vous donc fait pour mériter sa confiance et son abandon ? Qu'avez-vous donc tenté pour qu'elle vous ouvre les trésors de son âme ? Et cette âme est grande et belle, et pure, je vous l'atteste ! Ainsi, vous vous êtes dit, comme les évêques de je ne sais plus quel concile, qui niaient aussi que la femme eût une âme : — « Bah !... pourvu qu'elle mange et qu'elle boive, qu'elle » dorme, qu'elle ait chaud, qu'elle soit élégamment vêtue... » je suis quitte envers elle ! L'âme, le cœur... qu'est-ce » que cela ! Chimères ! Préjugés ! Ce sont les poètes, les » rêveurs, qui prétendent que Dieu a créé et doué chaque » femme pour connaître un jour les joies enivrantes, les » célestes devoirs de l'amour partagés avec l'époux de son » choix. Erreur ! Folie ! Combien de femmes le connais- » sent-elles cet amour idéal ? Une sur mille peut-être ! » Les autres sont-elles plus malheureuses pour mourir » sans l'avoir jamais connu ce bonheur ? » — Oui, monsieur, elles meurent, s'ignorant elles-mêmes, mais aussi meurent avec elles des trésors ignorés de sensibilité, d'abnégation, de vertu, souvent héroïques, que l'amour eût révélés à l'époux qu'elles auraient aimé... Ah ! ceux-là encore, plus qu'elles, il faut les plaindre, car ils ne savent pas ce qu'ils perdent !

— Croyez-moi, madame... il est d'autres hommes à plaindre encore... Ce sont ceux-là qui, à peu près heureux... jusqu'au moment où une révélation soudaine... je ne veux pas dire une fatale comparaison, leur ayant montré la vanité de leur passé... reconnaissent l'impossibilité de leur bonheur à venir... Il en est ainsi de moi...

— De vous, monsieur ?

— Ah ! pourquoi, au lieu d'épouser une jeune fille à qui j'impose, qui se défie de moi, que je glace, n'ai-je pas épousé une de ces femmes qui joignent aux charmes de la jeunesse, la raison, la solidité d'esprit de l'âge mûr !

J'avais, malgré moi, accentué si vivement ces mots, que j'espérai ou plutôt que je craignis d'avoir été compris par madame Raymond ; mais elle était si éloignée de cette pensée, qu'elle se mit à rire, et me dit en haussant les épaules :

— Une femme de mon âge, n'est-ce pas !... voilà ce qu'il vous fallait ?... Est-il possible, monsieur Fernand, de pousser si loin la méconnaissance du bonheur que l'on a. Mais, de grâce, parlons sérieusement... et pardonnez-moi de vous avoir ri un peu au nez à l'endroit de votre invocation aux femmes de quarante à cinquante ans... Croyez-moi, il dépend de vous d'être le plus heureux des hommes, de vous faire adorer de votre femme... Pensez-vous que j'aurais abordé avec vous un sujet si délicat, si grave... sans savoir ce que je faisais... où je tendais... Mon Dieu ! quel autre but puis-je avoir ?... sinon de tâcher de vous prouver ma reconnaissance... à vous... à vous qui sauvez en ce moment la vie de mon fils... — ajouta madame Raymond les yeux humides de larmes, — car sans votre généreuse hospitalité, Jean serait mort en prison des suites de sa blessure ! Aussi, je le disais ce matin à votre chère femme, mon seul désir est que mon séjour ici, fût-il de courte durée, ne vous soit pas inutile à tous deux... Allons, — ajouta-t-elle avec un sourire enchanteur, — allons, monsieur Fernand, soyez donc raisonnable, ainsi que je vous le disais... il y a onze ans... faubourg Saint-Antoine... vous savez ? quand vous étiez écolier, et que je vous faisais de la morale ! Laissez-moi vous en faire encore un peu, la même différence d'âge m'autorise à continuer mon rôle de mère grand. Eh ! mon Dieu ! je ne vous blâme qu'à demi ; vous suivez l'errement général. Aux yeux du monde, votre conduite envers votre femme serait rigoureusement irréprochable ; vous êtes poli pour elle, rien ne lui manque. Que peut-elle désirer de plus ? Mais vous avez trop de droiture, trop de cœur, pour ne pas sentir qu'une femme comme la vôtre mérite mieux que cela.

— Mon Dieu ! que voulez-vous que je fasse ? Ce que vous me dites d'elle me bouleverse, me confond.

— Votre conduite est toute simple : soyez bon, soyez tendre pour Albine ; ne vous retranchez plus dans votre froide dignité ; ne traitez plus cette pauvre enfant si timide du haut de votre expérience de la vie ; ne soyez pas envers elle comme un grave tuteur avec sa pupille ; soyez, au contraire, le plus possible de l'âge d'Albine....Au lieu de lui imposer, attirez-la, charmez-la, réchauffez ce pauvre jeune cœur, et vous verrez fondre comme par miracle cette glace qui vous sépare l'un de l'autre ! faites-vous aimer, enfin, au lieu de vous faire supporter, ou même respecter ; il en est temps encore, Albine n'a pas dix-neuf ans... tout ce qu'il y a en elle de sensible, d'affectueux, de passionné, ne demande qu'à s'épanouir à votre souffle.... Ne craignez pas d'ailleurs de sa part l'importunité de sa tendresse... j'ai pourvu à cela.

— Que dites-vous, madame ?

— Demain, vous saurez mon secret ; vous n'aurez donc pas à redouter, je vous le répète, l'indiscrétion d'une tendresse oisive. Seulement, monsieur Fernand, encouragez cette aimable enfant, soutenez-la dans la bonne voie que je lui ai tracée, utilisez au profit de votre bonheur à tous deux cette noble exaltation que donne l'habitude des actions et des pensées généreuses... Louez-la si tendrement, qu'en vous écoutant elle soit encore plus heureuse que fière de ses douces vertus... que le sentiment du bien, du juste et du beau se confonde pour elle avec son amour pour vous, qu'elle connaisse enfin par vous l'enivrant bonheur d'aimer et d'être aimée... En un mot, tenez, d'aujourd'hui... faites la cour à votre femme... vous êtes si bien placé pour cela, — ajouta madame Raymond en souriant avec finesse, — vous avez tant d'avantages... Pas de jaloux, pas de rivaux... Ah ! si j'étais à votre place... je voudrais *devenir l'amant de ma femme...* et, avant un mois, me faire adorer d'elle...

Il y avait un charme si persuasif dans les paroles de madame Raymond ; elle prêtait au devoir, à la raison, un langage si attrayant ; sa voix, sa figure, son accent, toute sa personne enfin, exerçaient sur moi un si inconcevable ascendant, que je l'ai subi non moins soudainement qu'il y a onze ans, lorsque, fasciné par cette femme étrange, je prenais la résolution d'entrer avec Jean à l'école des Arts-et-Métiers, au lieu de suivre l'état militaire.

Ma résolution de ce matin, malgré la promesse jurée, sera-t-elle aussi vaine que ma résolution d'il y a onze ans ? Je ne sais, mais à la voix de madame Raymond, je suis revenu à moi-même, j'ai senti la folie de mon amour pour elle, la justesse de ses conseils auxquels mon instinct de jalousie contre Jean donnait une nouvelle autorité ; enfin, frappé de ce qu'il y avait de piquant dans cette idée, après environ une année de mariage, *de devenir l'amant de ma femme,* de la voir se révéler à moi sous un jour nouveau, je me suis résolu de suivre les avis de madame Raymond, et je lui ai répondu sincèrement et du plus profond de mon cœur :

— Oui, oui, madame, vous avez raison... j'ai honte et regret de ma conduite envers Albine ; je voyais dans cette conduite un gage de sécurité pour l'avenir, je me trompais sans doute... Et quand même j'aurais vu juste... je raisonnais avec un cruel égoïsme... Votre voix m'éclaire : oui, Albine connaîtra le bonheur d'aimer, elle le goûtera sans crainte, sans remords... Quoi qu'il arrive, j'aurai du moins agi en homme de cœur... puisque vous, madame... vous m'aurez dit : « C'est bien.. je suis contente... »

— Et je vous le dis, monsieur Fernand : c'est bien, je suis contente, — reprit madame Raymond avec émotion et me tendant la main. — Oui, vous êtes un homme de bon et digne cœur, et c'est toujours à ce cœur qu'il faut s'adresser, jamais son premier mouvement ne vous trompe !

Et madame Raymond m'a serré cordialement la main.

Ce que j'ai éprouvé en répondant à la pression de cette petite main, si douce, si charmante, est inexprimable. J'ai senti le sang m'affluer au cœur et au visage, malgré ce que je venais de dire à madame Raymond sur mes sages résolutions. Heureusement nous avons rencontré Charpentier, qui a continué la promenade avec nous.

XLVI.

Albine à Hermance.

Ah! mon amie, quel bonheur pour moi d'avoir suivi les conseils de madame Raymond! Elle m'a ressuscitée.

J'étais morte... et je vis. Voilà tout.

Je t'ai souvent dit dans quel morne engourdissement mes journées se passaient autrefois. Voici le simple récit d'une journée qui datera dans ma vie, et qui a été suivie de journées non moins charmantes.

En comparant le présent au passé, tu feras toi-même les commentaires.

Il y donc de cela huit jours, le lendemain de mon long et sérieux entretien avec madame Raymond, nous sommes sorties toutes deux de bon matin pour aller à l'église; il faisait un temps magnifique; le chemin est ravissant; une longue allée de platanes conduit du château presque jusqu'au village; à gauche, s'étend une jolie vallée, au fond de laquelle coule un large et rapide ruisseau, bordé de saules, retenu çà et là par des barrages naturels forman, autant de cascades; de grands bois de chêne, derrière lesquels se levait le soleil, ombragent la crête de la colline...

— Mon Dieu! madame, — dis-je à madame Raymond, — voyez donc ce joli paysage? Ici comme il est frais et d'une éclatante verdure! tandis que là-bas il semble à demi voilé d'une gaze... C'est la vapeur des prés aux premiers rayons du soleil... Voyez donc, à mesure qu'il monte et brille sur la chute d'eau, elle prend toutes les couleurs de l'arc-en-ciel... Mon Dieu! quelle vue charmante! Et puis, sentez-vous cette suave odeur des narcisses sauvages et des iris des prés?

— Je m'aperçois avec plaisir, chère enfant, que l'habitude ne lasse pas votre admiration, car vous devez passer chaque jour par ce chemin?

— C'est vrai, madame... pourtant je n'avais jamais joui de ce point de vue comme ce matin; vous l'avouerai-je, je l'avais à peine remarqué...

— Et où aviez-vous donc les yeux, chère aveugle?

— Quand j'allais à l'église en voiture, je ne regardais rien... et quand j'allais à pied, je ne songeais à regarder autre chose que le sable du chemin.

— Je comprends cela... il faut une certaine sérénité d'esprit pour apprécier même un paysage simple et riant comme celui de cette petite vallée.

Au bout de quelques minutes de marche, au moment où nous approchions d'une misérable cabane isolée au village, madame Raymond, qui me donnait le bras, serra soudain le mien, m'arrêta et me dit tout bas:

— Voyez donc... cette femme?

Tel était l'objet de l'exclamation de madame Raymond.

Figure-toi une femme de... Au fait, il serait difficile de supposer l'âge de cette infortunée, au visage brûlé, tanné par le soleil et creusé par la souffrance; Cependant, on voyait qu'elle n'était plus très jeune, et cependant elle n'était pas encore vieille; une mauvaise coiffe bleue cachait ses cheveux et encadrait son front; son jupon, rapiécé de haillons, laissait voir le bas de ses jambes et ses pieds nus, couleur de brique; sur son bras gauche, elle tenait un tout petit enfant à peine vêtu d'une chemise. Nous ne voyions cette femme que de profil. Elle semblait regarder du côté du village, comme si des yeux elle eût cherché ou attendu avec anxiété la venue de quelqu'un. Elle pleurait silencieusement, tandis que l'enfant, quoique pâle et chétif, riait aux éclats en frappant ses petites mains l'une contre l'autre. Enfin, aux pieds de cette femme, et assis dans la poussière de la route, deux garçons de quatre

à cinq ans, à demi couverts de haillons, jouaient avec des cailloux.

Nous échangeâmes un regard; madame Raymond et moi, nous nous étions comprises; le contraste de cette malheureuse mère avec les doux éclats de rire de son petit enfant et les jeux de ses aînés nous navrait.

Ce groupe se détachait sur le fond noir de la porte ouverte; la femme, toujours attentionnée du côté du village, n'avait pas entendu le bruit de nos pas. Nous nous approchâmes. Madame Raymond, pour engager l'entretien, lui dit d'une voix affable:

— Vous avez là un joli petit enfant. Quel âge a-t-il?

A ces mots, et à notre vue, les deux aînés se sauvèrent dans l'intérieur de la maison; la femme passa vite sa main hâlée sur ses yeux pour étancher ses larmes, et répondit en faisant de son mieux la révérence à madame Raymond, qui venait de lui demander l'âge de cet enfant:

— Vous êtes bien bonne, ma chère dame, la petite va avoir un an.

— Elle a l'air gai, cela prouve que sa santé est bonne.

— Hélas! non, madame. Elle a les fièvres.

— Déjà?

— Depuis cinq mois... Voyez qu'elle est pâle et mièvre...

En effet, en regardant de plus près l'enfant, nous remarquâmes sa pâleur ainsi que la blancheur de ses lèvres; cependant elle riait, ou souriait d'un air si doux qu'on ne l'aurait pas cru souffrante.

— Jamais, au grand jamais elle ne crie, — ajouta sa mère. — Quand la fièvre la prend, elle pleure tout bas sans qu'on l'entende... et quand le mal est passé, elle recommence à rire... Elle est si mignonne!...

Et, après avoir de nouveau embrassé son enfant, elle détourna la tête en portant sa main à ses yeux.

— Pauvre chère petite créature, — me dit à mi-voix madame Raymond. — elle semble sourire à la vie... et quelle vie, mon Dieu! sera la sienne!

— Mais, — demandai-je à cette femme — vous ne consultez donc pas un médecin pour cette enfant?

— Si fait, madame, le médecin est charitable; il vient deux fois la semaine pour voir mon mari; ce matin... je l'attends encore... il ne vient pas, cela me fait grand chagrin, car mon pauvre homme est bien mal.

— Votre mari est donc gravement malade?

— Depuis tantôt cinq mois, ma chère dame, il ne quitte pas son lit.

— Et qu'a-t-il?

— Ça le tient, dit le médecin, dans les poumons: c'est une grande peine; nous si heureux! si heureux!

— Quel métier faisait votre mari?

— Celui de cantonnier, madame. Il avait l'entretien de la route de la Croix-Blanche à la Cavée; trente sous par jour bien assurés, jamais de chômages ni de perte, payés chaque semaine par le gouvernement... Pensez donc, chère dame! jamais de chômage, c'est si rare!...

— Et ce gain vous suffisait à tous?

— Certainement, madame; nous avions avec cela deux chèvres que mes aînés menaient au bois, et un petit quartier de terre qu'on nous louait avec la maison, et que mon mari cultivait, sa journée finie. Tout-d'un-coup le malheur est venu avec la maladie de mon pauvre homme. Il a été obligé de quitter sa route, et sans la charité publique nous serions morts de faim. Depuis quelque temps il va plus mal qu'auparavant; cette nuit il a manqué d'étouffer. C'est ce matin le jour du médecin... et il ne vient pas! Hélas mon Dieu, qu'il tarde donc!

— Votre médecin, d'où est-il, —lui demandai-je,—comment se nomme-t-il?

— Il est de Chambly, madame. C'est monsieur le docteur Laurent.

— Monsieur Laurent, à Chambly, très-bien, — lui dis-je en gardant ce nom dans ma mémoire. — S'il vient ce matin, priez-le de passer à La Riballière, vous savez, ici près; il demandera madame Duplessis.

— Oh, oui! madame, je vous connais bien; vous êtes la

dame du château, je vous vois passer presque tous les jours pour aller à l'église.

— Allons, courage!—lui dis-je, — votre mari ne perdra pas son emploi sur la route, ou, s'il le perd, nous lui trouverons du travail lorsqu'il sera rétabli; vous aurez les médicamens qu'il vous faut; et quant à votre petite fille, — ajoutai-je, — elle est baptisée, n'est-ce pas?

— Oui, madame,—dit la pauvre femme qui m'écoutait sans me comprendre encore, — oui, madame... c'est la sœur de mon homme qui a été marraine.

— Eh bien! elle aura deux marraines, moi je la prends aussi pour filleule... et je me chargerai d'elle... Le voulez-vous? quant aux deux autres petits, nous les enverrons à l'école et nous aurons soin d'eux.

— Mais, madame... — me répondit-elle les larmes aux yeux, —je ne sais pas... pourquoi vous êtes charitable... Qu'est-ce que nous vous avons donc fait, mon bon Dieu! qu'est-ce que nous vous avons donc fait?

A ce moment, nous entendîmes un faible gémissement sortir de l'intérieur de la cabane, et une faible voix appeler:

— Jeanne... Jeanne.

— Mon homme... me voilà, — dit Jeanne en rentrant précipitamment dans la maison, pendant que moi et madame Raymond nous éloignions.

— Voilà pourtant près d'une année que chaque jour je passe devant cette misère, — dis-je à madame Raymond, — et je ne la voyais pas plus que je ne voyais le riant tableau de la petite vallée... Ah! madame! qui m'a ouvert les yeux?... vous... vous... — ajoutai-je toute attendrie.

Nous étions alors à quelque distance du portail de l'église, je vis plusieurs femmes en sortir.

— Nous nous sommes attardés, — dis-je à madame Raymond, la messe est finie.

— Qu'importe? — me répondit-elle en souriant, — ne venez-vous pas de prier Dieu aussi bien, peut-être mieux qu'à l'église?

De retour à La Riballière, je reçus la visite de monsieur Laurent, le médecin. Il me donna les meilleurs renseignemens sur mes protégés. Je le priai de se charger de l'achat de tous les médicamens nécessaires. Puis, j'eus une longue conférence avec madame Raymond et madame Claude, ma femme de chambre, au sujet de la confection des hardes de toutes sortes que je me proposais d'envoyer à ces pauvres gens. Il fallut que l'on vînt nous avertir par trois fois que le déjeuner était servi, et nous allâmes rejoindre Jean, monsieur Charpentier et mon mari.

Sans être gaie, je me sentais le cœur si content, si léger, qu'au visible étonnement de monsieur Duplessis, *je parlai*... Il me parut trouver que je ne parlais pas absolument comme une sotte, il m'écoutait en ouvrant de grands yeux. Ce petit succès m'enhardit, je me mis de plus en plus en confiance, *ma langue se délia tout à fait*, — comme dit l'Ecriture, et je finis, je crois, par faire la conquête *spirituelle* de monsieur Duplessis.

Il y a sans doute quelque chose de si flatteur pour nous dans une conquête (c'est ma première), que je sus très bon gré à monsieur Duplessis de s'être laissé conquérir; il fut pour moi plus aimable, plus soigneux qu'il ne l'avait été jusqu'alors; et depuis ce jour ce *mieux* a continué; je me suis rappelé les paroles de madame Raymond: — *Transformez-vous et vous transformerez votre mari*... — Réellement... ce miracle serait-il possible? Je commence à le croire.

Le fait est qu'à mesure que, comme *Peau-d'Ane*, je dépouille ma sotte enveloppe, je vois changer les manières, le langage et jusqu'à la physionomie de mon mari; lui, jusqu'alors si froid, si protecteur (c'est le mot poli, je ne veux pas dire dédaigneux), semble dire:—Je peux traiter d'égal à égal avec cette jeune tête blonde; — il descend enfin de son piédestal pour se mettre courtoisement à mon niveau, et je t'assure qu'il gagne beaucoup à n'être plus vu de si haut.

En sortant de table (je continue le récit de ma journée)

comme il faisait très chaud, et que la bibliothèque est une vaste salle au rez-de-chaussée où l'on jouit d'une grande fraîcheur, madame Raymond proposa de faire une lecture, en attendant l'heure de la promenade; en nous rendant à la bibliothèque, nous passâmes par la petite serre que mon mari a fait construire auprès du salon; je quittai un moment le bras de madame Raymond, en lui disant que je guettais depuis la veille la floraison d'un cactus, dont la magnifique fleur, disait le jardinier, exhalait une délicieuse odeur de vanille.

— Tant que durera le jour, madame, — me dit-on souriant monsieur Jean Raymond, — votre espérance sera trompée, cette plante ne fleurira pas.

— Pourquoi donc?... — lui dis-je en lui montrant le cactus; — voyez l'énorme bouton, ne dirait-on pas qu'il va s'épanouir?

— Jamais dans le jour, madame... tous les cactus *odorifères*... pardon du mot technique, et ce cactus *grandiflorus* (encore pardon de ce nom barbare) est de cette espèce; tous ces cactus, dis-je, ne s'épanouissent jamais qu'après le coucher du soleil, et au point du jour... ils ont vécu.

— Cela est bizarre, monsieur Raymond, et vous êtes certain de cela?

— Ma mère vous dira, madame, que pendant quelque temps je me suis passionnément occupé de botanique: je puis vous assurer que ce soir, car cette fleur est à terme, vous verrez cette assez laide enveloppe couverte de longues soies grises s'ouvrir en un magnifique calice d'un blanc d'argent à l'intérieur, et à l'extérieur d'un orange vif. Quant à la senteur de vanille qu'exhalera cette fleur, ce parfum sera si fort qu'il pénétrera jusqu'au fond de votre salon.

— Et une si magnifique fleur ne s'ouvre que la nuit, et ne vit qu'une nuit?

— Jamais davantage, — dit monsieur Jean; — mais aussi, madame, quel éclat, quel parfum!

— Voyons, ma chère Albine,—me dit en souriant monsieur Duplessis, — vous étiez fleur, préféreriez-vous vivre quelques heures, admirée comme cette fleur magnifique... ou vivre longuement et ignorée, comme la marguerite des prés?

— Il faudrait savoir, — lui dis-je, — si les fleurs vivent en égoïstes, pour elles seules, ou bien si, fières et coquettes, elles ont conscience de l'admiration qu'elles inspirent?

— Donnons-leur cette conscience, — me dit mon mari.

— Quel serait votre choix?

— Il me semble que la question est mal posée, — reprit gaîment madame Raymond. — Moi je dirais tout bonnement : Vaut-il mieux éblouir d'admiration pendant une heure et disparaître... que plaire toujours?

— Mais qui éblouir, madame? — dit mon mari; — mais à qui plaire?

— A celui qu'on aime, — reprit monsieur Jean Raymond.

— Oh! toi, — dit en riant monsieur Duplessis, — je te défends de parler d'amour.

— Et pourquoi?

— Parce que tu m'as déclaré que tu n'avais jamais aimé, que tu n'aimeras jamais, et que tu ne croyais pas à l'amour...

— Dieu merci, Fernand, j'y crois... chez les autres.

— Mais chez toi?

— Quand j'aimerai, il faudra bien que j'y croie!

— Bah! bah! tu n'aimeras jamais!

— Je l'espère bien, mon cher Fernand, car je serais, je crois, un triste amoureux. Mais tu as empêché madame Duplessis de répondre à la question de ma mère : Vaut-il mieux éblouir d'admiration un jour celui qu'on aime, et disparaître... que de lui plaire sans cesse.

— Il me semble que si l'on aime plus que l'on n'est aimée, on doit préférer plaire sans cesse, — dis-je à madame Raymond, — et éblouir une heure si l'on aime moins qu'on n'est aimée.

— Au contraire, — dit mon mari.

— Madame a raison, — dit monsieur Jean.

— Madame Duplessis n'a pas tort, ni monsieur Duplessis non plus, — ajouta madame Raymond.

Je renonce à te rendre compte de ce débat, qui fut très gai, très animé, et qui dura pendant tout le trajet de la serre à la bibliothèque, où nous arrivâmes bientôt.

XLVII.

Suite de la lettre d'Albine.

Lorsque nous entrâmes dans la bibliothèque, monsieur Jean, parcourant des yeux un rayon de livres à sa portée, dit à mon mari :

— Tiens, Fernand, l'on parle de l'immortalité de l'âme; j'y crois... car voici qui prouve d'une manière palpable l'immortalité de l'intelligence, qui n'est qu'un reflet de l'âme : *Homère... Marc-Aurèle... Sophocle... Ovide... Rabelais... Montaigne... La Fontaine... Racine... Molière... Byron... Lamartine!*...

— Voyons, ma chère madame Duplessis, — dit madame Raymond, — lequel de ces génies allons-nous prier sans façon de descendre de son immortalité pour passer quelques momens avec nous, humbles mortels...

— Je m'en rapporte à votre choix, madame.

— Madame, — me dit monsieur Jean, — voulez-vous entendre lire certains passages de l'Alceste du *Misanthrope*, comme vous ne les avez jamais peut-être entendu lire?

— Sans doute, monsieur.

— Alors, priez monsieur Charpentier de prendre ce volume de Molière, — me dit madame Raymond ; — écoutez-le, et vous direz, comme mon fils et moi, que jamais la rude loyauté d'Alceste, sa vertueuse et amère indignation, n'ont eu de meilleur interprète que notre ami!

— Si madame Duplessis le désire, — me dit monsieur Charpentier en se faire prier,—je ferai ce qu'elle voudra.

— A merveille, — reprit mon mari. — Madame Raymond voudra peut-être bien lire quelques passages du rôle de Célimène?

— Ce serait très ambitieux à moi, — reprit madame Raymond en souriant, — et très au-dessus de mes forces. Cependant, comme autre jour, votre préfet m'a, ce me semble, trouvée supportable dans mon rôle de *marquise*, ma chère Albine, je donnerai la réponse à monsieur Charpentier, afin de compléter notre lecture.

— Voici justement deux éditions de Molière — dit monsieur Duplessis en remettant un volume à madame Raymond et un autre à Charpentier.

— Voulez-vous que nous vous lisions la scène d'Alceste et de Célimène au quatrième acte? — dit madame Raymond en feuilletant le livre.

— Certes, madame, le choix est excellent, — dit monsieur Duplessis, — c'est une des plus admirables scènes du *Misanthrope*.

J'étais, je ne te dirai pas très inquiète, mais très curieuse de savoir comment monsieur Charpentier se tirerait de cette lecture; je savais, par madame Raymond, qu'il avait été longtemps artisan; je me demandais s'il saurait supporter le poids de ce grand rôle. Eh bien! chère Hermance, le cœur, le naturel, la simplicité, ont une telle puissance, un tel prestige, que monsieur Charpentier nous fit un plaisir infini; il est impossible de se montrer à la fois plus brusque, plus naïf et plus touchant. Il n'était pas jusqu'à la voix un peu âpre de monsieur Charpentier, jusqu'à sa figure rude, quoique empreinte d'une bonté sérieuse, qui n'augmentassent encore l'illusion et ne fissent de lui un excellent Alceste.

Quant à madame Raymond, elle a dépassé tout ce que nous attendions d'elle ; mon mari semblait stupéfait de surprise et d'admiration ; cette admiration, cette surprise, je les partageais aussi ; car jusqu'alors, malgré la supériorité de son caractère et de son esprit, madame Raymond s'était toujours montrée ce qu'on appelle *bonne femme*, sauf le jour où elle avait si bien joué le rôle de marquise et de grande dame; mais dans Célimène c'était non-seulement la grâce, mais la finesse, l'élégance, la coquetterie personnifiées; elle avait des inflexions de voix, des poses, des gestes, des airs de tête, des sourires, qui doublaient encore son charme et sa beauté; mon mari n'en revenait pas, et dans son enthousiasme perçait cependant une nuance de tristesse que je ne m'explique pas; j'étais dans le ravissement. Ah! chère amie, quelle enchanteresse que cette madame Raymond.

Non, vois-tu, Hermance, il faut renoncer à te donner une idée de sa grâce insinuante en adressant à Alceste ces récriminations presque caressantes, empreintes cependant de cette nuance de douce révolte qu'inspire à une âme loyale un injuste soupçon. Aussi, à peine eut-elle achevé de lire la scène, que mon mari s'écria :

— C'est admirable. Ah! madame, vous me raccommodez avec Célimène... Non, elle n'est pas coquette! non, elle n'a pas écrit à Oronte; non, non, elle aime sincèrement Alceste. Ce n'est pas une femme sans cœur, c'est une noble et adorable créature.

— C'est un blâme et non pas un éloge que vous m'adressez là, monsieur Duplessis. Mais voici pourquoi je l'accepte, — reprit en riant madame Raymond ; —la fausseté, si parée qu'elle soit, me révolte tellement, et Alceste est un si vaillant cœur, qu'en effet j'ai dit ces vers comme si je n'avais point écrit à Oronte, et comme si j'aimais réellement *l'homme aux rubans verts*. Mais la Célimène de Molière ne devait pas ainsi accentuer cette scène, et dans ce passage j'ai dit à faux. Célimène est une coquette, non de parti pris, non pour tourmenter méchamment Alceste; mais elle a vingt ans... elle est adorée... adulée.

— Oh! ma mère, permettez-moi de ne pas être de votre avis, — dit monsieur Jean. — Célimène a l'âme sèche... le cœur dur...

— Je le crois bien! —s'écria monsieur Charpentier d'un ton de récrimination courroucée, — c'est une diable de créature que la vraie Célimène! elle joue avec moi comme une chatte avec une souris.

— Et vous, mon ami, — dis-je à mon mari, qui, après avoir exprimé son admiration à madame Raymond, restait les yeux fixés sur elle avec une expression singulière; — qu'en pensez-vous? croyez-vous la Célimène de Molière bonne ou méchante, malgré sa coquetterie?

A mon grand étonnement, monsieur Duplessis tressaillit et baissa les yeux, comme s'il eût été contrarié d'être surpris par moi regardant madame Raymond; il répondit à ma question avec une évidente distraction. Bientôt après il nous quitta presque brusquement, prétextant quelques ordres à donner. Il fut convenu qu'il viendrait nous rejoindre à quatre heures pour faire une promenade en voiture. La sortie de mon mari n'était pas naturelle; il était si visiblement troublé, distrait, que madame Raymond s'en aperçut elle-même et me dit tout bas :

— Qu'a donc monsieur Duplessis? Il nous a quittés d'un air singulier.

— Peut-être, madame, — lui répondis-je en souriant,—peut-être craint-il de vous fatiguer de l'expression de son enthousiasme, et il va la dire aux prés, aux bois, aux nuages...

Comme, après tout, cet incident n'avait rien de sérieux, nous l'oubliâmes bientôt. L'entretien continua entre madame Raymond, son fils, monsieur Charpentier et moi, d'une manière fort intéressante de leur part, sur les diverses littératures; grâce à l'heureux vagabondage de la conversation, nous arrivâmes à parler de Lamartine, tu sais, notre poète favori; j'en parlai avec tant de passion, que madame Raymond me dit :

— Eh bien! ma chère madame Duplessis, lisons du

Lamartine; c'est au tour de Jean à vous payer sa dette.

Monsieur Raymond se leva, alla prendre un volume des *Harmonies poétiques*, et me le remit en me disant :

— Veuillez choisir, madame, et m'indiquer ce que vous voulez que je lise.

— Oh! monsieur Jean, — lui dis-je, — il n'y a pas de choix, tout est bon à lire.

— Eh bien! mon ami, — dit madame Raymond à son fils, — ouvre au hasard...

Pendant que madame Raymond parlait ainsi à monsieur Jean, il m'est venu une pensée bizarre. J'ai désiré qu'il ouvrît le livre sur une élégie d'amour, curieuse de savoir de quel accent il lirait ces vers, lui qui n'a jamais aimé et espère ne jamais aimer... ainsi que venait de le dire mon mari.

Le hasard n'a pas répondu à mon désir, le livre s'est ouvert sur une harmonie intitulée *Bénédiction de Dieu sur la solitude*, et monsieur Jean a commencé de lire.

Je ne sais, Hermance, si tu te souviens du sujet de cette *harmonie?* c'est la peinture de la vie solitaire, charitable, studieuse, et un peu contemplative de quelques personnes réunies par une commune amitié. C'était, tu l'avoueras, d'un singulier et charmant à propos ; c'était pour ainsi dire notre journée poétisée.

Monsieur Jean lut ces vers avec un charme infini. Je retrouvai ses inflexions de voix si douces, si tendres, dont j'avais été déjà frappée ; elles devenaient presque musicales en lisant ces beaux vers, si légitimement nommés *Harmonies*. J'éprouvais une impression délicieuse en écoutant cette poésie, ainsi lue d'une voix suave et sonore. Cette ineffable mélodie me berçait ; il me semblait faire un rêve enchanté, entendre je ne sais quel divin génie nous glorifier, nous qui, réunis là, méritions aussi la *bénédiction de Dieu dans notre solitude*.

Hermance, je te l'avoue, un moment mon cœur s'est navré en entendant monsieur Jean lire avec un charme si mélancolique les douceurs de cette vie obscure, paisible et heureuse ; je me souvins que sa mère, lui et monsieur Charpentier, leur ami, étaient proscrits... Le danger planait toujours sur leurs têtes ; un hasard, une délation, pouvaient les perdre... demain... aujourd'hui peut-être! Quel courage, quel dédain ou quelle habitude du péril avaient-ils donc tous trois pour s'oublier ainsi?

Quel vaillant cœur que celui de madame Raymond! ne songeant qu'à moi, au milieu des tristes préoccupations dont elle doit être assaillie ; guidant mes pas dans cette voie nouvelle, où je dois trouver, où je trouve déjà, tu le comprends d'après ma lettre, tant de satisfaction de moi-même, tant de sujets d'espérance!

Vers les quatre heures, monsieur Duplessis revint nous prendre, selon sa promesse, pour faire une promenade en voiture ; monsieur Jean et monsieur Charpentier s'excusèrent de ne pas nous accompagner. Ils préféraient par prudence, selon leur habitude, ne pas sortir du parc, le signalement de monsieur Jean ayant été envoyé dans toutes les métairies du pays.

Je ne trouvai plus chez monsieur Duplessis la moindre trace de son trouble de la matinée, dont j'avais ignoré, dont j'ignore encore la cause. Je ne sais si la prédiction de madame Raymond doit s'accomplir de tout point, et si ma transformation amènera celle de mon mari ; mais je dois convenir que, durant notre promenade, il se montra de plus en plus aimable ; il s'occupa même si exclusivement de moi, que dans mon inhabitude de ses soins empressés, de ses prévenances dont j'étais profondément heureuse, j'aurais craint d'y voir presque une affectation, si de temps à autre un regard ou un sourire significatif de madame Raymond n'eussent pas semblé me dire : — Que vous avais-je promis!

Le fait est que mon mari n'était plus le même ; à mesure qu'il devenait plus cordial, plus affectueux, je devenais plus confiante, et il me paraissait vraiment aimable. Ordinairement, lorsque je faisais avec lui de ces longues tournées dans ses terres, il donnait ses ordres, causait avec ses métayers, mais m'adressait rarement la parole ; il fut au contraire ce jour-là très causant, et nous intéressa beaucoup.

« — Envisagée d'un point de vue élevé, comme elle » mérite de l'être,—nous disait madame Raymond,— rien » de plus beau que l'agriculture ; rien de plus attachant, » je dirais presque de plus touchant, si l'on considère » l'infatigable générosité de la terre, cette bonne mère » nourricière, prodigue comme toutes les mères, donnant » tout ce qu'elle peut donner, plus même qu'elle ne peut » donner, jusqu'à ce qu'épuisée, desséchée par l'igno- » rante ou coupable avidité de ses enfans, la force pro- » ductive lui manque.

» — Si, au contraire, on n'abuse pas de sa divine fécon- » dité, et qu'on la traite avec ménagemens, *avec amour,* » — ajouta en riant mon mari, — elle est inépuisable. »

Madame Raymond fut encore très éloquente, lorsqu'elle nous montra la vie des champs mêlée d'industrie, et relevée par toutes les jouissances intellectuelles, comme étant le but et le terme idéal de l'humanité.

— » Plus la civilisation et l'instruction générale feront » de progrès, — disait-elle, — plus on s'éloignera de la » vie factice et démoralisante des villes ;—puis elle ajouta » cette réflexion profonde : — Que c'est seulement à la » campagne que l'on connaît la véritable valeur de l'ar- » gent, en voyant que le prix de la plus minime super- » fluité : dix francs, par exemple, suffit dans nos pays à » payer le travail d'un journalier pendant dix jours. »

Ces entretiens, qui se sembleront sans doute trop sérieux, madame Raymond savait pourtant les rendre charmans, et surtout si bons, si salutaires au cœur, qu'on l'écoutait avec bonheur et reconnaissance.

Nous sommes revenus par la vacherie, au moment où les troupeaux rentraient aux étables, à travers une immense prairie çà et là ombragée de massifs de grands chênes ; le soleil baissait, et jetait ses lueurs dorées sur ces belles vaches qui marchaient lentement dans les hautes herbes, s'arrêtaient un instant à notre aspect, et attachaient sur nous leur grand œil tranquille et doux.

— Ne trouvez-vous pas,—nous disait madame Raymond, — que ces belles génisses personnifient la placidité, la générosité maternelle, lorsqu'avec leur patiente douceur elles laissent tarir leurs mamelles gonflées de lait?

— Aussi, madame, — dit mon mari, — nos paysans appellent-ils avec raison leur vache *la vraie bonne bête du bon Dieu.*

— » Et l'on va au Musée admirer des *Paul Potter !* — » dit madame Raymond. — Voyez si jamais l'art le plus » idéalisé approchera de cette réalité ; on passerait une » heure à admirer un pareil tableau... Avouez enfin, mon- » sieur Duplessis, — ajouta madame Raymond en faisant » allusion à l'un de nos derniers entretiens, — avouez » qu'il est douloureux, qu'il est inhumain, que nous jouis- » sions seuls de cet admirable tableau, que nous appré- » cions dans tous ses détails de poésie et de couleur, tandis » que ce pauvre pâtre, qui pousse là-bas ce troupeau » devant lui, est comme un aveugle au milieu de ces » beautés qui nous ravissent? Où serait le mal qu'il eût, » comme nous, conscience et jouissance de ce merveilleux » tableau dont il est un des personnages? Cela n'a- » grandirait-il pas son âme, en l'élevant vers Dieu... » créateur de ces magnificences! »

Ah! Hermance! que madame Raymond était belle et touchante en parlant ainsi!

C'est surtout lorsque cette adorable femme soulève des questions de cœur et d'humanité, que l'expression de sa physionomie, de sa voix, devient irrésistible. Du reste, elle avait raison de vanter le tableau qui se trouvait sous nos yeux. Le plus grand artiste du monde eût été impuissant à reproduire ce *Paul Potter du bon Dieu,* comme disait la mère de monsieur Jean, car il m'est impossible de l'isoler d'elle : ils y entre, une telle conformité de pensées, de paroles et d'accent, que pour moi, entendre l'un ou l'autre, c'est tout un,

J'étais dans l'enchantement de ce tableau que j'avais cent fois regardé sans le voir. Ces superbes animaux, de couleurs variées depuis le blanc argenté jusqu'au fauve doré, jusqu'au noir d'ébène... étaient disséminés dans la prairie; le soleil en déclinant semblait jeter sur eux une sorte de glacis vermeil, ainsi que sur l'herbe et sur les arbres dont le vert devient si éclatant à la tombée du jour; la haute colline qui, au fond, borde la vallée derrière laquelle se couchait le soleil, se voilait d'une vapeur bleuâtre et dorée, tandis que les vitrages des bâtimens de la vacherie, construite en chalet, semblaient flamboyer sous la pente de son long toit de tuiles rouges.

Je le répète, j'avais eu cent fois ce tableau sous les yeux, jamais il ne m'avait frappée.

Ce soir-là, ainsi que le disait madame Raymond, — j'aurais passé une heure dans cette contemplation qui me remplissait l'âme de calme, d'admiration et de sérénité.

Nous revînmes à La Riballière pour dîner. Notre soirée compléta délicieusement notre journée: nous fîmes de la musique, madame Raymond et moi; je n'avais pas ouvert mon piano depuis si longtemps que j'hésitais; mais il fallut me rendre aux instances de nos amis ; j'avais plusieurs de nos fantaisies à quatre mains, tu sais, nos variations sur le ravissant motif de la *Flûte enchantée* de Mozart, que nous avons si souvent étudiées ensemble. Madame Raymond est au moins de ta force, chère Hermance; aussi, près d'elle, comme près de toi, je ne suis qu'une écolière. Lorsque j'eus payé ma dette, madame Raymond, dont la bonne grâce est inépuisable, consentit à improviser sur le thème de la *Dernière pensée* de Weber.

Hermance, je t'assure que, sous la main de cette femme extraordinaire, le piano avait une voix d'une mélancolie si plaintive, que des paroles, eussent-elles été de Lamartine, n'auraient pas été plus significatives, plus *parlantes* que ce chant...

Nous étions sous le charme; elle-même en subissait l'influence: un sourire navrant aux lèvres, ses grands yeux bleus légèrement humides, elle secouait de temps à autre tristement sa tête couronnée de ses magnifiques cheveux blonds, comme si elle eût assisté à ce pénible spectacle d'une âme qui s'éteint, qui lutte contre la mort, et tâche de se rattacher à la vie par une dernière pensée... pensée touchante comme le suprême effort du génie qui se meurt, déchirante comme son agonie.

Monsieur Duplessis parut être moins expansif dans son admiration qu'il ne l'avait été le matin, mais son impression n'en fut que plus profonde. Car, chose inconnue jusqu'ici pour moi et dont je ne l'aurais jamais cru capable, je le vis pleurer. Pendant qu'il essuyait furtivement ses larmes, je dis à la mère de monsieur Jean.

— Voyez donc monsieur Duplessis, combien il est ému... Cette larme n'est-elle pas le plus sincère des applaudissemens?

— Je serais aux regrets de mon succès, — me répondit-elle, — si je devais laisser monsieur Duplessis sous une impression de tristesse, mais pour ne pas terminer ainsi notre soirée, demandez à mon fils de vous chanter *la Liberté aragonaise*, pâle traduction française, il est vrai, d'un admirable chant de guerre des Espagnols insurgés qui ont dernièrement combattu pour l'indépendance; ce chant a vraiment une couleur primitive et une énergie admirable; un chef de partisans, fusillé depuis, et nommé *Romero Lopez*, a dit-on, composé ces paroles sur un air populaire de l'Aragon, d'un caractère sauvage et fier. Vous allez en juger,

Je fis cette demande à monsieur Jean pendant que monsieur Duplessis restait silencieux, et si absorbé qu'il n'avait pas même adressé un compliment à madame Raymond.

Ai-je besoin de te dire que monsieur Jean accéda à mon désir de la meilleure grâce du monde? Tu le sais, Hermance, je suis peu guerrière, fort poltronne, et n'ai aucune des vaillantes qualités d'une Bradamante, d'une Clorinde ou autre amazone; eh bien! ce chant de bravoure et de guerre fut exécuté par monsieur Jean avec une telle éner-

OEUV. CHOISIES. — I.

gie, il accentua avec un tel entraînement ce refrain, cependant si banal :

> Entendez-vous ce cri de guerre!
> Combattons pour la liberté !

Que le sang me monta au visage. Pour la première fois, je compris ce que peut être le fanatisme de la liberté; rien de plus naturel, d'ailleurs, que la passion de monsieur Jean en chantant ce refrain de guerre : il exprimait ses propres sentimens, cela non pas avec des éclats de voix ou avec des gestes violens; non, sa voix vibrait, mais à demi voilée par une émotion profonde, presque religieuse.

Alors aussi je compris ce qui, jusque-là, m'avait paru étrange: monsieur Jean Raymond ne devait jamais aimer que sa mère et la liberté.

Telle a été cette journée, ma chère Hermance; compare-la à ces jours sans fin que je traînais autrefois dans une léthargie stupide, et dis-moi si la mère de monsieur Jean n'est pas une fée bienfaisante? Rien n'est changé autour de moi, et cependant tout a changé d'aspect: tout jusqu'à mon mari, qui, depuis cette bienheureuse journée, se montra si gracieux, que je ne désespère plus de trouver peut-être un jour en lui, tu sais? ce tendre et gai compagnon *de la fête de ma jeunesse*!... Je n'ai pas encore, il est vrai, *envie de l'embrasser*, mais madame Raymond est une si grande magicienne, que cette envie me viendra peut-être... Hé! hé! je ne dis pas *non*!

Sérieusement, dis, Hermance, quelle adorable créature que la mère de monsieur Jean. Ne la trouves-tu pas encore au-dessus de tout ce que nous en disait l'amie de ta mère? Quel cœur, quel esprit, quelle intelligence supérieure! et avec cela si simple, si affectueuse, si égale... Ah! Hermance.... Hermance, je conçois bien que monsieur Jean, ayant le bonheur inouï d'avoir une telle mère... n'aime au monde qu'elle... et la liberté...

Adieu, chère amie. Je me réjouis du plaisir que te causera cette longue lettre.

Prie Dieu et tous ses saints de venir en aide aux miracles de madame Raymond... afin qu'elle achève bien vite la complète et heureuse transformation de mon mari.

Je ne sais pourquoi cette transformation me semblerait, pour moi, un double bonheur...

— Pourquoi un double bonheur? me demanderas-tu.

— Je n'en sais rien... je pressens cela...

Dès que je serai mieux renseignée sur moi-même, je te l'écrirai bien vite.

Adieu... Je t'embrasse.

Ta très heureuse et très espérante amie.

A. D.

XLVIII.

Suite du journal.

Je deviens fou... Ma santé, presque entièrement rétablie il y a deux mois, s'altère profondément; je suis en proie à une fièvre, à une surexcitation continuelle; je dors à peine, et, si je sommeille, l'image enchanteresse de madame Raymond vient troubler mon repos éphémère.

Au lieu de m'arrêter dans la voie fatale où le sort me pousse, je cède à l'entraînement de mon aveugle passion; elle amènera quelque éclat terrible...

Il ne se passe pas de jour que je ne découvre un charme nouveau dans madame Raymond. L'autre jour, que de grâce, que de finesse elle a montré dans cette lecture de Célimène, et le soir, quand elle a touché du piano, quel goût! quelle âme dans son exécution!

Dernièrement, nous avons lu le *Cid* de Corneille et deux fables de La Fontaine; je ne sais ce qui m'a frappé davantage, ou de la manière de lire de cette femme extraordinaire, ou de la délicatesse et de l'élévation de son jugement sur Corneille et La Fontaine... et toujours si charmante et si belle!

Oui, belle, si adorablement belle, malgré son âge, que je la désire avec autant d'ardeur qu'il y a onze ans...

Eh! que vient-elle me parler de ma femme? me vanter sa jeunesse, son esprit, sa beauté. Que m'importe, à moi! Albine ne m'inspire rien; il a fallu l'inconcevable influence, l'espèce de fascination que madame Raymond exerce sur moi pour m'amener à lui promettre sincèrement (j'étais sincère alors) de changer de conduite avec ma femme, de m'en faire aimer, de tâcher enfin de *devenir son amant.*

Un moment j'ai senti que là était le bonheur, le salut de mon avenir, et peut-être aurais-je tenu ma parole, si je n'avais eu chaque jour sous les yeux madame Raymond, dont ma femme ne sera jamais qu'une pâle doublure, qu'une copie effacée.

Et pourtant, j'ai fait des efforts incroyables pour suivre les conseils de madame Raymond, j'ai tâché d'être empressé auprès d'Albine, mais je n'ai pu feindre longtemps, je ne sens rien pour elle; ce que j'essayais de lui dire d'aimable et de tendre me semblait un vol fait à madame Raymond.

Je n'ai pu continuer davantage un pareil rôle; à chaque instant le cœur et la parole me manquaient.

Je ne m'abuse pas sur les conséquences de mon retour à ma première froideur envers Albine; elle doit en être d'autant plus blessée, plus humiliée, qu'elle avait d'abord sincèrement répondu à mes avances; sa contrainte disparaissait; elle semblait si heureuse du changement qui s'opérait en moi; elle cherchait à me plaire à son tour, et ne demandait, j'en suis certain, qu'à m'aimer et à être aimée!..

Et voilà que soudain je redeviens envers elle plus froid, plus glacial encore que par le passé. Elle n'a cependant jusqu'ici rien trahi de ses ressentimens... Il n'importe, la dissimulation est dans son caractère.

Ah! l'occasion est belle pour Jean... Jamais je ne croirai que, malgré mon indifférence apparente, vivant dans l'intimité d'une jeune et jolie femme, et qu'ayant remarqué, sans doute, ma froideur envers elle, et le dépit qu'elle doit en éprouver, il ne songe pas à profiter des circonstances...

Eh! mon Dieu, qu'il en profite! Qu'est-ce que cela me ferait à moi? Est-ce que je songe à ma femme? Je n'ai plus le loisir d'être jaloux; je le ne l'ai d'ailleurs jamais été que par orgueil; je suis devenu insensible à la crainte du déshonneur, du ridicule: toutes les forces vives de mon cœur sont concentrées dans ma folle passion, et j'emploie toutes les ressources de mon esprit à la cacher à tous les yeux, surtout à madame Raymond. En cela, je crois réussir; vingt fois cependant un aveu m'est venu aux lèvres; mais l'épouvante m'a retenu... Je connais maintenant assez madame Raymond pour deviner d'avance sa réponse; je l'entends me dire avec colère, avec dédain, en souriant même, comme une bonne et honnête femme qui prend pitié d'un idiot ou d'un insensé :

— « Allons! mon cher monsieur Duplessis, ne faites » donc pas, de grâce, de ces mauvaises plaisanteries-là; » ménagez donc un peu la modestie d'une pauvre vieille » femme de quarante-cinq ans qui a un fils qui est votre » aîné; promettez-moi donc de ne plus me parler de pa- » reilles folies; revenez à votre charmante femme, qui, » seule, est digne de l'amour que vous me faites l'insigne » honneur de m'offrir, et restons bons amis. »

Oui, voilà ce qu'elle me répondrait, à moins qu'elle ne me dît avec un mépris écrasant:

— » Monsieur, vous me faites payer cher l'hospitalité » que je vous avez accordée; dans une heure nous » aurons quitté votre maison. »

C'est ainsi que serait accueilli mon aveu, je le sens, je le sais; et pourtant je ne peux m'empêcher de l'aimer, de la désirer avec ivresse, avec fureur.

Que faire? que résoudre? Je frémis en pensant que cette passion est de celles que l'on n'avoue pas à la femme qui l'inspire, et qui pourtant ne s'arrête même pas devant l'impossible.

Oh! que je souffre, mon Dieu! que je souffre!

J'étais bien certain que tôt ou tard je succomberais à cette odieuse tentation...

Qu'y ai-je gagné?

Ah! il se réalisera, le pressentiment qui m'obsède. Cette passion furieuse aboutira à quelque abominable éclat.

Rappelons nos souvenirs.

Peut-être en les voyant écrits, matériellement traduits, j'aurai honte de moi, et je m'arrêterai sur la pente de l'abîme où je cours.

La chambre occupée par madame Raymond offre une disposition particulière: l'un des panneaux de tapisserie de haute-lice dont elle est tendue, peut à volonté glisser dans une rainure, et découvre ainsi un étroit passage par où l'on peut secrètement s'introduire dans la chambre à coucher de madame Raymond. Ce passage aboutit à un assez long couloir dont l'issue extérieure communique à une pièce de dégagement.

En désignant d'abord l'appartement *aux tapisseries* comme devant être occupé par madame Raymond, j'avais surtout songé à la loger, ainsi que Jean et Charpentier, dans la partie la plus retirée de la maison, et dans un appartement qui offrait, grâce au couloir secret, une issue très utile dans le cas extrême où, tout étant découvert, l'on serait venu chez moi pour arrêter mes hôtes.

A mesure que je cédais à l'entraînement de mon amour, le souvenir de cette communication secrète me revenait malgré moi à la pensée. Enfin, ce matin, sachant madame Raymond sortie avec Albine, j'ai fait le trajet du couloir; arrivé au panneau mobile, je me suis assuré qu'il glissait librement dans la rainure, puis, au moyen d'une imperceptible ouverture pratiquée dans la tapisserie, au long de la bordure, je me suis ménagé le moyen de voir et d'entendre tout ce qui se passait dans la chambre à coucher de madame Raymond.

Ce soir, selon ma coutume, j'ai accompagné mes hôtes jusqu'à la porte de leur appartement; puis, après avoir reconduit ma femme chez elle, je suis rentré chez moi.

Au bout d'une heure, pendant laquelle le cœur m'a battu cent fois plus violemment que lors de mon premier rendez-vous d'amour, j'ai suivi dans l'ombre le couloir secret. Au léger filet de lumière qui passait à travers l'ouverture pratiquée à la tapisserie, j'ai reconnu que madame Raymond était rentrée chez elle, après être allée, selon sa coutume, causer quelques momens avec son fils. L'on montait chez lui par un petit escalier aboutissant à un grand cabinet de toilette dépendant de la chambre à coucher de madame Raymond.

De l'endroit où j'étais caché, je voyais trois côtés de cette pièce; au fond, l'alcôve; en face, la cheminée, et, de l'autre côté, les deux fenêtres donnant sur le parc.

Debout devant la glace de la cheminée, madame Raymond a commencé par ôter un bonnet très simple qu'elle portait, puis elle a dégraffé sa robe noire, qui, glissant à ses côtés, a mis à nu son cou, ses épaules et ses bras. J'ai été ébloui... Le plus beau marbre grec n'aurait ni plus de blancheur, ni plus de pureté de contours; mais ce que n'a pas le marbre, et ce que je n'avais jamais jusqu'alors vu chez aucune femme, c'était une peau si fraîche, si satinée, qu'elle avait cet éclat, ce poli brillant que l'épiderme conserve un instant lorsqu'il vient de se baigner dans l'eau.

La lumière luisait et jouait sur cette large et ferme poitrine, sur ses belles épaules à fossettes, sur ses bras charmans, aussi fraîchement lustrés que si madame Raymond fût sortie du bain une minute auparavant. Rien de plus délicieux que la courbe de ce cou d'un blanc nacré, où s'attachait très bas sa magnifique chevelure blonde, tordue derrière la tête en une natte épaisse à reflets dorés. Je ne sais si madame Raymond éprouva un ressentiment d'orgueil involontaire en se voyant si belle encore ; mais il me semble que, debout devant sa glace, ses deux bras levés au-dessus de sa tête pour rajuster sa coiffure, elle sourit un moment à son image.

Puis, devenant bientôt rêveuse, au lieu de continuer à se déshabiller, restant vêtue de son corset de basin et de son jupon, elle s'assit dans un fauteuil, ses petits pieds étendus, ses deux bras en croix sur son sein, comme si elle eût obéi à un instinct de pudeur, et pencha sa tête sur sa poitrine.

Quelles ont été les pensées de madame Raymond pendant un quart d'heure peut-être qu'elle est restée à cette place, je ne sais, mais sa physionomie prit peu à peu une expression profondément mélancolique ; ses grands yeux bleus regardaient fixement dans le vide, et deux ou trois fois un long soupir souleva sa poitrine... Puis, sortant de sa rêverie et tirant de son sein un petit médaillon fixé à une chaînette d'or qu'elle portait au cou et que je n'avais pas encore remarquée, elle le pressa sur ses lèvres avec une sorte d'ardeur passionnée... murmurant à demi-voix :
— Ah ! du moins... ton fils me reste.

Et elle passa sa main sur ses yeux humides.

Sans doute elle songeait à son mari, mort depuis longtemps.

Bientôt minuit sonnèrent.

A ce tintement sonore, madame Raymond eut un léger sursaut, frissonna légèrement, puis elle acheva lentement de se déshabiller, et. . . . .
. . . .

Ici, mon journal était interrompu et lacéré.

Il était interrompu, parce que les événemens se sont succédé si précipités, si graves, que je n'ai pu le reprendre que longtemps après cette époque.

Ce journal était lacéré, parce qu'après avoir retracé en traits de feu les derniers souvenirs de cette nuit fatale, je déchirai cette feuille, désespéré de ne pouvoir aussi effacer de ma mémoire la brûlante image qui l'obsédait...

Après une heure passée à épier ainsi honteusement, traîtreusement, madame Raymond, j'étais rentré chez moi, éperdu, ivre, fou d'amour et de désirs...
. . . .

De grand matin je montai à cheval, prétextant d'une longue course et d'affaires à régler à Chambly. Je fis prévenir ma femme que je ne rentrerais que pour dîner, et peut-être plus tard.

J'espérais, durant cette journée de solitude, parvenir à me refréner par la réflexion. J'éprouvais aussi une sorte de honte de reparaître devant madame Raymond, après avoir, quoique à son insu, indignement profané l'asile où elle était venue se réfugier.

Je ne m'abusais pas, il m'avait fallu une force surhumaine pour ne pas entrer dans la chambre de madame Raymond, au risque d'un éclat terrible, car Jean et Charpentier logeaient tout près ; je sentais que si j'étais assez insensé pour m'exposer une seconde fois à une tentation pareille, j'y céderais, quoi qu'il pût arriver...

A force de m'appesantir sur cette pensée infâme, je finis par l'envisager dans toute sa hideur, dans toutes ses horribles conséquences ; je revins chez moi plus calme et presque repentant du passé. Cependant, pour plus de sûreté, je préférai ne pas revoir madame Raymond ce soir-là ; je fis dire que je me trouvais un peu indisposé, et je restai chez moi toute la soirée.

Il était environ onze heures, je me préparais à me coucher, lorque mon valet de chambre vint m'avertir que madame Claude désirait me parler à l'instant ; je la fis entrer. A son air inquiet et mystérieux, je devinai qu'elle avait quelque confidence à me faire ; je renvoyai mon domestique, et je restai seul avec elle.
— Eh bien ! madame Claude, — lui dis-je, — qu'y a-t-il ?
— Je crains d'avoir démérité de la confiance de monsieur...

— Que voulez-vous dire ?...
— Mais j'aurai du moins en partie réparé ma faute...
— Voyons ! expliquez-vous, madame Claude ?
— J'avais déjà remarqué que madame écrivait parfois de longues lettres, interrompues à plusieurs reprises ; aussi, maintenant, je me reproche de n'en avoir pas averti monsieur...
— Ma femme écrivait à sa mère, sans doute ?
— Non, monsieur, car les lettres que madame a écrites à madame sa mère... je suis chargée de les mettre à la poste.
— Et les lettres dont vous parlez ?
— Je ne sais à qui ni par qui madame les a envoyées jusqu'ici ; mais, ce soir, avant de se coucher, madame m'a dit : — « Ma chère madame Claude, voici une lettre que je
» vous prie de mettre demain matin à la poste, vous-mê-
» me, vous entendez... vous même, — a ajouté madame,
» — et il est inutile de dire à quelqu'un des gens de la
» maison que je vous ai chargé de cette commission. »
— Et cette lettre, à qui était-elle adressée ?
— Cette lettre, la voici, monsieur, me dit madame Claude, en tirant la lettre de sa poche.

Je pris vivement la lettre ; elle portait pour adresse : *A Mademoiselle Hermance de Villiers, rue d'Anjou, n° 17, à Paris.*
— Je n'oublierai pas cette preuve de votre zèle, madame Claude ; il est entendu que si ma femme vous chargeait d'autres lettres...
— Je les apporterai à monsieur, comme celle-ci.

Madame Claude sortit, et je lus la lettre suivante :

XLIX.

Albine à Hermance.

Lis bien attentivement cette lettre, mon amie ; cette fois, j'attends... j'exige une prompte réponse ; ma tête est dans un tel chaos que lorsque je t'aurai tout raconté, tu verras peut-être plus clair que moi-même dans ma position : alors tu me conseilleras, ou plutôt tu me diras : « Voici où tu
» en es... voici où tu vas... juge, prends garde, et déci-
» de-toi... »

Certains passages de cette lettre te montreront pourquoi, dans des circonstances si difficiles, je ne m'adresse pas à madame Raymond, en qui j'ai une confiance si légitime...

Tu as su, par ma dernière lettre, les excellens conseils que m'avait donnés cette adorable femme ; comment, grâce à elle, je suis sortie d'une abrutissante et honteuse léthargie.

Je t'ai fait le récit d'une de nos journées ; les autres n'ont été ni moins heureuses, ni moins bien employées, car la jouissance du cœur et de l'esprit sont intarissables : enfin, tu as connu ma résolution de me transformer aux yeux de monsieur Duplessis, dans l'espoir de trouver en lui une affection, seul bonheur qui me manquait, pour compléter la vie nouvelle que la mère de Jean m'a révélée.

Pour arriver à ce résultat si vivement désiré par moi, j'ai tout tenté auprès de mon mari ; j'ai oublié avec quel cruel égoïsme il avait longtemps étouffé en moi tout ce qu'il pouvait y avoir d'intelligent et de généreux ; je me suis efforcée de lui plaire, de m'en faire aimer comme je crois mériter de l'être. Enfin, je te l'ai dit dans ma dernière lettre, un inexplicable instinct me rapprochait de mon mari, comme si j'avais dû trouver dans sa tendre affection un abri, une sauvegarde contre un péril que je ressentais vaguement.

Ce péril (est-ce un péril ?) je le connais maintenant... peut-être ne l'aurais-je jamais deviné sans un revirement soudain dans les façons d'agir de monsieur Duplessis envers moi.

Cependant, je dois lui rendre cette justice ; pendant quelque temps il a fait son possible pour me témoigner quelque tendresse... Oh! si tu savais, Hermance, avec quel bonheur mêlé de douces espérances je le voyais se transformer ainsi, avec quelle ferme volonté j'écartais de mon souvenir tout ce qui pouvait me rappeler mes anciennes causes d'éloignement; comme je m'ingéniais à encourager monsieur Duplessis dans cette voie où nous aurions pu, je crois, rencontrer un jour notre bonheur commun?

Mais, hélas! bientôt fatigué de feindre ce qu'il ne ressentait pas, mon mari est revenu à ses premières habitudes de sécheresse et de froideur; souvent même il a accueilli avec une impatience, avec un dédain mal dissimulés, mon empressement à me rapprocher de lui; masquant à peine cette dureté par quelques dehors affectueux en présence de madame Raymond, qui lui impose beaucoup, et qu'il écoute avec une profonde déférence.

Du moment où je me suis vue ainsi repoussée par mon mari, froissée dans mes sentimens les plus délicats, blessée dans mes plus généreuses espérances, je n'ai plus ressenti pour lui qu'un mépris glacial; rien au monde, entends-tu, *rien* au monde ne me ferait désormais revenir sur cette impression.

Grâce à Dieu, la nouvelle vie que je dois à madame Raymond est si riche en nobles consolations, que la conduite de monsieur Duplessis n'eût en rien altéré mes doux contentemens, si l'indignité même de cette conduite n'eût malgré moi éveillé dans mon cœur une comparaison dangereuse.

Tu dois maintenant connaître aussi bien que moi monsieur Jean Raymond par ce que je t'ai dit de lui; je ne te surprendrai peut-être pas en t'avouant... ce qu'après m'être longtemps interrogée je me suis enfin avoué à moi-même... c'est que j'aime monsieur Jean Raymond.

Je te fais cet aveu sans rougir, Hermance, par ce que je n'ai pas à rougir. Monsieur Jean ignore cet amour, il l'ignorera toujours: il ne peut le partager, il n'aime que sa mère, et je suis mariée....

C'est donc un amour sans issue possible.

J'aime donc pour le bonheur ou pour la douleur d'aimer...

Jusqu'à présent, ce que j'ai ressenti est tellement confus, si si nouveau, j'ai tantôt de tels épanouissemens de cœur, tantôt il se serre au contraire sous de si poignantes angoisses, et cela sans motif déterminé, que je ne sais encore en vérité qui l'emporte de la souffrance ou du plaisir... lorsque l'on aime.

Tout ce que je sais, c'est que j'aime... c'est qu'il n'est pas de jour où je ne me dise, tu sais? mon ancien refrain. Monsieur Jean, s'il avait pu aimer, aurait été... le compagnon de fête de ma jeunesse... tant rêvé par moi; c'est un cœur chaleureux, passionné pour le bien; un esprit vif et gai, malgré les tristes préoccupations dont il est assiégé, un caractère ouvert, ferme, égal et charmant... Ah! si l'on faisait à soi-même sa destinée, en serait-il une sur la terre ou au ciel comparable à celle-ci, Hermance:

« Être mariée à monsieur Jean Raymond, et passer ma » vie entre lui et sa mère... dis, n'est-ce pas là l'idéal du » bonheur? »

Voici au vrai où j'en suis à cette heure:

Je côtoie peut-être un abîme affreux, mais je l'ignore; jusqu'ici, loin de trembler et de me troubler, je me sens meilleure, plus généreuse, plus intelligente, plus sensible aux beautés de la nature, aux grandeurs de la pensée, enfin je me sens très calme, très forte et très résolue.

Si tu me demandes à quoi je compte employer cette force, cette résolution, je te répondrai: Je n'en sais rien; mais il me semble que cet amour a vigoureusement trempé mon cœur. Je suis prête à tout événement... Quels événemens? Je n'en sais rien non plus, mais j'en pressens de graves.

Je viens de relire ma lettre, je la trouve parfaite, en cela qu'elle rend ce qu'il y a encore d'obscur et d'indéterminé dans ma position.

Vois maintenant, mon amie, à me conseiller.

Faut-il rester ici?

Faut-il demander à mon mari de me laisser venir à Paris, passer quelque temps auprès de ma mère?

Faut-il me confier à madame Raymond, ce que je n'ai osé faire, parce qu'il s'agit de son fils?

Faut-il m'abandonner aux douceurs et aux angoisses de cet amour?

Faut-il tâcher de l'étouffer comme une pensée, comme une action mauvaise?

Faut-il au contraire le conserver, le cultiver religieusement au fond de mon cœur, comme on enfouit un trésor pour les jours désastreux?

Faut-il m'efforcer de songer à l'avenir, et tâcher de le pénétrer, pour préjuger ou prévoir ce que maintenant il me réserve?

Faut-il, au contraire, ce que d'ailleurs j'ai fait jusqu'ici, m'occuper si entièrement du présent, employer si activement toutes les heures, toutes les minutes *d'aujourd'hui*, que je n'aie pas le loisir de penser à *demain*!

Je t'en conjure, Hermance, réponds promptement à toutes ces questions; quels que soient tes avis, ils m'éclaireront sans doute...

Que suis-je enfin: Une grande criminelle?

Une femme très heureuse?

Ou une pauvre folle fort à plaindre?

Si tu le sais, dis-le moi, le temps me presse! j'attends ta lettre.

A toi toujours et du fond de l'âme.

                    A. D.

Réponds-moi à l'adresse de madame la marquise de Berteuil; je préviendrai madame Raymond, car je ne veux pas que ta lettre tombe entre les mains de monsieur Duplessis.

L.

Je me croyais bronzé contre la jalousie: la lettre d'Albine dissipa mon erreur; rien dans ses termes, dans les détails de cette correspondance, ne me donnait le droit de soupçonner Jean, d'accuser ma femme, seulement coupable de ressentir un amour involontaire. Cependant la lecture de cette lettre m'exaspéra.

— Mensonge, trahison que tout cela! — me dis-je avec rage. Jean sera l'amant de ma femme, s'il ne l'est déjà... et il l'est, j'en suis sûr. Elle n'ose pas encore avouer cette indignité à son amie; elle la prépare à cette révélation. Si effrontée que l'on soit, l'on ne fait pas tout de suite, même à une amie, un pareil aveu... La misérable!... Oh! je ne suis pas un niais... Je ne crois pas, moi, à l'amour platonique et ignoré de celui qui l'inspire. Monsieur Raymond traite trop légèrement le mariage pour avoir eu le moindre scrupule; il m'aura supposé des torts ou il aura accepté comme tels les plaintes que ma femme lui aura sans doute faites. Ne me l'a-t-il pas dit: « Que les torts d'un mari excusent l'infidélité de sa femme. » Oh! monsieur Raymond est un grand fourbe, il s'entend avec Albine, qui profitent sans doute de mes absences! Misère de Dieu! à cette pensée, la haine, la rage me suffoquent. Trahi, déshonoré, couvert de honte et de ridicule par mon ami... par une femme que j'ai sauvé en lui donnant ici un refuge! Infamie! double infamie! Trompé comme tant d'autres, ma vie bouleversée; oh! je les épierai... je les tuerai... Et sa mère... sa mère... Cette madame Raymond, confiant en elle comme il l'est, il l'aura mise dans le secret... Charpentier aussi! Pardieu! je suis leur dupe! leur risée!... La mère a caché le jeu de son fils, en ayant l'air de vouloir me rapprocher de ma femme... C'était habile... Cela détournait mes soupçons; et puis madame Raymond a dû s'apercevoir de ma folle passion pour elle... Oui, et pendant que je soupire discrètement pour ses charmes, en amoureux stupide et transi, elle trouve piquant d'aider son fils à séduire ma femme, la femme d'un *royaliste*. C'est d'autant plus amusant que ce royaliste a sauvé ces jacobins du sort qu'ils méritaient. Le tour est charmant... un peu *régence*, cependant, pour ces stoïciens de l'ancienne Rome. Ah! par l'enfer! Jean a séduit ma femme!... Eh bien!... moi, cette nuit... tout à l'heure... je séduirai sa mère... de gré ou de force... Bah! de force!... Qui sait?... Ces femmes à grand caractère font généralement litière de la morale vulgaire... On connaît la chasteté proverbiale des Sempronia, des duchesses de Longueville, des Théroigne de Méricourt, et autres conspiratrices anciennes et modernes... Et, d'ailleurs, je n'ai pas le choix, moi! lui conter piteusement mon amoureux martyre... c'est me faire rire au nez. Si elle résiste, si elle crie, eh bien! quoi... si elle crie?... son fils accourra... Tant mieux!... Duel à mort, va pour un duel à mort... nos outrages seront égaux... S'il me tue, je ne serai pas du moins tué comme un sot. Oh! sa mère! cette femme... cette femme; non, ce n'est plus de l'amour, de la passion qu'elle m'inspire, c'est presque de la haine! c'est je ne sais quel infernal désir de flétrir ce qui a toujours été pur, céleste, admiré! c'est je ne sais quel besoin farouche de profaner cette vertu superbe, cette grandeur héroïque qui met cette femme si au-dessus des autres femmes, autant par son caractère que par sa beauté... Tant mieux!... Plus grande aura été son élévation, plus profonde sera sa chute! Abaisser, humilier cette orgueilleuse créature, qui, malgré son charme irrésistible, m'a si longtemps imposé une vénération presque craintive... Ah! ce dut être pour Tarquin une volupté immense, terrible... que de voir à ses pieds la chaste Lucrèce!

Et, de même que ces meurtriers qui s'enivrent de l'ivresse même de leur crime, en proie à un horrible vertige, devenu presque fou, je courus au couloir qui conduisait à la chambre de madame Raymond.

Un secret instinct me disait sans doute qu'une seconde de réflexion m'eût montré l'infamie de ma conduite et fait justice de ce prétexte absurde dont je voulais couvrir mon abominable dessein : que Raymond devait avoir séduit ma femme.

Je fis donc brusquement glisser le panneau dans sa rainure, et j'entrai brusquement dans la chambre de madame Raymond.

LI.

Madame Raymond n'était pas couchée; assise près de la cheminée, elle était en toilette de nuit, lisant à la clarté d'une bougie. En me voyant paraître d'une si étrange manière, madame Raymond se rejeta vivement en arrière, laissa tomber son livre, et me regarda frappée de stupeur; puis soudain se levant et courant à moi sans songer au désordre de sa toilette, elle s'écria d'une voix palpitante :

— Mon fils... on vient l'arrêter!

Je compris sa pensée. Madame Raymond, sa première surprise passée, ne pouvait s'expliquer ma brusque et mystérieuse apparition qu'en supposant que je venais l'avertir d'un danger dont son fils était menacé, et lui donner le moyen de s'y soustraire.

Ce cri arraché à la tendresse maternelle ne me toucha pas; je dévorais du regard madame Raymond à demi-vêtue. Saisissant tout-à-coup une de ses mains tremblantes qu'elle tendait vers moi, je lui dis :

— Non... rassurez-vous... votre fils ne court aucun danger...

— Ah! merci! — s'écria-t-elle en me serrant la main dans un élan de joie et de reconnaissnace.

Puis réfléchissant seulement à la manière peu convenable dont elle était vêtue, elle croisa d'une main son peignoir, et, tâchant de retirer d'entre les miennes son autre main, que je serrais convulsivement, elle me dit d'un ton qui annonçait moins la défiance qu'une grande surprise :

— Puisque Jean ne court aucun danger, monsieur

Duplessis, qui vous amène donc dans ma chambre... à cette heure... par une entrée secrète?...

— C'est que je vous adore! — lui dis-je tout bas; et couvrant de baisers la main que j'avais saisie, je tâchai de mon autre bras d'étreindre la taille de madame Raymond. Mais l'indignation, la colère, lui donna une force extraordinaire; elle se dégagea violemment de mes bras, et se rejeta en arrière, en s'écriant :

— Misérable!... infâme!

. . . .

. . . .

Bien des années se sont passées depuis cette nuit, et je vois encore madame Raymond, pâle, irritée, frémissante, l'œil étincelant; ses longs cheveux, dénoués pendant cette lutte d'une seconde, couvraient à demi ses épaules. Elle était admirable de beauté, de colère et de fierté farouche. Loin de m'accabler, son aspect augmenta mon délire, et j'avançais vers elle, lorsque soudain j'entendis doucement frapper à la porte de madame Raymond, et la voix de Jean qui disait :

— Ma mère, êtes-vous couchée?...

— Mon fils!... il va tuer cet homme! — s'écria madame Raymond.

Ce que j'éprouvai en ce moment, je ne saurais le dire ; fût-ce lâcheté, remords ou vertige, je l'ignore; mais, à la voix de Jean, je perdis la tête; tout ce que je me rappelle c'est que, revenant à moi, je me trouvai dans le couloir secret où madame Raymond m'avait sans doute repoussé, en refermant ensuite le panneau de la tapisserie. Lorsque je pus rassembler mes esprits, la voix de Jean arriva j'usqu'à mon oreille.

Tel fut son entretien avec ma mère, entretien dont je n'avais pu entendre le commencement.

LII.

— Je vous assure, ma mère,—disait Jean, — je vous assure que vous m'inquiétez beaucoup... vous êtes très pâle... et par instans... vous frissonnez. Tenez... encore à ce moment.

— Et moi je t'assure, mon cher enfant, que je n'ai rien... Je lisais... Je me suis endormie sur ce fauteuil... tu m'as réveillée en frappant à ma porte... j'ai pris le temps de passer une robe de chambre, et je t'ai ouvert... Encore une fois, si je suis pâle, c'est que le froid m'aura saisi en dormant; n'aie donc aucune inquiétude... et dis-moi... ce qui t'amène ici, je te croyais depuis longtemps couché.

— Bien vrai, ma mère... vous ne vous trouvez pas indisposée?

— Quand je te répète que non, cher entêté... Voyons... qui t'amène, conte-moi cela...

— Enveloppez-vous au moins de ce châle, ma mère.

— Allons, bien. Es-tu content? Me voilà enveloppé de ce châle... Maintenant, je t'écoute.

— Depuis ce matin... une pensée me tourmente... Il y a une heure, lorsque vous êtes venu me dire bonsoir... j'ai été sur le point de m'ouvrir à vous... mais je n'ai pas osé... car il se peut que je sois dupe d'une illusion. Mais si je ne me trompe pas, la chose est si grave, qu'après mûres réflexions je suis descendu, au risque de vous réveiller.

— De quoi s'agit-il donc?

— Il s'agit de Fernand.

— Ah!...

— Vous savez, ma mère, quelle généreuse hospitalité il nous offre.

— Je sais cela...

— Il a, par son dévoûment en cette circonstance, effacé les torts que nous avons pu reprocher autrefois à sa légèreté; mais, vous le voyez, son cœur est resté ce qu'il était.

— Je le crois…; il est resté ce qu'il était.

— Vous comprendrez donc, ma mère, combien je serais navré de causer, même sans le vouloir, le moindre chagrin à Fernand.

— En quoi peux-tu causer quelque chagrin à monsieur Duplessis?

— Tenez, ma mère, je serais très embarrassé si je parlais à tout autre que vous ; et même avec vous…

— Eh bien ! même avec moi ?

— Je ne sais comment m'expliquer, car c'est à la fois si sérieux et peut-être si ridicule… si absurde…

— Achève donc ?…

— Avez-vous remarqué que Fernand, qui nous avait toujours paru rempli d'égards pour sa femme, et qui même, dans ces derniers temps, redoublait de soins et de prévenances pour elle, la traite depuis quelque temps avec une froideur à peine dissimulée ?

— J'avais remarqué cela et attribué ce changement à ces légers nuages dont les meilleurs ménages ne sont pas exempts, mais où veux-tu en venir ?

— Nous avons souvent fait des lectures en commun. Quelquefois, tout en lisant, j'ai, par hasard, jeté les yeux sur madame Duplessis, et presque toujours j'ai trouvé son regard attaché sur le mien… avec une expression singulière… Avant-hier, en sortant de table, j'avais, en passant dans la serre-chaude, cueilli une fleur de passiflore ; je l'ai pendant quelque temps gardée à la main. Mais Fernand m'ayant appelé pour remplacer Charpentier au billard, j'ai laissé la fleur sur une console ; presque aussitôt j'ai vu dans une glace madame Duplessis prendre cette fleur, en mettant son mouchoir dessus, afin de n'être pas remarquée, puis sortir un moment et rentrer bientôt. Tout cela, je le sens, et je vous le répète, ma mère, tout cela est dans une bouche du dernier ridicule… mais…

— Non, Jean; non, cela n'est pas ridicule, cela est grave… Tes remarques me rappellent certaines circonstances, qui jusqu'ici m'avaient paru très insignifiantes… et qui le sont, je le crois, car madame Duplessis est un ange de candeur et de vertu.

— Je le sais, ma mère ; aussi n'attacherais-je aucune importance à des enfantillages de pensionnaire, si je ne croyais Fernand très jaloux… Or, il me serait odieux de penser que j'excite même involontairement sa jalousie, si peu fondée qu'elle soit. Je trouve madame Duplessis charmante, je l'apprécie ce qu'elle vaut, mais je ne suis pas le moins du monde amoureux d'elle… Toute ma crainte est que la froideur que Fernand lui témoigne depuis quelques jours n'ait la jalousie pour cause ; peut-être aussi aura-t-il surpris quelques-uns de ces regards ou de ces enfantillages que j'ai remarqués moi-même.

— Est-ce que monsieur Duplessis t'a paru défiant… contraint avec toi ?…

— Non… pas précisément… Cependant, je sens par instinct qu'il y a quelque chose entre lui et moi… Aussi, ma mère, dans la position délicate où je me trouve vis-à-vis de Fernand, j'ai… sauf votre approbation… j'ai pris mon parti.

— Quel parti ?

— Demain soir… je quitterai cette maison…

— C'est ton devoir, mon enfant…

— Je donnerai à Fernand un prétexte suffisant pour expliquer mon départ… Vous resterez ici avec Charpentier… et…

— Charpentier et moi nous partirons avec toi.

— Ma mère… c'est impossible. Cette retraite est sûre ; songez-y donc… Quitter cette maison, la nuit, sans savoir où vous irez.

— Et toi ! le sauras-tu où tu iras ?

— Mais moi…

— Mais toi, c'est autre chose, n'est-ce pas ? comme dans la comédie.

— Ma mère… de grâce, écoutez-moi !

— Allons, mon enfant, ne parlons plus de cela.

— Eh bien ! Charpentier m'accompagnera ; mais je vous en supplie, ma mère, restez ici, vous y serez en sécurité.

— En sécurité… Tu serais en sécurité, toi, si tu me savais exposée aux dangers que tu vas courir ?

— Mais moi… ma mère !

— Mais moi, c'est autre chose… toujours comme dans la comédie… Voyons, mon brave enfant, pas de faiblesse; n'avons-nous pas traversé de pires épreuves. Lorsque mon frère a marché à l'échafaud?… Ne nous désespérons pas à l'avance. Ta blessure est guérie. C'était là mon plus grand souci ; quand au reste… songeons que plusieurs de nos frères, n'ayant pu fuir comme nous, subissant, courageux et résignés, le sort qui t'offraie pour moi…

— Vous avez raison, ma mère… nous ne pouvons pas nous quitter… Pauvre et bon Fernand !… Quels vont être son inquiétude, son effroi, en apprenant notre résolution… lui si heureux de nous avoir mis jusqu'ici à l'abri des poursuites…

— Certainement ; mais, tu le dis, mon enfant, il vaut mieux aller au devant du péril que de causer le moindre chagrin à ton ami… Maintenant il faut nous consulter avec Charpentier, voir sur quelle route nous pourrons nous aventurer, convenir des précautions à prendre… Nous n'aurons pas trop de la fin de la nuit pour cet entretien.

— Je vais aller éveiller Charpentier, et vous l'amener… ma mère…

— Non… va l'éveiller ; je t'attendrai dans le salon qui précède sa chambre, et là, nous causerons… Allons, viens…

. . . .

J'entendis Jean et sa mère sortir de la chambre à coucher et en fermer la porte.

LIII.

Je regagnai mon appartement par le couloir secret.

En rentrant chez moi, j'eus conscience de l'indignité de ma conduite. La générosité de Jean qui quittait un abri et s'exposait à tous les périls de la proscription plutôt que de me causer un chagrin, le silence de madame Raymond envers son fils sur mon outrage, m'écrasaient de honte et de douleur.

Puis je pensai à l'avenir.

J'allais rester seul à seul avec ma femme, sans doute toujours occupée de Jean, malgré son départ, moi toujours bourrelé par le remords et l'obsession d'un amour insensé, car tous les souvenirs de cette nuit funeste, où pendant un instant j'avais osé serrer madame Raymond entre mes bras, étaient sans cesse présents à mon esprit.

Vingt projets se heurtaient dans ma tête, en songeant aux moyens de détourner de madame Raymond et de son fils les dangers qu'ils allaient braver. J'étais en proie à une sorte d'agitation fiévreuse. Le jour vint. Espérant trouver au dehors un peu de calme et de réflexion, je descendis à l'écurie ; je me fis seller un cheval, et j'allai au hasard dans la campagne.

J'avais devant moi toute la journée pour prendre un parti, pensant que Jean et sa mère, par prudence, ne quitteraient, ainsi qu'ils en étaient convenus, le château que le soir. Affronter les regards de madame Raymond, après la scène de la nuit, était au-dessus de mes forces ; supplier Jean de rester, il ne fallait pas songer à l'y déterminer, car je connaissais l'inflexibilité de son caractère à l'endroit du devoir ; puis, d'ailleurs, sa mère ne pouvait consentir à rester sous le même toit que moi.

Alors, je songeai à favoriser leur fuite, ou à leur trouver un autre refuge, cherchant dans ma pensée quel était celui de mes métayers en qui j'aurais assez de confiance pour lui demander de cacher mes hôtes ; mais là se rencontraient de nouvelles difficultés : le signalement de

Jean avait été partout répandu ; mes fermiers étaient entourés d'assez nombreux domestiques, sur la discrétion desquels il était impossible de compter.

Enfin, après mille desseins abandonnés presque aussitôt qu'imaginés, je m'arrêtai à une résolution qui me semblait tout concilier ; elle donnait du moins quelques jours à madame Raymond et à Jean pour se concerter et rendre leur départ moins dangereux. Je me rendis à Chambly, de là je me proposais de renvoyer mon cheval chez moi, et d'écrire à ma femme que des affaires imprévues m'appelaient à Châteauroux pendant quelques jours, que je la préviendrais de mon retour, et qu'on attendait elle eût à continuer de faire à nos hôtes les honneurs de La Riballière... Ma promenade à travers champs avait duré longtemps, et dans une direction complétement opposée à celle de Chambly ; j'avais environ quatre lieues à faire pour m'y rendre ; j'arrivai vers dix heures du matin à l'hôtel de la Croix-Blanche, où madame Raymond, son fils et Charpentier, étaient descendus avant de venir chez moi.

Je fis demander l'aubergiste ; il vint, me regarda très surpris, et me dit :

— Mais, monsieur... ils sont partis depuis deux grandes heures...

— Qui ? partis ?

— Monsieur le marquis, madame la marquise et leur fils... Je leur ai donné mon meilleur cheval et un cabriolet ; ils auront tout juste le temps d'arriver à Châteauroux pour le passage de la diligence.

J'eus assez d'empire sur moi-même pour dissimuler mon cruel désappointement, et je répondis à l'aubergiste :

— J'espérais rencontrer encore ici monsieur le marquis de Berteuil ; il a oublié chez moi un portefeuille ; je venais le lui rapporter et lui serrer encore la main... Malheureusement il est trop tard.

Je remontai à cheval et revins en hâte chez moi, afin d'avoir quelques détails sur ce départ qui renversait mes projets. Je trouvai par hasard madame Claude dans le vestibule ; je lui fis signe de me suivre, et une fois dans ma chambre, je lui dis, afin de rendre moins inexplicable le départ précipité de mes hôtes et d'éloigner les soupçons qui pouvaient les poursuivre :

— Le marquis de Berteuil est parti en sournois... Je le reconnais bien là... Comment cela s'est-il passé ?

— Ce matin à six heures, — me répondit madame Claude, madame la marquise m'a fait prier de monter chez elle. — Ma chère madame Claude, m'a-t-elle dit, j'ai un petit service à vous demander. Pourrions-nous avoir, ce matin, une voiture pour aller jusqu'à Chambly ? L'idée nous est venue d'une petite excursion au bourg. Il fait un temps superbe. Monsieur et madame Duplessis ne sont pas sans doute encore éveillés ; il est inutile de les déranger. — Madame n'a pas encore sonné, — ai-je répondu à madame la marquise ; — mais monsieur est sorti à cheval depuis une heure. — Alors, ma chère madame Claude, veuillez faire atteler tout de suite la voiture. Je me suis hâtée de me rendre aux désirs de madame la marquise.

— Ensuite !

— Lorsque la voiture a été prête, je suis allée prévenir madame la marquise, et, à ma grande surprise, j'ai vu dans sa chambre son nécessaire de toilette emballé, sa malle faite, et monsieur le marquis et son fils sont entrés, en tenant leur sac de nuit à la main. Monsieur pense bien que, malgré mon grand étonnement, je ne me suis permis de rien dire.

— C'est bien cela, le marquis est toujours le même, — dis-je à madame Claude, — toujours original... ; il a les adieux en horreur, et il ne quitte jamais autrement ses hôtes...

— Ah ! c'est donc cela, monsieur; alors, je m'explique tout : rien de plus simple.

— Et madame de Berteuil est partie sans voir ma femme ?

— Oui, monsieur; mais madame la marquise m'a remis une lettre pour madame... et monsieur Jean de Berteuil m'a remis cette lettre pour monsieur.

Je pris la lettre et demandai à madame Claude où était la lettre destinée à ma femme.

— Je l'ai remise à madame... Monsieur trouvera peut-être que j'ai eu tort...

— Ma femme est-elle chez elle ?

— Oui, monsieur; mais madame... est enfermée.

— Comment, enfermée !

— Lorsque, en portant à madame la lettre que l'on m'avait donnée pour elle, je lui ai appris le départ de monsieur le marquis et de sa famille, madame m'a fait répéter la même chose deux fois, comme si elle ne pouvait me croire; et lorsqu'elle a lu la lettre que je lui apportais, elle s'est mise à fondre en larmes, m'a ordonné de fermer ses volets, et de ne pas rentrer qu'elle ne m'eût sonnée. J'ai voulu hasarder quelques mots, mais madame m'a brusquement imposé silence... ; je suis sortie et j'ai entendu madame pousser ses verroux derrière moi.

— C'est bien ! laissez-moi; vous me ferez prévenir lorsque ma femme vous demandera.

Je restai seul, et je lus la lettre de Jean ; elle était ainsi conçue :

« Pardonne-moi, mon cher Fernand, de te quitter sans
» t'avoir serré la main, et dit du fond du cœur combien ma
» mère, Charpentier et moi, nous te sommes reconnais-
» sans de ta généreuse hospitalité.
» Des motifs qui n'ont pour toi nul intérêt nous obli-
» gent à abandonner le refuge que tu nous avais of-
» fert; notre itinéraire est assez heureusement tracé, je
» crois; nous pouvons espérer échapper aux recherches.
» Ma blessure est guérie, je puis donc sans aucun danger
» braver les fatigues et les aventures de ce voyage im-
» prévu.
» Adieu, en hâte, mon ami, car après mûres réflexions
» nous venons de nous décider à partir ce matin, afin de
» rejoindre la diligence du Midi qui passe, nous a-t-on
» dit, à neuf heures à Châteauroux. Dès que nous serons
» à peu près en lieu de sûreté, je t'écrirai longuement,
» afin de calmer les inquiétudes de ton amitié.
» Encore adieu, Fernand; tu es un brave cœur. Je
» t'aime et t'aimerai toujours comme mon meilleur ami.

A toi,

J. R.

» Ai-je besoin de te dire que ma mère et Charpentier
» sont de moitié dans ma reconnaissance et dans mes re-
» grets de te quitter brusquement. »

Je m'attendais à cette lettre de Jean, et cependant elle raviva mon chagrin; si imprudent que fût le départ de nos hôtes, il leur offrait du moins une chance de salut : on savait à Chambly qu'ils étaient demeurés quelque temps chez moi, et on les avait conduits à Châteauroux sans défiance ; peut-être, là, avaient-ils pu sans encombre trouver place dans la diligence du Midi.

Vers les deux heures, madame Claude vint me prévenir que ma femme s'était levée, qu'elle paraissait fort souffrante et avoir beaucoup pleuré, mais qu'elle m'attendait chez elle, si je désirais lui parler.

Je me rendis alors auprès d'Albine.

LIV.

Suite du journal.

Lorsque j'entrai chez Albine, je la trouvai pâle, abattue, les yeux rougis par des larmes récentes.

— Eh bien ! — lui dis-je, — nos amis sont donc partis ?

— Oui, malheureusement pour moi et pour eux...

— Leur départ est en effet une grande imprudence...

— Et il me cause un cruel chagrin.

— Vous êtes franche...

— Ai-je donc à vous cacher que la présence et l'amitié de madame Raymond m'étaient chères et précieuses...

— Elle vous a écrit?

— Sans doute.

— Pouvez-vous me montrer sa lettre?

— La voici, — me dit Albine.

Je pris la lettre et je lus ce qui suit :

« De graves motifs nous obligent à partir, ma chère
» enfant; j'ai voulu vous épargner des adieux toujours
» pénibles : ne soyez pas inquiète, nous avons tout lieu
» d'espérer que notre voyage se terminera sans mésaven-
» ture.

» Quelques mots en partant, chère Albine : accueillez-
» les comme toujours avec confiance; c'est une amie sin-
» cère, c'est presque une mère qui vous parle pour la
» dernière fois peut-être, car j'ai presque la certitude que
» nous ne nous reverrons jamais.

» Notre manière de vivre durant les mois passés vous
» a montré quels trésors de ressources et de consolations
» on peut trouver en soi-même au milieu de la solitude.

» Mais vous n'êtes pas *seule*... et, selon mes conseils,
» vous avez tâché de pénétrer plus avant dans l'affection
» de votre mari; il s'est, de son côté, montré plus cordial,
» plus prévenant à votre égard, et souvent vous m'avez
» confié avec bonheur les espérances que ce rapproche-
» ment faisait naître en vous pour l'avenir.

» Un léger dissentiment, dont j'ignore la cause, a ame-
» né, si je ne me trompe, quelque refroidissement entre
» monsieur Duplessis et vous depuis quelques jours; ce
» dissentiment sera passager, j'en suis convaincue; vous
» avez trop besoin l'un de l'autre, votre bon accord peut
» et doit être de si heureuses conséquences pour votre
» félicité commune, que le léger nuage dont je parle dis-
» paraîtra bientôt.

» Si pourtant, contre mon attente et malgré vos efforts,
» cette froideur continuait, s'augmentait même; si, par
» impossible, monsieur Duplessis redevenait pour vous
» ce qu'il était autrefois, alors, mon enfant, je vous en
» conjure au nom de cette amitié que vous m'avez sou-
» vent dit vous être chère, n'oubliez jamais mes conseils;
» continuez de chercher de nobles consolations dans ces
» pures et douces jouissances qui vous ont consolée déjà ;
» retrempez votre courage dans la satisfaction de vous-
» même, et surtout soyez indulgente; patientez, espérez,
» il est impossible que tôt ou tard votre mari n'adore pas
» ce qu'il y a de charmant et d'excellent en vous. Quoi
» qu'il arrive, quoi qu'il fasse, imposez-lui toujours es-
» time et respect; acceptez vaillamment votre condition;
» renfermez-vous résolument dans le cercle de vos de-
» voirs; ne cherchez rien au-delà, vous n'y trouveriez que
» déceptions, rêves dangereux, ou regrets amers.

» Enfin, de peur que vos pensées, que vos vœux ne
» s'égarent parfois à votre insu, rendez-vous toujours ri-
» goureusement compte de ce qui est juste ou injuste,
» bien ou mal; et après cette épreuve infaillible, je vous
» connais assez pour savoir que vous résisterez à tout
» mauvais entraînement.

» Certes, pour marcher ainsi seule d'un pas ferme et
» sûr, à travers les épreuves de la vie, sans puiser d'au-
» tres forces qu'en vous-même, il vous faudra beaucoup
» de courage, beaucoup de persévérance; il vous faudra
» lutter, souffrir sans doute, pauvre et tendre enfant ;
» mais, croyez-moi : à mesure que vous vous grandirez à
» vos propres yeux, à mesure que vous vous élèverez
» davantage vers l'idéal du devoir, vous verrez peu à peu
» s'amoindrir, puis disparaître ces difficultés, ces cha-
» grins, dont vous vous serez d'abord effrayée.

» Quand je vous parle de *devoir*, chère Albine, il ne
» s'agit pas seulement de votre devoir d'épouse, mais de
» ce que vous vous devez à vous-même, ainsi qu'à vos
» frères et sœurs en humanité.

» Ces devoirs se résument en peu de mots : — Cultiver
» votre intelligence, affermir votre raison, élever, amé-
» liorer votre âme, consoler, alléger les douleurs et les
» misères de ceux qui souffrent ; en un mot, comme nous
» l'avons dit tant de fois : — il faut vivre en nous et au-
» tour de nous par l'esprit et par le cœur.

» Vivez toujours ainsi, chère enfant, et vous pourrez
» défier les plus mauvais jours; si enfin vous ressentiez
» malgré vous quelques accès de mélancolie noire et sans
» cause, que j'appellerais presque *un chagrin de luxe*,
» regardez autour de vous, comparez votre sort à celui
» de ces milliers de créatures probes, laborieuses, intel-
» ligentes, fatalement, forcément vouées, elles et leurs
» familles, par l'ignorance ou l'iniquité sociale, à des pri-
» vations sans nombre, à une misère atroce; alors en pré-
» sence de ces maux, hélas trop réels, vous rougirez de
» vos chagrins imaginaires; vous vaincrez, par les res-
» sources de votre esprit et de votre cœur, cette tristesse
» vague, malsaine, impie, presque toujours l'une des
» conséquences de la satiété, de l'inertie, de l'oisiveté ou
» de la coupable insouciance de ce qui est juste, bien et
» beau.

» Loin de moi cette pensée que vous devez jamais tom-
» ber, pauvre enfant, dans cette sorte de dépravation mo-
» rale commune à ces gens qui, blasés sur le superflu, tan-
» dis que tant d'autres manquent du nécessaire, cherchent
» l'amère et indigne volupté des peines chimériques! Ah!
» ces spleeniques maniaques, oisifs et trop repus, n'ont
» qu'à contempler les misères dont ils sont entourés, c'est
» de cela qu'ils devraient souffrir! et du moins cette cause
» de souffrance serait vraie, généreuse, et pourrait s'a-
» paiser par la pratique de la fraternité humaine.

» Mais non, non, vous échapperez à ces décourage-
» mens, à ces défaillances, chère Albine, vous serez heu-
» reuse; vous vous *ferez* heureuse, parce que vous ac-
» complirez vaillamment vos devoirs ; j'emporte cette
» douce certitude, fière de penser que, du moins, notre
» amitié n'aura pas été pour vous stérile.

» Adieu, chère et digne enfant, votre aimable et tou-
» chant souvenir reposera souvent mon esprit, au milieu
» des agitations inséparables de ma vie et de celle de mon
» fils.

» Encore adieu, chère Albine, songez à moi souvent,
» très souvent, et aimez-moi toujours aussi tendrement
» que je vous aime.

                                » JULIETTE RAYMOND. »

LV.

Je cherchai à me faire une arme de cette lettre, si sage, si maternellement prévoyante, écrite à ma femme par madame Raymond quelques heures après avoir été indignement outragée par moi... et je dis à Albine avec un sourire sardonique :

— Voilà de fort bons conseils... Vous les suivrez, je l'espère...

— Je tâcherai.

— Parmi ces conseils, il en est un surtout touchant *des vœux*, *des désirs* que vous ne pouvez former qu'en foulant aux pieds vos devoirs...; ces conseils qu'une femme aussi clairvoyante que madame Raymond ne vous a pas donnés sans motifs... sans de graves motifs; ces conseils... je vous engage à les méditer, madame... à les méditer beaucoup.

— Je ne vous comprends pas, monsieur.

— Vous me comprenez à merveille... puisque vous rougissez.

— Veuillez vous expliquer plus clairement.

— Ne m'y engagez pas, dans votre intérêt.

— C'est une menace, peut-être?

— Peut-être...

— Tenez, monsieur Duplessis... croyez-moi, parlons sincèrement; nous y gagnerons tous deux, nous aurons au moins sur quoi compter pour le présent et pour l'avenir.

— Donnez-moi d'abord, madame, l'exemple de cette sincérité... ; je verrai ensuite ce qui me restera à faire.

— Eh bien! monsieur je vais vous faire connaître la ligne de conduite que je suis décidée à tenir... D'abord, je veux oublier... pardonner, si je puis...

— Pardonner... à qui?

— A vous.

— La prétention est étrange... me pardonner, à moi!

— N'insistons pas là-dessus... personne n'est meilleur juge que soi-même des peines que l'on a ressenties. Peut-être m'avez-vous blessée sans méchante intention... Je le désire, je le crois; aussi, vous dis-je, je m'efforcerai de tout oublier... et de n'avoir pour vous que de l'indifférence!

— Vraiment?... c'est fort heureux!

— Non, cela n'est pas heureux, monsieur, cela est triste... Oui, il est triste de penser que l'on a devant soi peut-être une longue vie à passer auprès de quelqu'un à qui l'on est indifférente, et qui vous est indifférent; mais, selon les avis de madame Raymond, j'occuperai cette vie de telle sorte...

— Que je serai pour vous comme si je n'existais pas?

— Non monsieur, j'accomplirai religieusement mes devoirs envers vous ainsi que je les ai accomplis jusqu'ici... Je ne vous demande pas de changer votre manière de vivre, je me soumettrai à toutes vos volontés, je resterai ici... aussi longtemps, aussi isolée qu'il vous plaira... je serai enfin telle que par le passé... seulement, désormais j'emploierai mieux mon temps...

— Pour devenir sans doute une seconde madame Raymond?

— Pour supporter honorablement la vie que vous m'avez faite, monsieur.

— Ceci est d'une audace...

— Monsieur Duplessis, — me dit Albine les larmes aux yeux, — je vous en conjure, soyez généreux; ne m'accablez pas, ne me découragez pas; quel mal vous fais-je! Ne devriez-vous pas, au contraire, sinon m'applaudir, du moins me traiter avec la liberté de parler, lorsque vous me voyez disposée à suivre les avis d'une femme dont vous m'avez mille fois vanté la haute raison?

— Ainsi, je me serai marié... pour avoir près de moi presque une étrangère, qui se croira quitte envers moi lorsqu'elle aura surveillé ma maison et soigné ma santé si je suis malade?

— Je n'ai pas été matériellement forcée de vous épouser, monsieur; je pouvais dire non, j'ai dit oui; j'ai consenti à ce mariage, je dois en subir les conséquences... acceptables... Quant à l'affection ou à l'indifférence... elles ne se commandent pas... ou plutôt, je me trompe... elles se commandent.

— Et je vous dis, moi, madame, que de l'indifférence pour son mari à l'oubli des devoirs les plus sacrés il n'y a qu'un pas!

— Pour certaines femmes, sans doute?

— Pour vous aussi, madame, car je ne suis pas aveugle, on ne se joue pas de ma pénétration! Et maintenant que le départ de Jean me laisse la liberté de parler, de soulager mon cœur, je vous dirai : Osez donc me regarder en face, osez donc nier... que vous aimez Jean Raymond?

— Je n'ai rien à vous répondre à ce sujet...

— Lâche dissimulation!

— Je vous prie, parlons d'autre chose.

— Vous aimez Jean!

— Je m'efforcerai toujours, croyez-le, de suivre les conseils de madame Raymond, de me conduire envers vous loyalement, honnêtement, de rendre enfin votre vie aussi heureuse que possible.

— Cela n'est pas répondre; je vous dis que vous aimez Jean... Vous restez muette... Ah! femme indigne... la honte vous écrase!

— La honte... et pourquoi la honte! Eh bien!..., oui,

puisque vous me poussez à bout, oui, j'aime monsieur Jean Raymond!

— Vous l'aimez!

— Je l'aime.

— Et vous avez l'effronterie, madame, de me faire un tel aveu... le front haut! le regard serein! au lieu de mourir de confusion!

— Je n'ai aucun reproche à m'adresser... Jamais, sans doute, je ne reverrai monsieur Raymond; il ignore, il ignorera... toujours le sentiment qu'à son insu il m'a inspiré.

— Oh! non jamais vous ne le reverrez; jamais, c'est moi qui vous le dis...

— Je le sais...

— Et vous croyez, madame, que je serai assez sot pour garder près de moi une femme que je saurai continuellement absorbée par son amour pour un autre homme?

— Voulez-vous me renvoyer chez ma mère? Je partirai quand vous le désirerez.

— Pour vivre seule et à votre guise, n'est-ce pas? Pour tâcher d'aller retrouver Jean, vous jeter à sa tête et traîner mon nom dans la boue?

— Voilà des paroles, monsieur, qu'il me sera, je le crains, difficile d'oublier; quoi qu'il en soit, le nom que je porte sera toujours respecté, soyez-en certain; mais du moins ma pensée m'appartiendra.

— Vous avez donc juré de m'exaspérer?

— Ce n'est pas contre moi que vous devez vous irriter, monsieur; j'avais oublié le passé, j'avais tout tenté pour vaincre votre froideur à mon égard, pour mériter une affection que vous m'aviez jusqu'alors refusée : j'ai été dédaigneusement repoussée, je ne me suis pas plaint, je ne me plains pas ; imitez-moi, résignez-vous à une des tristes conséquences de notre mariage.

— Madame, il faut d'une façon ou d'une autre sortir de cette impasse!

— Je vous l'ai dit, si ma présence vous pèse, renvoyez-moi chez ma mère...

— Oh! cela certes vous conviendrait à merveille... Mais ce serait aussi par trop niais de ma part.

— Préférez-vous voyager? Laissez-moi ici, je ne me plaindrai pas de ma solitude.

— Quitter cette terre, où tous mes intérêts m'attachent! où j'ai des capitaux considérables engagés!... vous êtes donc folle!...

— Alors vivons ici... comme par le passé, je ne demande rien de plus... rien de moins.

— Comme par le passé? Non, madame, cela n'est plus possible, mes illusions sont détruites. Je croyais avoir épousé une femme pieuse, soumise, ne songeant qu'à ses devoirs...

— J'ai été... je suis... je serai toujours cette femme-là, monsieur.

— Avec un autre amour dans le cœur, n'est-ce pas?

— Pourquoi pas?

— Ah! si votre langue ne s'était pas déliée après dix-huit mois de dissimulation, je dirais qu'une telle réponse est le comble de l'ingénuité... Mais vous savez parfaitement la valeur des mots; aussi je vous dirai, madame, que votre pourquoi pas est le comble de l'impudence.

— C'est de la franchise, voilà tout.

— Ainsi, vous croyez qu'il vous est permis d'aimer Jean Raymond?

— Oui, monsieur; car, après tout, qu'est-ce que cela vous fait?

— Madame...

— Lorsque nous nous sommes mariés, vous êtes-vous seulement demandé si j'avais un cœur? Non, vous m'avez trouvée sans doute telle que vous me souhaitiez, puisque vous m'avez épousée; telle je resterai : de quoi vous plaignez-vous?

— Je trouve odieux que votre cœur, qui m'appartient comme votre personne, soit occupé d'un autre que moi...

— Monsieur..., cet entretien durerait tout le jour, toute

l'année, qu'il n'aboutirait pas à changer notre position. Restons-en là, de grâce; je suis abattu, souffrante...

— Oh! le désespoir que vous cause le départ de Jean, n'est-ce pas?

— Il est vrai... D'abord ce départ m'a causé un violent chagrin... maintenant je me sens plus calme.

— Mais, insensée que vous êtes! Jean ne vous aime pas; il ne vous aimera jamais.

— Je le sais; aussi je m'abandonne sans honte et sans crainte à mon penchant.

— Oui, c'est ainsi que l'on s'habitue à se détacher de ses devoirs; puis vient le jour où lasse d'aimer l'impossible, on cherche le possible... et l'on tombe dans le dévergondage.

— Encore une fois, monsieur, cessons de grâce cet entretien, il est sans issue. Et je souffre...

— Soit, madame, cessons cet entretien; mais rappelez-vous ceci : de ma vie je ne serai votre dupe, votre jouet ou votre victime.

Et, le cœur rempli de fiel et de rage, je laissai ma femme chez elle et je rentrai chez moi.

. . . .

LVI.

Ce que je souffris pendant les premiers jours qui suivirent le départ de madame Raymond est impossible à rendre; tournant toujours dans le même cercle, je ne pouvais sortir de ces alternatives :

Renvoyer ma femme chez sa mère, c'était un éclat scandaleux, et abandonner à l'entraînement des passions une femme de dix-neuf ans, portant mon nom. Or, mon orgueil et ma jalousie se révoltaient à cette pensée.

Puis me venait cette autre crainte non moins cruelle; notre séparation ne pouvait qu'être amiable, aucune raison sérieuse ne motivant une séparation légale; et, dans le cas où ma femme aurait des enfans, il me faudrait fermer les yeux et laisser ces enfans adultérins porter mon nom, ou intenter à Albine un procès déplorable.

Voyager, abandonner ma terre, où mes goûts et de graves intérêts m'attachaient invinciblement, et y laisser ma femme seule... autre impossibilité, mêmes inconvéniens.

Je croyais de moins en moins à la continuité d'un amour *idéal* chez elle; dès que le cœur s'est éveillé, il ne se rendort plus, et, à défaut de Jean, plus ou moins promptement oublié, Albine, pendant mon absence, trouverait dans le voisinage plus d'une occasion de remplacer l'idéal par la réalité.

Il fallait donc me résigner à vivre, pour ainsi dire, tête à tête avec Albine, car, bourrelé comme je l'étais, et par la conscience du présent, et par l'obsession du souvenir de madame Raymond, il m'eût été impossible de chercher quelque distraction en recevant du monde chez moi.

J'espérais que peut-être je me familiariserais avec l'habitude de penser que ma femme aimait platoniquement Jean Raymond; puis, revenant sur mes premières appréhensions, je me dis que peut-être cet amour impossible la sauvegarderait contre un amour possible.

D'ailleurs, malgré la dureté de mes reproches, Albine ne démentit pas ses promesses et, sauf le temps qu'elle passait à lire, à faire de la musique ou à aller visiter de pauvres gens qu'elle secourait, je la trouvais absolument comme par le passé; elle surveillait parfaitement ma maison, redoublait même de soins envers moi, car ma santé, déjà ébranlée par de trop vives émotions, s'était profondément altérée. Lors d'une grave indisposition dont je fus atteint, Albine m'entoura d'attentions remplies de sollicitude.

Hélas! je me rappelais, juste châtiment sans doute, que Césarine, tout en trompant indignement Hyacinthe, lui donnait aussi les preuves du plus entier, du plus cordial dévouement !

Albine, ses devoirs envers moi remplis, se montrait réservée, silencieuse; elle ne m'adressait jamais la parole, comme si elle eût craint quelque *mal à propos*, me voyant continuellement agacé, abattu ou irrité; mais elle me répondait toujours avec empressement, jusqu'à ce que je laissasse tomber l'entretien. Quoiqu'en apparence Albine fût calme, sereine, elle devait souffrir; car bientôt sa fraîcheur disparut, et elle commença de maigrir pour ainsi dire à vue d'œil.

Environ un mois après le départ de madame Raymond, madame Claude, en qui ma femme continuait d'avoir grande confiance, me remit une seconde lettre destinée à mademoiselle Hermance de Villiers.

J'avais fait mettre par madame Claude la première à la poste, après l'avoir lue et soigneusement recachetée.

Cette lettre était ainsi conçue :

LVII.

Albine à Hermance.

« Ta réponse m'est parvenue à l'adresse de la marquise
» de Berteuil, lorsque madame Raymond et son fils étaient
» déjà partis d'ici.

» Ce brusque départ a été motivé, m'a écrit madame
» Raymond, par des événemens importans, je n'en sais
» pas davantage. Elle a quitté une retraite sûre pour s'ex-
» poser à tous les dangers de la proscription; je suis à ce
» sujet dans de continuelles angoisses; chaque matin j'ou-
» vre les journaux avec un battement de cœur inexpri-
» mable.

» Heureusement, jusqu'ici, rien de nouveau sur nos
» pauvres proscrits.

» Merci de la promptitude de ta réponse; tu m'engages
» à revenir chez ma mère, afin d'éviter la présence de
» monsieur Jean Raymond, dans l'espérance qu'ainsi je
» l'oublierai.

» Je n'ai pas besoin de fuir sa présence, puisqu'il est
» parti... Monsieur Duplessis tient à me garder ici, j'y
» reste, et j'y reste avec un plaisir extrême : je te dirai
» tout à l'heure pourquoi.

» Quant à tâcher d'oublier monsieur Jean, je m'en gar-
» derai bien. Je trouve toute une vie nouvelle dans les
» pensées qu'il m'inspire. Ai-je besoin de te dire que j'ai
» suivi jusqu'à présent les conseils de madame Raymond,
» je n'ai rien changé aux nouvelles habitudes qu'elle m'a
» fait prendre; et j'y trouve des consolations infinies !

» Sauf pendant les premiers momens du départ de cette
» adorable femme, départ si peu attendu que je me suis
» un instant sentie abattue, découragée, je reprends cha-
» que jour de nouvelles forces, forces morales et non phy-
» siques, car à mesure que je vis de plus en plus par le
» cœur et par la pensée, je maigris, je perds l'appétit, le
» sommeil ; mais ne vas pas croire que je souffre? Non,
» non, je ne souffre pas plus que je ne souffrais lorsque
» l'existence matérielle exagérée chez moi, engourdissait
» mon intelligence ; à toute exagération succède néces-
» sairement une réaction contraire; l'équilibre se
» rétablit.

» Pendant une année, j'avais trop vécu par le corps; je
» vis sans doute à cette heure trop par l'âme; un juste-
» milieu entre ces deux excès s'établira bientôt, je l'es-
» père.

» Je te l'ai dit, bonne Hermance, pour rien au monde
» je ne voudrais oublier monsieur Jean Raymond : si tu
» étais ici, nous aurions immanquablement, toi et moi,
» l'entretien suivant... Admets cette supposition, et le
» dialogue suivant te fera comprendre ce qui sans cela te
» semblerait inexplicable.

TOI.

« Comment, pauvre folle... tu te complais dans le sou-
» venir d'un homme que tu ne dois jamais revoir?

MOI.

» C'est justement pour cela que je m'y complais en toute
» sécurité.

TOI.

» Mais, Albine... tu l'avoues, monsieur Jean ne t'aime
» pas ? il n'aime que sa mère... et la liberté à laquelle il
« a voué sa vie.

MOI.

» Non, monsieur Jean ne m'aime pas... Jamais il ne
» m'aimera, je le sais ; mais tu conviendras, n'est-ce pas,
» d'après le portrait que j'ai fait de lui, qu'il est digne
» d'être aimé ?

TOI.

» Soit.

MOI.

» Tu conviendras encore que, sans tomber dans des
» suppositions extravagantes, il n'y aurait rien eu d'exor-
» bitant à ce que j'eusse été aimée par monsieur Jean ?

TOI.

» Soit encore; mais que veux-tu conclure de cette sup-
» position, pauvre Albine ! Pourquoi t'appesantir sur ce
» rêve insensé ?

MOI.

» Je t'attendais là... Eh bien ! non, non, ce n'est pas un
» rêve !

TOI.

» Ce n'est pas un rêve ?

MOI.

» C'est plus qu'une réalité, car toute réalité peut être un
» jour détruite par mille circonstances, tandis que la sup-
» position dont je parle défie tous les événemens.

TOI.

» Ma chère Albine, tu m'inquiètes... Je crains que vi-
« vant maintenant trop exclusivement par l'esprit, ton
» cerveau ne s'exalte et que...

MOI.

» Que je ne devienne folle ?

TOI.

» Hélas !...

MOI.

» Rassure-toi, et écoute-moi. T'imagines-tu quelque
» chose de plus délicieux que de pouvoir se dire ce que je
» me dis, non pas une fois, mais cent fois par jour ; car
» maintenant cette idée se mêle à tous les incidens de ma
» vie. — Je suppose que je suis encore à marier. Madame
» d'Amberville, l'amie de ta mère, a dit tout le bien qu'elle
» pense de moi à madame Raymond. Celle-ci, qui songe
» à marier son fils, vient un jour avec madame d'Amber-
» ville chez ta mère ; je me trouve là par hasard, je fais
» la conquête de madame Raymond, elle parle de moi à
» son fils avec grande bienveillance, il désire me connaî-
» tre, il vient chez toi avec sa mère ; nous nous voyons
» souvent ; lui et moi, nous nous entendons, nous nous
» comprenons, nous nous aimons. Ma famille consent à
» notre mariage, nous voilà unis. Voyons, encore une
» fois, Hermance, sois franche; cette supposition est-elle
» par trop romanesque ? et, en la faisant, est-ce que je
» m'égare dans le pays des chimères ?

TOI.

» Non, Albine, non, tout cela est possible, tout cela au-
» rait pu être parfaitement réalisable.

MOI.

» Tu le reconnais, tu l'avoues ?

TOI.

» Oui, mais quel parti peux-tu tirer de mon aveu, chère
» folle ?

MOI.

» J'en tire le très raisonnable parti que voici: je me dis,

» comme ce matin, par exemple, en me rendant chez la
» femme du malheureux cantonnier dont je t'ai parlé:
» — A cette heure, au lieu d'aller seule porter des secours
» et des consolations à cette pauvre femme, j'aurais pu
» m'y rendre tendrement appuyée sur le bras de Jean (je
» te l'avoue, dans ces momens-là, ma foi je dis Jean tout
» court), ou bien nous serions accompagnés de sa mère,
» qui m'appellerait son enfant, sa fille... — Ainsi, tantôt,
» en regardant ma très belle orchidée, fleur d'une forme
» bizarre, je me disais: — J'aurais pu avoir à côté de moi
» mon savant, mon Jean bien-aimé, à qui j'aurais promis
» un beau baiser à recevoir de lui, s'il m'initiait aux mys-
» tères de la vie de cette plante étrange; — et lorsque
» tantôt, retirée seule dans la bibliothèque et assise à la
» place où s'asseyait souvent sa mère ou lui, je lisais avec
» recueillement tant de beaux livres, je me disais: — Ces
» heures ravissantes durant lesquelles notre esprit et nos
» âmes se sont si souvent confondus dans un commun
» enthousiasme pour les œuvres divines du génie... ces
» heures, au lieu d'être pour moi un passé toujours re-
» gretté, auraient pu être une des plus douces habitudes
» de ma vie de chaque jour? — Et dans ma longue pro-
» menade de ce soir à travers la vallée, pendant que,
» silencieuse et solitaire, je contemplais avec ravissement
» le plus admirable coucher du soleil que j'aie vu de ma
» vie, je me disais: — Jean et sa mère auraient pu être
» là, et doubler mon ravissement en le partageant? — et
» aujourd'hui, à dîner, au lieu de me trouver en tête-à-
» tête avec monsieur Duplessis, dont la froide et chagrine
» figure me glace ou m'inspire une véritable compassion,
» car, hélas! il souffre, et je ne peux rien à sa souffrance;
» je me disais: — Jean et sa mère auraient pu rendre ce
» repas si gai, si charmant? — Et durant ces longues
» soirées d'hiver surtout, si propices à l'intimité de la
» causerie, quittée de temps à autre pour la musique,
» combien de fois je me disais: — Jean et sa mère auraient
» pu les passer avec moi, ces douces soirées! Puis l'heure
» de se retirer venue, baisant au front madame Raymond,
» en lui disant « Bonsoir, mère: » moi et Jean, nous au-
» rions pu rentrer dans notre chambre, dans notre cher nid
» de tendresse et d'amour...—Dis, Hermance... dis, était-il
» donc impossible ce rêve de bonheur? l'image du ciel
» sur la terre!

TOI.

» Mais, malheureuse Albine, c'est par cela même que
» ce bonheur aurait été possible et qu'il ne l'est pas, que
» rien n'est plus funeste, plus insensé, que de s'abandon-
» ner à ces rêveries sans issue... C'est désespérant.

MOI.

» Désespérant? Ah! si tu pouvais m'apercevoir pendant
» que je me livre à ces douces pensées, tu verrais si j'ai
» l'air désespéré. Et pourquoi désespérer? Si j'avais de
» l'amour ou je ne sais quel roi, et que j'eusse le ca-
» price de vouloir épouser ce superbe potentat, je conce-
» vrais le désespoir... Mais penser que pour que mon
» bonheur fût accompli, il s'en est fallu de peu, de pres-
» que rien... d'un de ces hasards qui souvent décident de
» notre destinée, à nous autres femmes... je trouve là au
» contraire un sujet de très grande consolation; et puis,
» je te le répète, cette illusion, si tu veux absolument
» prendre cela pour une illusion, est très au-dessus d'une
» réalité, car enfin, en réalité, Jean, une fois mon mari,
» pouvait mourir. Mille incidens imprévoyables pouvaient,
» sinon détruire, du moins frapper notre bonheur, tandis
» que dans ce que tu appelles mon illusion je ne prends
» que les exquises et fines fleurs de cette idéale félicité
» je les arrange à mon gré, comme les fleurs d'un bou-
» quet... ce ne sont pas les événemens qui me dominent,
» c'est moi qui les domine. Je suis ma providence à moi-
» même; j'ordonne aux faits de se grouper à notre plus
» grande joie et satisfaction, à Jean et à moi; et tu trouves
» cela désespérant! Mais, Hermance, le désespoir a pour
» conséquence le chagrin, l'amertume, quelquefois même

» la haine des autres ou de soi-même; et, grâce à Dieu!
» je n'éprouve aucun de ces mauvais sentimens. Je me
» lève le cœur allègre et serein, et, en outre des douces
» distractions dont je t'ai parlé, je m'occupe de ma maison
» comme par le passé; je suis prévenante pour monsieur
» Duplessis; dernièrement il a été malade, je l'ai soigné
» avec une sollicitude extrême. Que veux-tu? je paie en
» honnête femme mes *dettes de jeu*, comme on dit. Assez
» imprudente pour jouer au hasard ce grand coup de dé
» qu'on appelle le mariage, j'ai perdu... eh bien! je m'ex-
» écute.

TOI.

» Non, Albine; non, tes raisons ne me convainquent
» pas. Tu n'es encore qu'au début de ta folle passion. Tu
» commences par t'enivrer d'une illusion... Il te suffit au-
» jourd'hui de te dire: Cela pouvait être!... et demain tu
» diras: *Cela n'est pas*, malheur à moi... *cela ne sera ja-
» mais!*

MOI.

» Hermance, tu calomnies le bon sens de ton amie; elle
» se plaît à chanter comme dans notre jeune temps: —
» *Si j'étais petit oiseau!* — Mais elle n'est pas, elle ne sera
» jamais assez sotte pour pleurnicher en se disant:—Mal-
» heur à moi, *je ne suis pas petit oiseau!* malheur à
» moi, *je veux être petit oiseau!*

TOI, ne sachant trop que me répondre.

» Enfin, tu verras, pauvre Albine! tu verras!

MOI.

» Tu verras, chère Hermance! tu verras.

. . . .

» Eh bien! qu'en dis-tu, bonne et tendre amie? J'ai, je
» l'espère, répondu d'avance à toutes tes objections! J'y
» tenais pour te rassurer et t'épargner quelque doute pé-
» nible sur ma situation.

» Rappelle-toi ce que je t'écrivais dans ma dernière
» lettre, au sujet de la découverte de mon amour pour
» Jean:—Je ne sais ce que le sort me réserve; mais grâce à
» l'heureuse et pénétrante influence des conseils de ma-
» dame Raymond, je me sens retrempée, résolue, pleine
» de force, et prête à tout événement!

» Dis, Hermance, ai-je failli à ces paroles? et sauf le
» premier accablement, causé peut-être au moins autant
» par la surprise que par le chagrin du départ de ma-
» dame Raymond, est-ce que je ne me suis pas montrée
» résolue, courageuse, et prête à tout événement?

» Ne t'alarme donc pas en vain, chère Hermance; je ne
» me suis jamais trouvé l'esprit plus libre, je dirais pres-
» que plus *ailé*, tant je m'élève souvent par la pensée; car
» il me semble sentir mon âme se dégager de plus en plus
« de sa matérielle enveloppe...

» Je suis obligée d'interrompre cette lettre pour qu'elle
» te parvienne et te rassure un jour plus tôt.

» A toi toujours et de tout cœur.

A. C.

LVIII.

Suite du journal.

Tel était l'état de mon âme, que cette lettre m'irrita
contre Albine.

Dans ces confidences adressées à une amie, je trouvais
à la fois la condamnation de ma conduite passée envers
ma femme, et pour ainsi dire une leçon à l'endroit de ma
folle passion pour madame Raymond.

Ainsi qu'Albine, j'aimais sans espoir; mais au lieu de
chercher, comme elle, un innocent refuge dans de conso-
lantes illusions, je ne ressentais qu'amertume et colère.

Mon caractère s'aigrissait journellement; le fiel, comme
on dit, était passé dans mon sang; je n'avais, jusqu'alors,
presque jamais manqué d'égards pour ma femme; je de-

vins, peu à peu, très dur pour elle, souvent grossier. Elle
supportait mes duretés, mes sarcasmes, avec une dignité
placide, avec une douce résignation, accomplissant religieusement ses devoirs envers moi, continuant, ainsi
qu'elle l'avait dit à son amie, — *de payer en honnête
femme sa dette de jeu.*

Deux mois après le départ de Jean, Albine n'était plus
que l'ombre d'elle-même ; son éclatante fraîcheur avait
fait place à une mate pâleur, légèrement animée vers le
haut des joues par une rougeur fébrile. Elle dépérissait
de plus en plus, mangeant à peine et ne dormant presque
pas; madame Claude m'affirmait que souvent elle enten-
dait ma femme marcher lentement, durant la nuit ; et
qu'elle devait lire pendant la plus grande partie du temps
qu'elle demeurait au lit, car elle emportait toujours, le
soir, des livres dans sa chambre, et le matin ses bougies
étaient presque complétement consumées; du reste, chose
étrange et qui concourait sans doute à éloigner de moi
toute inquiétude sérieuse sur la santé de ma femme, elle
ne paraissait aucunement souffrir; sa physionomie, malgré sa pâleur et sa maigreur, conservait une inaltérable
sérénité; ses yeux bleus, que ses joues creuses faisaient
paraître plus grands encore, étaient brillans et limpides;
ses lèvres devenues plus rouges que roses, l'éclatante
blancheur de ses dents, n'annonçaient en rien une maladie latente; Albine avait enfin toutes les apparences d'une
femme naturellement maigre et pâle qui se porterait à
merveille. Son activité était inconcevable ; quelquefois elle
faisait deux et trois lieues à pied, pour aller dans quelqu'une de mes métairies visiter de pauvres gens qu'elle
secourait. Elle lisait énormément, prenait beaucoup de
notes, et parfois ses réponses, amenées par les hasards
de nos rares entretiens, témoignaient des nombreuses connaissances qu'elle acquérait chaque jour ; il ne se passait
pas de soirée qu'elle ne fît de la musique dans son appartement. Irrité des arrière-pensées qui, dans son esprit, devaient s'attacher à certains morceaux adressés sans
doute au souvenir de Jean, j'avais une fois dit brutalement à Albine : — Que la musique me cassait la tête après
le dîner, et qu'elle devait faire transporter son insupportable piano dans le petit salon dépendant de son appartement. Elle s'excusa de m'avoir été involontairement désagréable, et ne fit plus jamais de musique en ma présence.

Alors, souvent par une contradiction bizarre, je me ca-
chais afin d'aller inaperçu l'entendre sous ses fenêtres,
qu'elle laissait ouvertes lorsque la soirée était douce et la
lune brillante; ses mélodies, toujours mélancoliques et
tendres, exécutées avec un talent réel, car les progrès
d'Albine étaient incroyables, parfois me calmaient. Sa
voix semblait devenir plus vibrante, plus éthérée, si
cela se peut dire, à mesure que son corps dépérissait,
et souvent en l'écoutant les larmes me venaient aux
yeux...

Puis, me rappelant que ces chants s'adressaient sans
doute à Jean, je m'éloignais la rage dans le cœur.

. . . .

LIX.

Suite du journal.

Je ne vivais pas, le souvenir de madame Raymond
m'obsédait malgré moi; la saine raison me disait souvent
que si j'avais eu le courage de suivre les conseils de la
mère de Jean, en devenant comme elle disait l'*amant de
ma femme*, j'aurais été aussi heureux que j'étais malheureux.

Mais il était trop tard, j'avais repoussé les avances d'Albine, j'avais blessé son cœur, refoulé ses instincts, ses
impérieux besoins de tendresse, d'affection, et forcément
elle les avait reportés sur Jean,

J'étais dans l'une de ces voies fatales que l'on sait aboutir au mal, et dans lesquelles, faute d'énergiques vertus, l'on s'enfonce pourtant avec une sorte de satisfaction farouche.

Oh! pauvre et bonne grand'mère, combien de fois j'ai maudit, non pas vous, vous m'aimiez selon votre cœur et la nature de votre esprit, mais combien j'ai maudit votre philosophie facile, insouciante et légère! Elle m'a, dès l'enfance, habitué à considérer la vie au point de vue du plaisir et du *plaire*, et non pas au point de vue des mâles devoirs de l'homme et de la rigide estime de soi.

Ce fut dans cet état d'esprit que je continuai mon journal depuis quelque temps interrompu.

Je reprends ce journal à la page lacérée ensuite de cette nuit passée dans l'ardente contemplation de la beauté de madame Raymond! Ah! j'ai pu arracher cette page de mon journal... jamais je n'oublierai les brûlans souvenirs qu'elle retraçait.

Continuons cette triste étude sur moi-même.

Je deviens méchant.

La présence d'Albine m'est de plus en plus odieuse, elle m'inspire des sentiments haineux; je la hais d'aimer Jean, je la hais de s'être forgé, à propos de cet amour qui blesse si profondément mon orgueil, une illusion où elle trouve le bonheur; je la hais de son inaltérable placidité, tandis que ma vie est bourrelée...

Et pourtant je ne veux pas me séparer d'Albine: elle serait trop heureuse peut-être de cette séparation!

Quelle sera l'issue de tout ceci?

Je croyais, avec le temps, m'habituer à cette pensée que ma femme éprouve pour Jean un amour platonique... il n'en est rien. Cette pensée m'irrite aussi vivement que le premier jour de cette découverte.

Mes affaires se ressentent de mes tristes préoccupations, je surveille moins mes cultures, des abus s'engendrent, je me suis engagé témérairement dans cette spéculation de féculerie, il aurait fallu m'occuper activement de cette opération. Mais je dis comme disait autrefois ma femme, *cela m'est égal*. Mes pertes sont déjà considérables; sans doute ce dérangement de fortune influe aussi sur mon caractère; puis ma santé, si florissante pendant les premiers temps de mon séjour ici, s'altère profondément; mon teint devient bilieux comme mon âme.

Il me prend parfois l'envie de voyager, de retourner en Italie... mais il faudrait laisser ma femme seule, et j'ai moins que jamais confiance en elle. Non, non, je suis rivé à ma chaîne... Il me faut me traîner cette chaîne... jusques à quand?

Oui... jusques à quand?...

Eh bien! pourquoi reculer devant cette pensée?

Est-ce donc un crime qu'une supposition?

Ma femme dit de son côté: — *Si cela était!* — pourquoi ne dirais-je pas du mien: — *Si cela arrivait!*

Est-ce que je peux empêcher ma femme d'être dans cet état de fièvre, de surexcitation continuelle, qui use ses forces et son corps comme la flamme use l'huile de la lampe?

Est-ce que je tiens, moi, les ciseaux des Parques?

Est-ce qu'il est en mon pouvoir de faire vivre ma femme jusqu'à quatre-vingts ans, s'il est dans sa destinée de mourir jeune?

Est-ce que je peux nier l'évidence?

Est-ce qu'il n'est pas évident que la mort de ma femme... si ce malheur arrivait, pourrait seule me faire sortir de ce cercle de fer où je tourne incessamment en me rongeant le cœur, et où je suis condamné peut-être à tourner jusqu'au dernier jour de ma vie?

Mon Dieu! en suis-je donc arrivé à désirer la mort de cette pauvre créature...

Ah! oui, oui, je deviens méchant.

Désirer sa mort... non! Oh! loin de moi cette horrible idée; mais si ce malheur arrivait, je m'en consolerais peut-être trop facilement...

Voyons, soyons franc, poussons jusqu'au bout cette effrayante pensée? S'il suffisait du seul désir pour le voir se réaliser? s'il me suffisait de dire...

Mais c'est affreux! mais c'est un meurtre véniel dont je me rends coupable... Ah! j'ai peur de moi... j'ai peur... mes propres pensées m'épouvantent. . , ...

LX.

Suite du journal.

Quelles seront les conséquences de l'événement d'aujourd'hui sur la santé d'Albine? Je ne sais, mais elles peuvent devenir d'une funeste gravité.

Ce matin, nous étions à déjeuner, ou plutôt Albine était assise à table devant moi, la porte s'ouvre, et je vois entrer monsieur de Sainte-Marie, notre préfet, l'air rayonnant; il court à moi sans penser à saluer ma femme, me prend la main, la serre et s'écrie:

— Ils sont pris.... mon cher monsieur Duplessis! Vivat! Ils sont pris!...

— Qui cela?

— Nos brigands de jacobins...

— Quels jacobins?

— Ce fameux Jean Raymond, sa mère, et un autre scélérat des plus dangereux.

— Pris, et où cela? — m'écriai-je en pensant avec désespoir à madame Raymond, et ne songeant pas au terrible effet qu'une pareille révélation devait produire sur ma femme; — comment ont-ils été pris?

— Vous savez, mon cher, que lors du séjour de cette adorable marquise à La Riballière, je suis venu vous apporter le signalement de ce Jean Raymond?

— Oui; ensuite... ensuite...

— J'étais parfaitement sur la voie, car *ces frères et amis* ont passé par Châteauroux, se rendant à Limoges; et c'est dans un hameau, à trois lieues de cette ville, qu'ils ont été arrêtés, il y a deux jours, chez un ancien soldat, autre frère et ami. Je vous apporte la primeur et les détails de cette importante nouvelle... Ah! mon collègue de Limoges est bien heureux! Quel honneur va lui faire cette brillante capture! Quel dommage aussi que cette adorable marquise et ce vieux chef vendéen ne soient plus chez vous!... comme je l'aurais partagé notre joie!·

— Et... peut-on connaître les détails de cette brillante capture, monsieur? — dit Albine d'une voix calme.

— Seulement alors je songeai à ma femme; je me retournai vivement vers elle: son visage n'était pas plus pâle que d'habitude; seulement ses lèvres, ordinairement d'un rose vif, étaient subitement devenues blafardes.

— Ah! madame.—dit monsieur de Sainte-Marie d'un air confus, — mille pardon de ne vous avoir pas encore présenté mes respectueux hommages;... soyez assez indulgente pour faire la part des préoccupations politiques...; car c'est un événement, un heureux événement que l'arrestation de ces maudits jacobins.

— Aussi, monsieur le préfet, — reprit Albine avec un sang-froid qui m'effraya,—j'ai l'honneur de vous demander quelques détails sur cette brillante capture... s'il n'y a pas toutefois d'indiscrétion...

— Non, madame... et je vais m'empresser de...

— Ma chère amie... — dis-je à Albine, plus alarmé de son calme extraordinaire que je ne l'eusse été d'une profonde émotion, — ces détails n'auront pas, je crois, pour vous l'intérêt que vous leur supposez... ou bien ils vous impressionneraient péniblement... Permettez-moi donc d'emmener monsieur de Sainte-Marie chez moi...

— Mais pas du tout, — répondit Albine avec un sourire qui me donna le frisson; — je prie, moi, et très instamment, monsieur de Sainte-Marie de vouloir bien me faire participer à cette... primeur de détails dont il nous parlait tout à l'heure.

— Je suis trop heureux, madame, de me mettre à vos ordres, — répondit le préfet; — voici ce qui s'est passé:

nos jacobins étaient donc cachés dans une métairie dépendant d'un petit village à trois lieues de Limoges; quelques carbonari leur avaient procuré cette retraite chez un autre frère et ami, car tous ces ennemis acharnés de l'ordre social se tiennent et correspondent; le procureur du roi, averti, se met en route, accompagné d'un capitaine de gendarmerie et de vingt-cinq hommes ayant leurs carabines et leurs pistolets chargés; car l'on sait combien ce misérable Jean Raymond est déterminé... Or, vous allez voir, madame, combien il a justifié sa détestable réputation...

— Achevez, monsieur, — dit Albine, — c'est fort intéressant.

— Donc, madame, l'on arrive à la métairie : il était deux heures du matin; le capitaine frappe à la porte, et quatre gendarmes se tiennent l'arme haute, prêts à faire feu, tandis que les autres cernent la maison; rien ne bouge; on frappe encore, même silence; le procureur du roi donne alors l'ordre d'enfoncer la porte; mais, à ce moment, on entend les cris des gendarmes chargés de surveiller le dehors. Ils venaient de déjouer une tentative d'évasion : ces farouches républicains, ces fameux pourfendeurs, essayaient de se sauver lâchement par une porte de derrière!

— Ah! quelle lâcheté! — dit Albine avec un sourire amer et sardonique dont l'expression trompa le préfet;— ils étaient deux contre vingt-cinq hommes armés, et ils prennent la fuite sans seulement combattre.

— Ainsi que j'avais l'honneur de vous le dire, madame, ces buveurs de sang, vous allez le voir, n'ont que le courage des assassins qui tuent sans danger,—reprit le préfet.

— Nos brigands sont donc cernés; l'on entre dans la métairie, où l'on trouve le Jean Raymond, un de ses complices nommé Charpentier, et de plus, pour le bouquet, devinez qui, madame?

— J'ai, monsieur le préfet, l'esprit assez peu divinatoire; veuillez donc continuer.

— Eh bien! madame, l'on trouve aussi, réfugiée dans la métairie, la mère du jacobin, une vieille tricoteuse de 93! horrible mégère mêlée à cette conspiration... Mais voici le tragique.

— Ah! —dit Albine avec ce sang-froid qui m'épouvantait de plus en plus, — il y a du tragique?

— Très heureusement, madame... car ce tragique abrégera, je crois, beaucoup les formalités judiciaires....

— De grâce, monsieur, achevez! —dis-je avec une impatience douloureuse à monsieur de Sainte-Marie, qui continua.

— Le capitaine de gendarmerie s'était élancé sur Jean Raymond, pendant qu'un officier et un brigadier s'emparaient de l'autre jacobin et de la vieille tricoteuse de 93. Vous comprenez, madame, que, lorsqu'on a affaire à de pareilles créatures, on les traite sans ménagements. Aussi, le brigadier empoigne la tricoteuse par le cou et la colle au mur, afin de la tenir en respect pendant que deux gendarmes lui mettaient les menottes, ce à quoi la mégère objectait qu'on lui brisait les poignets. A ces mots, ce scélérat de Jean Raymond, qui, se voyant pris ainsi que son complice, n'avait fait jusqu'alors aucune résistance, le lâche! et dont on ne se méfiait aucunement, s'écrie que l'on brutalise sa mère, saute sur l'épée du capitaine, la lui arrache, se précipite d'un bond sur le brigadier, qui serrait toujours la tricoteuse par le cou, et ce forcené de Jean Raymond donne... (ces lâches assassins ne savent que frapper par derrière) donne un grand coup d'épée dans le dos à ce malheureux brigadier, qui tombe, peut-être mortellement blessé, car, à l'heure qu'il est, on craint pour les jours de ce digne soldat. Vous dire, madame, la rage des autres gendarmes contre l'assassin me serait impossible ; sans le capitaine et le procureur du roi, les deux jacobins et la vieille tricoteuse eussent été massacrés par ces braves gens, furieux du meurtre de leur camarade. Néanmoins, et je ne la plains pas, la mégère a embuché un bon coup de baïonnette à l'épaule, en tâchant, pendant la bagarre, de couvrir de son corps son aimable fils; après

quoi notre honnête trio jacobin, bien et dûment garrotté avec des cordes, a été attaché dans une charrette et conduit sous bonne escorte à Limoges, où ils ont été écroués en attendant les ordres de Paris. L'affaire de ce Jean Raymond, vous le voyez, madame, est fort claire... d'une façon ou d'une autre, il n'échappera pas à l'échafaud...

— Evidemment, monsieur le préfet,—répondit Albine ; — mais vous devez cruellement et doublement regretter cette brillante capture que vous enviez si fort à votre collègue de Limoges?

— Eh! mon Dieu! oui, j'ai cette petite faiblesse, je vous l'avoue, madame.

— Et pourtant, il ne dépendait que de vous, monsieur, de mériter aussi dignement de la patrie que votre honorable collègue.

— Comment donc cela, madame?

— Mais tout simplement en arrêtant ici monsieur Jean Raymond, sa mère et monsieur Charpentier.

— En les arrêtant ici? Je ne vous comprends pas, madame.

— Cette charmante marquise de Berteuil... dont vous étiez si affolé! vous savez, monsieur le préfet?

.. — Eh bien! madame?

— Ce farouche marquis, cet impitoyable chef de chouans... vous savez, monsieur le préfet?

— Eh bien! madame... eh bien!

— Monsieur Duplessis vous dira comme moi que le marquis, la marquise, et leur fils que l'on a eu la prudence de ne pas vous présenter, n'étaient autres que monsieur Charpentier, madame Raymond et son fils.

— Madame, la plaisanterie est sans doute charmante ; mais...

— Ma femme ne plaisante pas, monsieur, — dis-je au préfet, — madame Duplessis vous dit la vérité.

— La vérité! — s'écria monsieur de Sainte-Marie avec une stupeur courroucée.—Quoi! j'aurais été votre dupe, les vagues soupçons qui m'avaient amené ici étaient fondés!... Quoi! j'ai été assez sot pour me laisser prendre au verbiage de cette prétendue marquise!.... Mais, monsieur, j'étais donc votre dupe?

— Vous prendrez, monsieur le préfet, votre rôle dans cette affaire comme il vous plaira, — répondis-je à monsieur de Sainte-Marie. — J'ajouterai seulement que c'est justement parce que monsieur Jean Raymond, mon ancien ami, était proscrit pour une opinion contraire à la mienne, que j'ai dû lui offrir un asile... et ne pas vous le livrer, ni lui, ni sa mère, ni monsieur Charpentier, car ils étaient ici sous la sauvegarde de mon honneur.

— Je pourrais, comme homme privé, comprendre à la rigueur votre conduite, monsieur, — reprit monsieur de Sainte-Marie ; — comme fonctionnaire, il m'est impossible de ne pas la déplorer et la signaler à S. E. monseigneur le ministre de l'intérieur ; car, pour tout bon Français, le salut du trône et de la société doivent passer avant toute autre considération.

Et, après ces paroles solennelles, monsieur de Sainte-Marie sortit avec une irritation mal dissimulée.

LXI.

Suite du journal.

Resté seul avec Albine, nous gardâmes un moment le silence.

J'avais été trop personnellement ému de ce qui, dans le récit du préfet, touchait à madame Raymond, dangereusement, mortellement blessée, peut-être... pour songer à la terrible émotion que le sort de Jean devait inspirer à ma femme. Lorsque je levai les yeux sur elle, sa pâleur n'était pas plus grande qu'à l'ordinaire, seulement ses lèvres étaient blanches, et elle tenait sa main droite fortement appuyée sur son cœur, comme pour en comprimer ou en compter les pulsations ; ses yeux étaient secs, mais brillans d'un éclat extraordinaire ; un sourire navrant contractait ses lèvres, et elle frissonnait par intervalles en fermant les paupières.

— C'est singulier,—me dit-elle d'une voix d'abord très oppressée, mais qui peu à peu devint plus libre, quoique parfois ses dents se choquassent l'une contre l'autre par un tressaillement convulsif ; — pendant quelques instans, il m'a semblé que le sang m'étouffait ; mon cœur avait cessé de battre... mais maintenant ses battemens reprennent leur cours...

— Vous tremblez pour Jean ?

— Pour lui... non ; son sort est fixé... Je tremble pour sa mère... Si elle doit mourir, ce ne sera pas de sa blessure, mais de la mort de son fils...

— Vous parlez de la mort de Jean... bien froidement.

— Très froidement... comme vous voyez... Je n'y puis rien, je prends mon parti... Seulement, pour notre ami, c'est mourir jeune... et d'une mort affreuse... n'est-ce pas !

— Albine, vous m'effrayez... Tenez, j'ai été cruel... pardonnez-moi.

— Cruel ? non ; vous dites vrai : je parle de la mort prochaine de notre ami, sans larmes, sans gémissemens, sans déchiremens de cœur... C'est pour moi incompréhensible : l'on m'aurait dit que telle devait être mon impression, je ne l'eusse pas cru... Je vais même vous avouer quelque chose d'étrange... j'étais loin de prévoir cette horrible nouvelle... et cependant elle ne me surprend pas ; il me semble que je l'attendais...

— De grâce, revenez à vous...

— J'ai parfaitement ma raison... j'ai conscience de mes paroles et de cette espèce d'insensibilité dont je suis aussi étonnée que vous.

— Cette insensibilité m'alarme, elle n'est pas naturelle... Le coup a été si brusque, si violent, que vous êtes encore tout étourdie... vous ne voyez pas encore clair dans votre cœur !

— Peut-être avez-vous raison, car, je le sens, j'aime monsieur Jean aussi profondément que jamais... et le sort de sa mère à qui j'ai voué une affection filiale me paraît affreux... Mais... tenez... à mon tour, pardon... J'ai été cruelle en vous parlant de monsieur Jean... Vous pleurez...

— Ah ! c'est que mon cœur se brise,—répondis-je sans pouvoir retenir mes sanglots. — Mon Dieu, mon Dieu ! penser qu'à cette heure... blessée... mourante peut-être !... séparée de son fils... elle est jetée dans un cachot... Ah ! c'est épouvantable !... car je l'aime, moi... Eh ! oui... aveu pour aveu... Je l'aime aussi passionnément que vous aimez Jean...

— Vous aimez madame Raymond ! — s'écria ma femme en joignant les mains avec stupeur. — Vous l'aimez d'amour ?

— Oui, d'un amour insensé.

— Et vous aimez madame Raymond depuis longtemps !...

— Jamais son souvenir ne m'a quitté ! J'avais seize ans... elle a fait battre mon cœur pour la première fois... pour la dernière fois, elle le fait battre... en le déchirant !

— Et votre amour, elle le connaît ?

— Non, oh ! non, — m'écriai-je en rougissant de honte et baissant les yeux devant Albine ; — toujours elle a ignoré... toujours elle doit ignorer... ce fatal amour !

— Ah ! je n'ai plus le droit de me plaindre de votre indifférence ! — s'écria ma femme en me regardant avec une expression de commisération indicible, — je n'ai plus le droit d'accuser votre cœur. Oh ! non, non, un tel amour pour une telle femme, cela me fait tout comprendre et tout pardonner ! je vous avais mal jugé... Votre main, Fernand... de grâce... votre main...

— Comment... pas un reproche !

— Des reproches pour un amour qui vous honore et vous grandit à mes yeux ! Des reproches, parce que vous

me préférez une femme à qui je ne saurais jamais être comparée ! Des reproches, lorsque vous souffrez les tortures d'un amour sans espoir !...

— Mais j'avais cet amour au cœur lorsque je vous ai épousée, malheureuse enfant !...

— Eh ! mon Dieu ! ne vous ai-je pas, moi aussi, épousé sans amour ? Rien ne m'y forçait... Si j'avais résolument refusé votre main, si j'avais écouté l'instinct de ma raison, qui m'inspirait de l'éloignement pour ce mariage, nous n'en serions pas où nous en sommes aujourd'hui ; mais que vous dirai-je, les obsessions de ma mère, la coupable faiblesse de mon caractère, que sais-je encore ? c'est puéril, ridicule, mais enfin c'est vrai : la vue de la corbeille de noces, le petit orgueil d'être dame de château, et puis l'espérance, qui n'abandonne jamais un cœur de dix-huit ans, tout cela m'a fait consentir à notre union. C'est ma faute, j'en subis les conséquences ; et d'ailleurs à quoi bon récriminer contre le passé... Croyez-moi, Fernand, soyons indulgens l'un pour l'autre... rapprochons-nous dans un commun malheur... et encore, malheur, non... La mort prochaine de Jean n'est pas pour moi un malheur... cela ne me brise par le cœur... j'éprouve un attendrissement indicible, une résignation sans amertume, et, si j'en crois mes pressentimens, ce n'est pas véritablement la peine de me mettre à souffrir.

— Albine, que voulez-vous dire ? — m'écriai-je, cherchant le sens de ces obscures paroles, et surtout alarmé de l'expression des traits de ma femme ; mais elle poursuivit sans répondre.

— Ne nous occupons pas de moi, mais de vous. Comment, hélas ! calmer votre anxiété ? D'abord, mon ami, nous allons partir.

— Partir ?

— Pour Limoge.

— Vous voulez ?

— Il vous sera facile d'obtenir la permission de visiter madame Raymond et Jean dans leur prison. N'est-ce pas notre devoir ? Ils nous attendent, mon ami ; je suis sûre qu'ils nous attendent. Il faut hâter notre départ et donner vos ordres pour aujourd'hui... dans une heure.

— Mais vous... pourrez-vous entreprendre un pareil voyage ?

— Seriez-vous encore jaloux de Jean ? — me dit Albine avec un sourire qui me fit frissonner... elle semblait me dire : Êtes-vous jaloux d'un mort ?

— Non, je ne suis pas jaloux, — lui dis-je, — mais je crains qu'un tel voyage, et que les émotions qu'il aura suivi, ne soient au-dessus de votre courage, après la terrible secousse d'aujourd'hui.

— On peut ce qu'on veut. Il est de notre devoir d'aller à Limoges ; je trouverai la force de vous accompagner : jugez donc ! nos pauvres amis seront si heureux de nous voir... et nous les...

Albine, dont la voix s'était affaiblie, n'acheva pas ; elle renversa doucement sa tête en arrière, l'appuya au dossier de son fauteuil. De grosses gouttes de sueur froide coulèrent de son front ; elle garda un moment le silence, puis me dit en tâchant de sourire :

— C'est un léger accès de faiblesse... je préfère l'avoir eu... avant notre départ.

— Albine, je vous en supplie, allez vous mettre au lit... Laissez-moi appeler madame Claude... un de nos gens va partir à cheval chercher le docteur Laurent à Chambly.

— Non, non, ce ne sera rien... ce n'est rien, — ajouta-t-elle en appuyant ses deux mains sur les bras du fauteuil afin de se lever ; — vous allez voir... qu'avec un peu de volonté je pourrai marcher... Je suis depuis quelque temps habituée à ces accès de faiblesse, et j'en triomphe.

Mais au bout de quelques pas, sur lesquels je veillai avec sollicitude, ma femme fut obligée de s'asseoir ; sa main que je pris était humide et glacée.

— Vous le voyez, — m'écriai-je de plus en plus alarmé, — vous êtes hors d'état de marcher...

— Pour le moment... c'est vrai... je me sens d'une faiblesse extraordinaire ; mais après un peu de repos... je réponds de moi... Ordonnez toujours les préparatifs de notre départ.

— Partir... vous mettre en route souffrante comme vous l'êtes... Albine, c'est insensé !

— Mais ils nous attendent! Mais songez donc à leur joie eu voyant ces visages amis dans leur prison.

— Albine, je ne veux pas risquer votre santé, votre vie, en vous exposant aux fatigues d'une longue route. Et d'ailleurs, maintenant, j'hésite à partir, je ne puis me résoudre à vous abandonner dans l'état où vous êtes.

— Fernand... si dans deux heures je ne me sens vraiment pas la force de me mettre en route... je vous laisserai partir seul... car il faut que vous alliez les voir. Vous leur direz que, si je ne vous ai pas accompagné, c'est que les forces m'ont manqué... Ils vous croiront.

. . . .

Ainsi que je l'avais prévu, Albine présumait trop de son courage, et, quoiqu'elle eût paru sommeiller pendant que » m'occupais des préparatifs du voyage, elle y renonça d'elle-même, tant sa faiblesse était grande. Le médecin de Chambly, que j'avais envoyé chercher, ne me parut pas d'abord inquiet ; il ordonna des reconfortans ; mais me rappelant quelques paroles de madame Claude, qui me faisaient craindre que le saisissement d'Albine n'eût de graves conséquences, je jugeai plus prudent, en passant à Châteauroux, de prier le médecin du pays de se rendre sur l'heure à La Riballière, et de venir visiter Albine chaque jour.

LXII.

Suite du journal.

Je partis pour Limoges, en proie à la plus douloureuse anxiété, pensant que si je parvenais à être introduit auprès de Jean et de sa mère, je m'exposais à l'écrasant dédain de cette femme, indignement outragée par moi. Mais telle était mon angoisse sur le sort, sur la vie de madame Raymond, tel était mon espoir de lui faire peut-être oublier mon injure par cette preuve de dévoûment, hélas! bien désintéressé, que je bravai l'accueil qui m'attendait, me sentant d'ailleurs soutenu par cette pensée que ma résolution était au moins généreuse, puisque, ce dernier devoir accompli, quel que fût le sort de madame Raymond, mourant de sa blessure, ou emprisonnée pour la vie comme complice de son fils, je ne devais jamais les revoir.

Le terrible sort de Jean me touchait aussi profondément, non pas que je cédasse à cette égoïste et odieuse arrière-pensée que ma jalousie n'avait plus rien à redouter de Jean; mais je sentais sincèrement mon ancienne amitié pour lui se réveiller aussi ardente que jamais.

Puis les larmes me venaient aux yeux en me rappelant les modestes et touchantes paroles d'Albine en apprenant mon amour pour madame Raymond...

Ces quelques mots si simples, si vrais, avaient suffi pour éteindre mes injustes et haineux ressentimens contre cette malheureuse enfant. J'étais décidé à lui rendre indulgence pour indulgence, pitié pour pitié.

Si éprouvé que je dusse être par la vanité de mes bonnes résolutions, cependant il me semblait de nouveau entrevoir pour l'avenir entre Albine et moi je ne sais quel mélancolique échange de regrets mêlé de confiance et d'abandon, qui peut-être plus tard se changeraient en un sentiment plus tendre; mais ces faibles lueurs d'espérance s'affaçaient bientôt devant les sombres et désolantes pensées que m'inspirait le sort de madame Raymond, et j'arrivai à Limoges en proie à une inexprimable angoisse.

J'obtins à grand'peine la permission de voir les accusés. Heureusement pour moi, le hasard voulut qu'au moment de mon entrée dans la prison Jean se trouvât chez sa mère, car, malgré ma résolution, peut-être n'aurais-je pas eu le courage de me présenter devant madame Raymond.

Un ancien château-fort, aux murailles noircies, aux sombres tourelles, servait de prison. Précédé d'un porte-clés, je parcourus plusieurs corridors obscurs ; enfin, j'arrivai devant une porte épaisse, garnie d'un guichet.

Je priai le geôlier d'entrer et de demander à madame Raymond si elle pouvait recevoir monsieur Fernand Duplessis; puis je restai seul en attendant la réponse avec anxiété. Cette réponse ne se fit pas attendre.

— Entrez, monsieur, — me dit le geôlier.

Jamais je n'oublierai ce triste tableau : une petite fenêtre, presque complètement obscurcie par de lourds barreaux de fer, laissait à peine filtrer le jour dans cette espèce de casemate aux murailles de pierres de taille nues et grises, couvertes çà et là de dessins informes ou d'inscriptions bizarres, fruits du triste loisir des prisonniers. L'ameublement de cette cellule se composait d'un petit lit de fer garni d'une paillasse; en face se trouvait un coffre de bois blanc sur lequel étaient le châle et le chapeau de madame Raymond : au dessous de la fenêtre, une chaise et une table grossière sur laquelle je remarquai un pot de terre contenant un magnifique bouquet de roses; leur frais coloris contrastait étrangement avec la sombre tristesse de ce lieu.

Madame Raymond, vêtue d'une robe de chambre foncée, et les pieds cachés sous une couverture de grosse laine grise, était assise sur son lit et s'adossait au chevet. Sa figure avait pâli; un petit bonnet très simple et très blanc cachait à demi ses cheveux blonds. A mon aspect, ses sourcils se froncèrent légèrement, puis sa physionomie redevint grave et douce.

Dès que j'entrai, Jean vint vivement à moi, me tendit ses deux mains, et me dit avec émotion :

— Je t'attendais... dans le cas où le bruit de notre capture serait venu jusqu'à toi !

— J'ai tout appris par notre préfet. — Puis, après avoir embrassé Jean, je me retournai vers madame Raymond, et j'ajoutai en m'inclinant devant elle avec embarras : — Excuserez-vous, madame... la liberté que j'ai prise de venir ici sans être appelé par vous?

— Je vous remercie, monsieur Duplessis, de cette preuve de votre affection pour mon fils... Et cette chère Albine, comment va-t-elle?

— Elle était souffrante depuis quelque temps, madame; malheureusement elle a, comme moi, appris brusquement votre arrestation.

— Pauvre enfant! — reprit tristement madame Raymond, — je connais son amitié pour nous... et par là je juge de son inquiétude.

— Ce coup, pour elle, a été, madame, aussi soudain que violent: elle voulait m'accompagner ici... ses forces l'ont trahie. Le médecin m'a un peu rassuré, sans dissiper cependant mes craintes. Mais vous, madame, vous? J'ai appris avec quelle barbarie on vous a traitée, mon Dieu!... Et votre blessure?

— Elle n'aura pas, monsieur, je crois, de suites; mais heureusement, l'homme que mon fils a frappé... est, nous a-t-on dit, hors de danger... Je me serais toujours reproché la mort de ce malheureux.

— Telle a été la seule préoccupation de ma mère depuis notre emprisonnement, — me dit Jean ; — elle a oublié la brutalité de ce misérable... la férocité de ses complices, qui ont manqué de la tuer en voulant m'atteindre. Tu la reconnais, toujours généreuse!

— Ce n'est pas générosité, mais justice, mon ami; ces malheureux gendarmes font leur métier... plus ou moins brutalement, selon qu'ils veulent mériter les bonnes grâces de leurs chefs. Ton premier mouvement, je le comprends à merveille, t'a emporté trop loin. Que veux-tu? l'on ne peut attendre de ces gens-là qu'ils vous disent avec urbanité: Permettez-moi, madame, d'avoir l'honneur de vous mettre les menottes... Tu es, mon cher enfant, trop vif avec les gendarmes;... de même que dans ton enfance tu traitais les Cosaques avec trop de sans-façon... témoin ce pavé jeté jadis par toi sur la tête d'un de ces ours du Nord.

— Fernand! tu entends ma mère? Cette placidité d'esprit ne l'a pas abandonné un instant, sinon lorsqu'elle s'est jetée au devant des baïonnettes pour me couvrir de son corps...

— Parce qu'en pareille circonstance il est permis de perdre son sang-froid, ainsi que tu as perdu le tien, mon ami, en me voyant traiter par ces gendarmes avec peu de courtoisie, je l'avoue ; mais, ces émois passés, on revient à la modération.

— Ah ! Jean, — m'écriai-je, — quel admirable courage !

— Que te dirai-je, Fernand... ma mère me fait oublier parfois jusqu'au péril qu'elle court. Elle cause ici avec autant de liberté d'esprit que dans le salon de ton château.

— Voyons, mon enfant, — reprit madame Raymond d'un ton d'affectueux reproche, — est-ce d'hier que nous avons fait nos premiers pas dans cette carrière où l'on doit remercier Dieu d'un jour sans angoisses? Est-ce qu'on poursuit, est-ce qu'on atteint le but où nous tendons sans douleur, sans périls, et souvent sans le martyre... comme tant de nos pauvres frères dont le sang a coulé?... Est-ce que nous ne nous sommes pas dit cent fois que notre vie n'était pas à nous, mais à cette sainte cause de la liberté pour laquelle ton père est mort sur l'échafaud? Est-ce que depuis que tu as l'âge de raison nous ne sommes pas habitués à cette pensée : Qu'en un jour d'insurrection ou de défaite... je pouvais avoir à clore pieusement tes paupières, comme tu pouvais clore les miennes? Est-ce qu'il y a de quoi s'attrister d'avance? Me vois-tu jamais sombre, éplorée, parce que je vis toujours avec le souvenir cher et sacré de ton père, dont j'ai baisé le front sanglant, et que j'ai enseveli de mes mains? N'avons-nous pas foi, comme nos pères les Gaulois, à la renaissance infinie de nos corps et de nos âmes, qui vont tour à tour peupler l'immensité des mondes? Pour nous, qu'est-ce que la mort? le recommencement d'une autre vie, rien de plus. Nous sommes de ce côté-ci du rideau; nous passons de l'autre... où des perspectives inconnues attendent nos regards; quant à moi, je ne sais si c'est parce que je suis fille d'Ève, — ajouta madame Raymond avec un demi-sourire, — mais le phénomène de la mort ne m'a jamais inspiré qu'une excessive curiosité...

— Ah ! madame... malgré le stoïcisme apparent, votre cœur maternel se brisait lorsque vous craigniez que Jean, forcé de fuir avec vous, ne succombât à sa blessure pendant le voyage? J'ai vu chez moi votre inquiétude, vos larmes lorsqu'il souffrait !

— Certes, monsieur, de même que je me suis jetée au-devant des armes qui menaçaient mon fils. L'instinct maternel est plus puissant que l'instinct de conservation. Mais la veille d'un duel ou d'une bataille, je dirai toujours à mon fils : Va et fais ton devoir !

— Oh ! ma mère, — dit Jean avec un accent de tendresse et d'enthousiasme, en se jetant à genoux près du lit de madame Raymond et baisant pieusement ses mains, — tel est le génie de votre tendresse que vous m'avez habitué à ne rien craindre pour moi, et que vous savez apaiser jusqu'aux alarmes que votre sort m'inspire !

Je ne saurais exprimer l'émotion profonde, presque sainte, dont je fus saisi à ce tableau touchant, à ces nobles et sereines paroles échangées entre le fils et la mère, au fond d'une prison, et sous le coup des plus sinistres éventualités. L'exemple des sentiments héroïques est contagieux, surtout pour moi. Soudain une idée me vint à l'esprit, et, m'adressant à Jean, que sa mère enlaçait de ses bras et baisait tendrement au front :

— Mon ami, les instans nous sont malheureusement comptés... J'ai une folle idée... impraticable peut-être, mais il faut que je te la dise.

— Pauvre et bon Fernand... toujours le même ! Voyons ton idée.

— Madame Raymond, toi et monsieur Charpentier, devez-vous encore rester ici longtemps?

— Non... je dois ce matin subir un dernier interroga-

toire, puis, après-demain, nous serons dirigés sur Paris.

— Voilà mon projet... il n'est pas tout à fait mien... Il m'est inspiré par la vaillante action de monsieur Charpentier, qui a délivré ton oncle.

— Explique-toi?

— Je viens de parcourir la route de Limoges à Châteauroux, j'ai remarqué à cinq lieues d'ici une gorge de rochers. La route, rapide à cet endroit, est profondément encaissée. On vous conduira nécessairement en voiture sous bonne escorte.

— Sans doute.

— Une quinzaine d'hommes déterminés, dont cinq ou six à cheval, peuvent, dans l'endroit que j'ai remarqué, avoir raison de l'escorte... et vous délivrer.

Jean se tourna vers sa mère, et lui dit avec émotion en me montrant du regard :

— Brave Fernand, toujours le même dévouement !

Madame Raymond resta muette ; je continuai :

— J'ai parmi mes gardes et mes métayers, presque tous anciens soldats, une dizaine d'hommes de cœur; il me sera facile de compléter le nombre.

— Fernand...

— Laisse-moi achever... Je me remets en route dans une heure; je retourne à La Riballière faire mes préparatifs; mes hommes partiront isolément; je leur donne un rendez-vous convenu; moi, avec cinq ou six des plus résolus, nous montons à cheval, et...

— Monsieur Duplessis, — me dit madame Raymond en m'interrompant, — nous sommes très reconnaissans de votre bonne volonté, mais il nous est impossible d'accepter cette offre...

— Pourquoi cela, madame?

— D'abord... parce que cela serait compromettre gravement les braves gens qui vous suivraient, et ensuite vous compromettre vous-même.

— Eh! madame, que m'importe...

— Cela, monsieur, m'importe beaucoup, à moi... — me répondit madame Raymond avec un accent de froideur hautaine, nuance si légère, d'ailleurs, que Jean n'en fut pas frappé.

Je sentis avec douleur que sa mère ne voulait accepter aucun service d'un homme qui l'avait outragée ; je restai muet et baissai la tête avec accablement, pendant que madame Raymond, d'un ton moins absolu, et de crainte sans doute d'éveiller les soupçons de son fils, ajoutait :

— Oui, monsieur Duplessis, il m'importe beaucoup de ne pas abuser de votre bon vouloir.

— Puis, — ajouta Jean, — les préparatifs de cette attaque de vive force seraient infailliblement remarqués... L'issue de cette agression est douteuse. Or, mon bon et brave Fernand, si nous n'avons pas craint de te demander asile, c'est qu'en supposant que l'on nous eût arrêtés chez toi, cela ne t'exposait à aucune poursuite; mais une attaque à main armée... diable ! tu ignores donc où cela peut te conduire, mon pauvre ami?

— Je n'en sais rien... je n'y ai pas songé ; mais ce que je sais maintenant, Jean, et cela m'afflige profondément, c'est que tu ne me crois bon qu'à te rendre des services sans danger pour moi.

— Te blesser... moi... Ah ! Fernand, tu es injuste ! — s'écria Jean en me serrant les mains dans les siennes. — N'était-ce pas déjà mettre ta générosité à l'épreuve que te demander, à toi royaliste, un asile pour nous, Jacobins, comme on nous appelle.

— Tu as hésité, peut-être?

— Pas un moment, ma mère te le dira; mais, je le répète, il y a un abîme entre te demander un refuge et accepter de toi une de ces offres pleines de périls, une de ces offres qui ne s'acceptent qu'entre soldats d'une cause commune. Mais je te remercie du fond du cœur, mon cher Fernand; ton offre courageuse est un nouveau gage donné par toi à notre vieille amitié.

— Ainsi, mon voyage aura été stérile; ainsi, je serai inutilement venu dans cette prison... où j'étais accouru dans l'espoir de t'être bon à quelque chose? Jean, je t'en supplie, ne me refuse pas ma dernière consolation : que je ne quitte pas cette prison sans t'avoir été utile... Parle, que puis-je faire?

— Bon Fernand,—répondit Jean en me tendant la main, — allons, ne me gronde pas; ma mère et moi, nous aurions bien un service... à te demander... mais...

— Jean! — dit vivement madame Raymond en interrompant son fils, et d'un signe lui imposant silence.

Jean regarda sa mère, fort surpris, et lui dit :

— Vous savez pourtant, je crois, ma mère, ce dont je veux parler à Fernand? Nous ne pouvons, pour cela, nous adresser qu'à quelqu'un dont nous répondrions comme de nous-même...

— Cela est vrai, mon ami.

— Alors, ma mère, pourquoi ne pas accepter l'offre de Fernand?

— Parce qu'il vaut mieux, mon enfant, ne pas abuser de l'obligeance de monsieur Duplessis.

— Croyez-vous qu'il craigne de faire le voyage de Paris, — reprit Jean.

Puis, se retournant vers moi, il ajouta :

— Cela, sans doute, te dérangerait trop?

— Moi! — m'écriai-je. — Peux-tu penser qu'une pareille considération m'arrête! De grâce, explique-toi...

— Mon ami, — dit madame Raymond à son fils, en pesant lentement ses paroles, — je crois plus opportun... de ne pas causer de dérangement à monsieur Duplessis;... je te prie donc de ne pas insister...

— Comme il vous plaira, ma mère, — répondit Jean avec déférence; et il ajouta en souriant : — Tu le vois, mon pauvre Fernand... ce n'est pas ma faute...

J'étais navré; madame Raymond, dans son juste ressentiment de l'outrage qu'elle avait dû cacher à son fils, me méprisait assez pour ne pas vouloir accepter mes services, ou se défiait assez de moi pour craindre de me confier un secret important... Le refus de madame Raymond me fut si pénible, que Jean, remarquant mon accablement, dit tristement :

— Voyez, ma mère, combien Fernand est chagrin de ne pouvoir nous témoigner une dernière fois son dévoûment! Je ne me permettrai pas d'insister auprès de vous;... cependant laissez-moi vous faire observer que...

— Mon enfant, — dit madame Raymond en interrompant de nouveau son fils, et cherchant évidemment un prétexte pour donner le change à Jean qui paraissait de plus en plus surpris de la persistance du refus de sa mère, — tu oublies que monsieur nous a appris que madame Duplessis était souffrante, et qu'elle lui inspirait même quelques inquiétudes; est-ce en de telles circonstances que nous pouvons demander à monsieur Duplessis de se rendre à Paris?... de quitter sa femme qui réclame ses soins...

Cette raison parut produire quelque impression sur Jean, et il s'apprêtait à répondre à sa mère, lorsque nous entendîmes des pas s'approcher, et des crosses de fusil résonner dans le corridor. Malgré moi je tressaillis et m'écriai :

— Jean, qu'est cela?

— Rien... — me dit-il en souriant. — On vient sans doute me chercher pour mon interrogatoire devant le juge d'instruction. L'on me fait, tu le vois, les honneurs de la guerre. — Puis, me tendant la main : — Après mon interrogatoire on me reconduira dans ma prison; je ne te retrouverai donc plus ici... car tu vas, je l'espère, accorder encore quelques instans à ma mère... Adieu, Fernand... et pour toujours, adieu! Ma mère et moi, n'oublierons jamais que tu as été notre ami jusqu'à la fin... Encore adieu, et embrasse moi avant l'entrée de ces gens-là...

Les yeux mouillés de larmes, je me jetai dans les bras de Jean.

La porte s'ouvrit bientôt, le geôlier pria Raymond de le suivre, et me dit :

— Monsieur... dans une demi-heure votre permission sera expirée.

— Monsieur, — me dit vivement madame Raymond devant le porte-clef, sans doute afin de m'engager à sortir et à la laisser seule, — je crains d'abuser de vos momens...

— Madame, si vous le permettez, je ne perdrai pas une des minutes que m'accorde la permission que j'ai reçue, — répondis-je en m'inclinant.

Le geôlier sortit, et je restai seul avec madame Raymond.

LXIII.

— Monsieur, —me dit madame Raymond avec une expression de mépris glacial, — vous abusez cruellement de ma position de prisonnière.

— Madame, — lui répondis-je d'une voix profondément altérée, — il me faut un grand courage pour m'exposer à votre juste indignation; mais devrais-je mourir à vos pieds, rien ne m'empêchera de vous supplier, à mains jointes, à genoux, non de me pardonner, mais de me donner au moins l'occasion d'expier un outrage dont le souvenir sera l'éternel remords de ma vie.

— Assez, monsieur! les grossièretés d'un homme ivre ne m'outragent pas; il est même indigne de ma colère, il m'inspire autant de dégoût que de pitié; je l'évite et je passe... Ainsi, passons, monsieur.

— Eh bien! madame, pitié pour l'homme ivre, pitié pour le fou dont la folie a duré onze ans, et qui est revenu à la raison aujourd'hui, dans cette prison, où il sent une admiration religieuse remplacer dans son cœur une passion insensée, furieuse. Ah! il fallait qu'elle fût insensée, furieuse, ivre, vous l'avez dit madame, pour m'avoir égaré jusqu'à commettre une lâche et infâme trahison dont rougiraient les plus misérables! j'ai conscience de mon indignité; mais, je vous en conjure, laissez-moi en appeler à ces offres de dévoûment que tout à l'heure encore j'étais si heureux de faire à Jean. Ah! ma vie, s'il le faut, pour...

— Monsieur, — me dit froidement madame Raymond en m'interrompant, — il faut estimer, honorer les gens dont on accepte le dévoûment; accepter aujourd'hui, c'est s'engager à rendre demain. Nous ne sommes plus, vous et moi, monsieur, dans des conditions qui permettent cet échange de générosité. Je ne sais s'il vous reste quelques sentiments honnêtes dans le cœur; si cela était, par impossible, je leur ferais un dernier appel.

— Ah! madame... parlez... ordonnez...

— Il ne s'agit pas de moi, monsieur, mais de votre femme, une adorable enfant que vous méconnaissez; elle revenait à vous, et vous avez eu la barbarie de la repousser...

—Madame, un dernier mot, de grâce! Lors de cette nuit funeste, j'ai entendu votre entretien avec Jean. Oui, j'ai appris avec quelle courageuse résignation il se sacrifiait à mon repos, en bravant de nouveaux périls... qu'hélas! ainsi que moi, il a rencontrés, madame.

— Puisque vous avez entendu cette conversation, monsieur, sachez que mon fils a cédé... je l'en approuve, à un sentiment de délicatesse exagérée. Grâce à Dieu! ses appréhensions n'étaient pas fondées.

— Erreur, madame, Albine l'aime!

— Albine!

— Elle me l'a avoué...

— Ah! la malheureuse enfant!

— Oui, madame, oui, elle est bien malheureuse, car cet aveu loyal dont elle n'avait pas à rougir, je l'ai accueilli avec dureté, j'ai été méprisant, cruel... Restée calme et admirable de douceur et de dignité, suivant celle douceur, cette sérénité m'aigrissaient; je voyais d'un œil indifférent sa santé s'altérer... Enfin, que vous dirai-je, madame? Ma sincérité dans l'aveu du mal vous fera peut-être croire à la sincérité de mon repentir et de mes résolutions pour l'avenir... Oui, sachant ma femme détachée de moi et toujours occupée de Jean... j'allai jusqu'à cette odieuse pensée... que si le hasard m'enlevait Albine...

— Monsieur, n'achevez pas! — s'écria madame Raymond en s'éloignant de moi avec horreur, — oh! n'achevez pas!

— Cette horreur que je vous inspire, madame, je l'ai ressentie contre moi-même, lorsque ma femme et moi, tremblant pour vos jours et pour ceux de Jean, elle m'a ouvert son cœur. Ah! croyez-moi, la haine dont mon âme était remplie s'est changée en une compassion profonde, lorsque j'ai vu la douleur morne, effrayante d'Albine en apprenant le sort terrible dont vous étiez menacée. Enfin, madame, au nom de cette infortunée qui vous appelle sa mère, laissez-moi vous dire un mot encore... Il vous offensera peut-être, mais vous le pardonnerez lorsque vous saurez quelle réponse touchante il a provoquée. Je n'ai pu, en apprenant votre arrestation, vos dangers, cacher à ma femme la passion insensée que vous m'inspiriez, en me taisant sur l'outrage dont la honte m'écrase.

— « Ah! je n'ai plus le droit de me plaindre de votre » indifférence, — s'est écriée Albine, — je n'ai plus le » droit d'accuser votre cœur, puisqu'il éprouve un amour » qui l'honore et que je comprends, car moi, que suis-je » auprès de madame Raymond! »

Voyant le regard de la mère de Jean devenir humide, j'ajoutai:

— Les larmes vous viennent aux yeux, madame. Ah! je le crois, car les miennes aussi ont coulé; de ce moment j'ai éprouvé la plus tendre commisération pour Albine. Mes yeux se sont ouverts. J'ai mesuré toute l'étendue du mal que j'avais fait à cette pauvre enfant, de qui j'ai trop tardivement, hélas! reconnu la valeur... Après vous, madame, je ne sais pas de femme plus heureusement douée... J'ai donc juré... je jure devant vous, de consacrer désormais toute ma vie au bonheur d'Albine. Elle aime Jean, je le sais, c'est ma faute; je respecterai ce sentiment, je serai pour elle un ami, un frère, mais le plus affectueux, le plus dévoué des frères...

— Pour le bonheur d'Albine, je voudrais vous croire, monsieur, et je ne le puis. En cet instant, vous vous croyez sincère, comme lorsque vous vouliez suivre la même carrière que mon fils. Le lendemain vous étiez page du roi...

— Ah! madame, vous êtes sans pitié!

— Chez vous aussi, vous vous croyiez sincère, en me jurant de suivre mes avis, de rendre votre femme heureuse comme elle méritait de l'être.

— C'est qu'alors, madame, j'étais tantôt insensé... tantôt raisonnable... Aujourd'hui la folie a disparu, la raison seule est restée. Je vous en supplie, ayez confiance en mes promesses, et mettez-moi à même d'expier le passé.

— Rendez Albine heureuse, monsieur; que la résolution prise aujourd'hui ne soit pas éphémère comme tant d'autres... le bonheur de votre femme sera la plus sainte expiation du passé.

— Ainsi, madame, vous ne daignez pas me confier cette mission dont me parlait Jean.

— Non, monsieur.

— Vous ne me jugez pas digne de me dévouer pour vous? Vous me regardez comme un homme sans foi?

— Monsieur, vous avez été longtemps insensé, m'avez-vous dit; votre raison ne me paraît pas raffermie depuis assez longtemps pour que je vous accorde ma confiance; si plus tard j'apprends que vous rendez Albine heureuse alors, monsieur, j'aurai la certitude que tout sentiment d'honneur n'est pas éteint en vous.

— Ainsi, madame, je ne remporterai pas même la consolation d'avoir pu vous être utile?

Madame Raymond, au lieu de me répondre, regarda sa montre, placée à côté d'elle sur son lit, et me dit froidement:

— Il est temps de vous retirer, monsieur, l'heure de la visite est écoulée; on va venir vous avertir.

— Madame, je vous en conjure...

— J'espère qu'Albine me donnera de ses nouvelles. Priez-la, monsieur, d'adresser ses lettres à Paris, poste restante, je trouverai moyen de me les faire parvenir dans ma prison.

Le geôlier entra et m'avertit que l'heure de me retirer était venue.

Je saluai profondément madame Raymond, et je sortis, d'autant plus désespéré de son incrédulité que jamais je n'avais été plus sincère. Aussi, en quittant madame Raymond, je me promis de vouer ma vie au bonheur d'Albine, « la seule expiation possible du passé, » m'avait dit la mère de Jean.

Je me décidai à repartir sur-le-champ, sans attendre une lettre que madame Claude devait m'adresser à Limoges pour me donner des nouvelles de ma femme.

LXIV.

C'était, je me le rappelle, le 1er août 1830. En relayant à quelques lieues de Limoges, je remarquai une certaine agitation dans un gros bourg. Je m'informai, et j'appris qu'une grave sédition, ayant éclaté à Paris par suite de la promulgation des dernières ordonnances, mettait le trône en danger. Cette nouvelle me parut exagérée. Cependant, les journaux et les courriers manquaient depuis deux jours. Les événemens me parurent devoir être fort graves, et, quoique les hasards de cette révolution missent en question la position du parti auquel j'appartenais, je me consolai en songeant que le triomphe des libéraux aurait du moins une heureuse influence sur le sort de Jean et de sa mère: me disant aussi cependant que si la sédition était comprimée, leur situation deviendrait sans doute désespérée, le parti dont ils étaient l'âme ayant sans doute vaillamment combattu dans cette insurrection.

Plus j'avançais sur la route, plus les bruits se confirmaient. On parlait de la fuite du roi Charles X; les uns assuraient que la république était proclamée, d'autres que l'on offrait la couronne au duc d'Orléans.

Je n'avais jamais eu d'opinions politiques très ardentes, le royalisme résultait chez moi beaucoup plus des traditions de famille que d'une conviction réfléchie. Pourtant, durant mon service dans les pages et dans les gardes, j'avais souvent approché le vieux roi, son sort me touchait, et j'hésitais à croire la révolution complètement triomphante.

Au dernier relais avant Châteauroux, je rencontrai une malle-poste pavoisée de drapeaux tricolores; le conducteur distribuait des proclamations et des journaux. Plus de doute: Charles X était détrôné, le duc d'Orléans proclamé lieutenant général du royaume.

J'oubliai la grandeur de l'événement politique pour ne songer qu'à madame Raymond et à son fils. Evidemment, la république proclamée ou non, une amnistie serait accordée à tous les condamnés ou prévenus politiques. Jean et sa mère étaient sauvés.

J'eus d'abord l'idée de retourner à Limoges, afin de devancer le courrier et d'être le premier à saluer les prisonniers de cette nouvelle inespérée; mais l'inquiétude où j'étais sur la santé d'Albine, et cette pensée qu'il était mieux de courir à ses amis au jour du malheur qu'au jour du triomphe, me détournèrent de ce projet.

Je poursuivis ma route, admirant alors non-seulement l'héroïsme et le courage persévérant de madame Raymond et de son fils, mais la justesse de leur jugement et la puissance de leur parti, puisque ce gouvernement qu'ils minaient, qu'ils attaquaient depuis longtemps, succombait enfin, il faut l'avouer, aux acclamations presque générales; car, sur toute la route, la vue du drapeau tricolore faisait éclater l'enthousiasme des populations. Je relayais à Châteauroux, lorsque je vis notre préfet, monsieur de Sainte-Marie, accourir à la poste, son chapeau orné d'une énorme cocarde de rubans tricolores, venant, disait-il assurer le service des malles-postes. Lorsqu'il m'aperçut, il accourut à ma voiture et me dit à demi-voix :

— Ah! mon cher monsieur Duplessis! combien je me félicite maintenant de n'avoir pas fait arrêter chez vous la prétendue marquise, son fils et le vieux chef de chouans... Je me doutais de la chose, mais j'ai fermé les yeux. Leur parti triomphe, cela ne m'étonne pas, c'est justice. Le ministère Polignac était un défi jeté à la France. Ces malheureux rétrogrades voulaient nous ramener au règne du bon plaisir, au bon temps de la féodalité! C'était hideux; nous marchions sur un volcan, je l'avais toujours dit, et je modérais autant que possible les ordres impitoyables que je recevais. Vous allez vous trouver dans une position superbe; vous avez caché trois des conspirateurs les plus importans du parti avancé; vous leur rappellerez en temps opportun que je ne les ai pas fait arrêter chez vous. Ah! quelle révolution! Elle a éclaté comme un coup de foudre. Je suis bouleversé. Cette nuit, j'ai manqué d'avoir une attaque d'apoplexie... Et pour comble de malheur, mon médecin, le meilleur médecin de Châteauroux, était chez vous.

— Chez moi! — m'écriai-je alarmé, car j'avais un instant oublié Albine en écoutant le malheureux préfet, dont la lâche versatilité m'inspirait autant de dégoût que de pitié. — Votre médecin à été mandé chez moi!

— Ah! mon Dieu! c'est vrai... J'oubliais, au milieu de ces graves événemens... Eh bien! cette pauvre madame Duplessis?...

— Que voulez-vous dire?

— N'avez-vous pas envoyé cette nuit un exprès bride abattue pour chercher mon médecin?

— Je ne viens pas de chez moi, j'arrive de Limoges. Ah! vous m'épouvantez, — m'écriai-je en quittant en hâte monsieur de Sainte-Marie. Je hâtai la marche du postillon, et j'arrivai à La Ribalière vers la tombée de la nuit.

. . . .

LXV.

La lettre suivante avait été écrite par Albine à son amie pendant mon absence :

« Madame Raymond et son fils sont arrêtés.

» Jean a tué un soldat qui outrageait sa mère, et elle » a été grièvement blessée en couvrant son fils de son » corps pour l'empêcher d'être massacré par les autres » gendarmes. Pour Jean, c'est la mort sur l'échafaud; » pour sa mère, une prison éternelle.

« J'ai appris cela hier brusquement. Figure-toi un coup » de foudre. Mon mari a été généreux et bon; il est » aussitôt parti pour Limoges, où nos amis ont été con- » duits en prison; je n'ai pu accompagner monsieur Du- » plessis. Je t'écris de mon lit, chère Hermance; à peine » ma main peut-elle guider ma plume; tu t'en apercevras » à mon écriture.

» Hermance, je n'ai jamais été plus heureuse..., je vais » mourir...

» Depuis quelque temps je sentais mon âme brûler mon » corps, comme une flamme trop vive brûle le foyer qui la » contient; j'avais perdu l'appétit, le sommeil, j'étais pos- » sédée d'une agitation fiévreuse, incessante; mon esprit » n'était pas un moment en repos, mon cœur battait deux » fois plus fort et plus vite qu'il n'aurait dû battre.

» Ce temps-là a été délicieux.... je vivais sans cesse « par la pensée avec Jean et sa mère, j'avais la con- » science d'accomplir mes devoirs envers monsieur Du- » plessis.

» Lorsque j'ai appris l'arrestation de Jean et le sort qui » l'attendait, mon instinct m'a dit que je ne lui survivrais

» pas, et *que ce n'était pas la peine de me mettre à le re-* » *gretter.*

» C'est mal de ma part, mais je n'ai pas eu un moment » la pensée de le plaindre; sa mort est belle et sainte; il » mourra comme son père, martyr de la liberté. Madame » Raymond est une femme antique, elle supportera ce » coup comme la mère des Gracques, tout est pour le » mieux; Dieu sait sans doute ce qu'il fait et ce qu'il » veut.

» Je ne me sens pas d'aise. Tout va être bientôt fini; » j'aurai été pendant quelque temps la plus heureuse des » créatures. Je n'aurai causé de chagrin à personne, je n'ai » rien à me reprocher. Jean ignore mon amour, il n'aura » pas à pleurer sur ma victime; je délivre mon mari d'un » très grand embarras. Malgré ses bonnes résolutions, ma » présence aurait fini par lui être insupportable, il est ex- » cusable de ne m'avoir jamais aimée. Je ne peux m'expli- » quer davantage, chère Hermance; c'est son secret, non » le mien.

» Notre tort, à monsieur Duplessis et à moi, a été de » nous marier sans amour. Tu as, dis-tu, gardé mes let- » tres; je désire, mon amie, que tu les lui envoies quand » je serai morte. Il est jeune encore; je lui dirai de ma » lettre que s'il apprenant ce que ce mariage a été pour » moi, il réfléchira et n'aura pas le courage de se remarier » dans des circonstances pareilles, et d'exposer une » pauvre jeune fille à souffrir ce que j'ai souffert, ou pis » encore.

» Sauf toi, bonne et tendre amie, je ne regrette personne » au monde.

» Maman me pleurera trois mois environ, mon père » aussi. Ses larmes couleront ou s'arrêteront selon l'exacte » durée des larmes de ma mère. Pauvre chère mère! ne » va pas croire qu'il y ait la moindre amertume dans ma » dernière pensée pour elle. Non, non; elle m'a aimée » autant qu'elle pouvait m'aimer. Malheureusement, je » n'étais pas *moralement* sa fille; sans cela, j'aurais vécu » comme elle, vieilli comme elle, et (comme elle) j'aurais » marié ma fille, certaine d'avoir assuré son bonheur, si » j'avais pu lui donner cent mille écus de dot et ce qu'on » appelle un *galant homme* pour mari.

» La fête de ma jeunesse n'aura pas duré longtemps, » ma pauvre Hermance! elle a duré tout le temps du sé- » jour de madame Raymond ici, et même après son départ » j'ai encore eu de bons jours,

» Ne me plains pas; j'ai plus vécu durant ces mois-là, » grâce à madame Raymond et à son fils, que je n'aurais » vécu sans eux pendant ma vie entière.

» Quelle chose bizarre que la destinée, dis, Hermance! » Qui m'aurait dit, il y a quinze mois, que je devais aller » mourir dans ce château dont je n'avais jamais entendu » parler, y mourir seule, éloignée de tout ce que ma famille, » et que mes derniers regards s'arrêteraient sur cette ta- » pisserie blanche avec ses Chinois rouges qui décore ma » chambre, et qui me fait en ce moment un effet singu- » lier.

» Où serais-je, que serais-je, si monsieur Duplessis n'a- » vait pas eu un beau jour la fantaisie de se marier, et s'il » n'avait pas connu ce bon monsieur Barantin, notre no- » taire?

» A quoi tiennent nos destinées, cependant!

» Comme mon mari va être surpris à son retour! car » j'ai le pressentiment que je ne le reverrai plus.

» La dernière impression qu'il m'a laissée aura été bonne » et douce; je lui en sais gré... S'il avait voulu pourtant » revenir à moi quand j'allais à lui, notre vie pouvait être » si heureuse !... Cela était impossible....

» Tu le vois, Hermance, tout est pour le mieux... Entre » nous, je crois que je ne passerai pas la journée... Figu- » re-toi que, quelle que soit ma fin, je ne sens plus mon » corps. Tiens, en ce moment, je regarde mes doigts écri- » re... il me semble que je vois la main d'une autre per- » sonne; et puis, autre singularité dont je m'aperçois à » l'instant même... je vois tout comme si je regardais à

» travers des lunettes bleuâtres et un peu troubles... oh !
» mais, si troubles que je. . . . ' . . . .
. . . .

Ici la lettre était interrompue...

Quelques caractères informes prouvaient que la malheureuse enfant avait encore essayé d'écrire malgré l'obscurcissement de sa vue et la défaillance de ses forces.

En effet, Albine, bientôt saisie d'une sorte de suffocation, s'évanouit entre les bras de madame Claude.

Ce fut alors que celle-ci, très-alarmée, dépêcha un de mes gens à Châteauroux afin d'en ramener à l'instant le meilleur médecin de la ville,

LXVI.

Le lendemain du jour où Albine avait écrit sa dernière lettre à son amie, j'arrivais à La Riballière au galop des chevaux de poste.

Le bruit de leurs grelots ayant sans doute averti mes gens de mon arrivée, je vis de loin madame Claude accourir sur le perron.

Quoique le soleil fût à son déclin, le jour était encore très élevé; aussi je fus frappé de voir les deux fenêtres de la chambre d'Albine intérieurement éclairées; je descendis rapidement de voiture, et me rencontrai au milieu du perron avec madame Claude, qui s'écria en étendant les mains vers moi comme pour m'arrêter.

— Monsieur!... Ah !... Ah ! monsieur, ne montez pas !

Seulement, alors, je m'aperçus que madame Claude était affreusement pâle, et que les larmes avaient rougi et enflammé ses yeux.

Je restai pétrifié ; une sueur froide inonda mon front, mon gosier se serra, je ne pus articuler une parole.

— Monsieur, — répéta madame Claude en balbutiant d'une voix altérée, — je vous en supplie, ne montez pas là haut.

— Pourquoi cela ?

A ce moment, j'entendis des coups de marteau résonner sourdement ; je poussai un cri si déchirant et tellement significatif, que madame Claude me comprit et me répondit en sanglottant :

— Oui, monsieur... Depuis hier, à cette heure... tout est fini.., Les lueurs que vous voyez, c'est la lumière des cierges.

. . . .

J'appris par madame Claude que l'agonie d'Albine avait été douce ; elle s'était éteinte sans douleur apparente.

La pensée l'avait sans doute abandonnée lorsque les forces lui manquèrent pour achever la lettre qu'elle écrivait à son amie.

Selon le désir d'Albine, madame Hermance de Villiers m'envoya les lettres qu'elle avait reçues au sujet de notre mariage.

Voilà comment cette correspondance était tombée en ma possession.

La famille d'Albine voulut que son corps fût rapporté à Paris, où on lui fit de magnifiques funérailles.

Paris. — Imprimerie J. Voisvenel, 16, rue du Croissant.

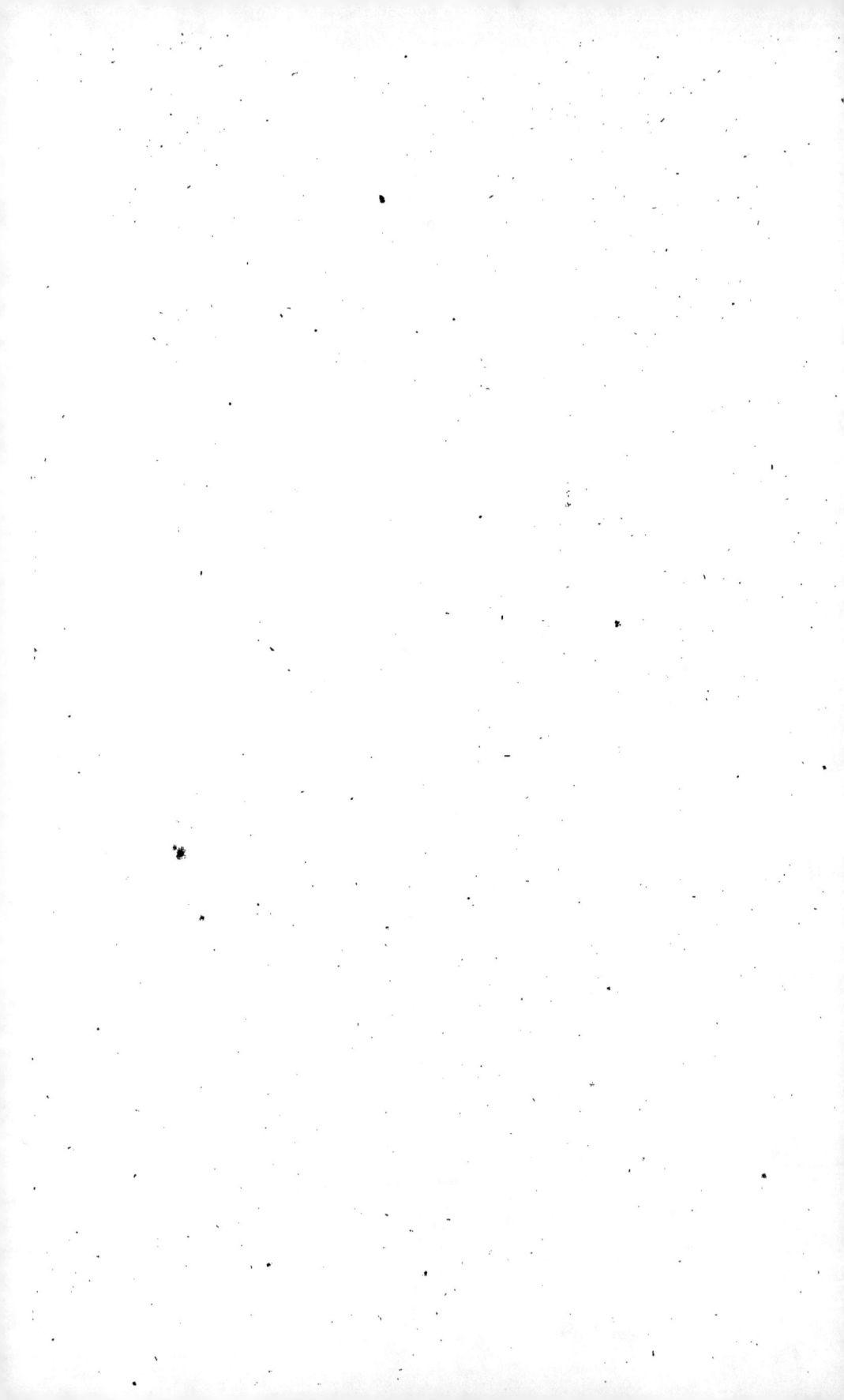

www.ingramcontent.com/pod-product-compliance
Lightning Source LLC
Chambersburg PA
CBHW051737090426
42738CB00010B/2293

* 9 7 8 2 0 1 1 8 7 1 5 4 1 *